数字经济专业系列教材

数字产业理论与实践

牛志勇　著

电子工业出版社

Publishing House of Electronics Industry

北京·BEIJING

内 容 简 介

本书主要介绍了数字产业发展的理论框架、逻辑体系和实践价值，是从产业视角研究数字经济的入门教材。本书包含三部分：一是基础篇，主要介绍了数字产业的基本概念，解读了数字产业内涵与发展趋势；二是理论篇，分别从产业组织理论、网络效应、平台经济、公司治理和运营管理等方面介绍数字产业理论的知识体系；三是实践篇，从数字贸易、数字金融、元宇宙产业和人工智能等领域解读数字产业的现实实践，系统地对产业实践进行提炼和总结。

本书希望系统介绍数字产业的知识体系和基本理论，并深入探讨数字技术对产业经济发展的影响，通过丰富的案例和数据分析，帮助学生深入理解数字产业的核心理论和实践应用，提高他们的思辨能力和创新能力。

图书在版编目（CIP）数据

数字产业理论与实践 / 牛志勇著. -- 北京 ：电子

工业出版社，2025. 6. --（数字经济专业系列教材）.

ISBN 978-7-121-50415-0

Ⅰ．F49

中国国家版本馆 CIP 数据核字第 2025Y8M408 号

责任编辑：刘小琳　　特约编辑：张启龙

印　　刷：山东华立印务有限公司

装　　订：山东华立印务有限公司

出版发行：电子工业出版社

　　　　　北京市海淀区万寿路 173 信箱　　邮编：100036

开　　本：787×1 092　1/16　印张：17.75　字数：410 千字

版　　次：2025 年 6 月第 1 版

印　　次：2025 年 6 月第 1 次印刷

定　　价：76.00 元

数字经济专业系列教材
专家委员会

（按姓氏笔画排名）

刘兰娟　安筱鹏　肖升生　汪寿阳　赵　琳

洪永淼　袁　媛　高红冰　蒋昌俊

前　言

以人工智能、大数据、云计算、物联网，以及区块链等方面为核心的数字技术催生了新的产品、生产要素和商业模式，并促进了经济理论的革新。与传统经济相比，数字经济较为"年轻"，需要更加完善的经济理论去诠释。数字经济的发展带动了数字产业的高速发展，数字产业发展的实践认知体系正处于动态演化阶段，需要建立较为系统、完整的内在知识体系，这就亟须对数字产业中出现的新对象、新现象和新问题进行系统整理，反映中国特色数字经济实践与理论成果，并将这些成果让更多人接受。基于此，本书希望以总结理论为基础，较为深刻地阐述数字产业发展的理论框架、逻辑体系和实践价值，形成完整的并针对硕士研究生学习的相关教学材料。

从体例上看，本书分为三个部分。

第一部分从第一章到第三章，作为基础篇，主要针对数字产业的基本概念进行分析。第一章为数字产业导论，包括数字经济的内涵与特征、数字产业的概念与特征和全球与中国数字产业发展态势等内容；第二章和第三章分别解读了数字产业化和产业数字化的内容。第二部分从第四章到第八章，作为理论篇，分别从产业组织、网络效应、平台经济、公司治理和运营管理等方面，构建了数字产业的分析框架，尝试向读者介绍数字产业理论的知识体系。第三部分从第九章到第十二章，作为实践篇，分别从数字贸易、数字金融、元宇宙产业和人工智能等方面解读数字产业的现实实践成果，围绕人工智能产业发展的特点分析、问题总结和未来发展建议等方面，系统地提炼和总结产业实践。

本书希望能够系统介绍数字产业的知识体系和基本理论，并深入探讨数字技术对产业经济发展的影响，通过众多的案例和数据分析，帮助学生深入理解数字产业的核心理论和应用实践，提高他们的思辨能力和创新能力。

本书针对教学中的学习目标、主体内容、扩展阅读及案例进行分析，便于教师和学生等读者更加准确地把握重点内容，教材适用于需要系统学习数字经济相关理论与实践知识的学习者和研究者。

本书具备以下几个特点。

一是构建理论框架。本书结合数字技术的特点，延续了宏观经济学、微观经济学和产业经济学的脉络，建立严谨且具有代表性的数字产业理论框架，并且阐述复杂经济现象背后的理论基础，揭示数字产业运行的规律。

二是站在未来看现在。本书内容具有预测未来的能力和极强的感染力，采取开放式的思路，在回顾历史的基础上，更多地展望未来，预测未来技术革新的发展方向，从而为现在的数字产业理论研究带来启示。

　　三是结合理论做实践。本书不仅教授数字产业的理论知识，更多从实践中反过来看理论，再通过理论去看未来的数字产业的发展，充分结合理论和实践，使数字经济学习成为有源之水。

　　四是创新论述并贴近前沿。数字产业作为新的产业发展成果，很多理论并没有被吸收到当下的教材中，本书旨在融合最新的研究成果，对前沿问题进行深入透彻的阐述。教材紧密结合理论知识与现实问题，体现出鲜明的实用主义价值导向，致力于经世致用。

　　本书的内容除个人的研究总结，还借鉴了数字经济相关行业从业人员的经验，参考了其他学者的研究成果，在此表示感谢。本书的编写得到了上海财经大学数字经济系的大力支持，以及徐元元、曾奥等学生的协助，在此一并表示感谢。由于技术、理论和概念的不断更新，本书内容难免存在疏漏和不足之处，敬请专家和广大读者批评指正。

编　者

目　录

XI

XIII

基础篇

第1章

数字产业导论

◦◦➡【引言】

数字经济时代来临，数字产业快速发展并在数字经济中占据重要地位。数字产业涉及信息经济和数字经济，数字产业同样也是数字经济发展的重要支撑，研究数字产业的核心就是研究数字经济。本章介绍数字产业的基本概念与特点、策略和全球发展趋势。

◦◦➡【本章学习目标】

1. 理解数字经济的基本概念与特点

2. 理解数字产业的基本概念与特点

3. 理解数字产业的策略和全球发展趋势

◦◦➡【开篇小案例】

中国数字产业发展情况

2023年4月，《中国数字经济发展研究报告（2023）》（以下简称《报告》）（中国信息通信研究院）发布，该《报告》系统研究了我国数字产业的发展特征。

数字产业一直是中国数字经济的主导产业。从2007年开始，中国逐步推进产业数字化进程，产业数字化规模占数字经济的比重由2007年的52%上升到2022年的81%。从产业数字化自身的发展来看，它的发展经历了从迅速扩张到成熟发展的过程。在2018年之前，产业数字化快速发展，产业数字化的占比年均提升2.5%，2018年之后产业数字化的发展进入相对成熟阶段，占比每年提升0.5%。

在产业内部结构方面，软件和信息技术服务业是整个数字产业内部结构中的主导产业。

在产业布局方面，数字产业化区域集合的模式比较明显。从地区分布来看，北京、上海、广东三个城市成为数字经济发展的主要增长级城市；从产业分布来看，山东、江苏、浙江、四川等地的电子信息制造业发展比较突出。软件业形成了以京津、川渝为代表的产业发展高地；从区域来看，产业数字化的发展受到的经济影响比较明显，在东部、东南沿海地区尤为显著；从数字经济企业层面的发展态势来看，大型数字经济企业是发展的重要力量，在人才、基础设施等方面都有优势，加快了行业数字化转型的进程；中小微企业数字化转型的困难有所缓解，转型意愿有所提升。

在数字产业发展方面，智能制造产业是数字化融合较好的产业，数字社会、数字金融、智能交通，以及数字商贸等方面也表现出较快的发展趋势。当前，中国数字经济产业发展水平高、研发实力雄厚、创新能力强的地区应把发展重点放在关键数字技术的攻关上；数字经济产业发展水平较低的地区应根据其产业特点推广数字技术应用，促进数字技术的渗透和融合。

资料来源：中国信息通信研究院. 中国数字经济发展研究报告（2023）.

1.1　数字经济的内涵与特征

1.1.1　概念与内涵

1.1.1.1　数字经济的概念

数字经济已成为我国经济高质量发展的"新引擎"。数字经济以数字技术（人工智能、大数据、云计算、物联网，以及区块链等）为基础，形成了新产业、新模式及新市场。数字经济的重要性日益凸显，需要进一步加强对数字经济的概念、理论及新模式的理解和分析，从而增强数字经济理论对数字经济转型和高质量发展的解释能力。

"数字经济"概念于 1996 年由 D.泰普斯科特编写的《数字经济时代》正式提出，这一概念的出现是基于信息通信技术（ICT）的发展，由于电子业务基础设施、电子业务和电子商务的发展，数字经济逐渐被大众认知。但是，数字经济的概念在不同时期的界定有差异，并没有形成统一的界定。早期以信息技术为基础的经济发展模式，强调数字信息技术产业的发展及其市场化的应用，大家更多关注的是信息技术服务行业。例如，MIT 经济学家 Erik Brynjolfsson 和 Andrew McAfee 在《第二个机器时代》中，研究了信息技术如何改变就业与生产力之间的关系，认为信息技术是数字经济发展的基础。

目前来看，数字经济的定义逐渐倾向于应用端与服务方面，被大众较为认可的数字经济的定义源于 2016 年 G20 杭州峰会发布的《二十国集团数字经济发展与合作倡议》，倡议指出数字经济的定义为：

数字经济是以数字化的知识和信息作为关键生产要素、以现代信息网络作为重要载体、以信息通信技术的有效使用作为效率提升和经济结构优化的重要推动力的一系列经济活动。

另外还有一些宽泛的界定认为，数字经济是以数字化信息（包括数据要素）作为关键资源，以互联网平台为主要信息载体，以数字技术的创新驱动为牵引，以一系列新模式和新业态为表现形式的经济活动（Turcan 和 Juho，2014；张化尧等，2020）。美国商务部经济分析局（BEA）从数字基础设施、电子商务，以及数字媒体等角度出发对数字经济进行界定，全球主要国家和国际组织探索了数字经济的定义和内涵，但整体具有一定差异。一些重要的企业（百度、腾讯和阿里巴巴等）也有着自己对数字经济的理解，如阿里巴巴将数字经济的发展分为两个阶段，腾讯则认为数字经济是一个阶段性的概念，是一种融合性的经济形式。数字经济的定义如表 1-1 所示。

表 1-1 数字经济的定义

主 体	定 义	关 键 要 素
G20 （二十国集团）	数字经济是以数字化的知识和信息作为关键生产要素、以现代信息网络作为重要载体、以信息通信技术的有效使用作为效率提升和经济结构优化的重要推动力的一系列经济活动	数字化信息，现代信息网络，信息通信技术
IMF （国际货币基金组织）	数字经济的定义有狭义和广义之分：狭义的定义为通过在线平台，以及依存于平台的活动；广义的定义是指使用数字化数据的活动	数字部门，数字产业，在线平台
中国信息通信研究院	数字经济是以数字化的知识和信息作为关键生产要素，以数字技术的创新作为核心驱动力，以现代信息网络为载体，通过数字技术与实体经济深度融合，提高传统产业数字化、智能化水平，加速重构经济发展与创新政府治理模式的新型经济形态	数字技术，产业数字化，智能化，政府治理
阿里巴巴	数字经济可分为 1.0 和 2.0 阶段。数字经济 1.0 的核心是信息技术化，以及信息技术在传统行业中的应用；数字经济 2.0 的核心是数字技术化，数字技术以互联网平台为载体、以数据为驱动	信息技术，数字技术，互联网平台，数据驱动

资料来源：作者整理.

陈晓红等（2022）认为，数字经济包含了四个核心内容。

一是数字化信息，指图像、文字、声音等（非结构数据）存储在一定的载体上并可多次使用的数字信息（Berisha-Shaqiri 和 Berisha-Namani，2015），这些信息是数字经济的核心处理"物料"。

二是互联网平台，指由互联网形成，搭载市场组织、传递数字化信息，如共享经济平台、电子商务平台等（肖红军、李平，2019）。互联网平台是数字经济实现的载体，也是原有互联网生产力对数字经济的延伸。

三是数字化技术，指能够将数字化信息解析和处理的新一代信息技术，如人工智能、区块链、云计算、大数据等技术（Bharadwaj 和 Pavlou，2013；Richter 等，2017），这些技术将持续推进数字经济应用场景的扩展，并对产业发展、企业创新产生深远影响。

四是新型经济模式和业态，表现为数字技术与传统实体经济创新融合的产物，体现在商业应用上，如在线新经济、无人经济等（杨飞、范从来，2020）。近些年出现的新的商业场景与模式（元宇宙、大模型等）引领了数字经济新的发展方向。

数字经济的四个方面特征如图1-1所示。

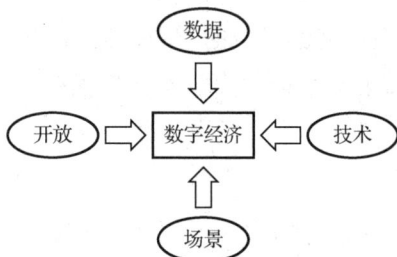

图1-1　数字经济的四个方面特征

资料来源：作者整理.

一是数据带来的强大支持。大数据及相关技术的发展转变了传统的资产概念，即数据资本的出现，成为支撑社会价值创造和经济发展的关键要素。数据资本（指包含海量信息的流通数据，经由分析处理技术衍生出的集成信息资产）或数据资产化推动形成新的经济增长模式。例如，利用数据资本挖掘消费者的潜在需求是开拓新商业模式、创新产品服务的关键（易宪容等，2019）。数据资本促使信息透明度提高，极大地降低了交易成本，使得企业识别客户、管理内部流程的效率得到极大地提升，宏观经济的管理能力也将出现飞跃式增强。

二是数字技术的创新和应用。大数据、物联网、人工智能等数字技术开启了数字经济时代，数字技术是数字经济的重要驱动因素。数字技术改变了产品研发生产过程，优化了市场形态，提升了企业运营效率，催生了新的商业模式和组织结构的变革，提高了数据生成的效率并增加了数据的可用性。例如，数字技术在营销、生产、运营、治理等方面的应用，催生了数字经济的落地。

三是新经济带来的场景创新和融合。数字技术的发展使创新过程脱离了从知识积累、研究到应用的传统线性链条规律，创新阶段的边界逐渐模糊，各阶段相互作用，创新过程逐渐融为一体。数字技术模糊了产业和组织的边界，让创新主体之间的知识扩散和合作更加高效，将会产生新型的跨界创新（Glodfarb和Tucker，2019）。数字技术形成了产品与组织的松散耦合系统，使产品和服务的创新方式更加灵活，组织协调沟通成本降低，并且突破了时空界限，推动了组织的去中心化转型，这将有助于创新的发展。

四是平台经济带来的生态系统开放共享。数字经济带来的显著经济模式是平台经济，平台经济以开放的生态系统为载体，将生产、分配、流通和消费等各个环节逐步整合到平台上，推动线上与线下资源有机结合，创造出许多新的商业模式和业态。互联网平台强大的连通能力加速了产业的跨界融合和协同生产过程（陈晓红等，2019），为传统经济的发展注入了新的活力。

1.1.1.2 数字技术的发展

数字技术是数字经济发展的重要支撑，以人工智能、大数据、云计算、物联网、区块链为核心的数字技术改变了企业创新发展的逻辑，同时它们也是企业开展数字营销的依据。因此，企业要深刻地理解数字技术给数字营销带来的机遇与挑战，制定合适的数字营销策略。

1. 数字技术的内涵

数字技术是对原有信息技术的拓展，是将信息、计算、数据、互通等技术结合起来的技术组合，Vial（2019）将数字技术定义为：数字技术是一种可以改变消费者的行为和预期、产品的基本形态、商业模式乃至颠覆在位者的竞争格局等的资源。当数字技术应用到特定场景之后将产生较高的价值。例如，大数据技术在市场营销领域中的应用，催生了企业营销的数字化转型。整体来看，数字技术对营销活动的影响是多方面的，一方面数字技术颠覆性地塑造了数字营销的某些特征；另一方面数字技术重塑了营销的基本范式。例如，Netflix 的商业模式从最初的基于物理储存的电影租赁模式，转变为第一家大型视频流媒体服务提供商，这就是基于数字技术的颠覆性作用的体现。数字技术的定义如表 1-2 所示。

表 1-2　数字技术的定义

定　义	来　源
数字技术是数字产品技术、数字平台技术、数字基础设施技术及数字技术的应用、组件或媒体内容的应用技术	Berger et al, 2021
数字技术是互联网、智能手机和其他收集、存储、分析和共享信息的应用技术	Ben Youssef et al, 2021
数字技术改进了的信息通信技术或系统，既包括数字硬件等物理部分，也包括网络连接、访问和操作等逻辑部分，还包括数据、产品、平台和基础设施等其他部分	郭海和杨主恩，2021
数字技术是信息、计算、通信和连接性技术的组合	Vial, 2019
数字技术是指由数字组件、数字基础设施和数字平台三个不同但相关的元素的组合	Nambisan, 2017

资料来源：作者整理.

2. 数字技术为营销带来的机遇

大数据、人工智能和云计算等前沿数字技术是当下营销服务的核心驱动力之一。深度学习及人工智能算法、边缘计算、大数据等核心技术的发展能够为企业积累营销竞争优势，取得更多的市场份额，并将以技术革新的方式继续推动数字营销行业的快速发展。

人工智能技术的发展可以助力营销的数字化转型。人工智能的发展过程是用机器不断感知、模拟人类的思维过程，使机器能够达到甚至超越人类的智慧，人工智能技术是推动数字经济高质量发展的重要力量。人工智能技术将在数据分析与挖掘、个性化推荐、智能决策，以及自动化执行等方面给予营销支持。例如，人工智能技术将帮助企业了解用户需求，为不同用户提供个性化的营销内容和推荐，提高用户的参与度和忠诚度。随着人工智能技术的不断发展，营销将呈现出智能化、个性化、跨平台整合、人机协作等趋势，为企业带来众多的营销机遇。

元宇宙将助力未来的品牌建设。2021 年以来，元宇宙已经成为企业营销中的热门概念。元宇宙是整合多种新技术产生的下一代互联网应用和社会形态，它基于扩展现实技术和数字孪生技术提升时空拓展性，基于 AI 和物联网提升虚拟人、自然人和机器人的人机融合性，基于区块链、Web3.0、数字藏品或非同质化代币（Non-Fungible Token，NFT）提升经济增值性。元宇宙能为品牌带来新的归属感和品牌文化，元宇宙能够助力品牌营销，让品牌展示出更具体、更深入的故事。元宇宙能带来内容和场景上的更新，并增强消费者的体验与交互感，元宇宙为品牌营销深度赋能。

人工智能生成内容（Artificial Intelligence Generated Content，AIGC）技术将助力营销更加智能。2022 年以来，轰动整个世界的 ChatGPT 及 AIGC 将带领企业踏入智能营销世界。ChatGPT 是人工智能系统下专门负责自然语言处理的模型，AIGC 则是基于多种模型和人工智能技术的生成式内容创作工具，其可以根据用户输入的关键词、主题等信息，自动生成符合要求的文章、新闻、评论等内容。AIGC 利用人工智能学习知识图谱自动生成内容，在内容创作上由人类辅助或者完全由人工智能自主产生内容，不仅提高了内容的生成效率，还提高了内容的多样性。随着大模型技术在营销场景中的使用，未来在营销上也将会获得更加精准的目标受众定位、更加个性化的营销体验、更加灵活的营销手段、更加高效的营销成本控制。

1.1.2 中国数字经济的发展

1.1.2.1 中国数字经济规模与结构

截至 2022 年底，中国数字经济规模达到了 50.2 万亿元人民币，同比增长了 4.68 万亿元人民币，数字经济占 GDP 的比重达到了 41.5%。随着移动互联网时代的到来，中国数字经济逐步进入快速发展阶段，成为国内生产总值的重要组成部分。中国数字经济逐渐发展成为中国经济的核心动力，并为其他行业带来新的发展契机。

从时间序列来看，早在 2008 年中国数字经济整体规模就达到 4.81 万亿元人民币（当年价格），占 GDP 比重约为 15.2%，以电子信息、软件、电信业、互联网行业等为代表行业的快速发展，带动了数字经济整体的发展，尤其是互联网行业。例如，2017 年中国信息通信服务业收入的 2.4 万亿元人民币中有 70% 为互联网业务的收入，这也是带动数字经济快速发展的核心产业。2012 年以来，中国数字经济增速已经连续 11 年高于 GDP 增速，数字经济对中国经济的发展起到了"稳定器"的作用，产业数字化与数字产业化成为数字经济增长的主引擎。中国数字经济规模的发展趋势如图 1-2 所示。

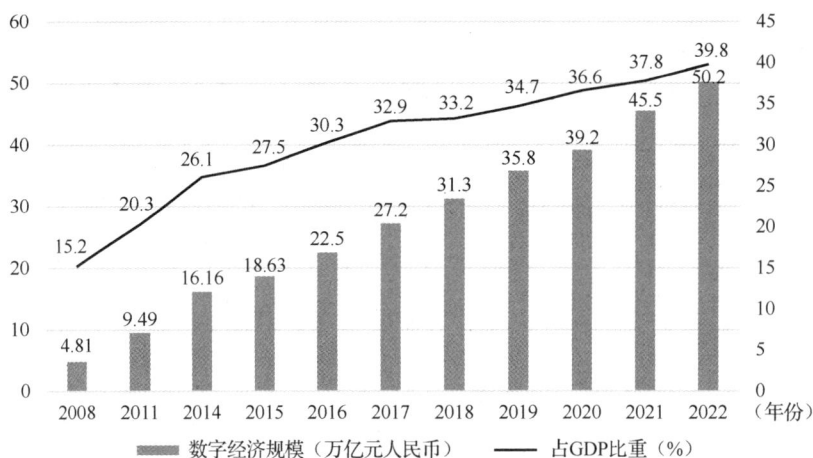

图 1-2　中国数字经济规模的发展趋势

资料来源：中国信息通信研究院.

数字经济与其他产业，尤其是传统产业的融合有力推动了产业技术革命，引发了新的工业革命，传统产业发展理念、管理模式和商业形态发生了重要变革，新的技术经济范式加速形成。数字经济与社会、经济的融合引发了数据爆发式的增长，数据资源具有可复制、可共享的特征，打破了传统生产要素的制约，成为数字经济发展的新的关键生产要素，推动经济发展开辟了全新的路径。

以中国产业数字化为例，2022 年中国产业数字化规模达到了 9.2 万亿元人民币，占数字经济的比重为 18.3%。另外，产业数字化发展速度加快，对数字经济增长的推动作用更加明显。2022 年中国产业数字化规模为 41 万亿元人民币，占数字经济的比重为 81.7%。物联网、大数据、人工智能、区块链等数字技术赋能作用显著，与实体经济融合作用明显，产业数字化发展更加丰富多样。中国数字产业化和产业数字化规模如图 1-3 所示。

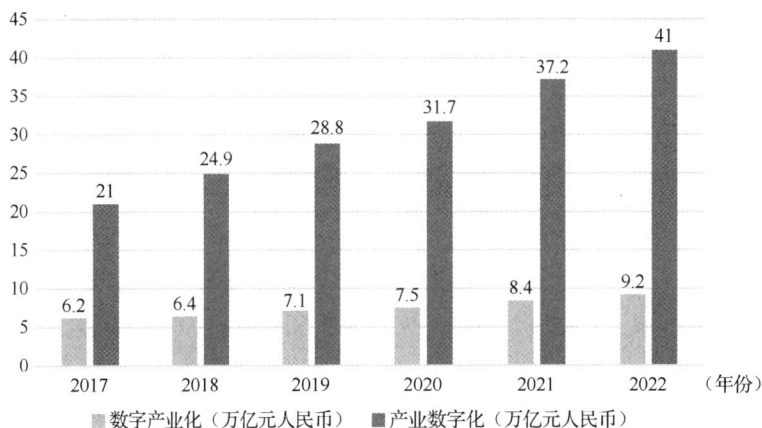

图 1-3　中国数字产业化和产业数字化规模

资料来源：中国信息通信研究院.

数字经济与原有经济形式的整合直接促进了新型经济模式的产生，数字经济对经济的发展具有较大的正外部性意义。创新也是数字经济发展的关键要素，从创新投入来看，数字经济相关领域取得了跨越式的发展，在数字技术层面的投入增长迅速。根据中国信息通信研究院 2023 年的数据，数字经济的研发投入占 GDP 比重由 2011 年的 1.2%增长到 2023 年的 2.6%，中国数字经济领域的创业已由跟跑逐渐转为领跑，并且成为全球领域的核心产业支柱。

1.1.2.2 中国城市数字经济的发展

数字经济与数字化转型是城市经济发展的重要标识，多个研究机构对中国城市的数字经济发展做了测算。例如，新华三集团数字经济研究院构建了"城市数字化发展指数"，他们在"数字基础设施"、"数字经济"、"数字社会"、"数字政府"和"数字生态"方面构建了指标体系，在 2022 年的评估中，上海、杭州、北京位列前三名，指标得分分别为 93.6 分、92.9 分和 92.4 分。其中，上海常年位于这一榜单的首位。整体判断，城市数字经济发展水平相差较大，一线城市积极推进大数据管理体系建设，二线和三线城市特色产业发展乏力，重点领域，如环保监测、数字教育、政府服务的发展依然落后。所以，数据成为城市发展数字经济的核心动力，以数据为核心，梳理城市内外的生产要素，重新构建数字城市发展的新模式，是多数城市接下来重点关注的内容。

中国多数城市关注数字基础设施的建设，具体可能包括电信网络、互联网接入设施、数据中心、云计算、人工智能、区块链等，这些构成了一个城市数字化基础架构的核心要素，为数字经济和数字社会的快速发展提供了必要条件。例如，像杭州、成都及重庆等城市在超算、数据中心、云计算等基础设施的建设进展较快。

从各个城市发展数字经济的方式来看，很多城市制定了一系列发展战略，多以"大众创业、万众创新"为出发点，构建政策扶持体系，推动形成较大规模的数字经济产业集群。几乎各个城市都建设了数字经济产业园区，据不完全统计，截至 2022 年底，全国数字经济产业园区已超过 1 000 个，多以大数据技术、应用领域、新能源、智慧城市等为主题，以互联网、云计算、物联网等新一代信息技术的融合为基础，推进数字经济产业的快速、高效发展。

随着数字经济新动能在城市应用层面展开，城市将催生出综合、立体的城市数字经济新生态。城市发展将会向数字化全面转型，以智能化、精细化、服务化为导向的城市环境将会大幅提升城市的运行效率并改善城市的居住环境。各城市基于自身基础、环境特征、经济水平，可采取不同导向的数字经济发展路径，进而形成结构互补、产城融合和城市宜居的新生态，实现整体区域价值产出的最大化。因此，推进政府打造数字经济发展示范效应，带动更多行业、企业开放发展，打造均衡性数字城市是中国城市的主要发展方向。

以上海为例，其将城市数字化转型定为"十四五"期间发展的核心任务之一，在"经济、生活、治理"各领域进行数字化发展，根据其发布的《2023 年上海市城市数字化转型重点工作安排》的要求，上海将城市数字化进程设定为"4448 施工图"，即形成四类文件、实施四大专项行动、推进四十个重点应用、打造八个市级示范区。上海以数字城市底座为基础，将应用场景、企业节点、行业节点等建立在底座之上，以数据为纽带，实现区域与行业的全面打通。对城市数字化转型而言，产业的数字化和发展数字产业将是关键，上海市布局了 16 个领域的未来产业，促进数字产业化和产业数字化发展，推动虚拟经济和实体经济深度融合。从大众生活来看，上海从交通出行到医疗诊治、从个性化教育到数字商圈、从数字社区到数字养老进行了全面的数字化转型，到 2025 年至少建成了 50 个生活数字化转型标杆场景。从城市治理来看，"一网通办"提升了城市治理效率，上海市级、区级、街道政务服务点通过技术驱动，运用大数据和 AI 等智能化手段，努力为办事人员和办事企业打造"网购式"的服务，推动服务由被动服务向主动服务转变，提高办事速度和质量。

1.2 数字产业的概念、特征、内涵与发展路径

1.2.1 数字产业的概念与特征

1.2.1.1 数字产业的概念

数字产业的概念源于"信息产业"，在"数字"概念被大众接受之前，更多提及的是"信息产业"。在 20 世纪 90 年代，信息产业发展迅速，美国、加拿大和墨西哥制定了《北美产业分类体系》，该体系对信息产业概念进行界定，同时经济合作与发展组织（OECD）创建了"信息与通信技术"分类方法，侧重于对信息通信技术相关产业进行界定。中华人民共和国国家统计局参照行业分类国际标准将"信息通信技术"（Information and Communication Technology，ICT）产业单独列出，对信息相关产业进行统计规范，当然即使到现在，对于 ICT 产业的界定在不同国家也有差异。

随着数字经济的概念被大众接受，数字产业的概念也逐渐被提及。目前对数字产业的定义并无统一界定，同时国外对 ICT 产业相近的"数字产业"也较少单独提及，但在中国它成为较受关注的概念。本书认为在数字经济发展的当下，需要关注具有独特特点的数字产业，其更能体现数字经济发展的特征。中国信息通信研究院（2019）认为数字经济包含了数字产业化和产业数字化，数字产业化具体包括软件业、电信业、电子信息制造业和互联网行业等，产业数字化则是传统产业由于应用数字技术所导致的产业转型，以及其生产效率显著提高。一些机构和研究者认为，数字产业包括软件与信息技术服务业、互联网与服务业、电信业、电子信息制造业等 [《中国数字经济发展白皮书（2020）》；郭晗和廉玉

妍，2020]。另外一些学者认为，数字产业应该更加聚焦云计算、大数据、互联网金融等新兴产业（刘淑春，2019）。从国外的研究成果来看，直接涉及数字产业的概念较少，多与ICT产业相关，在我国的经济活动、研究报告和文献中，也会出现ICT产业和数字产业互相替代的情况。所以，可以从狭义和广义两个视角来理解数字产业的概念。

从狭义来看，数字产业是在新一代数字技术的发展方向和应用成果基础上形成的产业类型；从广义来看，数字产业是经济社会全要素数字化发展中，生产和提供数字技术、产品、服务、解决方案的一系列经济活动，根植于传统的信息通信产业，并随着数字经济和实体经济融合、数字空间建构等复杂需求的发展，加速技术融合和产业裂变，不断衍生出更多的数字新技术、新产品、新业态。

∘∘⟶【小案例】

中华人民共和国国家统计局公布的《数字经济及其核心产业统计分类（2021）》

2021年，中华人民共和国国家统计局公布了《数字经济及其核心产业统计分类（2021）》（以下简称《分类》），首次确定了数字经济的基本范围，为数字经济核算提供了统一可参照的统计标准。《分类》从"数字产业化"和"产业数字化"两个方面确定了数字经济的基本范围，将数字经济产业划分为：01数字产品制造业、02数字产品服务业、03数字技术应用业、04数字要素驱动业、05数字化效率提升业等5个大类。其中，前4大类为数字产业化部分，即数字经济核心产业，指为产业数字化发展提供数字技术、产品、服务、基础设施和解决方案，以及完全依赖于数字技术、数据要素的各类经济活动，是数字经济发展的基础。第5大类为产业数字化部分，指应用数字技术和数据资源为传统产业带来的产出增加和效率提升，是数字技术与实体经济的融合。该部分涵盖智慧农业、智能制造、智能交通、智慧物流、数字金融、数字商贸、数字社会、数字政府等数字化应用场景，体现了数字技术已经并将进一步与国民经济各行业产生深度渗透和广泛融合的趋势。中国数字经济核心产业分类如表1-3所示。

表1-3 中国数字经济核心产业分类

分　类	大　类	名　称	主要行业
数字产业化	01	数字产品制造业	计算机制造、通信及雷达设备制造、智能设备制造
	02	数字产品服务业	数字产品批发、数字产品零售、数字产品租赁
	03	数字技术应用业	软件开发、电信广播电视和卫星传输服务、信息技术服务
	04	数字要素驱动业	互联网平台、互联网批发零售、互联网金融、数字内容与媒体、信息基础设施建设
产业数字化	05	数字化效率提升业	智慧农业、智能制造、智能交通、智能物流、数字金融、数字贸易、数字社会、数字政府

资料来源：《数字经济及其核心产业统计分类（2021）》.

1.2.1.2　数字产业的特征

从产业发展逻辑看，数字产业驱动数字经济的发展，是推动现代化产业体系建设的重要支撑。数字产业具有技术密集性、知识密集性和资本密集性等特征，在技术、人才、资本等优势要素的汇聚上具有天然的"虹吸"效应，在其共同作用下释放出巨大的创新效能和溢出效应。因此，数字产业具有高创新性、高价值性和高带动性等特征。

1. 高创新性

数字产业以数字技术为核心和驱动，数字技术在当下是全球研发投入最集中、创新最活跃、应用最广泛、辐射带动作用最大的领域，数字技术改变着技术产业体系。2022 年专利合作条约（Patent Cooperation Treaty，PCT）申请量排名前五位的技术中，计算机技术、数字通信技术分列第一位和第二位，其占全部 PCT 专利申请量的比重超过 20%，远高于其他技术领域的比重。全球知名技术咨询公司加德纳（Gartner）2022 年发布的新兴技术成熟度曲线显示，发展阶段处于技术萌芽期、期望膨胀期的 25 项技术，均与数字技术直接相关，大部分技术将在未来 5～10 年进入成熟应用阶段。

2. 高价值性

数字产业技术壁垒高，产品和服务难以被替代，因此能够取得更主动的市场地位，处于价值链的中高端位置。在人工智能技术高速发展的当下，全球领先科技企业都在大规模布局人工智能大模型训练，AI 芯片成为"硬通货"。例如，芯片公司英伟达 2023 年 7 月 31 日公布的最新季度财报显示，公司营收同比增长 101%，净利润同比增长 843%，毛利率达到 70.1%，创历史新高，市值达到英特尔的 7 倍。芯片公司英伟达的 AI 旗舰芯片 H100 价格高达 4 万美元，仍是"一芯难求"。又如特斯拉最核心的技术变革在于通过软件赋能汽车，为汽车增加了更多附加值，特斯拉 2022 年的车辆销售利润率为 28.5%，单台车利润为 10 458 美元（约合人民币 72 966 元），比亚迪的利润率则是 3.9%左右，每卖出一台车只能赚 9 000 元人民币左右，特斯拉的利润率是比亚迪利润率的 7 倍多。

3. 高带动性

数字产业具有较大的乘数效应，通过数字技术、数据要素向经济社会各领域融合、赋能，能够带动更多的产业实现质量变革、效率变革和动力变革，推动产业实现高质量发展。第一，在数字技术的赋能下，传统产业的生产技术能力显著增强，并能通过产品数据的全生命周期管理，以"产品+服务"实现价值链的提升，深化实体经济质量变革。例如，三一重工基于"根云"工业互联网平台，把分布在全球的 30 万台设备接入该平台，实时采集近 1 万个运行参数，利用云计算和大数据，远程管理庞大设备群的运行，实现了故障维修 2 小时内到达现场、24 小时内完成维修操作。第二，数字技术全方位重塑传统产业的创新范式、生产方式、组织架构和商业模式，推动传统产业向更加依靠创新驱动转变，提升全要素生产率，促使实体经济效率变革。美国咨询公司麦肯锡关于生成式人工智能（AIGC）的一份最新报告显示，生成式人工智能的广泛应用将为全球经济带来每年 2.6 万亿～4.4 万亿美元的增长，相当于英国 2021 年的 GDP 数值。第三，数据、平台、网络等赋能传统产业构建起多主体参与、多要素融通的产业生态系统，催生智能化生产、网络化协同、个性化定制等新模式和新业态，引导了先进制造业新方向，加速实体经济动力变革。比如，阿里巴巴打造的"犀牛智造"新制造平台，为犀牛工厂配备了"智慧大脑"，以数字化设计系统联动需求端和供给端进行生产销售的双向匹配，将行业原本平均 1 000 件起订、15 天交付缩短到 100 件起订、7 天交货，为中小服装制造企业提供小单量、多批次、高效率、高品质的生产选择。

1.2.2　数字产业的内涵与发展路径

1.2.2.1　数字产业的内涵

数字产业的基本内涵可以从数据和技术本源两个视角进行分析。从数据来看，数字经济以数据为关键要素，数字产业作为数字经济的核心产业部门，应以数据为生产对象，一个产业是否属于数字产业，关键在于其是否具备获取、生产、处理和应用数据的能力；从技术本源来看，数字产业的技术核心是要促进数据在人、物理世界、数字世界之间的循环流通和价值释放，数字产业的"技术"是由一系列技术组成的技术体系，主要包括感知、网络、存储、计算、算法、控制、交互等 7 类技术，是数字产业的技术基础。

数字产业是数字经济核心产业的关键主体，一方面，数字产业是产业发展口径，产业的核心是承载和处理数据流，可通过技术主线构建产业链关系，决定了数字经济发展的核心竞争力，更适用于产业政策设计；另一方面，数字经济核心产业是经济统计口径，强调数字产品和服务关联的生产活动，更适用于产业规模统计。例如，互联网批发零售作为关联的互联网生产活动纳入数字经济核心产业规模统计，但其本身是通过互联网平台来进行批发零售活动的，只有互联网平台提供技术服务的部分才属于数字产业，而批发零售部分仍属于传统的流通服务，核心不是处理数据而是促进流通，就不属于数字产业。

从数字技术的发展逻辑来看，数字技术构建了"人-数-物"数据循环新体系，循环主体日益多元化、循环路径日益复杂化，带动了各类数字技术的演进升级，并进一步催生支撑性、集成式的软件开发工具技术，发挥"连接器"和"聚合器"作用，带动了各式各样新的产业体系形成。如先进计算、人工智能、虚拟现实、智能网联汽车等数字产业呈现出技术颠覆性强、软硬一体化协同程度高、行业应用场景丰富等特点，成为引领未来发展的战略性产业，并且成为数字产业的核心。

1.2.2.2　数字产业的发展路径

数字产业发展呈现出软硬一体、标准引领、开源创新、平台协作、人才集聚等特点，这些特点决定了数字产业的发展模式不再是传统的链式结构模式，更要依赖创新、要素、市场等方面的生态化运营，这对产业政策支持从投资导向加速转为以要素融通、公共服务、市场应用为核心的生态营造导向，并对此提出了高要求。

一是数字产业对创新的先行优势锁定路径。数字产业创新具有突出的生态性，创新的先行者不仅掌握关键技术，还会在推动技术发展的过程中建立专利壁垒，对技术产品化、工程化涉及的架构、工艺、流程设立高标准门槛，进而带动上游供应商、下游服务商构建生态堡垒。比如，硅谷半导体产业集群持续繁荣的关键在于构建了覆盖硬件（芯片、显卡等）、系统软件（CUDA等）、软件平台、应用框架（AI开发框架等）等的技术产业生态，并联合开发者大量开发应用场景，保持先进产品市场活力。印度班加罗尔软件产业集群的核心优势在于拥有成熟的软件开发管理流程，集群企业最早采用软件工程管理能力成熟度模型（CMM）标准（由美国卡内基梅隆大学软件工程研究所于1987年推出），据统计，全球被评定为CMM4级或CMM5级的公司有一半来自印度。相比而言，我国传统产业集群创新的方法较多采用引进掌握关键技术的行业龙头企业，通过大规模投入并快速推动技术本地扩散和产业化，但难以适应数字技术的创新逻辑，容易因缺乏技术生态运营能力而造成集群产业生态出现被"卡脖子"的现象，即便掌握技术也会面临发展后劲不足的难题。

二是数字产业发展"虚拟集聚效应"显著。数字产业发展具有突出的应用牵引性，通过技术根植于"芯片+操作系统"的基础软硬件体系架构上，并依托通信网络、平台环境对制造活动进行在线远程控制，或者跨时空提供数字化产品或服务，进而吸引用户、供应商、服务商等产业要素资源在数字空间（虚拟环境）中集聚和协同。这从根本上颠覆了传统产业集群的地理空间集聚逻辑，并因数字空间生产的无边界性导致产业不完全在属地直接贡献经济效益。针对数字产业地理集聚效应削弱的规律性变化，集群培育应进一步着眼于人才和市场优势。一方面，利用人才地理集聚的生存逻辑，创建好人才扎根本地的创新环境，有效把控产业研发环节，为集群创造更多的技术策源和溢出红利；另一方面，推动本地产业数字化转型升级，释放市场需求红利，鼓励数字化服务本地化运营，在有效把控数字化产品和服务的生产环节的同时，从传统产业升级中创造新经济增量。

三是数字产业竞争"无边界拓展"。数字产业竞争具有极强的颠覆性，如同智能手机取代无线手机、微信取代短信，来自不同技术领域的跨界创新可能产生"降维打击"，曾经市场地位牢不可破的行业龙头乃至集群发展现状将可能被逆转。在数字产业集群的竞争机制设计中，要在企业服务基础上打造全周期集群生态系统，推动产业要素融通，激发新兴企业潜在的颠覆能力。比如，纽约曼哈顿南部地区为解决房屋空置率较高的问题，招纳互联网精英企业，并聚焦"互联网+媒体服务"领域发展数字媒体产业，在社交网络的加速下形成硅巷新媒体高地。深圳新一代信息通信产业集群也在做跨界运营，推动数字制造、软件应用与航空、医疗等的融合创新，培育形成大疆（无人机）、迈瑞医疗（体外诊断及医疗影像数字化解决方案）等创新型企业，在新产品新模式中占据领先地位并发展壮大，成为未来集群竞争力的中坚力量。

1.3　全球与中国数字产业发展态势

1.3.1　全球数字产业发展态势

1.3.1.1　数字产业战略布局

数字产业已成为掌握科技竞争战略主动技术、保持数字经济发展领先优势、保障国家安全的主阵地。

美国在数字技术研发实力、数字企业全球竞争力方面处于领先地位。在关键技术研发方面，制定《关键和新兴技术国家战略》和《关键与新兴技术清单》，明确在先进计算、先进制造、人工智能、自主系统与机器人、通信和网络技术、人机界面技术、量子信息技术、半导体与微电子技术等重点发展领域，指导科技政策的制定和资源分配，设定研发投资路线图；在数字技术应用方面，在国家科学基金会内设立技术、创新和合作部，推动数字科技优势转化为应用创新和产业优势；在全球产业布局方面，实施强有力的选择性产业政策和区域发展政策，发布《芯片与科学法案》，寻求逆转数字产业制造环节外流趋势的方法；在新兴标准制定方面，发布《关键和新兴技术的国家标准战略》，更加积极地抢占新兴领域标准和规则制定先手，确保掌握新兴技术领域内的标准与规则的主导话语权。

英国、法国、德国、日本等国加快布局国家数字科技战略，积极构建符合自身利益的数字产业治理规则体系。英国发布实施《国际技术战略》《英国科技框架》，优先关注人工智能、量子技术、工程生物技术、半导体和未来通信技术；法国大力布局 5G、人工智能、数字制造等前沿领域，推行《法国人工智能发展战略》《5G 发展路线图》《利用数字技术促进工业转型的方案》等发展策略；德国出台《开放数据战略》《联邦政府人工智能战略要点》《数字化战略》等文件，对数字化发展作出战略安排；日本实施"数字新政"，举国推动半导体材料、关键元器件等数字产业发展。发布《量子未来社会愿景》，从技术领域和促进创新两方面推动量子技术的发展。

此外，新兴经济体积极承接领先国家产业转移，推动原有产业加快数字化升级。如新加坡发布《国家人工智能战略》，提出到 2030 年，将新加坡建设成为开发和部署可扩展、有影响力的人工智能解决方案的领导者。印度、越南等国充分利用成本优势，加大政策优惠力度，积极承接领先国家的数字产业链、供应链转移。其中，印度与美国在半导体、人工智能等领域达成系列合作协议，苹果、戴尔等数字龙头企业逐步将产能向印度转移。

1.3.1.2　行业竞争格局

数字企业凭借技术、数据、算法、平台等关键要素优势，实现快速崛起，并掌握了发展主动权，深刻改变了行业竞争格局。

一方面，数字企业成为新的产业主体，苹果、谷歌、脸书等龙头企业用网络连接用户，用数据进行生产，能够跨越国界提供 7×24 小时不掉线的服务，逐步替代传统银行、能源、零售等优势企业，跻身全球公司市值前十榜单，而且经济实力"大可敌国"。从近三十年全球公司市值前十榜单的变化来看，1990 年前后，80%的上榜企业为银行，包括日本三菱银行、日本兴业银行等。2000 年前后，50%的上榜企业为电信企业，包括日本 2 家、美国 1 家、德国 1 家，同时微软、思科、英特尔崭露头角、异军突起。2010 年前后，受全球能源生产和消费上涨的影响，中国石油、美国埃克森美孚、澳大利亚必和必拓、巴西国家石油等能源资源企业进入榜单行列。如今，80%的上榜企业均为数字企业，在芯片、操作系统、社交网络、电子商务等领域占据了垄断性地位。例如，亚马逊是最早开始经营电子商务的公司之一，成立于 1994 年，从最早单纯销售纸质书，到现在成为全球商品品种最多的网上零售商，占据美国电商市场份额的 40%，远超排名第二的沃尔玛。

另一方面，领先数字企业持续加强"硬科技"赛道布局，加大数字科技新兴领域研发投入和业务创新力度，并依托数字技术优势加速与实体经济融合，推动传统行业颠覆式创新。在"硬科技"创新层面，美国数字平台四巨头均加大布局力度，如亚马逊投资芯片、无人机和机器人领域，谷歌母公司阿尔法贝特（Alphabet）布局人工智能和机器学习技术，脸书改名为 Meta 并大力发展虚拟现实（Virfual Reality，VR）硬件，苹果（Apple）开展自有芯片设计。再比如，马斯克成立人工智能公司 xAI、苹果发布混合现实（MR）头显设备 VisionPro、微软在 Windows11 中引入 AI 功能插件 Copilot、英特尔布局 AI 笔记本电脑，均是凭借掌握数字产业"根技术"优势，不断抢占前沿技术和产品领域先机，从而持续控制全球产业链，占据价值链中高端地位。在数实融合层面，数字企业改变传统技术路径，跨界整合行业资源，变革旧有商业模式，全面颠覆传统行业。如特斯拉凭借超过 4 亿行代码的车载和车控软件及自动驾驶系统，重新定义了汽车制造技术。美国最大的风电公司新世代能源公司（NextEra Energy，NEE）采用先进的技术和数据分析方法，优化电力供应链、市场交易和风险管理，重新定义了能源服务，市值超过了传统能源行业巨头埃克森美孚。新媒体公司奈飞（Netflix）创新了在线媒体运营方式，通过算法分析用户观看偏好，为用户精准投放新闻，以在线订阅模式提供影片观看服务，在疫情之后实现用户数量和营收的大幅增长。还有爱彼迎（Airbnb）、贝宝（PayPal）、可汗学院（Khan Academy）等，都是运用数字技术创新了产品和商业模式，对住宿、金融、教育等传统行业进行了全新变革。

➡【小案例】

奈飞的发展

作为全球最大的流媒体服务商，奈飞（Netflix）从一家线上多用途数字光盘（DVD）租赁公司逐渐成长为流媒体行业中最具价值的黑马，根源就在于其将大数据作为核心资产。具体而言，奈飞公司将大数据技术应用到其整个商业模式的各个方面，特别是在智能推荐和影视创作两个方面表现得尤为突出。

一方面，公司利用大数据的预测功能来实现智能推荐以吸引用户。为了尽可能多地拓展新用户和留存老用户，公司通过收集和分析用户的节目搜索、观影记录、影视评分、网络互动等多维度数据，针对不同用户对影视作品的偏好来设计和呈现不同的检索界面，实现为平台用户提供高度个性化的观影体验。公司全球传播总监 Koris Avers 早在 2013 年就曾表示，奈飞拥有 3 300 万个不同的智能推荐版本，这吸引了一大批用户的关注。据 2021 年第三季度财报显示，公司全球用户已经达到 2.14 亿人次。

另一方面，公司还将大数据技术应用于影视作品创作。首席内容官 Ted Sarandos 与团队在分析了 3 000 万条平台用户的观影习惯数据后，最终决定投资 1 亿美元开发《纸牌屋》，使其一战成名。从奈飞的成功经验中我们可以清晰地认识到，大数据在企业洞察顾客和实施产品创新方面具有惊人的力量，随着企业对其进一步的延伸应用，可以预见，其将在企业的营销活动中发挥巨大的作用。

资料来源：腾讯网. 大数据是万能的吗？——从 Netlix 失速看大数据决策陷阱，2022.

此外，数字产业创新催生一大批"独角兽"企业（一般指成立不超过 10 年，估值超过 10 亿美元，少部分估值超过 100 亿美元的企业）快速发展。入选 2023 年胡润全球"独角兽"榜单的数字经济企业数量为 1 177 家，占"独角兽"企业总数的 86.5%，企业服务、区块链、物流、网络安全、人工智能等数字产业领域成为"独角兽"企业数量增长最快的领域。其中，美国、中国作为全球数字经济"独角兽"企业分布"双强"，数字产业领域"独角兽"企业数量和总估值分别为 316 家、160 家和 10 706 亿美元、6 573 亿美元。美国"独角兽"总估值和平均估值最高的领域涵盖软件服务、航天、人工智能、大数据等领域。中国独角兽企业主要涉及半导体芯片、新能源汽车、机器人等关键领域。

1.3.1.3 数字化转型情况

全球产业数字化转型进程全面开启，企业数字化转型投资力度持续加大，云计算、大数据、人工智能、5G 等数字技术创新应用活跃，为数字产业发展创造了巨大的需求空间和广阔的价值前景。

一是全球数字化转型需求带动相关数字化投资量持续增长。根据国际数据公司（IDC）报告显示，2022 年全球 ICT 市场总支出规模约为 4.7 万亿美元，并有望在 2027 年增至 6.2 万亿美元，五年复合增长率（CAGR）为 5.7%。2022 年全球数字化转型投资规模超过 1.5 万亿美元，并有望在 2026 年迈过 3 万亿美元的大关，2021—2026 年五年复合增长率约为 16.7%；同时，全球制造业数字化转型支出最高，占比达 30%，其次是专业服务和零售业。未来五年，金融服务业数字化转型将增速最快，其中，证券和投资服务、保险和银行业数字化转型支出年复合增长率将达到 19% 或以上。

二是数字技术应用加速传统行业全要素、全流程、全方位数字化转型，促进传统行业根本性变革。在制造业方面，人员、设备、物料、系统等通过数字技术实现了跨时空全面连接，变革了原有生产组织方式，加快由流水线生产方式，向网络化协同制造、大规模个性化定制、智能化服务等方式转变。比如，西门子在德国的安贝格工厂被誉为"未来工厂"，3/4 的工作都由智能设备和系统自主处理，同等工厂规模和员工数量条件下，工厂产能是原来的 8 倍，每 1 秒生产出一个产品，产品合格率为 99.998 5%。在服务业方面，数字技术、数字平台的应用减少了空间距离对贸易的约束，增强了服务的可贸易性，使得原本局限于现场的音乐表演、体育赛事、医疗教育等服务可面向全球输出，进而拓展了服务贸易的空间。据 WTO 测算，2021—2030 年的 10 年间，数字技术的应用将使全球贸易数量每年增长 2%，发展中国家的贸易数量每年增长 2.5%。数字贸易在全球服务贸易中的主导地位正在逐步显现。根据联合国贸易和发展会议报告相关数据显示，2011—2020 年全球数字化服务贸易规模由 40 802 亿美元增长至 58 904 亿美元，全球数字服务贸易规模占服务贸易的比重由 2011 年的 46.5%增长至 2020 年的 61.2%。预计到 2030 年，全球数字服务贸易占服务贸易的比重将达 75%。

1.3.2　中国数字产业发展态势

1.3.2.1　发展现状

中国基本建立以数字产品制造业、数字产品服务业、数字技术应用业、数字要素驱动业为代表的数字经济核心产业体系，该体系规模庞大、门类众多，位居世界前列，在全球价值链中处于重要地位。

从具体产业来看，2020—2022 年间，电子信息制造业、软件和信息技术服务业、互联网和相关服务业、通信业的业务收入复合平均增长率分别为 8.4%、9.8%、4.4%、5.1%；2023 年，这四大行业的业务收入同比增长率分别为 3.4%、13.4%、6.8%、16.8%，对经济发展起到了积极带动作用。在消费电子方面，我国处于全球消费电子加工制造业的中心地位。整机产品产量全球领先，新型智能手机、商用无人机等领域数字产品高端化和品牌化进程明显。我国智能网联汽车产量已连续 7 年位居世界第一，并且在续航里程、操控性能、充换电便利度、智能化水平等方面有很大进步。根据中国汽车工业协会的数据显示，2023 年中国新能源汽车产销量分别达到了 958.7 万辆和 949.5 万辆，同比增长率分别为 35.8%和 37.9%，市场占有率达到 31.6%。在软件和信息技术服务业方面，产业年均增速达 16%，核心技术持续突破，关键产品加速涌现，操作系统、数据库、中间件、办公软件等领域创造出一系列标志性创新产品，高精度导航、智能电网、智慧物流、小程序等应用软件的发展全球领先，5G、云计算、平台软件等领域形成一批国际知名品牌，部分品牌达到国际先进水平。在互联网和相关服务业方面，2015—2022 年，我国超过 10 亿美元的互联网平台总价值由 7 702 亿美元增长到 35 043 亿美元，年均复合增长率达 35.4%。阿里巴巴、腾讯、百度、美团等头部企业稳健发展，字节跳动、拼多多、快手、小红书等企业发展迅猛，为数字经济新业态和新模式提供了巨大推动力量。

从新型数字产业来看，在云计算方面，行业持续高速发展，市场规模超过 4 550 亿元人民币，近年来年均增速超过 30%，阿里云、华为云、腾讯云和百度智能云市场占 80% 以上。在数据要素产业方面，数商行业企业数量超过 197 万家，数据交易平台 40 余家，数据交易规模约为 250 亿元人民币，数据要素市场加快形成。在人工智能产业方面，据测算，2013 年到 2023 年一季度，我国申请 AI 专利量达 48 万件，占全球 AI 专利量的比重为 68%，智能芯片、开源框架等关键技术快速发展，人工智能大模型应用深入各行业领域。在虚拟现实方面，我国市场出货量有望达到 1 600 万台，年均增速高达 68%，在各行各业的应用日益广泛，增强现实（Augmented Reality，AR）眼镜用于设备数据实时展示、辅助自动巡检、数据自动化管理、预警式故障处理、远程专家诊断和远程智能控制等应用场景，VR 看房解决方案、VR 未来教室、VR 元宇宙展厅等与各行各业融合催生的新应用不断涌现。2013—2019 年中国软件和信息技术服务业业务收入和利润情况如图 1-4 所示。

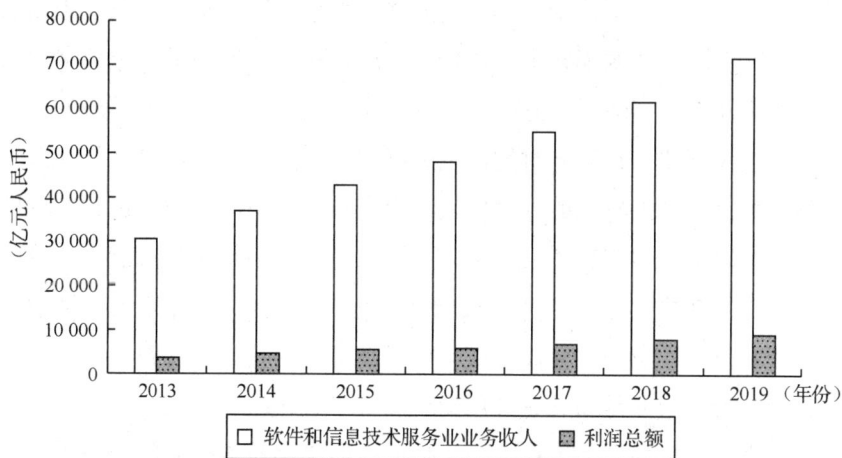

图 1-4 2013—2019 年中国软件和信息技术服务业业务收入和利润情况

资料来源：中国工业和信息化部.

从企业发展来看，信息通信、电子信息制造、互联网平台等领域的领先企业持续在创新能力培育、品牌影响力提升、产业链带动方面发力，不断释放"链主"效应。在电子信息领域，电子信息百强企业中不足全行业 0.5% 的企业数量支撑了全行业 60% 的国家税金上缴，实现了 40% 的行业销售收入、50% 的行业利润，为全行业高质量发展发挥了重要作用。其中，2022 年电子信息百强企业主营业务收入占规模以上电子信息制造业收入比重接近 40%，增速高于行业平均水平 2.3 个百分点，收入超千亿企业达 13 家，研发投入强度达 6.4%，拥有发明专利数占总量比重超过 70%。在软件领域，软件和信息技术服务百强企业收入占全行业收入比重超过 25%，研发投入占全行业比重达 27.9%，收入超千亿元的企业达 10 家。专精特新"小巨人"企业中超过 30%企业集中在新一代信息技术、高端装备制造等数字经济领域，上市企业平均授权专利增速超过其他制造业上市企业。"独角兽"企业数量居全球第二，金融科技、软件服务、电子商务、人工智能等数字经济产业领域"独角兽"企业快速成长，正在逐步解决自贸易摩擦以来形成的部分"卡脖子"问题，部分细分赛道里产生了排名前列的"隐形冠军"。

1.3.2.2 发展机遇

我国正处于实现中华民族伟大复兴的关键时期，这一时期与数字产业的快速发展同步交织、相互激荡，构成我们全面建设社会主义现代化国家的历史坐标和时代背景。站在新的发展起点上，我们发展数字产业仍处于重要的战略机遇期，在面临新的发展机遇的同时，我们需要应对更多不确定的风险与挑战，必须准确把握时与势的总体趋势和发展变化，在危机中育先机，于变局中开新局。

一是社会主义制度优势助力数字产业化高水平自立自强发展。我国正在加快构建社会主义市场经济条件下新型举国体制，将集中力量办大事的制度优势与超大规模的市场优势相结合，同时发挥市场在资源配置中的决定性作用，对于加快突破关键数字技术、提高数字产业创新体系整体效能创造了良好机遇。一方面，数字产业正处于系统创新、群体突破和深度融合的重大变革期，在这一时期，重大基础性、战略性和前沿性创新面临巨大的挑战，由企业和市场承担这些挑战的难度增大，数字技术创新面临的共性和普遍性问题需要政府积极创造条件解决。中国特色社会主义制度具有强大的组织动员能力、统筹协调能力和贯彻执行能力，在集中力量办大事方面能够"全国一盘棋"，并通过新型举国体制调动政府力量和市场力量协同发力，从而能够集中力量久久为功，实现数字产业创新的中长期突破；另一方面，数字产业创新具有突出的市场牵引、迭代演进特点，这意味着数字产业创新需要与市场需求紧密衔接，通过多元主体的应用推动技术基础能力积累、短板补足和创新迭代。我国超大规模的市场为数字产业创新发展提供了强大的需求激励，由于我国集聚了丰富的优质劳动力资源和大量的资金供给，吸引更多优秀国际创新资源向我国汇聚，为我国数字产业注入更多创新活力。

二是海量数据资源为数字产业扩面升级提供创新源泉。数据是数字产业发展的中心和主线。特别是以 ChatGPT 为代表的人工智能大模型训练模式，为数字技术创新提供了根本性变革动力，更进一步凸显数据，尤其是高质量、规模化的数据在数字产业创新中的基础性作用。经过多年发展，我国数字基础设施建设发展速度领先全球，也带动了海量数据资源的持续积累和循环流转。2022 年，我国数据产量达到 8.1 ZB，同比增加 22.7%，占全球数据总产量（77 ZB）的比重达 10.5%，仅次于美国位列全球第二，是全球数据资源大国。据国际数据公司预测，到 2025 年，我国拥有的数据量将占全球数据总量的 27.8%，高于美国的 17.5%的占比，成为数据资源第一大国。我国人口基数大、网民数量多，活跃用户每天产生海量数据，为数据资源不断攀升提供源源不断的动力。以携程平台为例，4 亿人次用户每天产生的数据量超过 50 万亿字节。海量数据资源承载着宝贵的知识、经验和过程，传递着形式丰富、动态更新的经济社会信息，引领和带动传统要素间的相互链接、全面协同和互促共进，能够为数字产业创新提供更多的发展机会。

三是丰富应用场景不断拓展数字产业高质量发展空间。我国拥有丰富应用场景的优势，不仅是依托 14 亿人口衍生出的数字消费市场，还有根植于体系完备的制造业创造出的产业数字化转型市场。一方面，我国数字消费市场活跃度高，已经成为全球最大的网络零售市场、网购人群和移动支付规模的国家，能够支撑数字消费场景的不断涌现和持续更新，也为数字产业的技术创新、产品规模化应用和产业链构建提供持续不断的场景支持。另一方面，我国还是全球唯一拥有联合国产业分类全部 41 个工业大类、207 个中类、666 个小类的国家，工业经济总量位居全球第一。当前，我国正积极推进新型工业化建设，对走中国特色的数字技术和实体经济融合发展道路提出了战略要求，多行业技术、知识、工艺、经验等的长期性积累，将为数字产业创新提供更多的关键供给，促使数字产业依靠制造业场景的发展提档升级。

四是大量人才储备成为数字产业可持续发展的原动力。数字人才是数字产业发展的第一资源，数字人才的数量和质量决定了数字产业的发展水平。第一，是拥有大量高素质数字人才队伍。据全球知名开源社区 GitHub 数据显示，2021 年我国程序员数量达 755 万人，占全球程序员数量的比重为 10.3%，位列全球第二。第二，是数字人才供给数量快速增长。我国研发人员总量自 2013 年超过美国，已连续多年位居全球第一，理科类硕士以上毕业生总数占比不断提高，高校毕业生和工程师源源不断地补充。比如，2022 年通信和互联网领域相关专业毕业生人数达 159 万人，占毕业生总数的 15%，在全部 19 个分行业中位列第一。《2022 中国数字经济人才发展报告》显示，2022 年我国数字经济人才从业数量接近 3 000 万人，带动就业人数 2.74 亿人。第三，海外精英投身国内数字产业发展的热情持续增长。猎聘等人才平台数据显示，"互联网/IT 行业"位列近三年留学归国人员就业意向选择的首位，占比呈逐年递增态势。许多有国际视野、先进技术的优质人才出国深造后选择回到祖国发展，将为数字产业的发展注入更多新鲜的血液。

1.3.2.3 主要挑战

一是基础数字技术底座的对外依存度较高。核心技术瓶颈问题突出，特别是在核心基础零部件（元器件）、关键基础材料、先进基础工艺、基础软件和基础产业技术领域存在短板，并且不是短期能够解决的问题。例如，核心芯片、智能传感器等关键硬件，在生产控制、资源管理类等高端软件方面，与国际先进水平差距较大，80%以上的集成电路芯片依赖进口，90%以上的高端工业软件被国外厂商垄断，50%左右的工业云平台采用国外开源架构。自主技术产业生态尚未完全建立，70%以上服务器操作系统基于美国红帽（Red Hat）公司 CentOS 开发，在云计算基础设施领域，这一比例更是高达 90%；国内工业软件多基于 Wintel（Window+Intel）底层架构开发，个别基于 Linux 开发，但因成本等因素影响尚未形成行业生态，仍需持续不懈努力。

二是数字企业"出海"形势日益严峻。美西方国家以安全审查为由打压遏制我国数字企业的发展，压缩我国企业生存空间。比如，美国禁止进口或销售华为、中兴等中企制造的通信和监控设备，理由是这些设备可能对美国国家安全构成不可控制的风险；借助数据跨境流动问题，对字节跳动旗下 TikTok 平台开展审查。借助数据治理政策增加数字贸易"壁垒"，抬高我国数字企业海外经营门槛。比如，欧盟通过《数字市场法案》强化对进入本土市场的数字企业及产品的审查和监管，加大我国具备优势的平台企业在欧盟的经营风险；此外，欧盟将日本、韩国、英国、美国等国家列入其数据跨境传输"白名单"，但将我国排除在外，我国企业开展涉欧数据跨境活动，需要"一事一议"评估传输风险。同时，我国大量企业仍习惯于依赖国内市场，海外布局经验不足。

三是数字产业治理体系尚未健全。在国内方面，新模式、新业态、新产业等层出不穷，新兴领域法律空白、监管盲区问题凸显，我国出台《中华人民共和国数据安全法》《中华人民共和国网络安全法》等法规，加强网络治理，但对于满足大数据高效处理的需要仍有差距，关键信息基础设施、用户个人信息、网络数据安全等仍具有风险隐患。同时，企业数据治理能力不足的问题仍突出，数据治理能力需进一步加强；在国际方面，主要经济体围绕数字经济治理的竞争不断升级，数字规则博弈日趋激烈。美西方国家实施规则"排华""脱钩"，技术和产业体系"去中国化"风险上升，我们在数字经济国际规则布局上能力仍显不足。此外，美西方国家在与我国数字平台竞争方面，已形成一套由"企业竞争"与"政府监管"共同发力的完整战略竞争框架。

本章小结

本章首先分析了数字经济的基本概念，阐述了数字产业的内涵，介绍了数字产业的特征，还进一步剖析了全球和中国数字产业的发展趋势，希望读者对数字产业有整体的了解。

复习思考题

1．谈谈自己对数字经济发展的感受。
2．谈谈自己对数字产业的内涵和实践的理解。
3．谈谈我国数字产业发展面临的挑战和可能的解决思路。

●●● →【本章案例学习】

零售即服务：b8ta 体验店的崛起

2015 年 b8ta 体验店创立于美国，b8ta 体验店以实体店铺为载体，以数据管理为核心，希望不断探索"零售即服务"（Retail-as-a-Service，RaaS）的全新商业模式。以最初在美国 Palo Alto 开设了一家实验性商店为起点，b8ta 体验店在美国设有 23 家商店、在迪拜设有 1 家商店，以及进入日本的 2 家商店，与超过 1 000 个品牌建立了合作关系，到访消费者超过 5 000 万人次。

b8ta 体验店创立的初衷是解决中小型产品制造商在传统零售模式中遇到的问题——产品生产出来了，铺到什么渠道上去？这条渠道跟消费者之间的互动关系是否直接？我怎么才能了解这条渠道中消费者的属性？所以，b8ta 体验店希望提供一个制造商自主积累、发挥品牌经验的平台。

1. 数据的及时反馈

每间 b8ta 商店架设数十台到百余台不等的摄影机、探测器，随时记录每一个消费者进店后的细节行为。每个品牌的产品旁边会设有平板计算机介绍产品详情，可以观看视频指南、比较价格，也可以在线下单。消费者年龄、性别、在不同产品前的停留时间、各个产品在不同时段的体验人数、不同产品之间的关联性等，所有收集到的数据会在每天营业结束后统计、反馈给各个制造商，帮助他们更及时并灵活地优化产品、更新文案、调整价格、推出更适宜的营销活动甚至是助力后续开店选址等。

2. 风险的有效降低

除了产品这一核心内容，开设实体店还必须具备一整套的服务体系。对于中小型、初创型企业来说，这也是成功开店路上的一大障碍。b8ta 体验店则是将零售业经营需要的其他服务一并"打包"，包括库存或销售管理、物流管理、销售人员的招聘和培训等均被统一负责起来，制造商只要专注自身产品就好，无须花费大量时间和精力在其他日常运营方面，从而降低开店风险。对于提供的场地和"打包"服务，b8ta 体验店按月收取固定费用（每月 1 500～2 000 美元），承租期间卖出的所有商品金额不再被抽成。

3. 为消费者创造"探索"乐趣

对于消费者一端，b8ta 体验店认为"有些产品在线购买就足够了，因此，商店应该成为发现和体验新价值的地方"。为了最大限度地保证新颖性，并且提高逛街的娱乐性，b8ta 体验店主要选取的产品通常以最新的、极具创意性的科技产品为主。消费者在店内可以试用体验，通过产品一旁的平板计算机查看详细介绍，减少网购前的不确定性。

b8ta 体验店强调自己是"专为发现而设计的零售"，通过产品与消费者之间的直接"对话"，希望让人们能够与"意想不到"的产品"不期而遇"，获得快乐感受。为此，商店内也特别关注不同产品的摆放位置，会依据收集的数据来安排产品的位置与店内动线，如"喜

23

欢此产品的人似乎也喜欢这款产品，因此我们将其放在一起"。创建更多让消费者享受"发现"的机制，才能将传统零售从以"购买"为主导转变为以"体验"为主导。

作为一个连接平台，b8ta体验店透过新体验互动环境的设置，为产品制造商创造了直接观察、理解、分析消费者的机会，让需求端的画像更为清晰。制造商或品牌租用一个商业空间，获得的不仅是货架、渠道、服务、软件系统，更是真实的消费数据。当体验变得越来越重要，各方都在绞尽脑汁去围绕核心需求——"人"的价值来设计产品、空间、活动。但需要看到的是，商业并不是与需求端之间的单向链接，从一间店铺到一个项目，商业更像是一个大平台，连接着包括供给端在内的更多方面。

资料来源：搜狐.

案例讨论题

在数字经济时代，b8ta体验店的模式有何创新之处？为数字营销的应用带来什么样的启示？

本章主要参考文献

[1] 王如玉，梁琦，李广乾. 虚拟集聚：新一代信息技术与实体经济深度融合的空间组织新形态[J]. 管理世界，2018（2）：5.

[2] 许宪春，张美慧. 中国数字经济规模测算研究——基于国际比较的视角[J]. 中国工业经济，2020（5）：23-41.

[3] 王俊豪，周晟佳. 中国数字产业发展的现状，特征及其溢出效应[J]. 数量经济技术经济研究，2021（3）：17.

[4] 蔡跃洲，牛新星. 中国数字经济增加值规模测算及结构分析[J]. 中国社会科学，2021（11）：4-30.

[5] 易宪容，陈颖颖，位玉双. 数字经济中的几个重大理论问题研究——基于现代经济学的一般性分析[J]. 经济学家，2019（7）：9.

第 2 章

数字产业与数字产业化

⟶【引言】

　　本章基于对数字产业的特征和数字产业化概念的探讨，深入研究我国数字产业化的现状和发展趋势，同时探讨数字产业化所面临的挑战及相应的应对策略。最后，全面介绍我国数字产业化的主要模式和发展路径。章节内容包括数字产业的独特特征和数字产业化的基本概念，详细分析我国数字产业化的发展现状与趋势，深刻揭示数字产业化面临的挑战及其应对策略，最终全方位阐述我国数字产业化的主要模式与发展路径。通过对这些内容的学习，能够全面地了解我国数字产业化的各个层面，为深化对数字经济发展的探讨提供理论和实践支持。

⟶【本章学习目标】

1. 理解数字经济的基本概念与特点
2. 理解数字产业的基本概念与特点
3. 理解数字产业策略和全球发展趋势

⟶【开篇小案例】

阿里云：十年磨一剑，从模仿到超越

　　经过十多年的发展，IT 基础设施建设完善，云计算市场认知度提升，行业飞速发展，部分厂商已实现盈利。行业竞争进入深水区，定制化服务、混合云成为竞争焦点，头部厂商优势稳固，第二梯队厂商探索差异化竞争道路，2023 年左右迎来业绩拐点，值得关注。

　　阿里巴巴披露的 2020 年第四季度季报首次实现 EBITA 盈利，引起市场高度关注。云计算产业壁垒深厚，马太效应明显。当前全球云计算厂商中仅有亚马逊云（AWS）、微软云（Azure）、阿里云实现盈利。

　　阿里云跻身全球头部云计算厂商与公司管理层的战略远见高度一致。在 2009 年，商业社会与资本界对云计算的认识仍然不足，阿里巴巴却将云计算与大数据作为发展战略，

这主要出于以下原因。

（1）在云服务出现之前，阿里巴巴等科技公司需投入大量 IT 基础设施支撑业务，对海外厂商的 Oracle 数据库、IBM 或 HP 的小型机或服务器、EMC 的存储产品等依赖度高，资本开支巨大，且后期运维不便。

（2）电商等业务迅速发展，传统 IT 架构已无法支撑如此高并发量的处理能力，且资源扩展灵活性差。

（3）将公司非高峰期的剩余算力开放提供给客户使用，在投入成本不变的情况下可形成价值增量。

2015 年以后公司产品发布与迭代主要遵循三条主线，分别为：①将中台能力（特别是数据及人工智能相关技术）输出赋能千行百业；②打造混合云、专有云，主动进攻政企市场；③深耕云原生技术，自研 AI 芯片、光模块等，不断提升底层架构性能。

中台能力产品举例：2016 年 1 月，阿里云发布一站式大数据平台"数加"。这是阿里云专业研发大数据的产品大家族，开放阿里巴巴十年的大数据处理能力，20 款产品首次亮相，包括大数据基础服务、大数据分析及应用、人工智能、机器学习等多个方面。其中，大数据开发套件（Data Works）提供全面托管的工作流服务和一站式开发管理的界面，其中涵盖八大数据资源平台，帮助企业快速搭建数据中心平台。

专有云产品举例：中国早期上云的公司以互联网公司为主，对云计算接受度高。政企客户资金雄厚，基本已有自己的机房部署，他们对于公有云的安全性仍存疑虑。阿里云发布的专有云（Apsara Stack）支持企业客户在自己的数据中心部署飞天操作系统，这是向传统政企行业进击的重要举措。

阿里云的公共云平台已经通过大规模市场服务验证，专有云的设计完全采用相同的技术体系架构，基于阿里云的飞天平台提供云计算服务。基于同一平台，针对企业市场进行了二次优化，适用于 50 万台至 100 万台的客户集群规模，使之易交付、易管理，同时满足政企市场的安全合规性和可靠性要求。

资料来源：智东西公众号.

2.1　数字产业化的概念

数字产业的概念诞生于数字经济的背景下，它是数字经济发展的基础性和先导性行业，同时是数字产业化的产物。数字产业强调在数字经济中以数字产业化和产业数字化为核心，侧重于产业形态的发展。与数字经济的侧重点不同，数字产业主要关注产业的形态，而数字经济更注重经济的形态。本节将重点介绍数字产业的特征及数字产业化的基本概念。

2.1.1　数字产业特征

当前，数字产业的定义尚未达成一致，因为新一代技术，如大数据、云计算、5G、区块链等不断创新发展，促进了众多新理论的产生。当前对数字产业的认知正处于不断扩展的阶段，阿里巴巴、毕马威、上海社会科学院等机构都曾提出并应用过数字产业这一概念。其中，中国信息通信研究院在《中国数字经济发展白皮书（2020 年）》（以下简称《白皮书》）中的定义获得了学界和业界的广泛认可。《白皮书》明确指出，数字产业主要包括软件与信息技术服务业、互联网服务业、电信业和电子信息制造业四个类别。

数字产业具有五个主要特征：技术密集性、知识密集性、先导性和战略性、高渗透性、高创新性。这些特征凸显了数字产业在技术应用、知识积累、战略地位、市场渗透和创新方面的重要性。

1. 技术密集性

数字产业的技术密集性凸显了其作为技术密集型产业的特征。信息产业一直以来都属于技术密集型产业，它的发展面临的主要挑战之一是如何不断推进技术进步和创新。数字产业同样具备强劲的技术创新动力，数字产业为技术的不断进步和创新提供了支持，反过来促使数字产业持续增长。互联网行业历经互联网、门户、搜索、Web2.0、移动互联网等多个时代，在需求不断升级的推动下，互联网业务的发展周期一直在变化。最初，网络的核心技术是数据传输，但随着各行各业开始接触和应用数据，数据量呈现爆发性增长。各种计算模型的复杂化使得各个行业对算力的需求大幅提升，其中包括对芯片和晶体管等核心组件的需求。网络逐渐演变为信息基础设施，集感知、传输、计算等于一体。

近年来，全球许多数字产业巨头，如英特尔、微软等，纷纷加大对资本和技术的投入，致力于构建更加开放的数字时代，将开放模式提升到战略层面。数字产业已经成为全球创新活动最为活跃的领域之一，其卓越的创新能力是数字经济蓬勃发展的根本支撑。中国信息通信研究院的数据表明，在 2018 年全球创新企业 1 000 强榜单中，有 335 家数字企业，研发投入总额超过 3 000 亿美元，占总研发投入的 40% 以上，平均研发强度达到 7.6%，是榜单中其他行业的两倍之多。这进一步证明了数字产业在全球创新领域的引领地位。

2. 知识密集性

数字产业的知识密集性在产业结构演进中表现得越来越明显。随着时间的推移，劳动密集型产业在国民经济中的比重逐渐减少，而资本和知识密集型产业所占比重则持续上升。这一产业结构的演变使得知识密集型产业在国民经济中的份额逐步扩大，其地位也得到显著提升。数字产业，作为依托数字技术的知识密集型产业，凭借其在技术、人才、资本等方面的汇聚作用，具备天然的"虹吸"效应，表现出强大的创新效能和溢出效应。这使得数字产业呈现出高创新性、高价值性及高带动性等特征。

同时，数字产业在数字产业化进程中引领了其他领域的数字化转型，加速了数字技术的普及和数字产品的应用进程。这一过程减少了对"低端"劳动密集型劳动力的需求，转而增加对知识和技能密集型劳动力的需求，从而推动各产业的劳动生产率提升。为了更好地促进经济健康发展，迅速优化产业结构，积极发展数字产业等，发展知识密集型产业已成为中国未来重要的经济发展战略。

3. 先导性和战略性

数字产业的先导性和战略性在数字经济的演进中显得尤为重要。作为数字经济的基础产业，数字产业为数字经济的发展提供了关键的技术、服务和产品。类似于蒸汽技术革命时期、交通运输产业和电力技术工业革命时期电力电气产业发挥的先导性作用，数字产业成为引领数字经济、驱动生活和生产变革的先导性、战略性产业。不同于以往的先导性产业，数据化的知识和信息在推动生产力和生产关系变革中扮演着更为关键的角色，发挥了更为显著的作用。

信息技术，如物联网、5G、云计算、人工智能等与实体经济在深度和广度层面进一步融合，达到了更深层次的融合状态。生产力是创造社会财富的核心，是经济发展的内在动力。数字产业作为数字经济的核心内容，不仅重塑了生产力，还推动了开放模式的创新传播。智能化的新生产方式迅速涌现，依托数字技术发展起来的平台经济也迅速崛起。新技术、新产业、新模式蓬勃发展，引领产业结构优化升级、经济飞速发展及社会持续进步，激发了更强大、更有活力的全新动能。

在过去的十几年里，数字产业不仅重新定义了人类的生活方式，从小灵通到智能手机，从自行车到电动汽车，数字技术更推动了覆盖生活方方面面的数字产业的崛起。

4. 高渗透性

数字产业具有显著的高渗透性。这一特性主要体现在数字技术不断从消费端向生产端延伸渗透，催生了共享经济、平台经济等新经济模式和新产业。数字技术能够渗透到生产、分配、交换和消费的各个环节，与传统产业不断融合，推动着传统产业向智能化、网络化和数字化转型。这种渗透促使传统产业提高效率，成为传统产业改造的新引擎，并不断为现代经济的增长注入活力。

新一代信息技术，如大数据、云计算、区块链、物联网等展现出强大的渗透性和倍增性，对传统产业进行多角度、全方位的改造和提升。例如，在工业生产领域，数字技术通过完善信息传递过程，全面了解劳动对象，极大提升了劳动生产率；在消费领域，销售者运用大数据技术研究消费者的真正需求，提升了消费体验。数字技术以消费者为核心、以数字技术为驱动、以品牌为引领，正在推动在数字经济中崛起一种全新的商业模式。

信息技术的通用性和开放性是其渗透各产业的关键因素，使数字产业与传统产业融合的可能性极大增加。这种高渗透性不仅改变了产业格局，也为经济的可持续增长创造了更多机遇。

5. 高创新性

数字产业具备卓越的高创新性。在数字产业的竞技场上，技术和组织的创新引发了一系列连锁反应。这种高创新性意味着一项创新成果成功后，往往会迅速催生数个甚至数百个迭代升级的创新。创新是人类文明的特质，也是历史前进的引擎。近年来，互联网、大数据、人工智能、云计算等技术加速创新，逐渐渗透到经济社会发展的方方面面。数字产业以前所未有的速度、广度和深度发展，数字技术已经能够将隐性知识转化为显性知识，使知识资产不仅是学术成果，更能转变为可操作和实用的模型，为人类生产活动注入更多的活力。

科技创新是推动生产力实现巨大飞跃的关键动力，科技发展水平在一定程度上塑造了生产力内部多个要素之间的关联变化。以大数据为例，它使我们能够更准确地把握这个不断运动和变化的世界。随着大数据技术的广泛应用，数据的价值愈发凸显。不同于实体物质，数据的价值不会随着时间流逝而减弱，反而能够在时间的推移中逐渐被挖掘出未曾发现的潜在价值。近年来，服饰、饮食等行业的成功案例就充分展示了数字技术在深刻理解消费者需求、及时更新产品等方面的关键作用。这种创新性为数字产业的不断进步和全球经济的增长打造了坚实的基础。

在数字时代，数据成为关键的生产要素。从经济学的角度分析，由于数据成为生产要素，生产者能够以更低的成本生产产品，从而以更低的价格供给产品，消费者也会因为购买到价格更低的产品而提升满意度，社会总效益也因此提升。在数字经济时代，创新更容易形成"1+1>2"的效果，数字产业在人类突破资源瓶颈，创造更发达生产力的过程中扮演着非常重要的角色。

●●➡ 【小案例】

中国数字产业发展

数字产业作为当今时代驱动数字经济发展的先导性、基础性、战略性产业，是推动现代化产业体系高质量发展、增强经济发展的新动能、把握未来发展主动权的关键引擎。

当前，数字产业呈现出四个发展特征。

一是数字产业具有"三高"发展特性。数字产业是典型的技术密集型和知识密集型产业，在技术、人才、资本等优势要素的汇集上具有天然的"虹吸"效应，在这些优势要素的共同作用下，数字产业释放出巨大的创新效能和溢出效应，呈现出高创新性、高价值性、高带动性等"三高"特性。有关研究表明，数字产业的溢出乘数较大，利用数字技术的渗透融合和使能作用，带动更多的产业实现技术进步，提升全要素生产率。

二是从两个本源看数字产业基本内涵。数字产业是经济社会全要素数字化发展过程中，生产和提供数字技术、产品、服务、解决方案的一系列经济活动的总称，根植于传统的信息通信产业，并随着数字经济和实体经济融合、数字空间建构等复杂需求的发展，加速技术融合和产业裂变进程，不断衍生出更多数字新技术、新产品、新业态。从数据本源看，数字经济以数据为关键要素，数字产业作为数字经济的核心部门，应以数据为生产对象。因此，一个产业是否属于数字产业，关键在于它是否具备获取、生产、处理和应用数据的能力。从技术本源看，数字产业的技术核心是要促进数据在人、物理世界、数字世界之间的循环流通和价值释放。数字产业的"技术"是一系列技术构成的技术体系，主要包括感知、网络、存储、计算、算法、控制、交互七类数字技术，是数字产业发展的技术基座。

三是立足技术本源构建数字产业图谱。在构建"人-数-物"数据循环体系的过程中，循环主体日益多元化、循环路径日益复杂化，带动了各类数字技术的演进升级，并进一步催生出具有支撑性、集成性的软件开发工具技术，发挥"连接器"和"聚合器"的作用，更好地促进七类数字技术的综合集成和系统输出能力。

四是数字产业呈现出生态化发展模式。数字产业发展呈现出软硬一体、标准引领、开源创新、平台协作、人才集聚等特点，这些特点决定了数字产业的发展结构不再是传统的链式结构，更依赖生态化运营，对产业政策发展提出了高要求，由投资导向转为以要素融通、公共服务、市场应用为核心的生态营造导向。

从全球态势来看，数字产业呈现以下几种特征。

一是全球数字产业战略布局竞争态势升级。在复杂多变的国际竞争态势下，数字产业已成为掌握科技竞争战略主导权、保持数字经济发展优势领先、保障国家安全的主阵地。发达国家围绕优势数字产业的战略争夺加剧，新兴经济体积极抓住领先国家数字技术外溢、跨国企业产业链转移等发展机遇，推动原有产业加快数字化升级。

二是数字技术迭代升级推动数字产业高速发展。以操作系统、先进算力、智能算法为代表的核心技术加速变革，不断推动数字产业加快成长、扩张、迭代的速度，经历了从 PC 时代、互联网时代逐步向新一代信息技术时代的全方位发展。

三是数字企业加速布局产业发展新赛道。数字企业凭借技术、数据、算法、平台等关键要素的优势，实现数字企业自身的快速崛起，并掌握了发展主动权，深刻改变行业竞争格局。

四是数字产业国际格局深刻调整和进程加快。数字产业全球分工体系正在经历深刻调整，重要数字产业链供应链本土化布局的发展步伐加快，数字技术、资本和中低端产业链转移方向全面调整，新的发展格局正在构建。

五是全球数字产业市场需求持续拓展深化。当前，全球产业数字化转型全面开启，企业数字化转型投资力度持续加大，数字化发展市场热点频现，云计算、大数据、人工智能、5G 等数字技术创新应用活跃，为数字产业的发展创造了巨大的需求空间和广阔的价值前景。

六是数字产业治理碎片化加剧"隐形竞争"。当前，全球数字技术产业主导权的竞争加剧，发达经济体推动新兴技术的联盟化合作，以国家利益为前提构建数据跨境流动生态圈，重构符合西方利益的数字经贸多边规则，不断抬高数字产业在技术标准衔接、数据跨境流动、企业出海经营等方面的发展门槛。

在党中央、国务院的统筹部署下，我国深入实施创新驱动发展战略，这一战略的核心在于推进关键核心技术攻关，加快锻造长板、补齐短板，着力构建自主可控的产业生态，目前已建成一批具有国内引领地位的数字产业集群，这些集群覆盖电子信息制造、软件、新一代信息技术、高端装备制造等诸多领域，呈现出"两核多极一带"的发展格局，并加快推动基于工业互联网的集群数字化转型，促进集群升级发展。在政策部署和产业规律的共同作用下，先进计算、人工智能、虚拟现实、智能网联汽车等重点数字产业领域正步入新一轮创新发展期，在新技术的催化下加速迭代升级，创造出更多满足数字化发展需求的新产品、新服务，并加快推动商业模式创新进程，拓展解决方案和内容服务领域，实现自我价值扩张和创新发展。

资料来源：刘权. 中国数字产业发展研究. 软件和集成电路，2023（09）：54-55.

2.1.2　数字产业化的概念

2021 年 5 月，中华人民共和国国家统计局根据各产业在数字经济发展中发挥的不同作用，在发布的《数字经济及其核心产业统计分类（2021）》中将数字经济产业划分为数字经济核心产业和数字融合提升产业。数字经济核心产业主要涵盖四个方面，即数字产品、服务、技术和数据要素。

中华人民共和国国家统计局明确指出，数字产业化是指为产业数字化发展提供数字技术、产品、服务、基础设施和解决方案，以及完全依赖于数字技术、数据要素的各类经济活动，数字产业化是数字经济发展的基础。国家统计分类将数字产业化与数字经济核心产业相对应，包括数字产品制造业、数字产品服务业、数字技术应用业和数字要素驱动业四大类。其中具体涵盖软件和信息技术服务业、互联网和相关服务、计算机通信和其他电子设备制造业、电信广播电视和卫星传输服务等。

细分来看，数字产品制造业包括计算机制造、通信及雷达设备制造、数字媒体设备制造、智能设备制造、电子元器件及设备制造和其他数字产品制造业六大类；数字产品服务业包括数字产品批发、数字产品零售、数字产品租赁、数字产品维修和其他数字产品服务业五大类；数字技术应用业包括软件开发、电信、广播电视和卫星传输服务、互联网相关服务、信息技术服务和其他数字技术应用业五大类；数字要素驱动业包括互联网平台、互联网批发零售、互联网金融、数字内容与媒体、信息基础设施建设、数据资源与产权交易和其他数字要素驱动业七大类。这一分类体系更清晰地反映了数字经济在不同领域中的核心产业及其相互关系。

2.2 数字产业化的发展现状和趋势

当前处于移动互联网时代，中国的数字产业化基本格局已经初步确立。未来的数字产业化将主要围绕大数据、云计算、物联网、人工智能等新技术的广泛应用展开，并在进一步的研究和扩展中不断演进。以下将详细介绍数字产业化的发展现状和发展趋势。

2.2.1 数字产业化的发展现状

根据中国信息通信研究院于 2023 年 4 月发布的《中国数字经济发展研究报告（2023年）》，2022 年我国数字产业的发展呈现持续增长的良好态势，增加值不断攀升，规模逐步扩大。尽管增速略有波动，但总体呈现平稳增长的趋势，内部结构趋于稳定。

2022 年，我国数字产业增加值达到了 9.2 亿元人民币，同比增长 10.3%。值得注意的是，我国数字产业的发展已经连续两年增速保持在 10%以上，呈现出数字产业蓬勃发展的势头。数字产业化占 GDP 比重为 7.6%，相较上年提升了 0.3 个百分点，成为自 2018 年以来的最大增速。同时，数字产业化占数字经济的比重为 18.3%，和上年相比变化不大。

在结构方面，数字产业的发展表现出趋于平稳的特点，其中服务部分在数字产业增加值中占据主导地位。软件产业的占比持续上升，互联网行业占比则有明显下降，服务部分整体占比提升了 0.3 个百分点。这一趋势显示出数字产业在结构上的逐渐优化，服务部分成为主要增长引擎，软件产业崭露头角，而互联网行业经历一定调整。这些数据表明我国数字产业在 2022 年取得了显著的发展成就，为数字经济的可持续增长奠定了坚实基础。

从数字产业化内部细分行业来看，即电信业、电子信息制造业、软件和信息技术服务业、互联网和相关服务业四个方面。

（1）电信业呈现平稳向好的发展态势，新业务增长势头较猛。在 2022 年，我国电信业务收入持续回升，累计完成 1.58 万亿元人民币，同比增长 8%。这一增长势头得益于 5G建设的有序推进，以及云服务、IPTV、大数据和数据中心等新兴电信业务的蓬勃发展。同时，网络提速成果显著，固定宽带步入千兆时代，移动网络覆盖范围不断扩大。截至 2022年底，我国移动电话基站总数达到 1 083.4 万个，年新增 87 万个，其中 5G 基站数达到 231.2万个，5G 用户总数达到 5.6 亿户，占移动电话用户总数的 37.3%。5G 的推进使得室外覆盖和室内覆盖逐步实现，为政府和商业领域提供了更广阔的应用场景。

（2）电子信息制造业保持稳定增长，但出口量略有回落。2022 年，电子信息制造业展现出现代化和数字化水平不断提升的态势，尽管面对移动通信制式换代和元器件产业周期性波动等挑战，规模以上电子信息制造业仍然保持平稳增长。总体上，电子信息制造业实现营业收入 15.4 万亿元人民币，同比增长 5.5%。尽管利润总额下降 13.1%，但规模以上电子信息制造业的增加值同比增长 7.6%，增速超过了整体工业和高技术制造业的增速。然而，电子信息制造业出口交货值增速为 1.8%，同比减少 10.9 个百分点。电子信息制造业的固定资产投资持续增加，相较于 2021 年增长 18.8%，高于同期工业投资增速 8.5 个百分点。

（3）软件和信息技术服务业迈入 10 万亿元人民币台阶。在 2022 年，我国软件和信息技术服务业呈现出稳中向好的发展态势，规模以上企业数量超过 3.5 万家，软件业务收入达到 10.8 万亿元人民币，同比增长 11.2%。在各细分领域中，电子商务平台技术服务、大数据服务和云服务、信息安全产品等均取得显著发展，推动了整体业务收入的提升。其中，大数据服务和云服务在 2022 年实现营业收入 1.07 万亿元人民币，电子商务平台技术服务达到 8 058 亿元人民币。工业软件产品收入为 1 690 亿元人民币，嵌入式系统软件收入为 1.7 万亿元人民币，对工业领域的数字化改造和智能化增长产生深刻影响。

（4）互联网和相关服务业调整发展，着力增大研发投入。2022 年，中国规模以上互联网和相关服务业业务收入达到 1.5 万亿元人民币，同比略微下降 1.1%。尽管整体业务收入有所下降，但行业研发投入力度持续增加，研发经费达到 771.8 亿元人民币，同比增长 7.7%。在细分领域中，信息服务收入整体增加，音视频服务同比增长 22.7%，而生活服务领域收入减少 17.5%。网络销售服务领域的发展保持较快增长，2022 年随着新技术的应用，新型基础设施建设的快速增长，拉动了网络销售服务实现收入同比增长 12.6%。互联网企业网络音乐和视频、网络游戏、新闻信息、网络阅读等信息服务收入同比增长较为显著。然而，生活服务领域的业务收入减少，包括提供生产服务、生活服务和科技创新服务等方面的企业，2022 年实现的业务收入同比下降 17.5%。

总体来看，数字产业在 2022 年呈现出稳中有升的态势。数字产业化规模不断扩张，达到了 9.2 亿元人民币，同比增长 10.3%，连续两年增速保持在 10%以上。数字产业化占 GDP 比重为 7.6%，较上年提升 0.3 个百分点，增速达到 2018 年以来最大增速。此外，数字产业化占数字经济的比重为 18.3%，相比上年变化不大。

在产业结构方面，数字产业结构趋于稳定，服务部分的增加值在数字产业增加值中占据主要地位。软件产业占比持续提升，而互联网行业占比明显减少，服务部分整体占比略有提升，增加了 0.3 个百分点。

这一发展趋势体现了中国数字经济积极的发展势头，各数字产业领域不断创新和优化，为经济发展提供了强有力的支持。未来，随着大数据、云计算、物联网和人工智能等新技术的广泛应用，数字产业有望继续迎来更多的发展机遇。

2.2.2　数字产业化的发展趋势

《"十四五"数字经济发展规划》（以下简称《规划》）中，明确提出了对数字产业化发展目标的规划：到 2025 年，中国数字产业化水平将迎来显著提升。《规划》中明确了发展目标，强调数字技术的自主创新能力将显著增强，数字化产品和服务供给质量将大幅提高，产业核心竞争力将明显增强，并在一些领域形成全球领先优势。此外，《规划》还强调新产业、新形态、新模式将持续涌现，并且广泛普及，在提高实体经济质量和效益方面发挥显著推动作用。

这一规划表明，未来中国数字产业化的发展将聚焦于提升核心竞争力、加强自主创新能力、提高产品和服务质量，并着力推动新产业、新形态、新模式的涌现和普及，以更好地促进实体经济的升级和发展。

《规划》具体包含四个方面。

（1）提高关键技术创新能力。瞄准传感器、量子信息、网络通信、集成电路、关键软件、大数据、人工智能、区块链、新材料等具有战略性和前瞻性的领域，发挥我国社会主义制度优势、新型举国体制优势、超大规模市场优势，提高数字技术基础研发能力。以数字技术与各领域融合应用为导向，推动行业企业、平台企业和数字技术服务企业跨界创新，优化创新成果快速转化机制，加快创新技术的工程化、产业化进程。鼓励发展新型研发机构、企业创新联合体等新型创新主体，打造多元化参与、网络化协同、市场化运作的创新生态体系。支持具有自主核心技术的开源社区、开源平台、开源项目的发展，推动创新资源共建共享，促进创新模式开放化演进。

（2）提升核心产业竞争力。着力提升基础软硬件、核心电子元器件、关键基础材料和生产装备的供给水平，强化关键产品自给保障能力。实施产业链强链补链行动，促进面向多元化应用场景的技术融合和产品创新，提升产业链关键环节竞争力，完善5G、集成电路、新能源汽车、人工智能、工业互联网等重点产业供应链体系。深化新一代信息技术集成创新和融合应用，加快平台化、定制化、轻量化服务模式创新，打造新兴数字产业新优势。协同推进信息技术软硬件产品产业化、规模化应用，加快集成适配和迭代优化，推动软件产业做大做强，提升关键软硬件技术创新和供给能力。

（3）加快培育新业态新模式。推动平台经济健康发展，支持引导平台企业加强数据、产品、内容等资源整合共享，扩大协同办公、互联网医疗等在线服务覆盖面。深化共享经济在生活服务领域的应用，拓展创新、生产、供应链等资源共享新空间。发展基于数字技术的智能经济，加快优化智能化产品和服务运营进程，培育智慧销售、无人配送、智能制造、反向定制等新增长点。完善多元价值传递和贡献分配体系，有序引导多样化社交、短视频、知识分享等新型就业创业平台发展。

（4）营造繁荣有序的产业创新生态。发挥数字经济领军企业的引领带动作用，加强资源共享和数据开放，推动线上和线下相结合的创新协同、产能共享、供应链互通。鼓励开源社区、开发者平台等新型协作平台发展，培育大中小企业和社会开发者开放协作的数字产业创新生态，带动创新型企业快速壮大。以园区、行业、区域为整体推进产业创新服务平台建设，强化技术研发、标准制修订、测试评估、应用培训、创业孵化等优势资源汇聚，提升产业创新服务支撑水平。

另外，《规划》还提出了一些数字技术创新突破工程和数字经济新业态培育工程。在数字技术创新突破工程方面，具体包括三点：补齐关键技术短板、强化优势技术供给、抢先布局前沿技术融合创新。在数字经济新业态培育工程方面，具体包括四点：持续壮大新兴在线服务、深入发展共享经济、鼓励发展智能经济和有序引导新个体经济。

●●●➡️【小案例】

上饶市打造定向承接长三角数字产业转移示范区

为全方位对接并融入长三角一体化发展，上饶市打造定向承接长三角数字产业转移示范区。

上饶市深入研究长三角地区数字产业结构、发展趋势等，立足不同县域特色产业基础与定位，围绕数字营销、网络安全、数据服务等本市优势数字产业，构建"一核一圈多点"的数字经济发展新版图，精准承接长三角数字产业转移，着力打造长三角软件服务外包基地、数据标注及内容审核基地等。围绕细分赛道，组建 6 支由相关领域专业人士带领的招商小分队，变"大水漫灌式"为"精准滴灌式"招商模式，建立国家新型工业化大数据产业示范基地，建成江西省首条国际互联网数据专用通道。

2022 年，上饶市数字经济实现"爆发式"增长，累计建成 7 408 个 5G 基站，成功引进了华为数据中心、滴滴呼叫城、阿里巴巴灵犀互娱、网易数字文化创新中心、鹏城靶场江西分靶场等一批重大项目。

资料来源：中国信息通信研究院.

2.2.3　数字产业化面临的挑战和应对措施

数字产业化在取得显著成就的同时，也面临着一系列的挑战。面对这些挑战，需要从各方面着手解决。

2.2.3.1　数字产业化面临的挑战

在新一轮的科技和产业变革中，我国数字经济发展迎来良好的机遇。但同时，也面临着一定的风险和挑战，主要体现在以下几个方面。

第一，尽管我国信息基础设施水平处于领先地位，但在数字产业化中，关键核心技术的自主可控性不足。当前，我国在关键技术领域创新能力相对不足。例如，大数据核心技术、高端芯片、操作系统、工业设计软件等方面存在明显短板。这意味着我国在新一代信息技术为实体经济赋能的过程中，部分产品的关键技术依然受制于他人。为解决这一问题，我国必须坚定不移地走自主创新之路，加大力度解决关键核心技术不能自主控制的问题，以确保数字产业化在核心技术上实现真正的自主控制，推动我国数字经济的可持续发展。

第二，我国虽然拥有丰富的数据资源，但数据要素市场尚未形成。整体而言，我国的数据资源规模庞大，但其潜在价值尚未得到充分释放，数据的资产化、商品化、价值化等方面仍处于初步探索阶段，尚未形成一个具备统一标准的数据要素大市场。在这一过程中，数据的权属界定、价格形成等各个环节存在多方面的问题，包括数据的资产地位尚未确立、数据确权问题有待解决，以及数据交易流通方面存在多重障碍。数据要素市场化的滞后严重制约了以数据为关键要素的数字经济发展。为解决这一状况，需要通过建立统一标准的数据要素市场，解决权属、定价等问题，推动数据资源的充分利用，从而促进数字产业化的健康发展。

第三，我国数字经济规模迅速扩张，但发展存在不充分、不平衡的问题，尤其是不同区域之间的数字鸿沟呈现扩大趋势。各地产业数字化程度存在明显差异，上海、海南、福建、北京等地区产业数字化水平较高，而贵州、黑龙江、甘肃、云南等地区产业数字化水平相对较低。东西部地区的数字化发展水平差异明显，导致了发展差距进一步拉大。为了解决这一状况，需要采取有效措施，推动数字经济发展更加充分和平衡。措施包括加强对低数字化水平地区的政策支持，促进其数字经济的快速发展，以缩小区域间的数字鸿沟。此外，还可以通过加强数字化技术培训、推动数字经济创新等方式，促进各地数字化水平的全面提升，实现数字化发展的均衡推进。

第四，数字产业化过程中不规范问题显著，数字经济治理面临巨大挑战。在平台经济发展中，通常存在天然垄断趋势，数字平台企业在市场竞争、兼并、淘汰后，往往形成"一家独大""赢者通吃"的市场格局，导致市场垄断和税收侵蚀等问题严峻。一些数字平台企业滥用市场支配权力，实施掠夺性定价、拒绝交易、搭售等行为，滥用自主定价权进行低价倾销、价格串通、哄抬价格等手段。利用数据优势"杀熟"、破坏竞争秩序，违法实施经营者集中，以及商业混淆、虚假宣传等不正当竞争行为，破坏公平竞争的市场环境。传统治理体系、机制和规则难以有效解决数字平台崛起带来的问题，数字经济治理体系需要进一步完善。这包括建立更加有效的监管机制、强化规则的制定与修订，以及促进数字平台企业的自律，以维护公平竞争、保护消费者权益和维护市场秩序。

第五，隐私泄露和数据滥用的预防面临巨大难度。随着5G、物联网和人工智能等新一代技术的广泛应用，大规模数据泄露事件屡次发生。数据联合程度进一步提升，但相关法律法规在数据安全和个人隐私保护方面的建设相对滞后，数据交易和数据价值量化等领域缺乏统一标准。与此同时，新型网络犯罪呈现出专业化、职业化的特征，不断冲击个人信息的安全防线。为解决这一问题，需要及时完善相关法规，确保数据的合法、安全，加大隐私保护力度。加强国际合作，共同制定跨境数据流动和隐私保护的标准，提高全球数字安全水平。推动技术创新，发展更加安全可靠的数据加密和隐私保护技术，加强对新型网络犯罪的监管和打击力度，确保数字经济发展在安全和隐私保护的基础上取得良好进展。

⋯➡【小案例】

山西路桥模板科技有限公司打造交通基建物资循环共享新业态

山西路桥模板科技有限公司以公路工程模板类物资为循环利用对象，以盘活闲置资产为目标，采用"标准化研发+杆件式装配+数字化赋能+智能化制造+循环再利用"的业务模式，运用"互联网+BIM"技术，构建交通基建模板标准件云族库，实现物资编码上云，搭建交通基建物资数字化平台"桥路云模"，通过"线上物资匹配+线下基地共享"的运营模式，打通交通基建行业模板物资"供""需"两端的交易链，实现双方 OMO 交易闭环，释放物资数字循环经济潜能，助力企业网络化、数字化和智能化转型，实现企业降本增效、节能减排。

公司通过"桥路云模"平台对模板类物资进行动态管控，为用户提供了便捷的可视化服务满足用户的需求，改变了传统低效的交易习惯，提高了模板类物资的高效循环利用率，实现了交通模板的标准化研发、集中化管理、市场化经营。按照年运营模板 4 万吨计算，年节省费用 1.6 亿元人民币，减少碳排放 7 万余吨。

资料来源：中国信息通信研究院.

2.2.3.2　应对措施

针对上述数字产业化发展过程中面临的挑战，需进一步完善技术创新与制度建设，具体措施如下。

第一，加快数字产业化，重点推动关键核心技术的研发。增强关键技术创新能力，提升基础软硬件、核心电子元器件、关键基础材料和生产装备的供给水平，强化关键产品自给保障能力。在传感器、量子信息、网络通信、集成电路、关键软件、大数据、人工智能等具有战略性和前瞻性的领域，提高数字技术基础研发能力。实施数字技术创新突破工程，着重突破高端芯片、操作系统、工业软件等领域的关键核心技术，以及智能制造、数字孪生、边缘计算、人机融合等集成技术。布局新兴技术领域，如下一代移动通信技术、量子信息、神经芯片、类脑智能、第三代半导体等领域，促进信息、生物、材料、能源等领域技术的融合和突破。这一系列举措旨在尽快改变关键技术领域创新能力不足、关键核心技术不能自主控制、关键领域核心技术受制于人的现状，推动数字产业化迈向更高水平。

第二，加快建立数据要素市场，充分释放数据要素价值潜能。数据要素要真正成为数字经济的关键生产要素，真正成为数字经济深化发展的核心引擎，其前提是要建立数据要素市场，明确数据要素产权，稳定数据要素供求关系和市场价格。目前，我国没有形成统一标准的数据要素市场，数据要素市场化发展相对滞后，这是制约我国数字经济发展的又一个短板和弱项。要加快建立数据要素市场，充分发挥市场在数据要素配置中的决定性作用。一是，着力实施数据质量提升工程，强化高质量数据要素供给。支持依法合规开展数据采集，聚焦数据的标注、清洗、脱敏、脱密、聚合、分析等环节，提升数据资源处理能力。加快数据资源标准体系建设，推动数字化共性标准、关键技术标准的制定和推广，打破技术和协议壁垒，努力实现互通性操作。二是，着力实施数据要素市场培育试点工程，加快数据要素市场化流通。要围绕数据确权、数据要素定价、数据服务交易等难点进行试点实验，探索建立数据资产登记制度和数据资产定价规则。培育与构建数据交易平台，探索数据资产定价机制，逐步完善数据定价体系，探索协议转让、挂牌等数据交易模式。探索建立数据资产评估、登记结算、交易撮合、争议仲裁等数据要素市场运营体系。三是，着力创新数据要素开发利用机制。以实际应用需求为导向，探索建立多样化的数据开发利用机制，挖掘商业数据价值，推动数据价值产品化、服务化，促进数据、技术、应用场景深度融合。

第三，加快缩小数字鸿沟，促进数字经济均衡发展。要把加速弥合数字鸿沟并促进不同产业、不同行业、不同区域、不同群体、不同领域之间的数字化均衡发展，作为推动数字经济高质量发展的重要举措。统筹谋划，更好发挥政府在数字经济均衡发展中的作用，提高数字经济的普惠、共享、均衡发展水平。特别是加快西部地区、农村地区信息网络基础设施建设，提升革命老区、民族地区、边疆地区、脱贫地区及偏远地区的网络覆盖水平，加快缩小不同地区数字差距。综合采取产业、财政、科研、人才等政策手段，推动数字城乡融合发展，统筹推动新型智慧城市和数字乡村建设，加快推进城市智能设施向乡村地区延伸覆盖，促进数字城乡融合发展，让乡村地区数字化发展也能跟上城市数字化发展的步伐。

第四，完善数字经济治理体系，促进数字经济规范发展。一是，推进数字经济治理的进程更加法治化、标准化和规范化，强化协同治理和协同监管的能力。完善数据开放共享、数据确权、数据交易、知识产权保护、隐私保护、安全保障等法律法规。推进数字安全立法，明确界定数据产权归属，对数据的使用权限、应用范围等进行标准化与规范化管理。二是，增强政府数字化治理能力。着力实施数字经济治理能力提升工程，有效发挥数字技术对规范市场、鼓励创新、保护消费者权益的支撑作用。建立并完善基于大数据、人工智能、区块链等新技术的统计监测和决策分析体系，提升数字经济治理的精准性、协调性和有效性，加强数字经济统计监测，有效监测和防范大数据、人工智能等技术滥用可能引发的经济、社会和道德风险。强化产权和知识产权保护，严厉打击网络侵权和盗版行为。三是，建立完善政府、平台、企业、行业组织和社会公众多元参与、有效协同的数字经济治理新机制，形成治理合力。强化反垄断执法和防止资本无序扩张，推动平台经济的规范、健康、可持续发展。实施多元协同治理能力提升工程，重点强化数字平台治理，科学确定平台企业主体责任和义务，推进行业服务标准建设和行业自律，保护平台从业人员和消费者的合法权益。四是，保障数字经济安全，增强网络安全防护能力，确保重要网络系统和设施安全有序运行。建立健全数据安全治理体系，推动数据使用者落实数据安全保护责任。

强化个人信息保护意识，规范身份信息、隐私信息、生物特征信息的采集、传输和使用，切实有效防范各类数字风险。

第五，多措并举积极强化数据保护。健全数据确权机制，加快出台个人信息保护法、数据安全法等相关法律法规，明确个人信息采集、传输、存储、利用等环节的相关权责，尤其是在互联网信息服务、重点行业领域、新型基础设施等应用场景中界定和明确数据保护标准。健全信用评级的监管机制，积极引导互联网平台、重点领域等相关运营主体，树立诚信意识和合规理念，探索引入信用评价机制，加大对有关数据滥用、隐私泄露、违规交易等行为的查处力度，维护良好社会秩序。积极推动第三方电子数据安全审计，对有关行业或领域的大数据系统、信息平台等开展周期性的安全审计，促进相关企业与平台按照数据可分级分类、可审计追溯的原则来制定相应防护要求，提升数据保护能力。

2.3　数字产业化的主要模式与路径

2.3.1　数字产业化的主要模式

数字产业化的本质是数字化技术的信息流动和数字产品的创造过程，其发展过程大致可以分为三个层次：技术层、产品层和产业层。关于数字产业化的主要模式，可以按照数字产业化的驱动主体差异分为三种，分别是研发机构驱动模式、龙头企业驱动模式和特色小镇驱动模式。分别从研发创新、技术应用、规模发展等环节深入推动数字产业化发展。不同的驱动主体为数字产业提供了不同的发展模式。三种数字产业化的模式分别对应着不同数字产业化的发展层次。在技术层，以研发机构为驱动模式，从研发创新方面深入推动数字产业化，以研发投入提高数字创新活力，在基础研究上创新，在关键核心技术上突破。在产品层，以数字产业龙头企业为驱动模式，从技术应用方面深入推动数字产业化，以龙头企业的发展推动数字技术的转化和应用，形成核心数字产品和数字龙头企业。在产业层，以特色小镇为驱动模式，从规模发展方面深入推动数字产业化，以数字产业集群增强数字产业的发展优势，实现产业的规模化发展，形成数字产业集群。

1. 研发机构驱动模式

研发机构在数字产业化中扮演着重要的技术驱动角色。研发机构驱动模式通过大学、科研院所、新型研发机构和企业研究院等主体参与数字经济研发环节，以 5G、人工智能、云计算、物联网等领域的基础研究和技术创新作为基础，通过产学研合作、成果转化基金和开放平台建设等手段，将基础研究成果传播和转化，从而推动数字产业化的进程。

这一模式关注数字科技中前沿的科学技术问题，具备战略前瞻性。研发机构主导的基础研究和核心技术是创新的源头，对数字产业的发展至关重要。在科技发展规律方面，数字科技强调学科交叉融合，不断产生新的学科增长点，基础研究、应用研究、技术开发与产业化的边界逐渐模糊，创新周期也在缩短。

在全球范围内，数字科技创新和竞争格局正在发生深刻变化，各国为争夺未来数字经济发展制高点，强化了对数字科技的战略部署。数字产业化的关键在于基础研究和关键核心技术的不断突破，为产业发展提供持续的创新动力。

2. 龙头企业驱动模式

数字龙头企业在数字产业化中是重要的产品驱动力。龙头企业驱动模式通过培育在5G、人工智能、云计算、物联网等领域拥有较高成果转化能力的数字龙头企业，通过优势产品开发、企业裂变、市场拓展等方式发挥其在产业和地区发展内的辐射和引领作用，从而推动数字产业化的进程。这些龙头企业通常规模大、效益好，具有强大的带动能力。它们在某个领域往往处于领先地位，拥有充足的技术、人才和资金储备，具备在技术创新应用、开拓新市场，以及促进区域数字经济发展方面的规模优势。通过这种驱动模式，数字龙头企业可以在产业链中发挥关键作用，引领整个行业向着数字化、智能化的方向发展。这对于推动数字产业化和规模化发展具有积极作用。

3. 特色小镇驱动模式

特色小镇在数字产业化中扮演着推动供给侧结构性改革、促进产业升级、培育新产业、新业态、新动能的重要角色。特色小镇的核心在于特色产业，如互联网金融、大数据和云计算、健康服务业等，表现为智力密集型产业。特色小镇驱动模式以新兴数字产业为核心，通过加速企业在互联网、大数据、云计算、人工智能和物联网等领域的集聚，构建产品平台、搭建孵化体系、优化创业生态，加速数字产业集群建设，以协同发展占领数字产业制高点。

此外，从传统产业与大数据融合的角度看，数字产业化信息增值模式是另一个重要视角。这一模式基于基础电信、电子制造、软件及服务，以及互联网等信息产业，通过对产生的数据进行清洗、整理和分析，形成数字产品。这些数字产品既可以面向市场销售，也可以在企业内部实现再利用，从而实现整个产业的增值。数字产业化信息增值模式如图 2-1 所示。

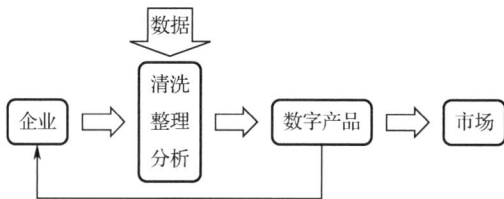

图 2-1 数字产业化信息增值模式

中国数字经济的迅速发展得益于第三方支付的普及、智能手机的崛起及成本的降低。数字经济所产生的大量数据成为数字经济的主要组成部分，通过第三方平台对数据进行处理，可以形成数据资产或数字产品，不仅可以在企业内流通，也可以在市场中交易，完善整个信息产业链。在整个模式的运行中，数据处理形成的数字产品是整个模式的核心。对于一般企业而言，并没有相关的技术能够对企业提供相应的支持，因此，催生出的数据加工行业可以为企业所用。

2.3.2　数字产业化的基本路径

基于以上分析，可以归纳出数字产业化的基本路径，如图 2-2 所示。数字产业通过研发机构、龙头企业和特色小镇等主体驱动发展，不同的主体有不同的发展路径和机理。研发机构通过产学研合作、成果转化基金和开放平台建设等方式传播和转化其原始创新成果；龙头企业通过优势产品开发、裂变创业和市场拓展等方式辐射、引领行业和地区内的数字产品和企业发展；特色小镇通过产品平台搭建、孵化体系建设和创业生态优化加速数字产业集群建设，快速抢占数字产业发展的制高点。

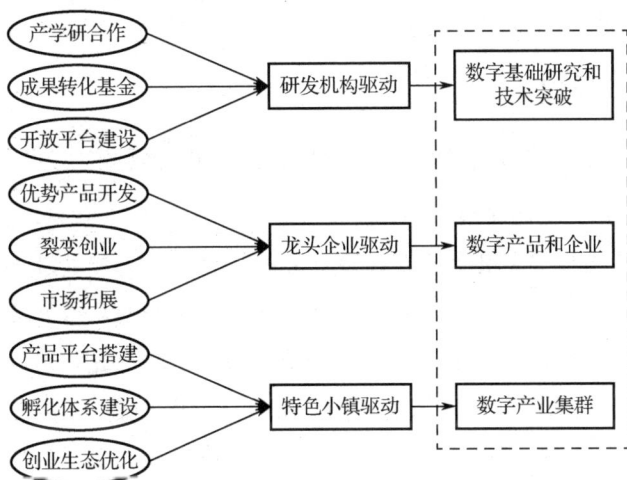

图 2-2　数字产业化的基本路径

基于以上分析，数字产业化的一般路径包括"数字技术研发、数字企业发展和数字产业集群形成"三个阶段。数字产业化的一般路径如图 2-3 所示，即数字技术的应用推动数字企业的发展，数字企业发展壮大并集聚形成数字产业集群。数字技术研发的核心是要突破核心技术，为数字产业化提供技术供给，以前瞻视野布局技术研发，抢占未来竞争的制高点。数字企业的发展过程是数字经济基础研究和数字技术突破产生成果的产业化过程，即将数字化产生的数据资源转化为生产要素，通过数字技术创新和管理创新、商业模式创新及其融合发展，不断催生新产业、新业态、新模式的出现，在这一过程中会涌现出不同产业环节的数字龙头企业和数字产业集群。数字产业集群的形成是数字产业链的龙头企业和中小企业的良性互动，并由它们带动产业发展集聚，不断完善数字产业生态，最终形成完整的数字产业链和数字产业集群。

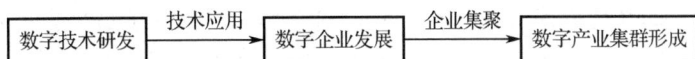

图 2-3　数字产业化的一般路径

本章小结

本章分析了数字产业化的基本概念和发展趋势，并对中国数字产业化的发展路径做了总结。

复习思考题

1. 谈谈自己对数字产业化的理解。
2. 谈谈自己对我国目前数字产业化发展现状的判断。
3. 谈谈我国如何进一步发展数字产业化。

●○●➡【本章案例学习】

浙江省数字产业化的模式与路径研究

1. 浙江省数字产业化的实效

浙江省现阶段在数字产业化的发展上成绩斐然，这要归功于其较早就对数字产业化的必要性高度关注，争做数字经济的排头兵。浙江省的数字产业从信息技术发展时期开始，在"两化融合""机器换人""十万企业云"等活动的推动下，逐渐形成了一种新的数字发展观念。2017年浙江省政府召开的经济工作会议明确指出要将"数字经济"列为"一号工程"，全面建设数字经济强省。2018年浙江省数字经济发展大会，再度着重指出要实施数字经济"一号工程"，以数字产业化、产业数字化为核心，稳步推动数字经济的发展，引领数字经济大步迈入发展的快车道，力争成为全国数字化发展的典范。"十三五"时期，浙江省继续深入、全面推进数字经济"一号工程"，把握技术革命和产业转型中遇到的新的发展机会。根据中国信息通信研究院发布的《中国数字经济发展报告（2022年）》，中国政府对中国的数字产业进行了全面的分析。浙江省的数字产业化发展规模仅次于北京、上海、广东，在全国排名第四位。2021年浙江省核心产业的数字经济增值总量达8 348.27亿元人民币，增幅达到13.3%，多项主要指标在全国名列前茅。数字经济已经成为浙江省稳步增长、促进发展的"压舱石"和"加速器"。到2025年，浙江省数字经济发展水平稳居全国领先地位、达到世界先进技术水准，数字经济增加值占GDP的比重将达到大约60%。

2. 浙江省数字产业化的模式和路径

数字产业化的实质是数字化技术的信息流通和数字化产品的创造，其发展历程可分为三个层次：技术层、产品层和产业层。针对浙江省数字产业发展的表现形式和数字产业化的驱动力不同，浙江省的数字工业化模式可以划分为三类：一是由研究机构驱动，二是由龙头企业驱动，三是由特色小镇驱动。从研发创新、技术应用、规模发展三个方面入手，各种驱动力机构为实现数字产业化的发展提供了多种模式。浙江省数字产业化的三个阶段具体内容对比如表 2-1 所示。

表 2-1　浙江省数字产业化的三个阶段具体内容对比

主　　体	研发机构驱动	龙头企业驱动	特色小镇驱动
使命	以 R&D 激发数字化创新动力	以培育龙头企业带动数字技术的转换与应用	打造数字产业集群化发展的新优势
成果	在基础科学与技术方面取得重大进展	打造数字核心产品及数字领航企业	行业规模扩大，数字产业集群
事例	之江实验室、达摩院等	阿里云、海康威视等	物联网城、人工智能城、云栖小镇等

（1）研发机构驱动模式

浙江省在推进数字工业化过程中，构建了以高校、科研院所和企业为主体的多种类型的数字化技术研发体系，实现了数字化核心技术的研发和应用，并在今后的市场竞争中占据了领先地位。之江实验室、达摩院等新型科研院所在浙江省实现数字产业化进程中起到了很大的推动作用，其中之江实验室在人工智能、网络安全等方面也显示出了自己的特点和技术优势，力争成为全国一流的科研院所。从产业的需要和技术的前沿角度出发，达摩院的"BASIC"技术规划，加大了对数字化技术的研究力度。浙江省积极鼓励科研院所的建立，积极推动科技基础研究、科技攻关项目、先进典型的推广和宣发，助力产业软件等学科突破关键技术的发展，在不断的改革中取得了巨大的成就，在不断的奋斗中，我们已经稳稳地站在了科学技术和经济发展的制高点上。

之江实验室通过战略合作、承担项目、搭建平台，推动了浙江数字经济的发展。在策略上，之江实验室已与阿里巴巴、海康威视、新华三集团等企业结成了合作伙伴，将以基础理论为引领，带动整个人工智能行业的整体发展，以新兴技术为引领，推动人工智能行业快速发展。之江实验室已完成多项国家级重大项目，并于 2019 年度浙江省 IT 国际精准协作会议上牵头开展了"AI 开源与开放平台"技术研发，实现了多项关键技术的重大突破，形成了以智慧安全、智能制造为代表的省重点行业为范本的人工智能助力转型升级的示范项目。并在此基础上，积极搭建起一个开放式的平台，一是聚焦工业互联网的核心安全问题，成立了工业互联网技术研究中心，为浙江省工业互联网体系的开发提供支持；二是建立更多的开放性和协作性的平台，通过与国内各单位协作，建立一个工业互联网的安全网络平台，创建一个工业互联网的安全领域。

（2）龙头企业驱动模式

浙江在推动数字化工业发展的同时，重视行业龙头在行业发展中的引领作用，推动新型数字工业的发展，逐渐成为经济腾飞的新的支撑。迅速成长起来的行业龙头企业，为数字技术的产业化发展提供了强大的支持。经过十年的发展，阿里云已经走在了全球的前列，它根据行业发展的需要，研发出了自己的核心应用程序，为行业的数字化发展带来了更多的云计算服务。海康威视把企业的发展定位于安防行业，并以此为核心，逐步推动安防行业的发展。作为中国网络装备行业的龙头企业，新华三集团以其独特的优势，致力于为用户提供高效率的数字化改造，并致力于为用户提供高质量的数字化服务。

（3）特色小镇驱动模式

"特色小镇"是推进产业升级、培育新产业、新业态和新动能、解决发展问题的重要载体。"特色小镇"是指以"互联网""大数据""云计算""人工智能""物联网"等领域为核心的"特色"型城市。"特色小镇"通过构建产品平台、建设孵化运行机制、完善创业生态体系，加快建设数字产业化集群，协作联动攻占数字产业前沿阵地。

在推动数字产业化的过程中，浙江依托"数字化小镇"建设，努力建设世界一流的数字产业。现有的数字经济产业规模突破了万亿元人民币，数字经济特色小镇有 27 个。例如，物联网小镇立足于物联网产业及其基础性支撑产业，目前已形成了一大批具备全球竞争力的智能产业领军企业，在数字安全、宽带接入设备、交换机、企业级路由器等领域占据了全球领先地位。人工智能城市充分发挥人工智能的优势，吸引了机器人、无人机、芯片设计与研发等诸多产业的初创公司加入，并引进了浙江大学与阿里巴巴合作创新研究院等人工智能基础研究平台。"云栖小镇"依托"云端"，目前已有 6 000 余家高科技企业入驻，行业涵盖大数据、App 开发、游戏、金融、移动互联网等行业，并集聚了大批优秀的创新创业人才，目前已有员工 8 500 余人，各种类型的优秀人才 4 000 余人。

（4）数字产业化的路径

浙江省数字产业化的路径主要涵盖三个发展时期，分别是"数字技术研发时期、数字企业的发展时期与数字产业集群的成形时期"，即通过数字技术与产业化来促进数字企业的发展，通过数字化企业的发展和聚集，形成一个数字化的产业集群。

资料来源：平萍. 浙江省数字产业化的模式与路径研究. 对外经贸，2023，（5）：41-43.

案例讨论题

浙江省的数字产业化对其他省份的发展有什么启示？

本章主要参考文献

[1] 武良山，王文涛. 产业数字化与数字产业化[M]. 北京：中译出版社，2022.

[2] 王俊豪，周晟佳. 中国数字产业发展的现状，特征及其溢出效应[J]. 数量经济技术经济研究，2021（3）：17.

第3章

产业数字化

┅➡【引言】

本章阐述了产业数字化的特征，探讨了"技术攻关型""产业布局型""场景应用型"三种不同的产业数字化发展模式，详细介绍了产业数字化的内外动力机制。

┅➡【本章学习目标】

1. 理解产业数字化的基本概念与特点
2. 理解实践中产业数字化的发展路径

┅➡【开篇小案例】

美国产业数字化转型战略布局

美国是全球最早布局产业数字化转型的国家之一，多年持续关注产业数字化的前沿性、前瞻性研究，聚焦半导体、量子计算和人工智能等前沿技术领域，先后发布《美国创新、美国增长：国家半导体技术中心愿景》《工业数字化转型白皮书》《国家人工智能研究和发展战略计划》等前沿政策文件，通过数字基础设施建设、资金投入、战略合作、机构设置、人才吸引等方式，有效推动了产业数字化转型的发展进程。在数字基础设施建设方面，美国的"再工业化战略"将互联网接入、宽带普及、智能电网改造等项目作为现代化的基础设施建设工程，"国家宽带计划"的提出旨在实现国内数字设施均衡发展。在资金投入方面，2021年6月参议院投票通过的《2021美国创新和竞争法案》，承诺5年内投入约2 500亿美元用于芯片、人工智能、量子计算、半导体等关键科技研究领域。在战略合作方面，美国不仅注重本国数字实力的提升，也同其他发达国家，如英国、希腊、日本等围绕人工智能研发、5G基础设施、量子通信技术等方面展开研发合作和科技协作。在机构设置方面，美国白宫于2021年1月成立国家人工智能倡议办公室，专门负责监督和实施国家AI战略。在人才吸引方面，美国国会推动国防部改善其专业量子计算领域的劳动力供给质量，《量子网络基础设施和劳动力发展法案》为国防部和私营部门更好地吸收量子相关专业的毕业生提供了保障。

资料来源：石建勋，朱婧池. 全球产业数字化转型发展特点、趋势和中国应对. 经济纵横，2022（11）：55-63.

3.1 产业数字化和数字产业化的差异

产业数字化是指在新一代数字科技的支持和引领下，以数据为关键要素、以价值释放为核心、以数据赋能为主线，对产业链上下游的全要素进行数字化升级、转型和再造。其核心在于引入新要素和在新要素的引导下整合传统要素。产业数字化通过将传统产业与数字化技术融合，利用数字手段提升效率、降低成本、优化资源配置，提高市场竞争力。

产业数字化的核心目标是利用数字化技术对传统产业进行改造和升级，使其更具创新性和适应性，以更好地适应市场需求的变化，并且为数字产业化提供基础和支撑，是数字产业化发展的前提和推动力。

与此相对应的是数字产业化，它是指以数字技术为核心，以数据为生产要素，通过人工智能、大数据、物联网、云计算等手段，从事信息传输、信息安全、数字创意等领域的新兴产业。数字产业化主要关注于发展和创造数字经济领域的新兴产业，如电子商务、互联网、金融、人工智能等。区分产业数字化和数字产业化可以从以下几个方面考虑。

一是主体不同。数字产业化的主体是新兴产业，而产业数字化的主体是传统产业。在这一点上，可以深入探讨新兴产业与传统产业在数字化过程中的角色和特点，进一步挖掘其在经济体系中的不同贡献。

二是目标不同。数字产业化的目标是发展和创造数字经济领域的全新产业，而产业数字化的目标是优化和改进传统产业的各个方面。这一差异可以引申为数字经济的创新性发展与传统产业效率的提升之间的平衡，探讨在数字化转型中如何平衡两者的关系。

三是方式不同。数字产业化通过技术创新和颠覆性思维创造全新的产业格局和商业模式，而产业数字化主要通过渐进式的方式，保持传统产业的稳定性并进行逐步改进。在这一方面，可以进一步分析两者在技术应用、创新策略上的区别，以及它们对企业发展的不同影响。

四是阶段不同。数字产业化主要发生在新兴产业的快速发展阶段，而产业数字化则发生在传统产业的转型升级阶段。这一差异可以引导企业对不同发展阶段企业所面临的挑战和机遇的思考，为企业在数字化发展进程中提供更具体的指导。

3.2 产业数字化的特征

产业数字化主要有四个方面的特征，分别是数据成为新的生产要素、新技术成为主要驱动、数字化渗透速率因行业而异、生产者与消费者的界限融合化。

3.2.1　数据成为新的生产要素

数据作为新的生产要素具有独特的特点，这些特点体现在多个方面。第一，数据表现为虚拟替代性，以非实体形式存在，虚拟化生产实现研发、制造、营销和运营，这使得生产过程更加灵活和高效。第二，数据对传统生产要素，如土地、劳动力的替代性，有助于缓解传统要素的短缺状况，提高资源利用效率。第三，数据具有多元共享性，参与主体和权属多元。数据以"共享"形式存在，促进了协同制造等合作模式的形成，增强了产业链上下游的互动。第四，跨界融合性表现为不同类型的数据和生产要素的融合，实现了资源优势互补，推动了产业的创新和发展。第五，智能即时性是数据的另一显著特点，数据的智能性与即时性满足数字经济的迅速变化需求，增强了用户对企业和平台的黏性。

这些特点使得数据在数字经济时代发挥着重要作用。虚拟替代性使得生产过程更加灵活，有助于推动创新发展；数据对传统生产要素的替代性缓解了资源短缺状况，促进了可持续发展；多元共享性促进了产业链上下游的协同合作，形成了更加紧密的产业生态系统；跨界融合性推动了资源的更好整合和利用，促使产业更好地适应市场需求；智能即时性满足了数字经济时代快节奏的要求，提高了产业的竞争力。这些特点共同为数字经济的持续发展提供支持和推动力。

当前，新技术体系，如人工智能、大数据、物联网等，推动数据呈指数型增长，低边际成本和可复制性使其成为关键生产要素。数据成本的下降得益于摩尔定律，并广泛应用于产业数字化、业务流程优化和商业决策。数据作为"黏合剂"融入传统要素，促进联结、流通、组合，释放数据生产力，促进经济优化。

此外，数据的开放性也是其独特之处。在数字经济时代，数据往往以开放的方式存在，通过开放平台、共享机制，促进了创新和协同。这种开放性在推动生产要素之间更紧密地互动和整合方面发挥了关键作用。数据的开放性不仅促进了产业之间的协同创新，也为企业提供了更多合作和共赢的机会。

总体而言，数据作为新的生产要素，在虚拟替代性、数据对传统生产要素的替代性、多元共享性、跨界融合性、智能即时性等方面，不仅改变了传统生产方式，也为创新和发展提供了新的机遇。在数字化转型的时代，对数据的充分理解和合理利用将成为推动经济增长的关键因素之一。数据的开放性将继续推动产业创新，促进数字经济的健康发展。

3.2.2　新技术成为主要驱动力

大数据、物联网、云计算等新技术的深度融合正在推动着技术范式的改变，成为新时代下产业数字化发展的主要驱动力。以大数据为例，该术语最早出现于 20 世纪 90 年代，直到 2011 年才开始受到广泛关注。大数据通常具有三大特征，即大规模、高速度和多样性。根据国务院 2015 年印发的《促进大数据发展行动纲要》，大数据的主要特征包括容量大、类型多、存取速度快、应用价值高。

从大数据与实体产业融合的角度看，大数据与传统技术的不同之处在于其本质上是一种信息，是经济活动的辅助产品。企业能够利用大数据提高经营效率，并且所积累的大数据已成为企业有价值的资产。在实体产业中，大数据的深度融合改变了传统产业的运作方式，企业可以通过对大数据的分析，更好地把握市场需求，优化产品设计，提高生产效率。这种深度融合为企业创造了新的商业模式和竞争优势。

在新技术的推动下，大数据不仅是技术手段的变革，更是实体产业的转型升级。通过对大数据的充分利用，企业可以更好地适应市场的变化，实现可持续发展。因此，大数据的深度融合为产业数字化发展提供了强大的动力，推动着整个产业向着智能化、高效化的方向迈进。

大数据如何推动企业的数字化转型呢？

一方面，大数据可以提高企业的生产效率。通过对海量数据的生产、采集、存储、加工、分析等，企业可以获取更细致、更具传播性的信息，从而提高决策效率。此外，大数据的应用能够降低企业的劳动力成本，实现传统产业生产过程的自动化转型，从而提高生产效率。另外，大数据在组织管理方面也能够降低企业生产运营的成本，使信息传递更为高效，缓解公司内部的组织管理问题，实现更加扁平、高效的管理模式。

另一方面，大数据可以推动研发创新。大数据有利于企业更加精准地把握消费者的需求，增加研发投入的力度。相比传统数据，大数据在数据类型、产生速度和规模上都具有优势。大数据的积累和分析使得企业在研发前期对市场需求的分析更具有前瞻性，从而降低研发成果商业化失败的风险。此外，大数据降低了企业研发过程的不确定性和成本，增强了研发动力。大规模、高速度、多样化的数据积累和分析提高了企业的预测能力，降低了企业研发过程中的不确定性和成本。另外，大数据为研发过程提供了丰富的信息，提高了研发效率。

总的来说，新技术，如大数据已然成为数字化转型的主要驱动力。数据、数字技术等新兴生产要素的发展与渗透，使得数字化转型已经成为产业发展的必然趋势。在特殊时期，如疫情发生时，经济活动的非聚集性需要进一步满足实体经济对数字化、智能化技术的应用需求。

3.2.3　数字化渗透速率因行业而异

数字产业的渗透性在不同行业中表现得十分强大，对传统的农业、工业和服务业都产生显著的渗透效果，且具有明显的溢出效应。其中，服务业是产业数字化发展最快的领域，数字经济在消费领域和流通领域引领了两者的发展，而工业和农业领域的数字化发展相对不够充分。数据显示，截至 2020 年，中国传统的农业、工业、服务业数字经济占各自行业增加值的比重分别为 8.9%、21.0%、40.7%，呈现出明显的非均衡渗透现象，服务业明显优于工业，而工业则相对优于农业。

非均衡渗透现象可能受多方面因素影响。一方面，服务业更加依赖信息技术和数字化手段，因此更容易实现数字化转型，另一方面，服务业的数字经济更为直接地与消费者相关，数字化在提升服务体验和满足个性化需求方面效果更为显著。相比之下，工业和农业可能面临传统产业结构、技术水平、人力资源等多方面的制约，数字化发展相对滞后。为了促进数字产业的均衡渗透，有必要在政策和技术创新方面加大支持力度，特别是在工业领域和农业领域。加强数字技术在生产、管理和服务中的应用，提升数字化水平，有助于实现不同行业之间更均衡的数字经济发展，推动整个产业结构朝着数字化、智能化的方向迈进。

在服务业层面，数字经济的广泛应用为消费者提供了更为便捷的服务体验，促进了商业模式的创新。在线购物、数字支付、智能物流等数字化手段在零售和物流领域的推广，极大地提高了服务效率，满足了消费者对个性化、定制化服务的需求。此外，服务业中的金融、教育、医疗等领域也在数字化转型中取得显著进展，为消费者提供更为便捷、高效的服务。

然而，在工业和农业领域，数字化发展相对滞后。工业领域尚未充分利用数字技术来提高生产效率、优化供应链管理和推动智能制造；农业领域在数字技术应用上也面临挑战，包括农业物联网、智能农业、数字化农田管理等方面的应用推广仍有待深入。

要实现数字经济的均衡渗透，工业领域和农业领域需要加速数字化转型进程。在工业方面，可通过推动智能制造、工业互联网、数字化供应链等手段，提高生产效率和产品质量。在农业方面，可以加强对农业物联网、大数据农业应用、智能农业装备等方面的研究和应用，提升农业生产的智能化水平。

在政策层面，鼓励各行业加大数字化投入力度，提供支持并采取激励措施，促使数字经济在不同领域更为均衡地渗透。通过促进数字化技术与传统产业的融合，将进一步释放数字经济的潜力，推动产业结构的全面升级和经济发展的全面提升。

3.2.4　生产者与消费者的界限融合化

数据的跨界融合推动着数字经济的发展，而其中一个显著的特点就是跨界融合。在数字技术的引领下，生产者与消费者之间的界限逐渐变得模糊，形成了一个日益融合的新概念——"产消者"。这一概念表明，在数字化的背景下，生产者利用数据资源挖掘消费者的需求，以更有针对性的方式开发商品，满足消费者多样化的需求。与传统的生产者和消费者不同，数字化的生态系统中，"产消者"的角色更加具有动态性和交互性，生产者在一定程度上扮演着消费者，而消费者也在一定程度上扮演着生产者，二者之间的界限变得模糊。

另外，随着人工智能、大数据、物联网、云计算等新一代数字技术的不断发展，人类社会、网络世界和物理世界的边界消失，逐渐融合成为一个互联互通的新世界。数字技术的普及使得信息能够快速流动，不受时间和空间的限制，进一步弱化了不同领域之间的分隔作用。人工智能的应用使得系统能够更好地理解和适应人类行为，大数据分析提供了更为全面、深入的洞察，物联网连接了物理世界的各个角落，而云计算为资源共享提供了更为高效的平台。这些数字技术的交汇形成了一个高度互联的新世界，促使不同领域之间的融合与合作更加紧密。

综合而言，数字经济的跨界融合展现了生产者与消费者关系的动态变化，推动了"产消者"概念的出现。同时，新一代数字技术的蓬勃发展正在消解人类社会、网络世界和物理世界之间的边界，形成一个更加紧密互通的新世界。这一趋势不仅改变了商业模式和生产关系，也为创新和合作提供了更为广阔的空间。

3.3 产业数字化的发展趋势

产业数字化的发展趋势主要体现在四个方面：重塑创新体系、提质生产体系、催生新兴业态和驱动产业链区域化。

3.3.1 重塑创新体系

数字技术与传统产业的融合不仅推动了技术的开源化和组织方式的去中心化，而且促进了技术创新的蓬勃发展。开源的概念起源于计算机技术中的"开放源代码"，意味着网络化、公众化的参与共享机制。去中心化则是通过互联网形成开放式、扁平化、平等性的系统现象或结构。在数字化转型的过程中，传统产业广泛融合了人工智能、大数据、物联网、区块链等数字技术。尤其是区块链技术，通过加密技术构建了一个去中心化的可靠、透明、安全、可追溯的分布式数据库。它的出现为数据采集提供了共享、验证和溯源机制，奠定了坚实的"信任"基础，并为各方创造了可靠的"合作"机遇。

在传统模式下，由于产业内不同企业主体之间的管理方式差异、信息系统不统一，以及商业利益冲突等因素，协调合作变得异常困难。然而，区块链技术的应用极大降低了各产业组织的交易成本，使产业链上下游和产业链之间实现协同与融合成为可能。多样的、具有特殊知识的产业和企业被连接到一个开源网络中，使得产业创新的主体、机制、流程和模式不再受到物理世界的约束。资源运作和成果转化更多地依赖网络在线展开，从而显著加快了发明创造的速度，凸显出全球开放、高度协同的创新趋势。

在这一趋势下，近年来，随着全球经济复苏进程中出现的风险积聚和发展内生动能不足等问题，发达经济体充分利用产业数字化发展的机遇，加快推动区块链技术与传统产业的深度融合，通过协同创新形成强劲动力，抢占战略性新兴产业发展的先机。这种深度融合不仅推动了经济结构的升级，还为全球产业合作创造了新的可能性，加速了创新和发展的步伐。

3.3.2　提质生产体系

产业数字化的推进不仅能促进协同创新，还有助于优化生产流程组织并提升整体生产效率。在传统产业中，研发环节通常由企业的研发团队主导。然而，随着产业数字化转型的不断推进，企业可以通过数字化平台与消费者进行实时双向交互，更加精准、迅速地把握消费者的实际需求，从而有针对性地调整研发方向和内容。

此外，在数字经济模式下，数据作为一种独立的生产要素全面融入实体经济运行之中。产业可以利用数字手段，从庞杂的数据中挖掘潜在信息、预测未来趋势、打破信息约束和认知约束。通过对消费者需求、产品和服务供求状况、市场占有率等因素进行分析，企业可以实现精准的供需预测。举个例子，企业可以将数据挖掘技术嵌入生产决策系统，对市场消费行为进行合理预测，从而克服由于个人"有限理性"对分析结果产生的主观影响，帮助企业更准确地预测消费者需求，降低生产不确定性，实现供求匹配和资源均衡配置。

另一个例子是数字经济模式下的生产协作具有更强的实时性。通过数字化平台，企业及其上下游相关的生产环节可以同步获取生产信息指令并进行生产资源配置，从而减少由于信息发布和接收不及时、不充分导致的潜在资源浪费现象，大幅降低生产环节的成本。在资本主义生产体系下，供给过剩一直是引发各种经济和金融危机发生的根源。这种精准匹配、及时高效、合理预测、上下游协同的生产体系将减少传统生产模式下不必要的产品供给，使生产成本降低，促使经济系统更加灵活和可持续。

3.3.3　催生新兴业态

产业数字化转型不仅使传统产业受益，其正外部性还将延伸到经济社会的多个方面。产业数字化塑造了一个协同高效的数字化生态系统。这一生态系统包括政府推动数字基础设施的合理布局与建设，新兴技术如传感器、仿生、人工智能、量子通信等技术的有机结合及应用，以及数字化转型领军企业提供的大数据平台和软件开发等服务。这种协同作用不仅提升了产业内部的效率，还在更广泛的层面产生了积极影响。

这一生态系统的形成使得超大量、高速流动的数据信息得以被捕获并跨越空间距离或地域限制流动。这为智慧城市、智慧产业、智慧社会、智慧生活等新兴业态的发展创造了有利条件。通过数字化技术的广泛应用，社会各个领域都得以迎来创新和变革，从而进一步推动社会生产力的发展，加速了生产关系的变革。这个数字化生态系统不仅提高了产业的竞争力，还为全社会带来了更多的便利和机遇。

以智慧城市为例，它是通过数字技术重塑城市的生产空间、生活空间和生态空间，以实现城市的可持续发展的。例如，利用大数据分析和人工智能技术洞察用户需求而开发的智能入住服务，为用户提供更便捷的居住体验。区块链技术通过连接碎片化主体、应用和系统，使智慧城市实现数据共享和多方参与，不同主体之间可以优势互补并利用彼此的资源，实现资源的最优配置，推动城市的智能化发展。智慧产业同样也是典型的技术交叉和产业融合的产物，通过数字技术的应用，传统产业得以转型升级，提高生产效率，推动产业结构的优化和创新能力的提升。

这一协同高效的数字化生态系统，不仅使传统产业在数字化转型中获得新的动力，也为社会创造了更多发展机遇，促进了科技创新和社会经济的协同发展。

3.3.4　驱动产业链区域化

在工业化时代背景下，不同经济体通常会充分发挥自身的资源禀赋优势，并对生产进行国际化布局。然而，随着各经济体产业数字化转型战略的深入推进和布局的持续完善，由数字资源带来的协同创新增效、生产效率提升、潜在成本下降和盈利空间扩大现象将改变传统国际分工模式。

一方面，发达国家倾向于在本国或邻近地区建立数字化生态系统，在区域间和国家内部形成更加稳定的分工体系，打造数字化资源禀赋新优势。这将导致发展中国家参与生产体系的传统比较优势不再明显，国际分工模式将发生实质性改变。全球产业链供应链也将呈现区域化和本土化特征，使得后进国家融入全球产业链的难度进一步增加。

另一方面，围绕产业数字化转型升级的技术创新和全球产业链的竞争将愈演愈烈。各经济体都将通过较强的政策引领和财政投入推进设施与体系建设。美国、欧洲、日本等发达经济体依托国家部署在产业数字化转型方面的积极探索，试图在本轮产业数字化转型竞赛中抢先占据制高点。他们试图实现对底层技术、标准和知识产权的把控与垄断，筑造技术壁垒，从而取得行业优势地位。这将加速全球产业链供应链区域一体化和本土化的趋势，形成更加复杂而多元的国际产业合作与竞争格局。

●●➡【小案例】

英国、德国和法国产业数字化转型战略布局

数字革命浪潮来临之时，英国通过强化数字政府建设，以《政府数字战略》《政府数字包容战略》《政府转型战略（2017—2020）》《数字服务标准》等战略计划作为指引，持续推进政府数字化转型，发布全局性战略，促进多部门协同，积极调整和促进产业结构升级，带动产业数字化转型。在战略布局方面，英国制定数字经济发展的整体性战略，先后推出了《数字经济战略（2015—2018）》《英国数字战略（2017）》《国家数据战略（2020）》等战略计划，对全面推进数字化转型作出全面而周密的部署。在部门协同方面，英国多个部门联合打造了数字经济政策网络，包括内阁办公室、商业创新和技能部（BIS）、教育部（DFE）、国际发展部（DFID）等部门，共同构建英国的数字战略体系。在产业转型方面，

以制造业为例，英国制造业的数字技术采用率不断提升，其中增材制造采用率约为 28%、机器人采用率约为 22%、工业物联网采用率约为 12%。

德国以"工业 4.0 战略"为核心，相继发布了"一揽子政策"计划，推动德国工业数字化转型，尤其是制造业数字化转型。2014 年，德国联邦政府发布《数字议程（2014—2017）》，"数字化"自此正式融入国家经济社会发展之中。在此基础上，2016 年联邦经济和能源部公布《数字战略 2025》，全方位提出有利于产业数字化转型的具体规划。例如，加快推进千兆光纤网络和智能联网等基础建设，采用基金支持、税制改革、法律保障等方式鼓励中小企业创业创新等。2018 年 2 月联邦政府发布了《德国高科技战略 2025》，提出到 2025 年将研发投入扩大到 GDP 比重的 3.5%，并将数字化转型作为科技创新发展战略的核心。此外，德国非常重视中小型、创新型企业在产业数字化转型中的地位。德国中小型企业在数字经济尖端技术领域的研发成果颇丰，是德国制造业数字化转型的重要推动力量。2015 年，联邦经济部实施的"中小企业数字化计划"，旨在围绕智能生产、IT 安全、网络营销等多领域，有针对性地开发"GoDigital""Go-Inno""ZIM"等中小企业创新项目，实现对中小企业的资金支持和咨询服务，帮助德国中小企业有效应对数字化转型浪潮下的挑战。

自 20 世纪 70 年代开始，法国以"产业外迁和去工业化"为政策导向，大力促进服务业发展。然而，此举导致了国家工业能力衰弱、产业空心化、国际竞争力削弱等后果。在传统工业强国地位受到冲击和全球数字化浪潮的背景下，法国政府分别于 2010 年和 2013 年提出了"工业振兴计划"和"再工业化"政策，聚焦大数据、物联网、超级计算机等前沿科技领域，并将其作为重点发展方向，旨在通过新一代数字技术推动产业尤其是工业的数字化变革。2015 年，法国经济、工业与就业部发布的"未来工业计划"的核心是以数字化变革工业，并将提升中小企业数字化水平作为计划的重中之重。2018 年 9 月，法国公布了《利用数字技术促进工业转型的方案》，提出以国家统筹、地方政府配套、行业企业协同参与的方式，制定大规模投资计划，加强本土工业生态系统建设，通过建立数字化平台、设计高科技产品和服务等方式，打造具有创造力的工业中心。近年来，法国注重前沿技术在产业数字化转型中的推动作用。2019 年，法国和德国提出建设欧洲自主数据基础设施。2021 年 1 月，法国宣布启动量子技术国家战略，旨在更好地促进量子技术的应用和发展。

资料来源：石建勋，朱婧池. 全球产业数字化转型发展特点、趋势和中国应对. 经济纵横，2022（11）：55-63.

3.4　产业数字化的发展模式

产业数字化的发展呈现出多样化的趋势，不同企业和组织在数字化转型的过程中采用了不同的策略和模式。在这个多样化的发展趋势中，技术攻关型、场景应用型和产业布局型成为三种突出的发展模式。这三种模式在推动数字化转型的过程中，各具特色，旨在满足不同行业和企业的需求。接下来将深入介绍这三种产业数字化发展模式的特点、优势及面临的挑战。

3.4.1 技术攻关型

产业数字化是当今全球经济发展过程中的一个关键趋势，各国纷纷投入精力推动数字技术在不同领域的应用和发展。在这个过程中，技术攻关型的产业数字化发展成为引领创新的一种模式。

技术攻关型的产业数字化发展模式主要是指企业或行业通过攻克关键技术难题，实现从传统生产方式向数字化、智能化生产方式的转变。这种模式以技术创新为核心驱动力，强调技术研发和创新在推动产业发展中的重要作用。

在这种模式下，企业需要投入大量资源进行技术研发和创新，其中包括人才、资金、设备等资源。同时，也需要建立完善的知识产权保护机制，以保护企业的技术成果不被侵权。此外，企业还需要与高校、科研机构等进行深度合作，共同推进技术研发、创新和应用。

技术攻关型的产业数字化具有鲜明的技术导向特点，其核心在于通过技术创新和研发，有针对性地解决特定产业领域的难题，从而推动整体产业水平的提升。这一模式着眼于通过研发和创新推动产业数字化进程，对行业内的技术挑战提出解决方案。然而，这种发展模式不是一劳永逸的，而是需要企业具备深厚的技术实力和研发能力，以适应不断变化的技术环境。

在技术攻关型的产业数字化中，突出了高度定制化的特点。产业数字化的发展需根据特定产业的需求进行精准定制，以确保解决方案更加贴合实际应用。然而，这也增加了研发的复杂性，要求企业在数字化转型过程中充分理解和满足特定产业的需求，同时保持自身的创新能力。

另外，由于技术攻关型的产业数字化需要解决复杂的技术问题，因此具有长期投入的特点。企业在这一模式下需要保持长期的研发和投入，这既需要企业具备较强的耐心，也需要具备长远的战略眼光。因此，这种数字化发展方式并非短期内取得显著成果，而是需要在长期的探索中逐步取得成功。

技术攻关型的产业数字化的优势在于能够取得技术方面的领先地位，提高企业在市场上的竞争力，为特定问题提供个性化的解决方案，满足企业发展中的特殊需求，并通过攻克技术难题实现企业创新和进步，推动整个行业的发展。技术攻关型的产业数字化发展模式具有一系列优势，这些优势使得它在特定领域中备受青睐。

然而，技术攻关型的产业数字化也面临一系列的挑战。技术风险是挑战之一，由于依赖前沿技术的应用和创新，存在技术不成熟和不稳定性的风险。高成本是第二个挑战，因为技术攻关型的产业数字化通常需要大量的研发投入。时间消耗是第三个挑战，相比其他产业数字化方式，它可能需要更长的时间才能取得显著的成果，这在快速变化的市场中可能会成为一个制约因素。

技术攻关型的产业数字化作为数字化发展的一种模式，在技术创新和问题定制方面具有独特的优势。然而，技术攻关型的产业数字化也需要克服技术风险、高成本和时间消耗等挑战。深入理解这一模式的特点和影响因素，可以更好地引领产业数字化的发展方向，并为未来的研究和实践提供有益的启示。

3.4.2　产业布局型

产业数字化是当今全球经济发展过程中的一个重要趋势，而产业布局型的数字化发展模式在这一过程中扮演着关键的角色。

产业布局型的产业数字化发展模式主要是指企业或行业通过优化和调整产业链的布局，实现从传统生产方式向数字化、智能化生产方式的转变。这种模式以产业协同为核心驱动力，强调整个产业链的协同发展和效率提升。

在这种模式下，企业需要对整个产业链进行全面分析和评估，找出存在的问题和瓶颈，然后通过技术创新和管理创新来优化和调整产业链的布局。例如，企业可以通过引入新的技术和设备来提高生产效率；也可以通过建立数字化的供应链管理系统来提高供应链的效率和灵活性。

产业布局型的产业数字化呈现出多重鲜明特点。一方面，它聚焦于整个产业链的数字化转型，包括供应链、生产流程、市场销售等多个环节。这种全产业链的全面涵盖为企业带来协同效应，提高了企业的整体效率。另一方面，产业布局型的产业数字化强调不同环节之间的横向整合，以促使信息的共享和流动，从而消除"信息孤岛"，助推全产业链的协同发展。最为重要的是，该模式不仅注重数字化的应用，而且强调创新的推动。通过数字技术的不断创新，企业在数字化转型中能够获取更高水平的发展和竞争力。这些特点相互交织，共同勾勒出了产业布局型的产业数字化独特的面貌，使其成为推动整个产业实现全面升级的关键引擎。

产业布局型的产业数字化发展模式在整个产业数字化过程中具备多重优势。第一，通过对整个产业链的数字化，实现了整体效益的提升。从供应链到生产端再到销售端，数字化的协同作用有助于提高效率，降低整体成本。第二，横向整合和全产业链的数字化促进了信息的共享与协同创新。产业各个环节之间更紧密地合作推动了数字技术的应用和发展。第三，产业布局型的产业数字化有助于企业形成更加完整和健康的产业生态系统。各个环节之间的协同作用使得整个产业更具韧性和可持续性。

然而，产业布局型的产业数字化模式也面临一系列挑战，这可能影响数字化发展的进程和效果。第一，整个产业链的数字化涉及多个环节和多种技术，其复杂性较高，可能增加实施的难度，尤其是在一些传统产业中。第二，不同环节和企业可能存在文化差异，成为数字化过程中的障碍。对于信息共享和协同创新的需求，需要克服横向整合中可能出现的文化差异问题。第三，整个产业链的数字化涉及大量的数据流动和信息传递，因此安全性成为一个重要的考虑因素。面对网络攻击和数据泄露等风险，确保信息安全这一问题亟待解决。

产业布局型的产业数字化通过整合整个产业链，提升整体效益，促进信息共享和协同创新。尽管面临复杂性、文化差异和安全风险等挑战，但产业布局型的产业数字化通过深入理解其特点和优势，可以更好地引领产业数字化的发展方向，为未来的研究和实践提供有益的启示。

3.4.3　场景应用型

产业数字化的推动对于企业提高效率、降低成本、促进创新至关重要。在不同的数字化发展模式中，场景应用型的产业数字化发展模式是一种注重特定场景和应用领域的模式。

场景应用型的产业数字化发展模式主要是指企业或行业通过将数字技术与实际业务场景紧密结合，实现业务流程的优化、效率的提升和价值的创新。这种模式以5G、物联网等领域的新技术应用为特点，推动"场景"由单一的企业层面扩展到整个行业层面，进而成为推动新经济发展的重要力量。

在这种模式下，企业不再单纯关注技术本身，而是更加注重如何将技术与实际业务需求相结合，通过构建具体的业务场景来驱动技术创新和应用。例如，可以通过大数据分析优化供应链管理，或者利用人工智能技术提升客户服务体验。

场景应用型的产业数字化发展模式具有鲜明特点。它专注于在特定的场景和应用领域中进行数字化转型，致力于解决具体问题和提升特定业务流程。与全产业链的数字化不同，场景应用型的产业数字化发展模式更注重解决某个具体场景或业务环境下的问题，使得数字化过程更具有针对性和精准性。这种模式通常具有较强的灵活性和定制化能力，能够根据不同场景的需求，快速调整和适应，满足特定场景的数字化需求。与其他数字化发展模式相比，场景应用型的产业数字化发展模式更专注于解决实际业务中的问题，通过数字技术的应用提升特定场景下的效率、质量或创新水平。这些特点相互交织，使得场景应用型的产业数字化在实际业务场景中发挥重要作用。

场景应用型的产业数字化发展模式在特定领域中表现出多方面的优势。第一，场景应用型的产业数字化发展模式具有精准解决问题的特点，能够深度解决具体场景中的问题，更加精准地定位和应对实际业务中的挑战。第二，场景应用型的产业数字化发展模式强调灵活性，能够相对快速地实施行动，对需要迅速应对市场变化或业务需求的企业具有重要意义。第三，由于场景应用型的产业数字化发展模式通常不需要覆盖整个产业链，成本相对较低，企业可以有选择地投资能够解决实际问题的特定领域，提高成本效益。

然而，场景应用型的产业数字化发展模式也面临一些挑战。第一，它通常只针对某一特定场景，可不同场景之间可能存在集成问题，这可能导致"信息孤岛"和数据不流畅。第二，在实施场景应用型的产业数字化发展模式时，可能会遇到组织内部的变革阻力，员工对新技术的应用和业务流程的变化产生抵触情绪，影响数字化项目的推进。第三，由于关注于特定场景，其可持续性可能受到整个产业链和外部环境变化的影响，在制定数字化战略时需要注意保持可持续性和对未来的适应性。

场景应用型的产业数字化通过解决特定场景和业务领域中的问题，提高了企业解决问题的精准性和效率。尽管面临着集成问题、变革阻力和可持续性挑战，但通过深入理解其特点和优势，可以更好地引领产业数字化的发展方向，为未来的研究和实践提供有益的启示。

3.4.4 产业数字化的内外部动力机制

产业数字化作为当今企业发展的引擎，受到内外部动力机制的共同推动。在数字时代的浪潮中，企业不仅面临着外部市场竞争的压力，还需要不断应对内部组织体系的变革和技术创新带来的挑战。内部动力机制主要包括提高企业生产效率与降低成本、创新驱动、数据驱动决策、客户需求变化，以及人才培养和技能提升等方面。这些机制通过促使企业更好地适应数字化转型，从而实现整体业务的提升；外部动力机制则受市场竞争、政府政策支持、技术发展等多方面因素的影响，推动企业积极寻求变革与创新。通过深入了解这些内外部动力机制，企业可以更好地把握数字化发展的机遇，迎接挑战，不断优化企业自身结构，提高竞争力。

接下来将深入剖析这些动力机制，揭示其对产业数字化的推动作用，提供深入洞察产业数字化发展的视角。

3.4.4.1 产业数字化的内部动力机制

产业数字化作为推动企业发展的重要引擎，受到多重内部动力机制的驱动，这些机制在提高效率、创新驱动、数据驱动决策、客户需求变化，以及人才培养和技能提升等方面发挥着关键作用。

1. 提高企业生产效率与降低成本

产业数字化通过引入自动化、智能化的技术，旨在提高企业生产流程和业务流程的效率，同时降低运营成本，这一动力机制在多个层面发挥作用。提高企业生产效率与降低成本的内部动力机制主要包括以下几点。一是自动化生产流程：数字化技术可以实现生产流程的自动化，从而提高生产效率，减少人工操作的错误，缩短生产周期；二是供应链优化：数字化的供应链管理系统可以实时监控库存、物流等环节，减少库存积压、提高供应链的灵活性和供应效率；三是智能物流：采用物联网和大数据分析技术，企业能够优化物流流程，降低运输成本，并提高货物的即时性和可追溯性；四是人力资源管理：通过数字化的人力资源管理系统，企业可以更好地分配人力资源，提高员工的工作效率，同时降低招聘和培训的成本。

2. 创新驱动

产业数字化的成功离不开创新，创新驱动是产业数字化发展的重要动力机制。企业通过对数字技术的应用，不断创新产品、服务和业务模式，以保持自身的竞争优势。创新驱动的内部动力机制主要包括以下几点。一是新兴技术应用：企业积极应用新兴技术，如人工智能、区块链、虚拟现实等，探索创新的业务应用场景，为客户提供全新体验；二是数字化产品开发：通过数字化工具和平台，企业能够更加高效地进行产品设计、模拟和测试，加快产品迭代和上市的速度；三是开放创新：企业与外部创新机构、初创企业进行合作，共同研发数字化解决方案，推动企业跨界创新，实现产业升级；四是数据驱动的创新：利用大数据分析，企业可以深入了解市场趋势、消费者需求，基于数据洞察进行产品创新和市场定位。

3. 数据驱动决策

数字化时代，数据成为企业决策的核心依据。通过数据驱动决策，企业能够更加科学和准确地制定战略、优化运营，提高整体决策效能。数据驱动决策的内部动力机制主要包括以下几点。一是实时数据监控：数字化系统可以实时监控企业各个环节的数据，包括生产、销售、市场反馈等环节，为决策提供及时的信息支持；二是预测性分析：借助大数据和机器学习技术，企业可以进行更精准的预测性分析，对未来趋势和市场需求作出更准确的判断；三是个性化决策支持：数字化决策支持系统可以根据个体员工的需求和业务场景，提供个性化的决策建议，提高管理层决策的灵活性；四是战略优化：数据驱动决策帮助企业优化战略，识别和利用市场机会，同时降低潜在风险，提高企业决策的成功率。

4. 客户需求变化

数字化时代客户需求不断演变，企业需要迅速适应变化，满足客户的期望。客户需求变化的内部动力机制主要包括以下几点。一是数字化客户体验：通过数字技术提升客户体验，包括在线购物、个性化推荐、客户服务自动化等，以提高客户满意度；二是社交媒体互动：通过社交媒体平台，企业能够更加密切地与客户互动，获取客户反馈，了解市场动态，及时调整产品和服务策略；三是定制化生产：数字化制造技术使得企业能够实现小批量、定制化生产，更好地满足个性化的客户需求；四是即时响应：利用实时数据和物联网技术，企业能够更加迅速地响应市场变化，调整生产和供应链，以满足客户需求。

5. 人才培养和技能提升

数字化时代，员工的技能和知识水平对企业的数字化发展至关重要。人才培养和技能提升的内部动力机制主要包括以下几点。一是数字化培训：企业需要投入资源进行数字化培训，使员工掌握新兴技术和数字化工具的应用，提升数字素养；二是创新文化建设：创建鼓励创新和学习的企业文化，激发员工的创造力，使其能够适应数字化环境的不断变化；

三是跨界团队协作：数字化工作环境通常涉及多个领域的知识，企业需要建立跨界团队，促进不同部门之间的协作和知识分享；四是智能化工作环境：利用智能化工具，提高办公效率，减轻员工的操作负担，使员工能够更专注于创新和解决问题。

总体而言，这些内部动力机制相互交织，共同推动了企业的数字化转型。企业需要在内部组织中灵活运用这些机制，以适应不断变化的数字化环境，实现可持续发展并保持竞争优势。

3.4.4.2 产业数字化的外部动力机制

产业数字化的外部动力机制涵盖了市场竞争压力、政府政策与支持、技术发展、供应链数字化，以及社会责任感等多个方面。这些因素在推动企业进行数字化转型、适应市场变化、提高竞争力方面发挥着至关重要的作用。

1. 市场竞争压力

市场竞争是产业数字化发展的外部动力机制之一，企业在激烈的市场竞争中被迫采取数字化手段，以保持竞争力和持续发展。一是全球化竞争：随着全球市场一体化的进程，企业需要适应全球市场的竞争压力，数字化为跨国企业提供了更为高效和统一的管理方式；二是新兴市场崛起：新兴市场的崛起带来了新的竞争对手和市场机会，产业数字化为企业提供了在市场中迅速适应竞争压力和拓展生产的手段；三是客户体验关注：消费者对于优质的客户体验日益关注，数字化技术提供了改善客户体验、提高服务质量的途径，是企业赢得市场的关键竞争因素之一。

2. 政府政策与支持

政府在产业数字化的推动中发挥着重要的引导和支持作用，其政策措施和支持措施直接影响了企业的数字化决策和投资。一是数字化产业政策：政府通过发布数字化产业政策，鼓励企业加大数字化投资力度，推动产业结构优化和创新发展；二是技术创新扶持：政府可以提供资金支持、税收优惠或研发补贴，可以鼓励企业进行技术创新和数字化技术的研发应用；三是数字化人才培养：通过建立培训体系、制定奖励计划，政府支持企业培养和引进数字化领域的专业人才。

3. 技术发展

技术发展是产业数字化发展的关键外部动力，新兴技术的不断涌现为企业提供了更为先进、高效的数字化工具。一是人工智能：人工智能技术的发展使得企业能够进行更智能的数据分析、预测和决策，提高企业运营效率和管理水平；二是物联网：物联网的普及连接了物理世界与数字世界，为企业提供了实时数据监测、设备远程控制的能力；三是大数据：大数据技术使得企业能够处理和分析海量的数据，发现潜在商机、优化流程并进行精准决策；四是区块链：区块链的分布式记账和不可篡改性为产业链上的信息共享和安全性提供了全新的解决方案。

4. 供应链数字化

供应链数字化是推动整个产业数字化发展的外部动力之一，数字化供应链的建设有助于提高供应链的透明度、灵活性和效率。一是实时信息共享：数字化供应链使得供应商、制造商和分销商能够实时共享信息，更迅速地响应市场需求变化；二是物流优化：利用数字技术进行物流网络的优化，降低物流成本，提高货物运输效率，加速供应链流程；三是供应链可追溯性：数字技术提供了更为准确的产品追溯体系，帮助企业应对召回事件并提高产品质量。

5. 社会责任感

社会责任感是产业数字化外部动力的重要组成部分，企业在数字化过程中需要关注社会和环境的可持续性。一是环保数字化：数字化工具和技术的应用使得企业能够更加高效地利用资源、降低碳排放，推动绿色数字化发展；二是社会参与：产业数字化应当注重对社会问题的解决，通过数字技术参与社会公益和可持续发展的项目；三是数据隐私保护：在数字化过程中，企业需要重视客户和员工的隐私数据保护，建立可信赖的数字化生态系统。

这些外部动力机制相互交织，为企业提供了产业数字化发展的外在推动力。企业需要在外部环境中灵活应对这些动力机制，制定相应的数字化战略，以实现可持续的数字化发展。

本章小结

本章分析了产业数字化的基本概念，阐述了产业数字化的特征与发展趋势，还进一步剖析了产业数字化的发展模式。

复习思考题

1. 谈谈自己对产业数字化的理解。
2. 谈谈我国产业数字化发展面临的挑战和可能的解决思路。

••➡【本章案例学习】

人工智能在基础教育中的应用案例

智能音乐软件在音乐教育中的运用。随着信息技术的飞速发展及计算机在各行业的快速普及，各种智能音乐软件应运而生。例如，库乐队已经在多媒体音乐教室和数字音乐教室中广泛应用，这种软件功能强大，可以在较短的时间内完成对音乐的编辑、修改、录制、播放和输出，甚至可以完成音乐工作者无法独自完成的工作。这种新型音乐软件被引入音乐教育之后，对课堂教学质量的提高起着巨大推动作用，也大幅提升了课堂的生动性和趣味性。例如，老师可以根据学生的实际情况自己编辑歌曲的伴奏，可以任意选择歌曲的调号、拍号和速度，可以改变歌曲的音乐风格，在演唱过程中体会不同风格的音乐伴奏带给自己的不同体验。

在欣赏课中，利用这种音乐软件将乐曲根据学生自己理解的情绪重新编辑，重新选择乐器进行演奏，根据乐曲的主题让学生选择不同音色的乐器进行搭配，甚至填词演唱。这种音乐软件引入课堂教学之后，可以让学生在创编活动中大显身手。学生可以自己创作节奏、旋律，通过软件即时演奏出来，不仅让学生体会创作的乐趣，也能够促进学生对各音乐元素功能的了解和掌握，既增加了音乐课堂实践的乐趣，也掌握了相关的乐理知识。这些教学手段的改变，无形中在课堂中为师生的互动搭建了良好的平台，极大改变了传统音乐课堂的枯燥性，降低了教学难度。

人工智能系统和互联网相结合在音乐课堂中的运用。随着网络信息技术的迅速发展，网络教育已深入渗透到中小学音乐教育课程中，并具有难以取代的地位，特别是随着 5G 时代的来临，互联网技术将实现课堂教学的进一步优化。借助网络，学生将更简单快捷地获取相关知识，通过资源搜索完成筛选和学习，然后借助音乐软件的强大功能实现教学内容和知识的重新整合，进而实现课内知识向课外兴趣的延伸和拓展。此外，在中小学音乐教育教学过程中，音乐功能教室将向智能教室转变，人工智能系统将融入音乐教学内容的各个环节，如歌曲教学、作品欣赏、乐理知识、乐器学习等，学生还能自己创作并演奏音乐作品，让学生的拓展学习成为可能。网络化教学与智能音乐软件相结合，将更适用于对学生学习效果和音乐素养的检验。音乐是时间的艺术，也是声音的艺术，因此在检测中有一定的特殊性。例如歌曲的演唱，音高和节奏的模唱及听辨，如果单纯使用人工进行评判，势必出现偏差而引起争议。在检测中如果借助智能软件和网络技术将极大提高检测效率、检测的精准度和科学性。

资料来源：杜丽. 人工智能在基础教育中的应用案例分析. 电子技术，2023（9）：86-87.

案例讨论题

在数字经济时代，人工智能为产业数字化带来什么影响？

本章主要参考文献

[1] 沈建光，金天，龚谨. 产业数字化[M]. 北京：中信出版社，2020.

[2] 周小亮. 数字经济学[M]. 北京：经济科学出版社，2023.

[3] 杨卓凡. 我国产业数字化转型的模式、短板与对策[J]. 中国流通经济，2020，34（7）：60-67.

理论篇

第4章

数字时代的产业组织

【引言】

本章分析了在数字经济时代背景下，产业组织形态重构与关系行为重塑、企业组织重构及与个体关系重塑，揭示了未来市场结构、产业组织演变趋势与特征，以及组织内部个体的存在方式，较系统地解析了产业组织变革的底层规律。

【本章学习目标】

1. 理解数字经济时代产业组织演变的基本趋势
2. 理解数字经济时代产业组织特点
3. 理解数字经济时代产业组织绩效分析

【开篇小案例】

小米集团的数据变革之路

小米集团成功推出以小米手机为代表的系列产品，这在一定程度上与其积极践行数据变革密切相关，其经营业务广泛地运用了数字化相关技术。

1. 对不同的数据源实施差异化管理

小米集团的数据来源非常广泛，通过官方网站、电商平台、社交媒体、线下实体等途径获取了大量用户交易信息、社交网络信息等数据，而这些数据的质量参差不齐。例如，来自小米集团官方网站、电商平台的数据信息通常具有相对较高的准确性和可靠性，而来自社交媒体的数据则存在着明显的消费者偏见。因此，小米集团在对数据进行处理之前，需要对这些数据实施差异化的分层存储和分析，如基础层数据、中间层数据和应用层数据。不同层次的数据划分，既有利于实现数据聚类，又有利于对数据展开有针对性的分析。通过对数据层次的细分，企业能够获取更为精准的信息。

2. 基于全渠道信息流的数据挖掘

在对数据实施差异化管理的基础上，选择恰当的数据获取方式和挖掘方式显得尤为重要。小米手机与百度地图合作，获取不同地区的用户信息，然后根据用户所在区域对数据进行分析和处理，再根据不同区域的经济发展水平向用户推荐不同型号的手机产品。同时，小米手机还利用数字信号处理（Digital Signal Processing，DSP）技术来分析用户的浏览行为。当用户登录小米手机官方网站时，企业就可以收集用户的搜索记录、交易信息、用户反馈等数据信息，这些信息反映了不同年龄、职业、兴趣爱好的用户的不同关注点。DSP技术可以基于这些数据信息分离出不同偏好的用户群。随后，小米手机还会借助 Cookies 技术捕捉和定位用户 ID，进一步跟踪其在其他网页的访问情况。通过这些碎片化的信息分析用户的个人特征，再通过追踪用户的社交行为获取用户的习惯数据，描绘出相对完整的用户画像，实现对用户数据的精准挖掘。

小米手机凭借着强有力的技术支撑，通过对用户痕迹的分析来还原用户的行为路径，并实现全面覆盖。在移动互联网的大背景下，用户通过网络搜索产品信息作出购买决策已经随处可见。大数据分析发现，不管是线上下单还是线下购买，消费者都会通过互联网或是商家的网络推广活动进行产品搜索、信息收集、对比选择并最终购买产品。小米手机通过各种手机应用和 MIUI 系统的组合应用，可以非常便捷、高效地获取 5.29 亿人次的活跃用户，以及其他非活跃用户的网络轨迹、行为习惯和消费习惯。面对这些随机的、碎片化的网络数据，只有借助大数据技术进行分析，才能更加准确、更加及时地了解消费者的需求及其变化。

3. 基于数据驱动的产品研发

小米手机大数据营销的最终落脚点，在于其新产品的研发。由于手机行业更新换代快的特点，不同品牌手机的竞争优势在很大程度上取决于技术创新能力。只有不断地生产出能够满足消费者需求的产品，才能获得更高的市场占有率。小米手机的型号从小米 1 型号手机更新到小米 10 型号手机，小米手机的像素由 880 万像素提高到了 1 亿像素，随机存储器（RAM）的内存从 1 GB 增大到 8 GB，只读存储器（ROM）的内存由最初的 4 GB 增大到现在的 256 GB，这些技术革新都是建立在大数据洞察消费者需求的基础上得以实现的。基于小米手机的成功经验，小米集团还打造了小米耳机、小米移动电源、小米盒子、小米手环等配件。在满足消费者多元化需求的同时，也为之后进一步获取用户在不同场景中的数据信息、实现数据共享和整合奠定了基础。此外，小米手机还开发了小爱同学、小米钱包、小米有品、小米贷款 App、小米家 App、小米应用商店、小米家庭智能 App 等专用软件，为小米用户提供了全方位的新体验。这一系列成功的产品开发和市场化进程，在一定程度上反映了小米集团的大数据营销效果。

资料来源：陈志轩，马琦. 大数据营销. 北京：电子工业出版社，2019.

4.1　数字经济下的产业组织演变

4.1.1　数字经济对产业组织影响的内涵

产业组织是指产业内部的一种有机结构，体现了产业内、企业间的市场关系和组织形态。产业并不是标准统计分类意义上的概念，而是基于相关市场形成的生产具有密切替代作用的产品或服务的企业集合。在产业组织学科中，研究的核心问题是企业之间的垄断与竞争关系；研究目的是构建有效竞争的市场结构和市场行为，完善市场经济秩序，推动经济高质量发展。随着数字经济的发展，产业组织形态也发生巨大变化，其中一个重大变化就是工业经济时代上下游产业链关系由单一线性模式转变为数字经济时代多个供应商之间相互合作的网状产业链模式。

4.1.1.1　数字经济的内生特征

数字经济的产业组织呈现出一些新特征，企业竞争行为表现出一些新特点。数字经济的产业组织根源在于数字技术这一新通用技术，源于数字化经济活动特有的场景、模式、生态，这些构成了新经济形式及不同于传统经济活动的新型人、物、环境之间的交互关系。

一是信息产品的非争夺性。数字技术的主要处理对象是数据和信息，而不是物质材料，信息产品表现出非争夺性。一位客户在购买和使用信息产品的时候，只要存在一定的基础设施，就不妨碍另一位客户同时购买和使用，至少并不需要增加显著的成本就可以让另一位客户同时购买和使用。信息产品的非争夺性，必然导致收费问题的出现，即如何对信息产品或类似的其他数字产品实行收费机制。这实际上就是数字企业如何设计商业模式、如何建立企业与用户之间的商业关系问题，进而如何通过更复杂、更巧妙的商业模式和商业关系来改变企业间竞争态势的问题。利用技术手段设置不同的收费机制，也就是改变信息产品的排他性或非排他性，从而与非争夺性形成不同的组合，既可以成为一件竞争之矛，也可以成为一件排斥竞争之盾。

二是边际成本较低。数字技术将信息的边际成本降到极低水平，乃至趋近于零。数字经济始于 $0\sim1$ 的数字化编码，在此基础上，随着通信技术和芯片技术的进步，以及互联网基础设施的日益完善，海量信息能够以很快的速度传输到许多角落，同一信息只要进入互联网，几乎就可以被无限次地重复共享，而不需要随着共享人数和次数的增加而不断地显著增加成本。不断取得突破的互联网相关技术，特别是搜索引擎技术、智能联想技术和其他智能化技术，还极大地降低了市场搜寻和匹配成本。所以，某个单一产品，以及提供这个产品的企业，从理论上来说，可以吸引无限多的用户、获得无限多的收入、建立无限大的规模。

65

三是在线运营特征。数字经济活动基于互联网展开，包括进行交易和交流，但并不一定在实际场景中出现。这种模式很大程度上打破了过去的物理隔阂和地理限制，使得数字市场真正成为大范围、全领域的陌生人市场。更进一步地说，厂商、组织、个人的身份都可以实现虚拟化，从而产生完全虚拟的活动和世界。在此基础上，虚拟产品甚至虚拟货币得以出现。再进一步地说，虚拟和现实的交融也出现了，这将导致在线和在场高度融合，使虚拟世界与现实世界、虚拟身份与真实身份既分离又融合。毫无疑问，数字经济的这些发展，数字化活动的这些演变，带来了全新的政策议题和规制难题。未来的发展和演变更加难以预测，如人工智能是不是可以替代真人决策和签约？智能技术与仿真、仿生技术结合是不是可以实现真人拥有替身？思维、记忆、情感是不是可以脱离本尊而独立存在并永远不灭？所以，基于互联网、移动互联网或者数字技术展开的经济活动具有了与之前不同的特征。

四是大数据的应用。在数字经济背景下，许多细分行业中的企业自己采集和加工数据，广泛运用于企业经营当中，并以此开展一些策略性竞争活动，如电商企业，开始只是集合商品供货方和需求方的信息，形成简单的线上交易平台，而后来则大量收集和分析商品供货方和需求方的数据，以推动精准营销、智能匹配的发展，以及推行自我优待、拒绝交易的策略。即使是游戏和娱乐领域、发布和社交领域，平台企业也可以通过数据的获取了解不同需求方的倾向、意愿和支付能力。人工智能等领域，更需要大数据作为投入品，来进行深度学习和建立思考能力。大数据成为关键投入品，这一趋势虽然到最近几年才凸显出来，但内生于数字经济的基础性技术，如数字化的信息采集与传输和储存技术、网络构架技术、计算与学习技术等不断获得突破，极大地降低了大数据处理成本，并激发了平台企业对大数据的需求。这恰如能源成为工业经济的关键投入品，与内生于蒸汽机技术、内燃机技术、发电机技术类似。

4.1.1.2 产业组织的分析新框架

与工业经济时代相比，数字经济时代背景下产生了全新的"技术-经济"范式。李川川和刘刚（2022）研究了数字经济条件下创新范式的变化，他们认为：基于网络空间的发展，数字经济创新范式的内涵包括全时空性、强互动性、高开放性和跨边界性四个方面；与工业经济创新范式不同，数字经济创新范式表现出明显的多元化、网络化和生态化特征。

在"技术-经济"范式变革形成数字经济范式的过程中，产业组织必然发生嬗变。这种嬗变主要由两个方面引起：一是数字新技术，这是产业组织数字化的根本动力。数字技术给人类社会的发展带来了重大变化，它创造了一个新世界——网络空间，为价值创造和市场竞争开辟了一个新的维度。互联网、大数据、云计算、移动互联网、物联网、人工智能和4G或5G通信等信息通信技术和数字技术具有替代性、渗透性、协同性等"技术-经济"范式特征，可从根本上改变产业组织的运行规则与逻辑，重构产业组织形态（蔡跃洲，2018）。二是数据新要素，这是产业组织数字化转型的基础。在数字经济时代背景下，数据资源被称为"21 世纪的石油"，数据作为新的经济增长要素被纳入生产函数中，生产要素体系得以重构，传统经济增长理论的边界被进一步拓宽。数据要素具有非排他性、非竞争性、传输快和可复制等特征，打破了传统生产要素的稀缺性和排他性特征对生产活动的制约，改变了"投入与产出"关系，能为经济社会发展提供新动能，经济发展的质量和效率将得到明显提升。

综上所述，数字新技术和数据新要素的注入，推动形成数字经济新范式，新范式下产业组织朝着网络化、平台化、无边界化和融合化方向发展。另外，在数字经济新范式下，产业组织也展现出一些新特征。新范式、新特征必然会引发前所未有的新矛盾出现，而事物的矛盾运动推动事物的发展，产业组织演变产生一系列影响，其中既蕴含着发展机遇也面临着风险挑战。为应对因数字化变革而引起的产业组织急剧变化，趋利避害，应完善数字经济范式下的治理与监管。数字经济时代产业组织演变及效果分析框架如图 4-1 所示。

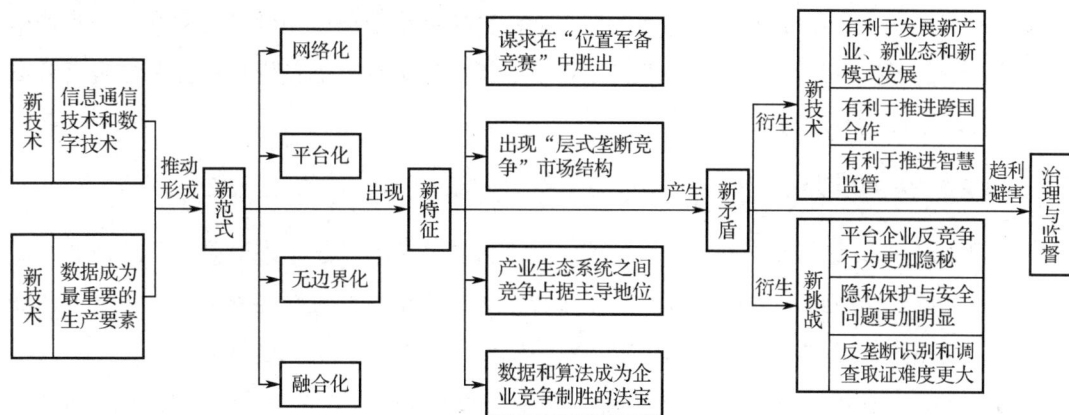

图 4-1 数字经济时代产业组织演变及效果分析框架

资料来源：郭朝先. 数字经济时代产业组织演变：趋势、特征与效果. 中国农村经济，2023（10）：2-25.

4.1.2 产业组织演变趋势

数字经济发展带动了数字产业化、产业数字化的发展，新产业、新业态、新模式层出不穷，促进产业组织不断演变，产业组织呈现日益网络化、平台化、无边界化和融合化发展趋势。

4.1.2.1 网络化趋势

在数字技术、数据生产要素和社会需求等因素的作用下，传统产业组织特别是垂直一体化组织解体，新的资源、生产要素和需求以网络化方式被重新组织起来。作为一种新型产业组织形态，网络化产业组织是随着现代信息技术、计算技术等技术进步和电子商务、供应链管理等商业模式的发展而兴起的，它是一种以信息化和数字化运作为特征的社会生产组织形式和企业组织管理形式。

在数字经济时代，随着互联网、物联网、5G等信息技术的进步和信息化基础设施等的日益完善，整个社会生活日益被组织成为一个网络，网络化产业组织应运而生。互联网、物联网、5G和CPS等网络技术不仅会催生出新的工业、新的产业，而且将重塑现有产业格局，现有产业结构、产业组织、产业联系和产业布局等都将发生根本性变化。网络化产生了新的价值即网络效应，同时带来新的问题，其中包括网络平台垄断、网络是否中立、网络信息安全与隐私保护等问题。

网络价值随着购买这种产品及兼容产品的消费者数量增加而增加，这种特性被称为网络效应或网络外部性。网络效应是需求方的规模经济，一个新消费者额外消费一个单位商品时会因更多的人已经消费该商品而获得更高的价值。因此，对消费者来说，连接到一个大规模网络所带来的价值要高于连接到一个相对小的网络所带来的价值。网络效应可以进一步分为直接网络效应和间接网络效应。其中，直接网络效应是指消费者网络对产品价值的直接影响；间接网络效应也称交叉网络效应，就是指某种产品使用量增加并鼓励互补商品的消费，从而提升原产品的价值。

4.1.2.2 平台化趋势

在数字经济和互联网技术发展的基础上，平台这一新型组织形态既是对传统产业组织的升级，又是对传统经济形态的改革。在双边市场结构中，交叉网络外部性为正，因此在平台一侧的用户数量越多、使用越频繁，对另一侧用户产生的价值就越大。

数字平台往往同时具有直接网络效应和间接网络效应，呈现"正反馈机制"，出现具有"赢家通吃"特点的高集中性市场结构。在数字经济时代，平台经济呈现爆发式增长的态势。从全球来看，截至2020年年底，全球市场价值超100亿美元的数字平台企业已达到76家，市值总额达到12.5万亿美元，同比增长57%。在中国，截至2020年年底，市值（估值）在10亿美元以上的数字平台企业达到197家，较2015年增加133家，平均以每年新增超26家的速度快速扩张；其中，市值超100亿美元的平台企业数量达到36家，超1 000亿美元的超级平台有阿里巴巴、腾讯、字节跳动、美团和拼多多等。

4.1.2.3 无边界化趋势

在数字经济时代背景下，数字平台组织应运而生，苹果、谷歌、微软、亚马逊、脸书、腾讯和阿里巴巴等均为数字平台组织，它们已经成为推动数字经济发展的主要组织。科层组织是建立在资产所有权和雇佣关系的"他分工"基础上的组织模式，市场组织是建立在契约关系的"自分工"基础上的组织模式，而数字平台组织则是建立在数字共享平台的"他分工"和自治主体的"自分工"基础上的一种新型组织模式。

与传统的科层组织相比，数字平台组织能够突破传统组织边界的限制，跨越组织边界向企业上下游扩展配置资源，向客户、用户扩展整合更多的资源，解决企业自身资源有限、经营范围受限等问题。与传统的市场组织相比，数字平台组织不是简单的契约关系，虽然数字平台组织中的个体间、组织间、个体与组织间可能不存在管理上的隶属关系，但组织成员之间存在互补性的共生关系，它们形成的利益共同体使得数字平台组织的内部与外部边界模糊化、柔性化。

数字平台组织无边界化趋势打破了时间和空间的限制，从传统地理空间的集聚向新型虚拟空间的集聚演变。分布在不同地区的供应商、分销商、消费者等利用数字技术，在虚拟空间实现实时交换数字信息，降低了信息传播、存储和处理的成本，知识溢出和技术溢出使企业内部利益扩散至企业间或产业间。封闭的地理集聚转变为开放的集聚网络，为企业提供了更广阔的市场和更多的合作机会，同时快速实现规模经济和范围经济。伴随全球化市场条件下的产业整合与组织调整，虚拟集群成为新的产业组织形式，产业的国际分布呈现分散生产和就地销售的新模式，虚拟集群依据国家间的关键资源基础和比较优势进行产业链国际分工与布局，重塑全球产业分工新格局。

4.1.2.4　融合化趋势

在数字经济时代背景下，产业组织还呈现融合化发展趋势，这是微观层面无边界化发展直接产生的宏观效果。融合化趋势的具体形式包括数字技术与实体经济融合、线上和线下融合、一二三产业融合、先进制造业与现代服务业融合等。

数字技术与实体经济融合最活跃的领域是线上和线下融合发展，主要发生在服务业领域。从各类传统服务市场，如零售、餐饮、旅游、办公、教育和医疗等，通过数字化赋能实现了线上和线下融合，带动了服务业数字化转型发展。电子商务、网络支付、数字钱包、网上外卖、共享单车、智慧旅游、在线办公、在线医疗和直播电商等数字服务都是线上和线下融合发展的典型商务模式。不仅制造业和服务业领域的数字技术与实体经济融合发展如火如荼，农业领域的融合发展也不例外。无论是在农业生产环节、农业采购环节，还是在农业销售环节，数字技术与农业的融合发展在中国部分地区呈现强劲的发展势头。

制造业和服务业融合是一二三产业融合最核心的部分，对于推动制造业转型升级和形成制造服务平台意义重大。制造业和服务业融合的发展路径包括制造业服务化、服务业向制造业拓展延伸两条基本路径。在数字经济时代背景下，在数字技术作用下出现制造业和服务业双向深度融合，最终形成以平台企业为主导的新产业生态系统。

4.2　数字经济下的产业组织特征

4.2.1　产业组织呈现的新特征

在数字经济时代背景下，传统产业组织演变为数字经济产业组织新范式，这一新范式呈现许多新特征。

4.2.1.1 前期投入资金大

互联网和数字经济具有注意力经济和网络效应的特征，容易出现"马太效应"。从数字市场上的竞争态势来看，参与竞争的企业希望在客户数量、使用量、收费额和利润等方面依次获得竞争优势。也就是说，企业竞争的主要目标不是企业利润或每股收益，而是吸引更多的客户、更拔尖的交易额和更靠前的市场份额等。数字市场上的竞争者为了在"军备竞赛"中胜出，仅靠自身资源往往是不够的，因为无论是利用巨额补贴挤垮对手，还是以横向并购吞并对手，都需要大量的资金作为后盾。

无论是早期（2000年前后）成立的平台企业，如百度、阿里巴巴、腾讯和京东，还是后期（2010年之后）成立的"后起之秀"，如抖音、美团、滴滴、快手和拼多多等的成长都相当迅速，从企业创立、品牌起步到成长为"巨无霸"企业（无论是以公司市值来衡量，还是以拥有的活跃用户数来衡量），长则十年短则三五年，这样的成长速度在工业经济时代是难以想象的。其中一个非常重要的原因是外部融资。持续的外部融资成为驱动平台公司"火箭"般成长的"燃料"，尤其是在平台公司为突破网络经济壁垒而亟须扩展用户规模的初期，获得外部资金支持成为平台企业在竞争中胜出的关键。

4.2.1.2 "分层式"市场结构

在"分层式"市场结构中，竞争性和垄断性不一定是替代关系，也有可能是互补关系，数字平台组织的竞争性与垄断性甚至可以同时增强，这与传统产业组织理论和观点有很大的不同。

在数字经济时代背景下，数字平台组织的竞争性与垄断性可以并存，竞争激烈程度与垄断程度成正比。一方面，互联网平台行业往往形成高度集中的市场结构，说明行业存在垄断现象或垄断趋势；另一方面，市场壁垒相对较低，互联网平台行业存在大量的企业进入与退出，说明行业是一个可竞争市场。市场集中度高、市场壁垒低的特性，说明互联网平台行业垄断与竞争并存。互联网平台类企业的特殊市场结构可用"分层式垄断竞争"结构概括，即大型互联网平台类企业及其主营业务形成垄断层，中小型互联网平台类企业及其衍生业务形成主导竞争层，但不对垄断层造成影响（苏治等，2018）。"分层式垄断竞争"不否认行业中垄断和竞争被强化的事实，它强调的是某产业中垄断与竞争的特殊关系，即"共存但不颠覆"，这一关系成为互联网平台类企业独有的市场结构。互联网平台类企业的市场结构很可能按照"竞争与垄断分层共存—更高程度的竞争"的形式呈现螺旋式发展，因此出现了平台竞争性与垄断性同时增强的局面。

4.2.1.3 生态竞争特征

如果说传统产业的竞争发生在同一市场内，那么，平台企业间的竞争形态多为跨产业的生态间竞争，甚至不同产业的平台可以通过包络战略开展跨产业的竞争。事实上，依托平台和数字技术，促进创新链、产业链、供应链和价值链等多链融合发展，形成产业链群生态系统，成为数字经济时代打造共生共赢产业生态系统（生态圈）的核心组织结构形式。传统产业组织中的企业集团，可以近似地被认为是一个生态系统，但数字产业生态系统比企业集团要开放得多，涉及范围也要广泛得多。在数字经济时代背景下，企业或产业竞争不再只是产品和服务之间的竞争，而是产业生态系统之间的竞争，包含硬件、软件、平台和服务等在内的诸多要素组合而成的综合实力之间的竞争。

数字产业生态系统的发展，一方面推动了数字经济的繁荣；另一方面也给工业经济时代形成的规制理念和规制手段带来了难题。传统产业组织理论中，产业生态系统不会被作为一个分析单元，当然也不会被作为一个规制对象。作为亚产业的生态系统，在较大程度上引领着产业行为、产业发展，但它不像企业集团那样属于正式组织，从而有可能给规制带来灰色地带和模糊空间。更进一步地说，亚产业的生态系统是一种全新的组织形态，融合了现实世界和虚拟世界，形成了打破物理隔阂和地理界限的亚社会。

4.2.1.4　数据和算法是关键要素

在数字经济时代背景下，数据成为新通用资产，算法成为新通用技术，数字化手段成为新通用生产方式和生活方式。一方面，数据和算法通过精准匹配，能极大地节约搜寻成本、提高配置效率；另一方面，数据和算法也是最强大的限制竞争、追求垄断的武器之一。例如，市场上出现基于数据和算法的差别化和歧视性行为（常见的"大数据杀熟"）、自我优待和拒绝交易等数据滥用行为。相较于传统产品生产型企业间基于规模、范围、价格和品牌的静态产品竞争，数字经济时代平台的竞争是基于用户、数据、算法、流量和注意力等因素的动态竞争和组织竞争。算法是数字经济领域最强大的竞争武器之一，它是建立在流量和数据优势基础之上形成的算法，是平台强化其竞争优势和谋求垄断优势的秘密武器。平台企业根据积累的大量用户数据，特别是跨市场、多维度的使用数据，使同一组数据在多个市场上转化为竞争优势，形成自我强化的"正反馈"，不断增加"用户黏性"，增强和拓展其垄断优势地位。

例如，谷歌平台利用其搜索算法的优势，将搜索流量优势引导到购物流量中去；腾讯平台利用算法拓展其在社交领域的垄断地位，在游戏流量分发时进行自我优待。基于数据和算法的差别化和歧视性行为、自我优待和拒绝交易等数据滥用行为如果呈现出普遍化趋势，它们所引发的问题将超出狭义上的垄断和不正当竞争范畴，特别是算法滥用、算法偏见等可能激发人性弱点，导致严重的社会问题。例如，根据用户习惯进行高频推送，从而形成致瘾性或所谓的沉浸式体验等。

4.2.2 产业组织的新行为

在数字经济市场中，无论是营业收入，还是活跃用户人数，或者是在线时长，都难以单独成为衡量市场份额的指标，而数个指标的高低并不一致，从而使得市场结构分析框架缺乏一致认同的基础指标，并且进入壁垒、技术变革、创新迭代、商业生态这些指标可能比市场份额更能决定企业的竞争地位。当市场中出现排斥竞争或市场优势地位利用不当的策略性行为时，组织行为将会产生新的特点。

4.2.2.1 巨头垄断行为

数字经济领域那些巨头企业，主要是互联网平台企业，通常兼具平台性和自营性两类业务，这意味着，它一方面向众多其他厂商开放平台；另一方面又经营着与其他厂商构成竞争关系的自营业务，因而自我优待行为就成为比较突出的议题。平台的自我优待行为有很多方式，如把自营商品放在更显眼的位置、安排更优先的配送、诱导客户给予更多的好评，或者对其他厂商采取逆向措施，如进行搜索降级等。美国《数字市场竞争状况调查报告》指责谷歌将有利于自己的搜索结果置于更显眼的位置，对竞争者施加算法惩罚和搜索降级措施；欧盟认定，谷歌要求使用安卓（Android）操作系统的手机制造企业，预装谷歌搜索引擎和网络浏览器，亚马逊、脸书（Facebook）系统则过度采集个人数据，利用数据和算法强化自营优势、削弱第三方经营者的竞争能力。电商平台收集其他卖家的数据来帮助自营商品的营销，也属于垄断行为，但这种行为涉及其他卖家的数据权属和数据使用规则问题，需要从数据治理角度进行规制，而不是从自我优待角度进行规制。

4.2.2.2 交易受限行为

数字经济领域交易受限行为的主要形式包括封禁、断链、限流、降低便利性等。例如，美国联邦贸易委员会（FTC）和美国 40 多个州，关于脸书阻断与其他应用程序之间的相互操作等行为，于 2021 年提出反垄断诉讼。我国的京东与阿里巴巴曾就"二选一"行为产生纠纷，阿里巴巴管理人员认为"二选一"本来就是正常的市场行为，但国家市场监督管理总局通过调查认定阿里巴巴存在滥用市场支配地位、实施"二选一"等反竞争行为。一般情况下，市场主体有拒绝交易的正当权利；而禁止链接、禁止相互操作等行为，如果出于防止其他企业进入平台企业的生态系统"搭便车"的目的，这样的拒绝交易属于自我保护行为，只不过利用算法实施的封禁具有自动性特点，因此造成了交涉困难。

4.2.2.3 并购行为

数字巨头企业并购那些因掌握某些新技术、新模式而对本行业在位大企业构成威胁的小企业的行为被描述为"杀手型并购"。美国《数字市场竞争状况调查报告》指出，脸书利用其资本雄厚的优势，对一些小企业实行了"杀手型并购"，并大量收集用户信息向用户精准推送线上广告。

4.2.2.4　差别化定价行为

数字企业的差别化定价行为包括所谓的"大数据杀熟"，而补贴通常以低价甚至零价竞争的激进方式表现出来，特别是一些数字企业借助来自资本市场的巨额融资对产品销售实行连续的大力度补贴。美国《数字市场竞争状况调查报告》指责亚马逊以不公开的搜索算法，损害了第三方卖家的合法权益，并以激进的低价策略抢夺市场份额和妨碍竞争。我国的拼多多，在因售卖侵权假冒商品等行为而接受调查时，还因对销售实行连续巨额补贴而广受争议。差别化定价行为的确是产业组织中一个令人头疼的问题，不过传统行业的差别化定价行为由于与差异化服务紧密结合在一起，所以堂而皇之地广泛存在；而数字经济领域的"大数据杀熟"、低价及零价竞争等行为，不但与市场的双边性有关，更与成本分担方式的创新、获取营业收入方式的创新、边际成本预期趋零、对范围经济性的利用、资本市场对企业的估值有关，只不过数字企业可以方便地利用数据和算法，进行更复杂的设计和实施。

4.2.2.5　小结

在数字市场中，互联网平台的搜索升维和降维、封禁与断链、流量控制、"大数据杀熟"等行为，以巨额融资为基础的激进补贴甚至零价竞争行为，以及对创新型小企业的大量并购行为，的确带有浓烈的数字经济色彩，并借助数字技术等手段以新方式、新面貌出现。同时可以看到，产业组织的新行为在于它们对数据和算法的广泛应用，利用数字技术手段，数据可以自动抓取和生成，并进行隐蔽处理和使用；算法模型可以快速、有目的地将大数据分析结果与特定客户群体、特定供应商群体或其他群体进行关联。这些基于数据和算法的典型性行为的自动性、隐蔽性非常强，可以大规模、高频率地实施。

4.3　数字经济下的产业组织绩效分析

4.3.1　产业组织正向绩效效应

在数字经济时代背景下，传统产业组织演变为数字经济产业组织新范式，这一新范式呈现出许多新特征。

4.3.1.1　新模式与新业态

基于互联网、大数据和人工智能的平台经济，其内容涵盖了电子商务、社交媒体、分享经济等多种应用和服务形式。众多生产者和消费者依托一大批互联网平台形成的多个网络生态系统，实现了产品设计、创意、生产、交换、分配、使用和服务的网络化进程。随着区块链、人工智能、5G、VR 或 AR 的发展和集成应用，平台经济正在催生更多的新商业生态。数字平台企业通过推动产业融合与业态颠覆，已成为加快新动能成长的重要载体。

在数字经济时代背景下，数字技术的进步和产业组织的网络化、平台化、无边界化和融合化等发展趋势，使服务业发生重要改变，特别是与服务业相关的新产业、新业态、新模式的发展，使服务业生产效率明显提高。高密度地使用数字技术，导致许多网络服务的初始成本很高而边际成本很低，产生了极为显著的网络经济、规模经济和范围经济，可复制的信息类、文化类服务表现尤为突出。例如，用户可以无限次观看网络上的教育节目和文字信息，边际成本极低，规模经济极为显著，甚至超过了现代制造业。同时，数字产业化和产业数字化推动新产业、新业态、新模式蓬勃发展，如平台化设计、智能化制造、网络化协同和个性化定制等，促进了现代服务业与现代农业、先进制造业的融合发展，并进一步提高了包括农业、制造业和服务业等在内的经济效率和经济效益。

4.3.1.2　国际化绩效

在数字经济时代背景下，产业组织网络化、平台化、无边界化导致跨境链接、跨界链接的成本极大地降低，收益显著增加，极大地促进了跨国合作，数据驱动的跨国服务贸易额显著增长。当前，数字全球化时代已经到来，全球范围内资源配置和产业分工的新一轮红利已经出现，将成为经济复苏和社会长期发展过程中强劲的推动力量。2016 年以后，全球贸易额和投资额在全球 GDP 中的占比提高，其增长速度高于世界平均 GDP 增长速度，其中数字经济、数字技术、数字贸易发挥了重要作用。

在全球国际贸易格局中，数字贸易服务平台发挥了很大的作用。利用数字贸易服务平台这类载体，海量的供应商和客户在平台上实现智能化匹配，不仅效率提高，而且可以满足供应商和客户的个性化、多元化需求，这是以前无法想象的贸易模式。例如，波音 787 就是设计服务平台充分利用数字技术聚合全球顶级、专业对口的工程技术人才一起参与研发的结果，30 多个国家中的 1 000 名以上工程技术人员在数年时间里，在平台上不断同步设计新产品。此外，数字平台企业内部的治理体系具有全球化特征，因此，它们不仅是国内市场秩序的治理者，也是国际贸易市场上的统治者。在平台上进行国际贸易，一旦发生纠纷，率先使用的就是平台事先提供的国际贸易纠纷解决规则，相比于以前消费者通过国家之间的规则和程序来处理投诉和赔付，解决效率更高，且交易各方更愿意接受，产生的监管成本也更低，监管也更有效。

4.3.1.3　社会治理绩效

在数字经济时代背景下，与平台相联系的线上和线下交易面临着交易执行、产品安全、资金安全、退换货、纠纷处理，乃至知识产权、公平竞争等诸多问题，以前这些问题主要依靠政府机构的监管来解决。但是，随着平台经济的发展，平台每日有海量且高频的交易产生，仅靠政府部门的监管显然力不从心。因此，可以发挥平台企业"有形之手"的积极性，构建平台企业的自治秩序，推进平台企业与政府监管部门合作治理。作为新型组织形态，平台企业具有强大的资源配置功能，兼具企业与市场的双重属性。同时，它又具备制定并执行平台交易规定的权力，集"运动员"和"裁判员"于一身。借助平台功能和数字技术，将平台企业外部监管与平台企业自我规制结合起来，推进"互联网+监管"等智慧监管形式的出现，促进协同监管和合作治理的发展。

4.3.2　潜在的负向绩效

在数字经济时代背景下，传统产业组织演变为数字经济产业组织新范式，这一新范式呈现出许多新特征。

4.3.2.1　垄断行为

数字经济的发展导致产业高度集中，垄断趋势非常明显。在网络零售、社交网络、在线搜索和在线广告等领域，往往由一两家平台企业主导，亚马逊、苹果、脸书和谷歌已经控制了相应领域关键的分销渠道，并开始扮演"看门人"的角色。在数字经济时代背景下，一些平台企业利用规模效应、网络效应、跨市场优势传导能力、多业务数据整合能力等不断巩固其市场主导地位，甚至滥用市场支配权力以排除、限制竞争。当平台企业利用用户、数据、算法和基础服务能力等优势向各行业无序扩张，介入金融市场形成"平台—金融"复合体垄断时，不仅影响竞争秩序，不利于创新发展和保护消费者权益，而且可能影响国际金融体系的稳定，造成综合性影响。

OECD（2017）研究指出，算法的快速发展和智能算法的非透明性，使得同行竞争者可能利用复杂的编码作为媒介，迅速并隐蔽地进行互动，达成共谋。利用机器学习、神经网络、深度学习等算法，平台企业形成算法"黑箱"，迅速准确地抓取和分析竞争对手的价格数据，改变自身的价格数据，达成共谋，改变此前同行竞争者之间需要反复博弈磋商或签订书面协议的做法，这种共谋手段更加隐蔽。平台企业通过跨界竞争、跨界并购等手段扩张其垄断势力的做法具有一定的隐蔽性。其中，"杀手型并购"是平台企业扩张其垄断势力的重要手段，该手段成为数字经济时代反垄断重点使用的手段之一。与传统的并购手段不同，"杀手型并购"是大型平台，尤其是超级平台出于消除潜在竞争或创新的动机发起的对初创企业的并购行为，其中既包括横向并购、纵向并购，还包括"跨界融合"。

2018—2020 年，美国的微软、谷歌、脸书、亚马逊 4 家互联网巨头共实施了 175 项并购行为，其中的 105 项并购行为在随后的一年内便被中止，初创企业的产品和服务被搁置（Gautier & Lamesch，2021）。2010—2019 年，在 5 家平台巨头（亚马逊、苹果、脸书、微软和谷歌母公司 Alphabet）实施的 616 笔估值超过 100 万美元的收购交易中，有 65%的交易金额为 100 万美元至 2 500 万美元，收购交易中一部分被收购的企业成立年限不足 5 年。

4.3.2.2 隐私保护问题

数字经济时代，数据成为重要的新型生产要素，数字平台是否掌握充分的数据资源和强大的分析技术，已成为衡量数字平台竞争力水平高低的重要因素。大型数字平台借助其强大的基础服务能力，不断收集消费者数据，利用算法和大数据，可为消费者提供精准推送服务，甚至可对消费者进行精准画像。这虽然可以为消费者提供更有效率、更便捷的服务，为消费者带来更好的服务体验，但也为数字平台将垄断势力进行横向或纵向延伸提供了便利，蕴含着损害消费者利益的风险。例如，商业类的数字平台可针对消费者的偏好进行量身定制的服务及精准推送广告，圈定消费者，实施价格歧视和"大数据杀熟"行为；而内容类的数字平台，则可根据消费者偏好，不断推送相关信息，使消费者生活在"信息茧房"之中，因为消费者每天阅读的是个人日报，这些行为都损害了消费者的利益。

例如，滴滴公司频繁收集乘客身份、人脸、对话、乘车记录、位置和服务评价等信息，共存在 8 个方面中的 16 项违法事实，除了侵犯乘客个人隐私、危及乘客个人安全，海量信息频繁泄露，还对国家安全产生了严重的负面影响。

4.3.2.3 监管瓶颈

合理界定相关市场是反垄断分析的前提。在数字经济领域，对相关市场的界定变得困难，这成为数字平台反垄断的第一个"拦路虎"。在数字经济领域，受双边或多边市场、免费产品的影响，各数字平台的需求具有正向反馈效应，这使得对相关市场的界定要么过于狭窄，要么过于宽泛。新技术、新产业、新业态、新模式的持续涌现，使不同领域之间的界限越发模糊，市场边界越发难以确定。从需求替代的角度出发，数字经济时代消费者偏好的变化使得数字平台对不同产品或服务之间替代性的评估难度加大；从供给替代的角度出发，市场创新的快速迭代使得对供给方替代性的评估更加具有不确定性。由于"零价格"或"负价格"的存在，利用价格的假定垄断者测试方法——"小而显著的非临时性价格上涨"测试法来界定相关市场变得不可行。对此，理论界另辟蹊径，提出了"小而显著的非临时性质量下降"测试法、临界损失分析法等。但是，质量难以量化、数据收集困难、测试方法难以把握等，理论界新提出的方法在实践中还很少得到应用。

4.3.3 总结

在数字经济时代背景下，数据要素成为最重要的生产要素，数字技术的赋能，特别是数字经济与实体经济深度融合，推动新产业、新业态、新模式蓬勃发展，也推动着经济数字化转型和高质量发展。这一变革明显改变了产业经济的运行逻辑和规则，产业组织形态得以重构，呈现出网络化、平台化、无边界化和融合化等发展趋势。产业组织呈现出许多新的特征：资本加持下的"位置军备竞赛"愈演愈烈，平台企业成长更为迅速；出现"分层式垄断竞争"的市场结构，形成"共存但不颠覆"的垄断竞争格局；跨界扩张日益明显，产业生态系统之间的竞争占据主导地位；数据和算法成为企业竞争制胜的法宝，平台企业借此扩大垄断势力将变得更加容易。产业组织演变并出现新趋势、新特征，一方面，这一演变给经济社会发展带来了更多的发展机会，如创新和创业机会增多、消费者福利提升、跨国合作便利性增强和成本降低、社会治理方式优化等；另一方面，平台垄断现象日益严峻且反竞争和垄断行为更加隐蔽，隐私保护与安全问题更为突出等，这些问题不仅破坏了公平竞争、损害了消费者利益，甚至危害国家安全，也对数字经济时代如何改进产业监管体系提出了新要求。因此，平台企业要适应数字化变革带来的产业组织急剧变化，抓住机遇、迎接挑战，政府和社会需要完善数字经济范式下的治理与监管。

完善数字经济范式下的治理与监管：一是要在实践中探索形成新规则。例如，在数据治理方面，如何推进数据确权和数据资产化，如何确定数据开放与数据保护的边界，按照什么规则来推动跨境数据流动等，这一系列问题都需要在实践中不断探索；二是要处理好一些重要关系，如反垄断监管与促进创新的关系、提升数字经济国际竞争力与防止平台垄断和资本无序扩张的关系等。

数字经济产业组织的分析框架，将不再把市场结构放在核心位置，而重点关注典型的策略性新式行为，特别是要遏制数据和算法问题造成的新公害。因此，对数据和算法的规制，应该成为制度安排和政策设计的聚焦点。尽管美国、欧盟和我国已经拉开了制定这方面政策的序幕，但仍需从长计议。从长远来看，需要循序渐进地建立一个可以嵌入未来并基于场景的数权体系及相应的权责制度，其意义不亚于工业经济时代所建立的产权体系。此外，数字经济的产业组织政策还需谨慎处理反垄断与创新之间的关系，防止前者对后者形成不必要的抑制，且在把规制政策从产品市场延伸到资本市场的时候，防止对市场化的风险资本造成不当阻遏。所有的产业组织政策与规制措施，都不是要阻碍数字经济的发展，而是要促进数字经济的繁荣与进步。

本章小结

本章介绍了数字经济时代产业组织变革的特点，分析了产业组织特征，最后对产业组织绩效进行了分析。

复习思考题

1. 谈谈如何理解数字经济时代的产业组织变革。
2. 谈谈数字经济对产业组织绩效的影响。

【本章案例学习】

天猫新品创新中心

天猫新品研发体系是天猫平台帮助品牌实现数字化重构的一整套工具和方法论。通过天猫新品创新中心（TMALL Innovation Center，TMIC），打造产品创新的主阵地，完善天猫新品从概念到成品的商务策划全过程。天猫小黑盒作为新品首发阵地，进一步将成品推向爆品。简言之，TMIC 负责产品上市之前的概念形成、生产制造等工作，而小黑盒则负责产品上市之后的首发工作。

天猫关注品牌商的痛点，发现新品为品牌发展贡献了很大一部分增长量。过去几年，对于品牌而言，在每年的市场预算中，许多品牌的新品所占比重超过 50%。由于新品可以帮助品牌拉新、开拓蓝海，在某种程度上决定了品牌未来能够捕捉到多少新用户，超级新品对现有产品线的销售拉动率可达 10%～15%。同时，超级新品溢价一般都在 30% 以上。所以，新零售时代品牌的发展一定来自加速供给、创造需求。因此新品研发成为品牌发展的最佳路径。

首先看 TMIC 的做法，从形成概念，到打造成品，TMIC 有四大法宝：趋势情报局、新品合伙人、仿真实验室和试销诊断台。

趋势情报局，顾名思义，它作为新品研发的第一步，需要洞察市场趋势，确定新品涉及的细分市场和目标顾客。对于 TMIC 而言，主要通过两个途径洞察市场趋势，一是人群研究，二是产品研究。在人群研究方面，TMIC 通过对典型群体的生活态度、消费行为、产品需求和情感需求等方面的研究，实现对消费者群体的深刻洞察。例如，TMIC 通过研究 Z 世代、千禧妈妈、银发经济这些不同的消费群体，发现他们在消费方面不同于大众的特点，从而在新产品、新运营和新营销方面把握这些特点，打造出受市场欢迎的产品。在产品研究方面，TMIC 则是通过大数据对市场进行扫描，形成基本的开发概念。具体来看，TMIC 会重点关注两类产品，第一类是市场规模较大且存在某一细分领域蓝海的产品，如在某一价格带或者某一主打功能下存在更多未被满足的需求；第二类是相对小众但近期呈现出爆发式增长趋势的产品。

新品合伙人是指让消费者参与产品的研发设计过程，与品牌商实现价值共创。在 TMIC 与品牌商设计研发新品的过程中，消费者的参与可以体现为三个方面：第一是消费者参与从概念到半成品设计的过程；第二是消费者参与从半成品到可以上市的新品的过程；第三是消费者参与完善上市策略、放大卖点、对焦用户的过程。这三个方面属于产品研发设计的不同环节。

仿真实验室是指模拟真实环境下消费者对产品的接受程度。TMIC 所建立的全域仿真系统如今已经升级到第二代。淘宝和天猫平台有着数亿消费者支撑的最真实的消费购物环境，这也是天猫的最大优势之一。在新品上市之前，根据新品的主打功能、设计理念等特点，同时考虑新品产业链供应链能力，可以先将设计的样品放在宝贝详情界面，并根据目标顾客圈定消费者标签。

试销诊断台是指通过触达力、动销力、美誉度、品牌力和营销力追踪产品上市后的效果，并且根据追踪得到的数据对产品的策略进行不断迭代更新。

从研发、生产全链路来看，天猫新品研发体系对企业的研发生产环节影响较大，不少企业正在重塑其研发设计或者供应链环节以适应这种改变，TMIC 极大地节省了新品研发时间。数字化改变了零售的格局，新品研发体系背后的数字化也改变了零售的格局。TMIC 的实践作为阿里巴巴商业操作系统的一部分，对于赋能企业开发新品意义非凡。传统企业开发新品失败率高达 95%，应用 TMIC 的新品逻辑后，新品上市三个月后 TOP10 的占比达到 70%。因此自 2017 年推出以来，TMIC 的新品孵化系品牌复用率极高，在 60% 以上，欧莱雅一家企业在半年时间内与 TMIC 合作了 50 多个项目。另外，消费者与生产者的价值共创影响更加深远，这意味着消费者可以更广泛地参与商品创造，消费者与生产者的关系将发生深刻变革，除商业影响外，还具有深远的社会影响。

资料来源：王强，占烁，王超，等. 天猫新品创新中心（小黑盒）助力品牌打造爆款，2021.

案例讨论题

结合上述案例，请尝试归纳天猫新品创新中心如何助力企业进行产业组织变革？如何改变生产设计逻辑和重塑商业发展？

本章主要参考文献

[1] 戚聿东，肖旭. 数字经济时代的企业管理变革[J]. 管理世界，2020，36（6）：18.

[2] 张文魁. 数字经济的内生特性与产业组织[J]. 管理世界，2022，38（7）：11.

[3] 魏江. 数字产业组织之体系逻辑重构[J]. 中国软科学，2023（9）：22-29.

[4] 郭朝先. 数字经济时代产业组织演变：趋势、特征与效果[J]. 中国农村经济，2023（10）：2-25.

[5] 何大安. 互联网，数字经济与产业组织变动[J]. 电子科技大学学报（社会科学版），2022.

第5章

数字产业与网络效应

◦◦➡【引言】

本章分析了数字产业中的网络效应，同时对网络市场的竞争策略进行了解读，最后探究了社交网络的相关理论与实践。

◦◦➡【本章学习目标】

1. 理解数字产业中的网络效应
2. 理解网络市场的竞争模型和策略
3. 理解社交网络相关概念与核心策略

◦◦➡【开篇小案例】

小红书的社交网络发展之路

小红书十分重视利用新媒体平台进行宣传推广，增加品牌知名度。小红书还十分重视利用微信公众号、微信小程序、微博等新媒体平台进行宣传推广。小红书的宣传推广平台包括小红书 App、小红书服务号、小红书 REDesign、有光生活馆等公众号，小红书在用户分享内容的基础上，结合平台累积的大量海外购物数据，根据用户的行为分析出最受欢迎的商品及全球购物趋势，在此基础上把全世界的好东西，以最短的路径、最简洁的方式提供给用户，实现精准的内容投放。

在微信的文案编辑方面，小红书也下足了功夫。小红书的微信推送文章主要是让用户了解国内外有哪些好东西，为用户提供购物指南等，对产品进行细分之后准确定位目标消费者。在标题编辑方面，小红书注重利用产品关键词、判定词、数字等吸引消费者的注意力，如"好看的包太多了，只有这些包能帮你卸下冬天的沉闷！"这样直接点明产品名称，并且"只有"这样的判定词也十分吸睛，让人忍不住点进去一看究竟。

除了微信公众号的运营，小红书还上线了两个自己的微信小程序，分别是"小红书"和"小红书商城"，这两个小程序和几十个公众号相关联。在小红书的微信小程序里可以像小红书 App 一样查看用户发布的笔记、视频等，包括时尚、美妆、美食、旅行等分类，这样可以利用微信的用户基础，通过用户分享、发布微信朋友圈等方式增加品牌知名度。

除了依托微信平台进行宣传推广，小红书还重视利用微博这一大型社交平台，小红书的微博官方账号除了紧跟当下热点事件发布一些关于穿搭指南、美食攻略、明星同款化妆品的图片、文章、视频等，还会不定时与一些入驻小红书的明星或工作室互动，对小红书赞助的娱乐节目进行宣传，推出一些抽奖活动，增加账号流量。

资料来源：郭名媛，马一迪. 左手社交，右手电商——小红书的营销之道.

5.1 数字产业中的网络效应

5.1.1 网络效应的定义与特征

在数字经济时代背景下，新产业模式的驱动理论之一就是网络效应，并且网络效应也正在以显著的态势呈现。网络效应被界定为，如果每个用户的效用随着某种产品或其兼容产品数目或用户数目的增加而提升，则该产品存在网络效应（Belleflamme & Peitz，2015）。网络效应一般分为直接网络效应和间接网络效应。

5.1.1.1 直接网络效应

直接网络效应的定义为某一类用户的效用取决于本组用户的数目。有的平台只有一组用户，如所有通信软件的用户构成了一组用户，这些用户利用平台进行沟通和交流；在另一些平台上则会有两组或多组用户，如电商平台上有买家和卖家两组用户。通信软件就是一个具有直接网络效应的平台，它把有通信需求的人聚集在一起。通信软件上的用户越多，通信业务的价值就越大。典型的即时通信软件，如微信、QQ 等，都具有直接网络效应的特征。

当消费者对某产品的购买意愿与购买该产品的消费者总数（网络规模）正相关时，称这种产品具有正向的直接网络效应。存在直接网络效应的效用函数形式如式（5-1）所示。

$$U_{ij} = a_i + f_i(n_j^e) \tag{5-1}$$

其中，U_{ij} 是消费者 i 使用单一产品 j 产生的效用，该效用由独立效用 a_i 和直接网络效应的效用 $f_i(n_j^e)$ 两部分组成。从式（5-1）中可以看到，随着网络规模的扩大，即网络中的消费者数量增加，直接网络效应的效用增强。

直接网络效应的效用典型例子是本地电话交换机，消费者 A 购买从其所在位置到本地的交换机（线路 AS）用来访问网络。如果消费者 B 购买了一个类似的线路（线路 BS），那么用户 A 和用户 B 就可以相互通话。线路 AS 和线路 BS 可以看作两种互补产品，当它们组合在一起时，就会创造出一个有价值的系统。如果网络由 n 个用户组成，则有 $n(n-1)/2$

个这样的系统：一个额外用户加入网络将创建 n 个新系统，这将使所有现有的用户受益。整个网络的价值总和是 n 的二次函数。

在现实中，比起与虚拟的人联系，每个人可能有更大的动机与附近的熟人互动。例如，人们在购买手机时，更看重手机是否具有与家人和朋友通话的功能，而不是具有被随机的人或企业联系到的功能。在拥有家用计算机的家庭占比很高的地区，或者当周围朋友和家人都拥有家用计算机的时候，人们也倾向于购买家用计算机。因此，网络效应仍然被假定为是单调递增的，但仅限于社区内部。受资源的限制及社区间利益不协调的影响，正向网络效应的假设不一定总是成立的。

5.1.1.2 间接网络效应

间接网络效应是指在平台上一类用户的活动会影响另一类用户。例如，软件平台将程序员和最终用户聚集在一起。最终用户可能不关心其他最终用户的存在，只关心程序员的数量和质量，而程序员则只关心最终用户的数量和需求；再如，网上购物平台，如淘宝、京东、拼多多等，通常拥有商家和消费者两类用户。商家关心的是平台能够吸引到多少消费者，而消费者关心的是平台上商家的数量和产品的质量。因此，商家数量越多且提供的产品质量越高，则消费者就越愿意使用该平台，这就是间接网络效应。

以软件产品为例，若令企业数量为 m，考虑下面的情况：消费者在第一阶段购买硬件，但不知道第二阶段会有多少软件可用，企业观察到消费者在第一阶段作出购买决策后，决定在第二阶段提供多少软件。具体而言，消费者效用函数如式（5-2）所示。

$$U_{ij} = q_0 + \lambda[(\int_0^m q_j^\rho \mathrm{d}j)^{\frac{1}{\rho}}]^\beta \tag{5-2}$$

其中，q_0 为外部产品数量，λ 为外生参数，q_j^ρ 为软件 j 的数量，ρ 是市场竞争参数。

生产方面，市场结构为垄断竞争：①企业可以自由进入市场，但每家企业需要付出一个固定成本 f；②进入市场后，每家企业不考虑其定价对市场价格指数的影响，但会面临一条向下倾斜的需求曲线。

若把硬件和软件共同组合而成的产品称为"系统"。每个系统都由一个硬件和同种类的软件组成。这种硬件加软件的模式适合许多结合信息技术和信息产品的场景。例如，消费者在计算机上使用多个应用程序，在音响上听多首音乐，在操作台上玩多个游戏等。因此，消费者对特定硬件的效用，随着可用于该硬件的兼容应用的数量的增加而提高。

5.1.2 网络效应的理论分析

本节对网络效应下的消费者行为进行分析，进而发现网络效应的理论机制。

首先考虑消费者效应函数，如式（5-3）所示。

$$U(\theta) = a + \theta v n^e \tag{5-3}$$

其中，$\theta \in [0,1]$ 表示消费者对网络效应的偏好程度，θ 越高则网络效应带给消费者的效用越高；vn^e 表示网络效应。

如果技术以价格 p 出售，预期的网络规模为 n^e。则存在 θ 的一个临界值 $\hat{\theta}$，对于所有 $\theta\in[\hat{\theta},1]$ 的消费者购买该技术，$\theta\in[0,\hat{\theta})$ 的消费者不购买该技术，于是购买该技术的消费者的数量为 $n=1-\hat{\theta}$。其中，$\hat{\theta}$ 满足以下条件：

$$a+\hat{\theta}vn^e-p=0 \quad\Leftrightarrow\quad \hat{\theta}=\frac{p-a}{vn^e} \tag{5-4}$$

所以消费者对该技术的需求为 $n=1-\dfrac{p-a}{vn^e}$，当消费者处于理性状态时，预期消费者数目和实际消费者数目相同，则需求为

$$n=1-\frac{p-a}{vn} \quad\Leftrightarrow\quad vn^2-vn+p-a=0 \tag{5-5}$$

进而可以得到价格 p 和规模 n 之间的关系，即 $p=-vn^2+vn-a$，我们可以看到价格和规模之间的倒 U 形关系，并且对于区间 $(a,a+v/4)$ 的任何价格 p，有两个与此价格对应的网络规模，即

$$n_1(p)=\frac{1}{2}-\sqrt{\frac{1}{4}-\frac{p-a}{v}},\ n_2(p)=\frac{1}{2}+\sqrt{\frac{1}{4}-\frac{p-a}{v}} \tag{5-6}$$

从这一结果来看，由于网络效应对消费者效用的影响不同，因此网络规模存在多重均衡性。当出现多重均衡性时，需要借助规则进行选择，一种解决方案是动态调整。假设我们从一个特定的均衡状态开始加入一点扰动，使得价格略有变动，消费者改变了他们的决定，我们就会发现小规模的网络均衡 $n_1(p)$ 是不稳定的，如果价格稍微上涨，或者某些消费者退出，就会导致消费者愿意支付的价格低于实际价格，结果将是所有的消费者都离开。如果价格稍微降低，或者一个额外的因素加入，则网络效应会推动消费者持续加入直至达到 $n_2(p)$ 均衡状态。因此，一旦网络均衡达到 $n_1(p)$ 状态，几乎可以肯定它将达到更大规模 $n_2(p)$ 的状态，因为只需要稍微降低价格就可以实现这一点。因此，我们将网络均衡 $n_1(p)$ 称为网络的临界需求。

5.1.3　直接网络效应的市场结构与绩效

本节介绍直接网络效应的市场结构与绩效，以及市场结构对价格和社会福利的影响。假设边际成本 $c\,(c\geq0)$，我们可以认为它是生产一个单位网络产品或为网络增加一个用户的边际成本。

当消费者之间对网络效应的偏好存在差异时，价格函数如式（5-7）所示。

$$p(n)=a+vn(1-n) \tag{5-7}$$

$a+v/4$ 是消费者愿意支付的最高价格，假设边际成本 $c<a+v/4$，否则市场会消失。在完美竞争市场中，技术以边际成本定价，同时当 $c\leq a$ 时，$n=1$；而当 $c>a$ 时，需求如下：

$$n = \frac{1}{2} + \sqrt{\frac{1}{4} - \frac{c-a}{v}} \qquad (5\text{-}8)$$

企业决定最优网络规模 n，使得利润 π 最大化，如式（5-9）所示。

$$\pi(n) = n[a + vn(1-n) - c], n \leqslant 1 \qquad (5\text{-}9)$$

该式（5-9）是 n 的三次函数，一阶导数是二次函数，则一阶条件存在两个根，如式（5-10）所示。

$$\frac{\partial \pi}{\partial n} = a - c + 2vn - 3vn^2 = 0 \Leftrightarrow n = \frac{1}{3} \pm \sqrt{\frac{1}{9} - \frac{c-a}{3v}} \qquad (5\text{-}10)$$

因此最优解如式（5-11）所示。

$$n = \frac{1}{3} + \sqrt{\frac{1}{9} - \frac{c-a}{3v}} \qquad (5\text{-}11)$$

因此对于 $a - c \leqslant c \leqslant a + v/4$，最优价格存在一个内点解，如式（5-12）所示。

$$p = \frac{1}{9}[3(2a+c) + v + \sqrt{v(3(a-c)) + v}] \qquad (5\text{-}12)$$

另外，当消费者之间的差异表现为独立效用差异时，需求函数和反需求函数分别如式（5-13）所示。

$$n = (a-p)/(a-v), \; p = a - (a-v)n, v < a \qquad (5\text{-}13)$$

在完美竞争市场中，$p = c$。此时，若 $v < c$，则需求为 $n = \dfrac{a-c}{a-v}$；若 $c < v < a$，则需求为 $n = 1$。

对于垄断企业来说，最大化问题如式（5-14）所示。

$$\pi = \max\{n[a + n(a-v) - c]\}, n \leqslant 1 \qquad (5\text{-}14)$$

因此可以得到企业的最优决策，如式（5-15）所示。

$$\begin{cases} n = \dfrac{a-c}{2(a-v)}, \; p = \dfrac{a+c}{2}, & 2v - a \leqslant c < a \\ n = 1, \; p = v, & 0 \leqslant c \leqslant 2v - a \end{cases} \qquad (5\text{-}15)$$

我们可以看到，垄断企业的网络规模小于完美竞争企业的网络规模，垄断企业的定价高于完美竞争企业的定价。当边际成本足够低时，完美竞争和垄断都会导致完美竞争市场覆盖范围扩大。因此，网络效应的存在没有改变垄断相对于完美竞争降低了福利的一般性结论。尽管与完美竞争企业相比，垄断企业更具备"内部化"网络效应的能力，即垄断者意识到，价格降低提高了消费者对网络规模的预期，从而提高了需求。

从社会福利角度来看，我们把社会福利界定为消费者剩余和企业利润的总和，如式（5-16）所示。

$$W(n) = \int_{1-n}^{1}[U(\theta,n) - p(n,n)]\mathrm{d}\theta + n[p(n,n) - c] = \int_{1-n}^{1} U(\theta,n)\mathrm{d}\theta - nc \qquad (5\text{-}16)$$

则社会福利的表达式可以进一步改为

$$U(\theta,n) = \begin{cases} a + \theta vn \\ \theta a + vn \end{cases} \rightarrow W(n) = \begin{cases} n(a+vn-c) - \dfrac{n^2}{2}vn \\ n(a+vn-c) - \dfrac{n^2}{2}a \end{cases} \quad (5\text{-}17)$$

从这一结果我们可以看到，$W(n)$ 随着 n 的增加而增大，当所有消费者加入网络时，社会福利最大。

因此，我们可以发现，网络效应导致了网络外部性的产生。网络外部性是指无论是垄断企业还是完美竞争企业都不会考虑其定价产生的网络效应而引发的市场失灵。网络效应与网络外部性的不同之处在于，网络外部性是一种市场失灵，而网络效应不一定引起市场失灵。在这里，当网络产品的生产成本足够高时，无论是垄断企业还是完美竞争企业都无法将这些外部效应内部化。此外，每个消费者虽然都会从更大范围的网络中获利，但单个消费者在决定是否购买时只考虑个人利益。但是他们没有意识到，其他消费者的效用因为他们加入网络而变得更高。由此产生的均衡网络规模将小于社会福利最优的网络规模。

●●●➡【小案例】

ofo 共享单车的发展

ofo 是中国第一家共享单车企业，由北京大学的一名学生于 2015 年创立。由于学生在大学校园里出行不便，最初 ofo 是一个让学生利用在线应用程序共享私人单车的双边平台。不久之后，平台决定自己提供带有 GPS 追踪的无桩共享单车，从而变成了单边平台。这种转变是共享单车和拼车的主要区别。

截至 2018 年 1 月，ofo 从大学校园迅速扩展至 20 个国家的 250 多个城市。ofo 的发展吸引了众多竞争对手，其中摩拜（Mobike）是同时期 ofo 最强劲的竞争对手。从一开始，ofo 和 Mobike 占据中国 90% 以上的共享单车市场份额，使得许多城市成为垄断或双寡头的市场。如果 ofo 和 Mobike 都进入某一城市，大多数消费者会选择"多属"（Multi-Homing），即两种单车都会使用，因为这两种单车在特定时间和地点几乎是完全替代品，两款 App 骑行产生的费用也都可以使用微信或支付宝进行支付。这两种单车网络是兼容的，用户可以自由地在两个网络之间选择。

那么，Mobike 的加入会对 ofo 共享单车的价格产生怎样的影响呢？在普通的市场上竞争通常会降低价格。Cao 等人（2021）的研究却发现，Mobike 的进入不仅扩大了 ofo 的市场，使得 ofo 的出行量提高了 40.8%，而且还使得每次出行平均价格提高了 0.041 元（定价为每次骑行 1 元）。那么，什么样的机制会导致现有共享单车的价格上升和市场扩张？为什么在第二家企业进入之后，ofo 的单车投放量反而增加了呢？

对于共享单车网络效应的分析发现，随着单车提供数量的增加，边际成本是递增的。每家企业都必须在正向网络效应和投资成本之间权衡来决定是否扩张。当每家企业的投资成本增加得足够快时，两家企业同时投资比单一企业承担全部投资的收益会更高。单独的垄断者不能达到同样的效率，因为它必须独自承担达到同样规模所需承担的全部成本。

资料来源：Cao G, Jin G Z, Zhou L. Market Expanding or Market Stealing? Platform Competition in Bike-sharing. RAND Journal of Economics, 2021, 52(4): 778-814.

5.2　社交网络分析

移动互联与社交媒体让世界变得更"小"，但在数字技术的加持下，最终传播信息和情绪的还是借助人与人之间构成的网络。社交网络结构或者个体在网络中的位置决定了"你"的资源和能力，社交网络是数字经济中的重要概念和组成部分。

5.2.1　社交网络的概念

"网络"一词最早出现在德国社会学家齐美尔的《群体联系的网络》一书中，他把社会想象为互相交织的关系网络，随后社会学对"社交网络"这一概念进行了深入研究。对社交网络的研究是社会学中的重点研究领域（Granovetter，1973；Burt，2004）。构建高效的网络一直是社交网络理论的主要目标，不同的网络结构将导致不同的传播结果和绩效影响（Muller & Peres，2018）。人们对线上社交网络的关注度日益增加，营销研究关注了社交网络中营销目标的选择和精准推荐策略。营销研究集中于客户的直接网络结构特征如何影响客户的行为，进而探索如何利用补充的网络信息结构进行营销策略的选择（Jackson，2008）。

社交网络源自网络社交，网络社交的起点是电子邮件。互联网本质上就是计算机之间的联网，早期的电子邮件解决了远程的邮件传输问题，至今它也是互联网上最广泛的应用，同时它也是网络社交的起点。BBS 则更进一步，使"群发"和"转发"变成常态，理论上实现了向所有人发布信息并讨论话题的功能。社交网络在人们的生活中扮演着重要的角色，它已成为人们生活的一部分，并对人们的信息获取、思考方式和生活习惯产生了不可低估的影响。社交网络成为人们获取信息、展现自我、推广营销的窗口。但是与此同时，社交网络也存在一些弊端，如个人信息泄露等。尤其是青少年，他们处在社交网络的前端，但同时也是受影响最显著的群体。

社交网络即社会化网络服务，源自英文（Social Networking Service）SNS 的翻译，中文直译为社会性网络服务或社会化网络服务，意译为社交网络服务。社交网络包括硬件、软件、服务及应用，由于四字构成的词组更符合中国人的构词习惯，因此人们习惯用社交网络来代指 SNS。全球社交网络行业也得到快速发展，全球社交网络行业规模变化如图 5-1所示。

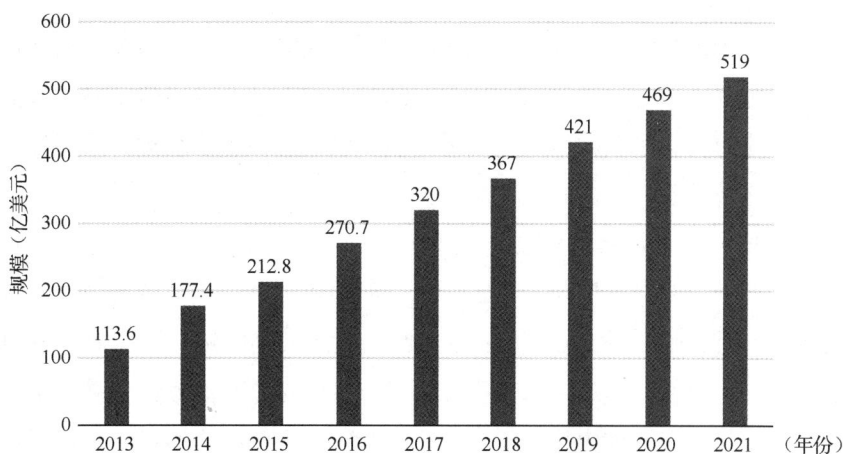

图 5-1　全球社交网络行业规模变化

资料来源：作者整理.

5.2.2　社交网络的经济价值

现实中的大量系统都是由各种网络而不是各种群体构成的（Wellman & Berkowitz，1988），如各种生物网络（蛋白质网络、新陈代谢网络等）、社会中的人际网络、物理网络（通信、输油管道、电力、交通网络等），以及各种经济活动的网络（营销网络、供应链网络、信贷网络、海运网络和空运网络等）。Kirman（1997）认为古典经济学是从理性人的视角分析问题的，而"网络化"时代，人与人之间的经济活动相互影响、彼此联系，这种关系更加适合如今的经济和社会发展。Strogatz（2001）强调，网络更多时候是一种思考问题的范式和框架，它能够帮助我们超越个体间、组织间浅层面的特征差异，更好地理解系统运作和演化的规律。经过几十年的发展，社交网络形成了一套完整的分析模式，包括研究对象、分析思想、分析工具和技术等，特别是融入了大数据分析技术，研究领域不断拓展。

社交网络中描述的网络结构基本特性，如小世界现象、无标度特性、同配性和异配性、幂律分布等，在经济和金融领域得到了广泛应用。很多经济学者借助网络结构基本特性，分析产业、企业与经济活动之间的关联方式，探索产业集群内部的结构和演化规律，预防大规模的经济衰退。经济学者分析企业之间信息传播、信息交换，以及企业之间、不同集群之间的战略联盟。产业链中企业利益的共性和博弈，通过对网络互动性结构的研究，经济学者分析了信息流的形成与传播、创新与社会协调等方面的现象。经济学中的网络研究，在微观上分析了网络中的个体如何利用网络关系来获取利益；在宏观上运用图模型定量分析经济发展走势，如预测采购经理人指数、道琼斯工业指数的变化趋势。

进入 21 世纪，全球经济加速发展，金融全球化进程加快，市场的开放程度不断加深，各国间经济、金融的关联性不断增强，构成极其复杂的经济和金融网络。金融实体间的关联关系将经济系统中的行为主体看作节点，将行为主体间的关系看作节点间联结，建构出规模庞大、具有特定拓扑结构的复杂系统，成为研究经济、金融网络及动态演化过程的重要工具。世界金融网络信息输送带来正效应的同时，也伴随着风险传染的负效应。全球范围内不同风险特性的资本在金融市场大规模流动，极大地改变了金融风险积聚、释放和传染的形式。

例如，在 2011 年，根据希腊、法国、德国、意大利和西班牙之间的债务关系可以构建一个网络图，欧洲金融网络案例如图 5-2 所示，如果意大利的债务贬值（受到意大利银行的财务状况影响），法国的银行就会面临巨大风险。意大利的银行则持有大量德国债务，德国的银行又持有大量希腊债务，以此类推。虽然希腊是个小国家，但暴露出的风险也足以造成大麻烦。因此有充分理由让国际货币基金组织、欧洲中央银行，以及欧洲各国联合组成的"三驾马车"，对希腊进行援助。

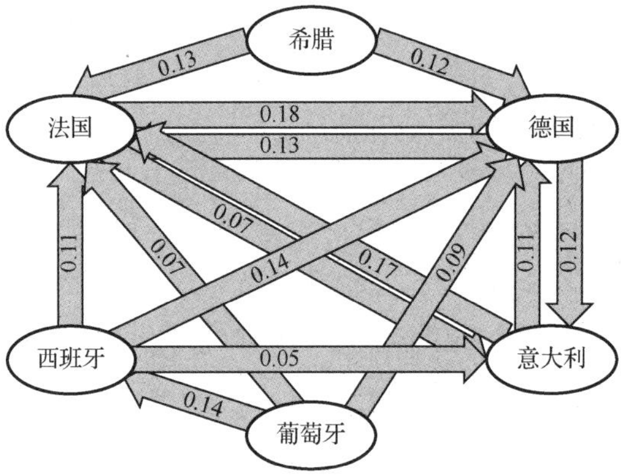

图 5-2　欧洲金融网络案例

资料来源：Elliott, Golub, Jackson, 2012.

5.2.3　社交网络结构特征

社交网络由一个特定集合的行动者，以及行动者之间的关系（线）组成。点与点之间的联系构成了"网络结构"。网络结构一般包含行动者（actors）、关系（relationship）和连带（tie）三个基本概念。

（1）行动者。行动者在社交网络中表现为节点，可以是个人、团队或组织，它们构成关系的联结点。

（2）关系。关系的内容可能是友谊、借贷或沟通，其关系可以是单方关系或双方关系，且存在关系强度的差异，不同的关系构成不同的网络。

（3）连带。连带是指当一位行动者想要与另一位行动者建立某种形式的关系时，必须通过某种途径，直接或间接地建立彼此的连带关系，连带关系根据程度的差别，可分为强连带（Strong Ties）和弱连带（Weak Ties）。

从研究的个体出发，研究与其直接或间接地联结，找出由中心向外扩展的关系网络。

自我中心社交网络利用随机抽样并采用问卷的方式收集个体社会交往信息，分析这些信息对个体行为产生的影响。

整体社交网络就是圈定范围内所有行动者的相互关系、密度、联系特征和次团体的数量等，范围可以是组织、团体、部门、小组甚至车间。通过分析整体网络，我们可以发现网络中不同地位的个体角色，如明星、鼓励者、联络人、桥梁等。整体社交网络主要研究网络的结构问题。

在整体社交网络内部的封闭群体中，个体间的关系是多维的，魁克哈特（Krackhardt，1992）认为有三种关系类型：情感关系、情报关系和信任关系，并认为信任关系和情感关系经常会产生重叠。罗家德（2005）认为一个人在组织的场域中有四种维度的社交网络：情感网、咨询网、情报网和关系网。

在针对网络的测量指标中，关注较多的是中心度，其中有如下四个中心度的概念。

1. 节点中心度

节点中心度是指网络图中的各个节点所确定的集中程度，又称为度数中心度，网络中某个节点的度数中心度也就是其度数及其"邻居"的个数。当在一个社交网络中，一个个体拥有较多朋友、熟人和关注者时，他有着将信息发给这些人的能力，让一个个体拥有影响大量民众思考和理解的能力，也可称为人气度。人气度高的个体受到超出正常比例的关注，由此可以扭曲人们对趋势和习俗的看法。

2. 紧密中心度

紧密中心度是指依据网络中各节点之间的紧密性或距离来测量的中心度。测量出的关系的总距离越短，说明各节点越不需要依赖他人传递信息或资源，网络的紧密中心度越高。计算紧密中心度，也就是计算节点之间的距离，如果一个节点与网络中其他所有节点的距离之和都很短，即通过较短的路径与其他许多点相连，则该节点有较高的紧密中心度。

3. 中介中心度

中介中心度是指行动者作为网络中任意两个其他连接者中介的程度；它体现为行动者处于许多关系网络的路径上，具备控制其他两人之间交往的能力。中介中心度对于信息在网络中传播的广度有很大的作用。

4. 特征值中心度

特征值中心度是指网络中行动者的声望依赖与他有直接联系的行动者的声望，直接联系人的声望越大，对节点的特征值中心度贡献越大。

消费者在网络中不同的位置赋予了消费者不同的资源，即社会资本。企业决策制定者可以利用消费者拥有的不同社会资本进行决策。这是因为对企业来说，社会资本高的消费者不仅能给企业带来直接收益，而且可以影响网络中其他的消费者，继而又给企业带来了更多收益。通过影响其他消费者给企业带来的收益有时甚至超过给企业带来的直接收益。

可从整体、二元和个体特征角度构建社交网络结构。在整体结构方面，项目试图从连通性（connectivity）和简洁性（conciseness）两个维度分析，前者包含平均度（Average Degree）、度分布（Degree Distribution）及中心性（centrality）等概念；后者包含聚集性（clustering）和协调性（assortativity）等概念。网络二元特征表示网络中个体之间的关系，项目将尝试从关系强度（Tie Strength）和嵌入性（embeddedness）两个维度分析。个体特征是之前关注较多的一种网络特征，项目将从个人特征（Individual Traits）和位置特征（Positional Characteristics）两个维度分析，前者包括影响力（influentials）、意见领袖（KOL）和易传染性（susceptibility）等；后者包括各种中心度指标，如高度中心度、亲近中心度、中介中心度及特征中心度等。项目对社交网络结构特征的初步设计如表5-1所示。

表5-1　项目对社交网络结构特征的初步设计

整体特征		二元特征		个体特征	
连通性	• 平均度 • 度分布 • 中心性	关系强度	• 强关系 • 弱关系 • 闭包性	个人特征	• 影响力 • 意见领袖 • 易传染性
简洁性	• 聚集性 • 协调性	嵌入性	• 共同朋友数量 • 信任度	位置特征	• 高度中心度 • 亲近中心度 • 中介中心度 • 特征中心度

资料来源：作者整理.

➡【小案例】

美第奇家族的崛起

历史上著名的家族，少不了美第奇家族，可以说意大利的文艺复兴很大程度上就是美第奇家族推动的。那美第奇家族是怎么脱颖而出的呢？原因在于它处在一个非常独特的位置，横跨了两个相互独立的社交网络。这个社交网络的一边是贵族，讲究出身和背景，热衷各种仪式礼节和文化活动；另一边是新兴资产阶级，他们讲究收益。这两群人原本完全不相容，贵族嫌弃新兴资产阶级没文化、没品位、没素质；新兴资产阶级嫌弃贵族没钱、没本事、吃老本、撑门面。出身贵族的美第奇家族，既通过与其他贵族联姻来拉拢贵族的支持，又通过做生意与新兴资产阶级建立了不错的合作关系，两边都觉得这个家族好，于是贵族的权力和文化就可以为新兴资产阶级所用，新兴资产阶级也希望得到尊重和提升审美。新兴资产阶级的财富也可以支持贵族的物质生活。一来二去，两群人都离不开他，一时之间，美第奇家族的风头可以说是无人能及。

针对美第奇家族的崛起，社会学家从社交网络的视角进行了解读，他们构建了各家族的社交网络结构，美第奇家族的网络结构如图5-3所示。社会学家计算了美第奇家族的网络特征值（包括人气度、联系度、传播度和中介度），如表5-2所示，美第奇家族的这些指标值均高于其他家族，这表明美第奇家族位于社会关系的核心地位，它在传递价值和信息上起到了关键作用，进而更有效地推动了欧洲经济发展及文艺复兴进程。

资料来源：简书.

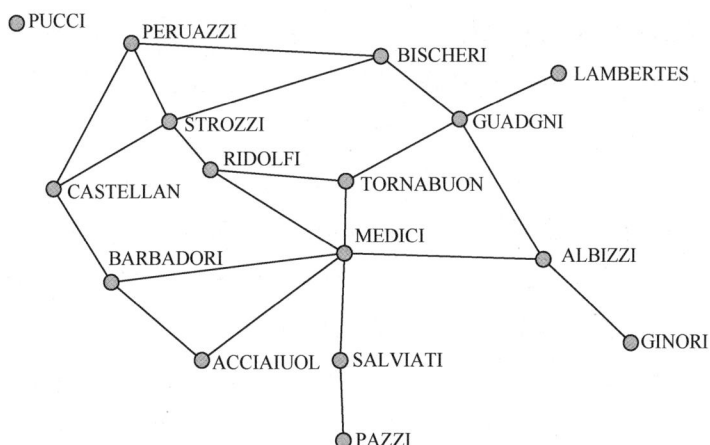

图 5-3　美第奇家族的网络结构

资料来源：作者整理.

表 5-2　美第奇家族的网络特征值

中 心 度	定 义	美第奇家庭	斯特罗齐家庭
人气度	你是否拥有较多的朋友	6	4
联系度	你是否与其他交际广泛的人认识	0.430	0.356
传播度	你的位置是否有利于信息传播	8.2	5.8
中介度	你是否处于关键位置	0.522	0.103

资料来源：作者整理.

5.3　社交网络中病毒式信息传播分析

5.3.1　病毒式信息传播机制

5.3.1.1　病毒式信息传播定义

病毒式信息传播是一种由企业发起的市场行为，是指在特定时间段内，通过提升消费者主动参与传播的意愿，借助类似传染病扩散的机制，使企业或品牌精心设计的信息，在信息接收群体中精确、快速地传播。

病毒式信息传播具有两个特点：第一，病毒式信息传播的发起者是企业，而非消费者；第二，病毒式信息传播是按照"类似传染病扩散的机制"进行的一种市场行为。传染病医学领域认为，传染病扩散最显著的特征是存在一种具有较高传染性的病菌（Virulent

Pathogen），通过感染一定规模的病原体，使得该病菌以一种自我复制（Self-Replicating）的方式，在特定人群中实现快速且持续的影响。对于病毒式信息传播而言，上述定义要求企业信息以"自我复制"的方式进行传播。这一特征强调了病毒式信息在信息接收群体中传播时，信息核心内容的完整性、精确性和统一性。简而言之，实现高效病毒式信息传播，主要在于企业信息以自我复制的方式实现快速传播。

在营销学文献中，口碑传播（Word of Mouth Communication）和网络口碑传播是与病毒式信息传播较为接近的两个概念。口碑传播是指消费者以人际沟通的方式，传播有关产品、服务、品牌或者企业信息的行为（Liu，2006；Brooks，1957）。网络口碑传播可以理解为经由互联网平台和数字技术实现的口碑传播。两者同样是企业期望实现的营销目标，但与病毒式信息传播相比，存在两个差异。第一，口碑传播和网络口碑传播的发起者是消费者而非企业，无法视为一种严格意义上的市场行为。前两者以消费者自身对于产品或服务的使用经验为基础，在网络社会群体中不受企业控制地、自发地生成。口碑与网络口碑的发起、传播，均由消费者主导完成，企业对整个传播过程缺乏控制力。病毒式信息传播是企业积极努力的结果，融合了传统大众广告和消费者口碑传播的特征。病毒式信息传播的发起者是企业，整个传播过程由企业和消费者共同完成，使得企业拥有了引导、控制、管理病毒式信息传播全过程的能力；第二，口碑传播与网络口碑传播依靠消费者间的人际沟通方式。这种以言语信息（Verbal Inforamtion）为载体的传播方式，具有较高的不确定性和模糊性。在口碑传播与网络口碑传播活动中，消费者将企业信息加工成一种具有概括性、代表性的信息，向特定人群传播。这使得企业信息在传播过程中很少能够保持内容的完整性、精确性和统一性，无法以"自我复制"的方式传播。数字技术的发展和新媒体的普及，极大地降低了构建广泛、稳定的消费者网络的难度。

5.3.1.2　信息传播机制

由病毒式信息传播的定义可知，它的传播机制与传染病医学中有关传染病扩散的机制较为相似。因而，考察传染病医学领域病毒在人群中的扩散机制，以及描述扩散机制的数理模型，可以更好地理解引起扩散过程的关键变量。在管理学理论的框架中讨论上述模型，对企业提高病毒式信息传播活动的有效性，具有较强的理论指导意义。

信息传播模型经常用到 SEIR 模型，该模型将潜在群体分为易受影响的（susceptible）、被曝光的（exposed）、具有传染性的（infective）和免疫的（recovery）四个类型。也就是说，个体从易受影响的状态转换至具有传染性的状态过程中，还存在一个被曝光的状态，即已经被病菌感染，但尚未出现患病症状的过程，尚未具有将病菌继续传染给易受影响群体的能力。在病毒式信息传播的语境下，被曝光的群体是指已经被信息曝光，但尚未参与信息传播过程的群体。

SEIR 模型定量地描述了病毒式信息传播从企业发起传播至用户结束传播的全过程。虽然从传播形式上看，病毒式信息传播与传染病扩散机制相似度较高，但两者在本质上仍存在差异。在传染病扩散机制中，具有传染性的个体在主观意愿上不论是否希望将病菌继续传染给易受影响群体，只要两者接触，那么后者被病菌感染并出现症状的概率就是非零的。接触的次数越多，被病菌感染并出现症状的概率也就越高。在病毒式信息传播过程中，如果被信息曝光的群体对信息不感兴趣，或者信息本身缺乏足够的吸引力则会呈现"免疫"特征。SEIR 模型下病毒式信息传播语境下的群体路径如图 5-4 所示。

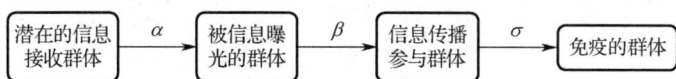

图 5-4　SEIR 模型下病毒式信息传播语境下的群体路径

资料来源：作者整理.

所以病毒式信息传播具有以下机制特征。

第一，病毒式信息传播是一种由企业发起的市场行为，其核心思想是企业信息以一种"自我复制"的方式，在信息接收群体中快速传播。这与营销学文献中经常涉及的"口碑传播"概念有所差异。病毒式信息传播的过程可以用 SEIR 模型分析，但是需要结合病毒式信息传播的特征作出新的诠释。

第二，病毒式信息传播网络的度分布服从幂律分布特征，具有典型的无标度网络特性。参与类信息传播网络的平均度和平均出度最高，其后分别为信息类信息传播网络、趣味类信息传播网络、情感类信息传播网络平均度和平均出度最低。相对而言，在病毒式信息传播过程中，异质性更加显著。

第三，在病毒式信息传播网络中，信息类信息传播网络拥有最短的平均路径长度和最高的链路效率，网络传输性能与效率最高。在簇集系数方面，趣味类信息传播网络的簇集系数最高，信息类信息传播网络的簇集系数最低。较高的簇集系数意味着信息在相互熟识的参与者中传播，容易产生冗余和传播动力逐渐衰减的现象，不利于整体网络传播效率的提升。

第四，病毒式信息传播网络是一个不具有"富者俱乐部"特征的异配型网络。这与一些经济类网络，如国际贸易网络、金融机构—企业信贷关系网络，存在一定差异。对高、低度数节点的统计分析表明，在新媒体平台上，病毒式信息的传播路径大致为从信息源（企业和品牌或者"种子"用户群体），到传播过程的关键参与者（意见领袖和市场行家之类的高度数参与者），再到一般信息接收群体，本质上依然遵循大众传媒时代的两级传播规律。

5.3.2　社交网络信息传播的种子策略

企业通过社交网络可开展高效、目标精准的管理活动，其中播种策略（Seeding Strategy），即选择若干成员作为营销最初的发布者（"种子"），经由他们将信息和产品传播给社交网络中的其他成员（Hinz et al，2011；Nejad et al，2015），以其低成本和高效率的特点受到企业和学者们的青睐（Gelper et al，2021）。例如，惠普、飞利浦、索尼、耐克等企业早已把脸书或推特视为实施播种策略的重要空间，"滴滴"的司机播种策略和支付宝的中国"锦鲤"活动则代表了我国企业对该策略的重视程度。

5.3.2.1 种子策略的定义

企业的种子策略，指的是企业在引入新产品时给某一选定的客户群体提供免费的产品或样品，让他们在使用了这些产品或样品后进行口碑传播，从而达到提升产品扩散率的目的。

种子策略的研究者认为新产品引入初期选定的用户群体对整个新产品的扩散过程具有加速和延伸作用。种子策略的加速作用，指的是企业通过种子策略可以加快消费者的购买速度；企业的种子策略可以加速产品信息在消费者网络中的传播，使得在此情形下的消费者比企业不采用种子策略时更早地购买该产品。种子策略的延伸作用指该策略能够通过影响网络中消费者的行为，使得企业在没有进行种子策略的情况下促使不购买该产品的消费者购买，从而扩大企业的市场份额。

5.3.2.2 种子策略的机制框架

播种策略对企业进行病毒式营销信息传播起到非常重要的作用，初期选定的用户群体对信息和新产品的扩散有加速和延伸作用。

1. "种子"的选择策略

在社交网络分析研究中，利用中心度（centration）测度识别有影响力的个体或者"种子"也是社交网络结构的重要特征。利用个体的高度中心度、特征中心度、中介中心度、亲近中心度等来衡量个体的中心特征，并且分析这些特征对所传播信息的影响力。Hinz 等人（2011）比较基于节点中心特征的"种子"的四种不同位置特征对传播的性能和效率的影响，包括 Hub、Bridges、Fringe 和 Random，结果发现 Hub 策略优于其他三种策略，即处于网络中心位置的"种子"对传播的影响力更大。在另一项经典研究中，Banerjee 等人（2013）研究认为特征向量中心值高的个体在小额信贷项目的背景下有更大的能力影响其邻居，因此他们是良好的"种子"。这是由于处在中心位置的个体往往是意见领袖，拥有较高的社会地位和较多的社会资本等（Nejad et al，2015；Yenipazarli，2014）。

除了位置特征外，其他研究从个体影响力角度来选择"种子"。Haenlei 和 Libai（2013）比较了"意见领袖"和"收益领袖"两类个体，认为后者做"种子"更优。类似结论也在其他研究中得到验证（Goldenberg et al，2009；Pescher & Spann，2014）。另外，学者们还提出了其他选择"种子"的方法，如 Chen 等人（2017）提出以赋权重的方式测量个体的中心性，发现可提升"种子"选择的绩效；Lanz 等人（2019）提出基于社会地位的"种子"

选择。以上研究多从"种子"的位置及影响力展开讨论，遵循了病毒式营销的研究思路，但忽视了网络拓扑结构给这些"种子"带来的影响。

种子规模的研究集中于选择最优水平的种子规模。在早期研究中，Jain 等人（1995）认为，在耐用品的采纳中最优的"种子"规模一般不超过 5%，随后的研究认为，选取 50% 的创新者（3% 的消费者）做"种子"来帮助传播最优的决策。Liu 和 Thompkins（2012）利用 Youtube 的数据研究认为，"种子"规模越大越好。Nejad 等人（2015）的研究认为，当"种子"成本较高时，或者选择"种子"的影响力足够大时，可以适当缩小规模。综合这些研究，最优规模的"种子"选择并没有标准答案，会受到"种子"自身特征及网络内外部因素的影响。其他的研究关注如何通过算法选择最优的"种子"，计算机领域相关研究利用线性阈值模型和独立级联模型提出的贪婪算法应用于最优"种子"的寻找（Long & Wong，2014）。但这些算法较为耗时，也存在着 NP 难题，使其在营销实践中应用次数不多。

2. 播种策略类型研究

除了如何进行"种子"选择，还有研究关注了播种方式。早期关于播种策略的研究都集中在单阶段播种策略（Single-Stage Seeding Strategy）上，即在扩散过程开始时，所有选择的"种子"节点都被激活（Hinz et al，2011；Banerjee et al，2013）。还有一些研究关注了序贯播种策略（Sequential Seeding Strategy），重点是如何指定合适的个体子集作为"种子"，以触发影响扩散的级联，并在不同的扩散阶段确定适当的播种机制（Ni et al，2019）。例如，Seeman 等人（2013）分析了两个阶段的播种策略；Tong 等人（2017）基于级联模型提出了一种自适应播种策略的贪婪算法，提升了序贯播种的效率。其他的研究也对比了两种策略的适应环境，发现在不同的条件下各有利弊（Jankowski et al，2017；Chierichetti et al，2014）。

最近随机播种策略也受到了关注（Chin et al，2021），研究者认为在考虑成本的前提下，随机播种可成为最优策略。整体来讲，激活"种子"的模式是播种策略核心关注的模式，基于算法的一些研究关注合理的算法提升播种的有效性。例如，贪婪算法或者启发式算法等。Goldenberg 等人（2018）提出了一种计划性播种方法，他们考虑随机动态、社交效应衰减和状态等要素，提高预测的准确性，该方法不仅分析寻找最优的"种子"节点集，而且还关注寻找实施播种行动的正确时机。Sela 等人（2015）提出了一种贪婪启发式计划播种法，考虑了初始阶段"种子"的识别和扩散过程中播种期的确定方法。

3. 网络结构与播种策略

目前，基于网络结构的播种策略研究，主要是根据用户在网络中的位置来选择"种子"节点的，如前文提到基于中心度的"种子"选择。有研究关注了用户之间关系特征的影响，如 Chen 等人（2017）研究认为用户之间关系的重要性影响了信息扩散，同时网络的规模也带来了消极影响。Montes 等人（2020）对比了不同网络规模（大、中、小）对"种子"

扩散的影响，同时也对比了随机网络和现实网络的差异性。Negahban 和 Smith（2018）研究了在"小世界"网络和无标度网络中，处于中心位置的节点如何影响信息扩散及企业的利润。也有研究关注了一些特殊网络中的播种策略，如选择 ER 随机网络、无标度网络及正则网络等，"种子"的选择在不同网络中存在差异（Ni et al，2019；Chin et al，2021），但这些网络结构数学性质较好，与现实中的社交网络结构有一定不同。种子策略的一般逻辑如图 5-5 所示。

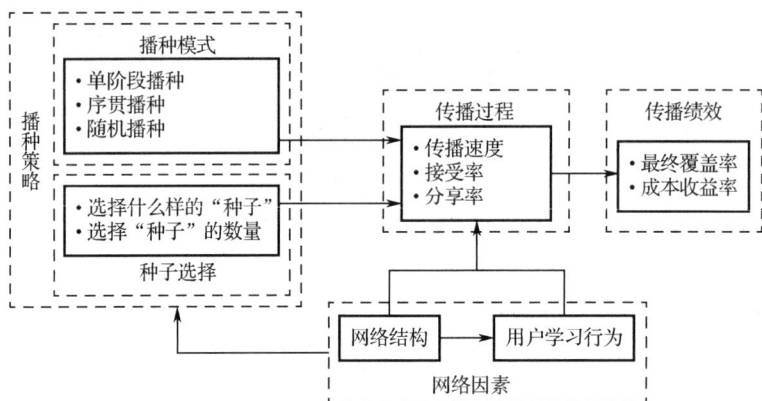

图 5-5　种子策略的一般逻辑

资料来源：作者整理.

5.3.2.3　种子策略的执行

1. 企业应该根据网络结构提供的信息作出决策

企业希望通过识别潜在消费者中有影响力的人为企业进行产品传播，企业根据网络中消费者的个体行为进行识别，如可能的采纳行为、终身价值。然而，当企业不能获取这些信息时，网络结构信息也可以为他们的营销策略提供富有价值的参考。识别并定位网络中的社会中心人物和网络中介人物比一般的随机赠样策略要好得多。当下企业中流行的随机赠样策略不仅费用巨大，而且达不到提高利润的效果。因此，企业在制定营销策略时，应该考虑网络结构提供的信息。

2. 企业根据自身的消费者基础选择赠样策略

网络结构信息虽然为企业营销策略提供了帮助，但是也需要认识企业当前的环境才能更加有效地提高赠样策略的效率。当企业缺乏消费者基础时，应该选取社会中心人物或网络中介人物作为赠样对象；当企业具备消费者基础时，选取社会中心人物作为"种子"用户对企业的利润增加和信息扩散是最优的方法。

3. 精细化管理企业赠样策略

过去的研究为企业在产品引入初期的赠样策略提供了很有价值的参考。然而，赠样策略不应该是单纯地在产品引入初期实施，企业应该选取连续多期的赠样策略。多期赠样策略不仅能提高产品的即时销售量，还能提升产品的商誉。

4．多期播种策略

多期播种策略能够给广告信息传播带来更大的价值及更多的市场份额，多期播种策略正好能够弥补单期播种策略的不足，充分利用消费者在网络中的位置优势带来社会资本。在几种多期播种策略中，后续选择社会中心人物作为"种子"用户的策略优于选择网络中介人物的策略，这是因为随着扩散过程的进行，直接的联系会成为主导的影响机制。

5.3.2.4 种子策略的实践

1．内容的优化

社会化媒体是一个信息发布、传播的平台，微博类新媒体的"信息属性"高于"社交属性"。营销信息的设计应注重提高信息内容的价值属性，如在病毒式营销信息传播过程中包含更多的相关市场信息、消费者购物体验或行业知识。对于产品品牌来说，其价值包含两层内容：一是产品质量；二是服务信誉。前者是有形的，可以度量的；后者来自消费者的认同，在信息传播过程中转化为品牌的价值。通过信息自身价值的位势梯度，增强信息传播的内生动力，以获得更好的传播效果。

设计有特色的表现形式，在产品信息中是否提供新的消费理念，对现有的消费者提供一种附加价值，如提供更好的服务等，也能显著影响消费者再传播意愿。同时，具有文化价值、情感因素的信息，可以唤起情绪波动，比只能引起小幅度情绪波动的信息更能触发消费者的传播行为，进一步增强产品信息内容的核心竞争力。增强产品信息内容的表现力，关键是要营造有传播力的话题，需要具备四大要素：一是内容的真实性。内容的真实性衡量了企业的诚信度和企业的社会责任，也容易赢得消费者的信任。二是利益相关性。当话题的内容与受众利益一致时，有助于促成消费，并增强传播的主动性。三是内容的趣味性。幽默、有趣的话题，容易引起消费者的兴趣，消费者主动传播话题并与他人分享。四是内容的简洁性。传播主体简洁明了，便于传播者记忆和传播。

一般化的信息内容不具有吸引力，人们的个性化需求越来越多，倒逼内容设计个性化与分众化相结合。既要激发与营销目标一致的群体的活力，也要通达潜在的群体。要研究消费者不同的需求，有针对性地设计特色信息，点对点推送到消费者端并进行精准传播。另外，企业要实现其内容产品类别的多样化，既能满足传统媒体的共性化传播要求，也能适应互联网等新媒体分众化传播的需求。企业需要发布一些传播性较弱的内容（利用网络流行文化推广新产品），以增强消费者的知晓度和喜好度。同时，与主题相关的图片、音频和视频等视觉线索也是提升传播效果的有效方法，实现信息内容从可读到可视、从静态到动态，满足多种体验的需求，增强内容的传播效果。

2．传播者的选择

可使用"四步法"选择"种子"用户类型及初始规模。

第一步，确立信息传播的最优先目标，提升信息传播的广度。例如，一些关于新产品上市、折扣促销、企业形象的宣传等信息，需要通达尽可能多的信息接收群体；若爆发产品危机，企业需要快速发布危机公关信息、事实真相等，这时信息传播的速度就成了关键要素。

第二步，确定信息传播的目标后，参照决策矩阵选择合适的用户类型。

第三步，计算用户的度数和介数，从大到小进行排序，比较微博在两个指标序列中的排名，取排名较高的指标，作为"种子"用户的最优群体。

第四步，计算信息接收群体传播网络的拓扑类型及个体再传播意愿，确定"种子"用户的最优初始规模。

3. 优化传播过程

在激活形成阶段，网络群体规模、高影响力群体、网络社群特征具有显著的正向促进作用。病毒式营销信息传播只有在传播过程形成后，持续保持着传播动力条件，才可能成功跨越"弱过渡带"实现高效传播。从传播全过程看，众多社群的自组织正向代谢的微观过程是形成长生命周期和大尺度信息传播的重要机制。

在信息传播过程中，病毒式营销信息传播会产生变异，方向既可能是正向的也可能是负向的。信息传播发起者通过与消费者的沟通与交流，主动引导，在整个生命周期中，保证信息核心内容的完整性、精确性和统一性，保持品牌形象或信息价值在传播中的完整性。从而在信息传播过程中，实现传统媒体的权威性、可控性与新媒体的消费者洞察性、广泛性的有机融合，给企业带来更多的商机，并提高企业价值。

本章小结

本章首先介绍了数字产业的网络效应，并对社交网络的概念与内涵进行了分析，从实践的角度探讨了社交网络中的信息传播机制。

复习思考题

1. 如何理解直接网络效应和间接网络效应。
2. 谈谈你对社交网络及结构特征的理解。
3. 谈谈你对社交网络中信息传播机制的理解。

●●➡【本章案例学习】

宝岛眼镜的社交网络传播策略

宝岛眼镜于 1979 年由王氏夫妇和陈氏夫妇在中国台湾创办，随后进行了大规模的扩张，在中国台湾开办了 400 家门店，是华人创办的最大的眼镜连锁集团，也是眼镜行业最早上市的公司之一。1997 年 3 月，宝岛眼镜的创办人王氏夫妇进军中国大陆，在武汉开设了中国大陆第一家宝岛眼镜店，随后全国各地的分公司相继成立。2009 年，宝岛眼镜在中国大陆已发展到 800 多家门店。目前，在内地已经拥有超 1 000 家门店，遍布 200 多个城市。

2018 年之后，宝岛眼镜将发展的重心从平台电商转移到社交电商。在分析了外部平台底层逻辑后，宝岛眼镜结合自身文化、产品调性，最终选择了在大众点评、知乎、小红书、部分直播短视频平台进行矩阵建设。在平台角色分配上，宝岛眼镜看重知乎的专业性，在知乎加强人设的发展逻辑，通过输出专业内容精准吸引粉丝；在小红书完成种草和口碑分享，实现产品赋能；在大众点评完成对实体门店的赋能，是实体门店在线上的另一扇窗口。另外，在社交平台开展营销离不开产品相关内容的输出。宝岛眼镜在各个社交平台发布产品的相关内容来吸引消费者购买，同时也会在视频平台发布一些眼视光的科普内容。

社交媒体营销的逻辑在于通过社交平台引流获客，使之沉淀到企业微信客户池，然后对消费者进行转化，最后向消费者进行精准营销。具体来说，引流获客的核心在于场景和内容。只有能够将不同的场景区分出来，并且有针对性地制定投放策略，消费者才会点击进来看到想要的东西，最终实现转化。宝岛眼镜首先通过新媒体进行内容营销，由 MCN（Multi-Channel Network，多频道网络）负责寻找公域流量池并扩大声量，MCN 部门分为两个组别，一个是图文类，一个是视频类，针对不同的社交平台投放相应的内容。例如，小红书投放一些时尚墨镜和美瞳产品的图文吸引年轻女性，知乎输出一些眼视光的专业科普。

除了外部的 KOL，宝岛眼镜也积极培养内部的关键意见消费者（Key Opinion Customer，KOC）。因为和网红的合作一般来说是一次性的，而员工可以持续地进行宣传推广。对于不同的社交平台，宝岛眼镜采取了不同的培养方法。小红书的受众一般是年轻女性，所以宝岛眼镜会选择一些对时尚搭配和美妆比较感兴趣的外向型人才来培养。知乎的内容专业性较高，因此宝岛眼镜会挑选一些工作时间长和专业知识比较丰富的员工来培养。

宝岛眼镜的企业微信每天都能获取非常多的新增用户，这是因为，一方面，宝岛眼镜的系统可以帮用户保留验光数据，这使得在线下门店与用户接触时也更容易加微信；另一方面，也是更重要的一点，宝岛眼镜提供的内容和服务对用户来说是有价值的，他们才愿意长期留存下来，如眼视力健康数据存档，否则吸引来的都不是所谓的目标消费者。

另外，宝岛眼镜也会通过企业微信群发推送消息，提醒消费者有多少积分快到期了，员工再把星创优选的链接推送给消费者。例如，500 积分可以兑换一个价值 39 元的五片装蒸汽眼罩，或者 2 000 积分加 99 元就可以兑换一个贝罗 1.60 防蓝光镜片，如果没有及时兑换，积分就会过期。宝岛眼镜通过这种积分免费兑换的形式，来实现顾客到店的最终目的，因为兑换物品需要到店领取。消费者到店之后，员工就可以对其进行服务，在服务的过程中就会产生额外的消费。

宝岛眼镜虽然在社交媒体营销方面取得了不错的成绩，但对于社交媒体营销的探索并非一路平坦。在大举开拓的过程中，也存在一些内外阻力。宝岛眼镜在社交媒体营销方面到底是和外部的 KOL 合作，还是培养内部的员工进行营销呢？借他人之力，用外部网红的影响力促进营销；自己练内功，致力于培养内部员工。这两个方案各有利弊。

资料来源：陈帅，赵方妹，罗兴武. 宝岛眼镜：社交媒体营销，借他人之力还是苦练内功，2021.

案例讨论题

结合上述案例，你认为宝岛眼镜运用了哪些社交媒体技术？这些技术是如何赋能宝岛眼镜开展社交网络信息传播的。

本章主要参考文献

[1] BANERJE A V. A Simple Model of Herd Behavior[J]. The Quarterly Journal of Economics, 1992, 107(3): 797-817.

[2] BANERJEE A, CHANDRASEKHAR A G, Duflo E, et al. The Diffusion of Microfinance[J]. Ence, 2013, 341(6144): 1236498.

[3] JACKSON M O，YARIV L. Diffusion on Social Networks[J]. Public Economics, 2005, 16(1): 3-16.

[4] MONTES F, JARAMILLO A M, MEISEL J D, et al. Benchmarking Seeding Strategies for Spreading Processed in Social Networks: An Interplay between Influences, Topologies and Sizes[J]. Scientific Report, 2020, 10: 1-12.

[5] 肖邦明，黄敏学. 交易型社区的病毒式营销策略：基于社会影响、同质性和网络拓扑结构的 ABMS 仿真研究[J]. 营销科学学报，2015（1）：17.

[6] 邵鹏，胡平. 社会化网络环境下关键用户识别与产品知识扩散研究[J]. 科技进步与对策，2016，33（1）：6.

第6章

数字产业与平台经济

●○○➡ 【引言】

本章分析了平台经济的概念与特征，从理论上讨论了平台经济的运营模式，从实践上给出了平台经济的运营分析，并对平台经济的经济性进行了分析。

●○○➡ 【本章学习目标】

1. 理解平台经济的定义与基本特征
2. 理解平台经济的形成机理与实践应用
3. 理解平台的经济学分析要点

●○○➡ 【开篇小案例】

泡泡玛特的平台的运营

成立于 2010 年的泡泡玛特，起初只是一家潮流杂货店，生意不温不火，甚至从 2014 年开始连续亏损 3 年。后来凭借 Molly 这一转型之作，业绩实现爆发式增长，2019 年净利润高达 4 亿元人民币，之后在中国香港上市。

疫情期间，泡泡玛特线下渠道不可避免地受到了一定影响。于是，它加大了在哔哩哔哩、小红书、抖音、微博和微信等线上平台的营销投入，帮助品牌更好地触达消费者。打开哔哩哔哩和小红书，开箱视频、种草笔记不胜枚举。哔哩哔哩的二次元属性和小红书的内容社区吸引大量年轻用户聚集，而这些人也是泡泡玛特的潜在用户。通过甄选 KOL，匹配粉丝群体，泡泡玛特就能够实现精准推广。与此同时，泡泡玛特利用微博、微信等社交平台，开展营销活动实现粉丝裂变。

2020 年 2 月，天猫首发联合泡泡玛特发起"盲盒自由"微博活动，每转发 100 次，就送 1 个盲盒。活动微博得到超 10 万次转发，话题阅读量近 6 000 万人次。

当直播带货成为电商新常态时，泡泡玛特自然也没有落下，它开始在抖音、微博等平台直播带货。2020 年 3 月 13 日，邀请拥有 800 多万粉丝的抖音达人王豆爱逗逗儿到北京三里屯探店，首发新品冰雪奇缘 2 系列。此次探店拆盲盒活动直播 1 小时，王豆豆爱逗逗儿的直播间人数保持在 3 万人次左右，而泡泡玛特自己的直播间只有 3 000 人次，网红营销效果显著。在抖音搜索泡泡玛特，两个最大的词条下合计有超 6 万个视频，近 8 亿次播放。

抖音巨大的公域流量帮助泡泡玛特下沉三线和四线城市，收获小镇青年的喜爱。

资料来源：赵息，郭兆峰. 泡泡玛特：领跑中国潮玩全产业链.

6.1 平台经济的概念与特征

6.1.1 平台经济的内涵

商品市场平台是指形成和促进商品买卖双方或多方之间交易的场所，这个场所可以是实体的，称为实体商品市场平台（又称线下平台）。在现实经济活动中，平台运营商（交易场所的提供者和运营者）提供一个或者多个线上或线下平台，通过向买卖双方提供服务，促成买卖双方或多方之间的交易，进而通过收取费用、赚取差价等方式获得收益。平台是一种虚拟或真实的交易场所，平台本身不生产产品。

平台经济是一种基于数字技术，由数据驱动、平台支撑、网络协同的经济活动单元构成的新经济系统，是基于数字平台的各种经济关系的总称。国外学者对于平台经济的研究始于双边市场理论，最初关注信用卡购物平台、报刊类平台。双边市场能够通过增加市场一方费用，同时等量减少另一方费用的方式来影响交易量。平台可以限制最终用户的定价，双边市场必须精心设计一个能够吸引双边用户的价格结构，确保双边用户都能够获得收益，以提高平台的竞争力。

平台有以下几种分类方式。

（1）依据开放程度，平台可以分为开放平台、封闭平台和垄断平台。在开放平台中，买方与卖方各成员可以自由进入市场；在封闭平台中，现有成员可以阻止后来者进入；而在垄断平台中，所有市场位置均由一个垄断者控制。同时，根据一体化的程度，可以进一步将平台划分为开放一体化平台、封闭一体化平台。开放一体化平台与开放平台、封闭一体化平台与封闭平台之间的区别在于平台提供者往往是卖方，由卖方开始向下一体化。

（2）依据连接性质将平台分为纵向平台、横向平台和观众平台。纵向平台促进卖家和买家形成交易。纵向平台的一个直观的例子是购物中心，它通过提供具体的场所来促进交易的形成。银行卡则是另外一个例子，通过一种技术平台（而非具体的场所）促进卖家和买家形成交易。其他例子包括游戏控制台连接游戏开发商（卖家）和玩家（买家），医疗服务匹配系统连接医院和居民，以及 B2B 网络连接供应商和买家；横向平台促进不同组织成员的相互交流和组合。横向平台的一个典型例子是电子邮件系统，使用系统的各个用户之间地位相同，不存在明显的买卖关系。但是，他们之间存在相互交流与组合的需求关系。观众平台通过向观众（免费）提供服务和商品来捕捉目标客户，而这种（免费）服务与商品往往来自商户的资助。观众平台的例子包括报纸、（免费）电视频道、（免费）网络搜索引擎和文件共享技术。观众平台的业务模式受到内容提供者的欢迎，虽然内容的生产成本很高，但是，只要能够吸引观众注意力，就能将成本转嫁给广告商。在信息时效性强的年代，观众平台这一模式很受欢迎。内容提供者可以将取自广告商的收入用于补贴内容生产，广告商也乐意进行投资。平台市场中经常由一方补贴另一方。例如，在某些观众平台中，广告商补贴内容提供者。在某些纵向平台中，卖家补贴买家。购物商场为消费者提供更多津贴或免费服务：停车场、中央空调、休息室等。这些服务的成本转移至卖家身上，而卖家则从与消费者数量相关的间接外部性中受益。在其他纵向平台中，买家可能补贴卖家。例如，软件平台经常补贴软件开发商，而向最终用户收费。当供求关系不平衡时，横向平台经常通过对某些成员进行补贴来调节供求关系，以此获得动态平衡。

6.1.2　平台经济的性质

一是双边市场的特征。不同于传统单边市场模式中企业间普遍存在的竞争关系，平台经济是一种双边市场的概念。双边市场指平台企业中的买卖双方相互吸引，平台可以整合具有互补需求的双边用户，平台企业的双边用户履行各自的责任，为平台的正常运转作出贡献。平台企业是其中的运营核心，在创业初期，平台针对不同类型的潜在用户制定营销方案，通过推广活动获取双边用户群体，同时通过整合社会资源、协调各参与方的关系，为双边用户提供优质服务，使各参与方皆能获取利益，从而提升平台价值。平台通过共享的方式为利益相关方创造价值，并在共赢的基础上提升自身价值。

二是网络外部性。平台的网络外部性是指平台一边用户的数量显著影响该平台对于另一边用户的价值。用户使用平台的效用取决于另一边用户的规模及交易量。平台一边用户的规模越大，对另一边用户来说越具有吸引力，另一边的注册用户数量会增加，平台规模也就随之扩大，品牌效应越来越明显，平台运营会进入一个良性循环。这种平台用户双方相互影响的现象就是平台经济网络外部性属性的具体表现。例如，网络购物平台淘宝网的消费者越多，淘宝网这一网络购物平台对于其驻店商户的价值就越大；而注册淘宝店铺的商户越多，淘宝网的产品就越丰富，商户之间的竞争使得商品更具有性价比，消费者有了更多购买选择，交易量便随之增大；反过来，消费者的踊跃参加也就吸引了更多商户选择在淘宝网开设店铺。

三是开放共享性。平台经济的研究始于双边市场，起初平台主要连接上游的供应商和下游的客户，如最典型的苹果手机应用商店，一端连接各类手机软件研发企业，另一端连接苹果手机用户，为苹果手机用户提供丰富的应用软件。随着平台经济的研究和实践不断深入，平台不再局限于双边市场，而是通过整合第三方服务主体的资源，致力于建立一个共赢、高效的商业生态系统。第三方服务主体参与平台的商业生态系统，能够提供更加丰富、快捷、多元的服务，所以势必会增强平台的服务能力，为平台吸引更多用户，提高平台的竞争力。

6.1.3 平台经济的运营模式

平台市场中经常出现以下几种业务模式：客户召集、利益平衡、规模化和流动性。

1. 客户召集

平台的一个重要特征是，无论平台如何收费或如何定价，只要没有一方的需求，则另一方的需求也会消失。平台业务必须设法召集双边客户。在召集双边客户的过程中，平台投资策略和定价策略是至关重要的。首先获取市场某一方的大量客户，免费为他们提供服务，甚至采取付费的方式让他们接受服务，这样可以提高受益方参与平台的积极性。通过这样的投资方式，双边平台能够为市场培养（甚至在最初提供）一方或双方的客户，以推动平台获得全面的成功。

2. 利益平衡

多边市场中成熟的平台企业仍需要制定和维持一个最优收费结构或价格结构。双边客户都着眼于自身利益而要求对方支付高价，在大部分多边市场环境中，平台的定价结构似乎都严重倾向于市场的某一方，这一方的边际效用远低于市场的另一方。例如，微软的绝大部分收入，来自向最终用户和计算机生产商提供的授权许可。

3. 规模化和流动性

成功的多边平台企业，如微软、阿里巴巴、谷歌等，在进行主要投资扩大规模之前，都会花费时间用于测试和调整平台企业以增加流动性。这些企业先在小型市场中试运行，反复试验并找到值得投资的适当技术与设施。这些成功的平台企业都采取了循序渐进的市场进入策略，经过一定时间后再逐渐扩大规模。与传统的网络效应经济理论不同，没有证据表明可以通过迅速占据市场份额来达到控制平台企业市场的目的。许多较早进入市场的平台企业最终都无法保持在产业内的领先地位。

6.1.4 平台经济的竞争模式

1. 平台竞争的形成

不同类型的平台竞争都可能影响双边市场，竞争可以是自然形成的，也可以是市场一方积极行动的结果。同一平台的主体之间存在内部竞争，两个或两个以上的平台之间存在外部竞争。平台竞争的最大特点是多面性。在传统市场中，吸引顾客的手段可以是在市场中以较低的价格提供实用性较高的产品，而在双边市场中，市场的双边都可以出现竞争。在市场内引入竞争（在一个垄断市场中建立双头垄断）会产生两种效果：固有平台市场的力量被削弱；平台为市场双边制定的价格结构发生变化。垄断平台通过网络外部性的内在化来平衡市场双边，并且这种行为在原则上与社会福利最大化一致。但是引入竞争后，总体价格和相对价格都会受到竞争压力的影响，相对价格会因为市场某一边的竞争压力较强而发生改变，这种平台竞争就导致了平台最终目标与社会福利最大化之间产生矛盾。

2．平台竞争的主要表现

一是服务差异化。服务差异化是平台竞争的一种重要手段。客户会认为双边平台提供的是多种不同的服务。一般来说，双边市场的服务差异化所产生的效应与传统市场双头垄断定价模型所得出的结论并没有本质上的区别。这就导致一种特别的价格战——伯特兰德（Bertrand）价格战出现，使平台的利润损耗。但是，它与基础模型的一个根本区别是，价格平衡并不与边际成本一致。这是非合作博弈的结果，就是在无负利润的前提下，消费者使用价值的最大化。鉴于使用价值也会影响市场的另一边，即使平台利润为零，价格平衡的问题也会出现，以至于发生典型的市场一边补贴市场另一边的现象。

二是客户差异化。之前我们已经注意到，竞争平衡价格取决于市场双边竞争的强度。然而，竞争平衡价格也跟双边平台涉及的客户差异程度有关。假设卖家并不在乎由两个不同的平台提供服务，买家却不然。我们先不讨论卖家同时采用两个平台的可能性，不难看到，中介激烈争夺的是卖家。要说服卖家有两种途径：降低平台收费（甚至为零或负数）或使平台拥有较多的潜在客户。引入竞争会导致降价，但哪一方市场会获益更多呢？这由客户差异化的程度决定。当双边市场的客户存在差异时，通过一些选择机制，定价原则可以对使用价值产生影响。

3．内生性

市场双边客户是否选择加入一个或多个平台，原则上是由一个平台竞争结构内生决定的。Katz（2006）提出了一个模型，模型中不存在网络外部性，平台服务对于异质客户具有横向差异，并且存在可变的使用费，没有会员费，那么（市场双边的）交互多数是一种平衡的结果。Gabszewicz 和 Wauthy（2004）则相反地设定了在网络外部性、会员费（没有可变的使用费）、网络外部性敏感度方面存在差异的客户，结果表明在平台竞争中可以存在多种平衡，但只有一种平衡使所有平台都获取正利润。一个具有内生多数行为的银行卡竞争模型研究表明，在竞争性平台给定的（会员费和使用费）价格基础上，消费者和商户进行协调博弈，市场双方的选择是独立的，而且能够存在多种平衡使所有平台都获取正利润。

4．动态性

要创建一个双边市场，必须解决"鸡与蛋"动态博弈的问题：要说服买家采用某个平台，就必须首先说服一部分卖家，使卖家相信一定会有买家进入市场，反之亦然。大多数模型都只是假定市场处于一种理性预期的平衡状态，两边同时有用户进入，从而回避了这个问题。然而，在很多情况下，一方用户比另一方用户更早进入市场。根本性的问题在于，平台是否有能力影响客户对于未来交易量或外部性的预期。尤其是平台对未来价格策略的承诺是否可信，可信的承诺能充分影响动态博弈的结果。

⚬⚬⚬➡【小案例】

小红书平台建设的价值

小红书成立于 2013 年 6 月，是一个专注海外购物的垂直社区型跨境电子商务平台，用户、自媒体、机构等可以在社区中分享消费经验与体验，平台由此积累了大量用户生成内容。在此基础上，小红书对内容数据进行了标准化、结构化和标签化分类，为内容分享者提供各类编辑选项，从定位、来源、品类、样式等方面进行标准化分类，形成可供查阅的数据库，实现定制性搜索，提高决策信息的有效性。小红书的搜索板块集中了各个地区意见领袖的分类信息，提高了购物者查阅信息的速度。

作为双边平台，小红书通过社交环境与激励机制引导发布者与浏览者对产品价值进行共创。具体来说，当一个用户的分享为其他人带来更多价值时，小红书会从产品功能上为其提供特殊的专属权限，开放所有用户的心得经验分享，重视用户之间的社交互动，如点赞、评论、关注等，鼓励每个用户在社区发表自己的观点，引起其他用户的夸赞、学习、评论等，增强用户在平台上的活跃度。

资料来源：王舒婷，林明. 平台经济下零售业资源整合的实践形态与案例研究. 商业经济研究，2020（003）：100-102.

6.2 平台经济运营模式的理论与实践分析

6.2.1 平台经济运营模式的理论分析

本节从交易的视角理解平台经济的运营实质。平台企业存在多种运营模式，中间商运营模式就是其中最为基础的一种。在中间商运营模式中，进一步细分后我们可以看到两种模式：一种是经销商模式，即平台根据批发价从卖家处采购商品，并通过自己的平台向加入平台的买家以零售价售卖。例如，我们经常能在网络购物中接触到一些"平台自营"产品，如"京东自营""天猫超市"等的产品。这些平台的性质与我们常见的线下传统零售模式并没有什么不同。另一种是平台经营者模式。在这种模式下，平台企业并不直接采购商品向消费者售卖，而是搭建一个平台，允许卖家与买家在此平台上进行交易，并向卖家与买家收取一定的进入费用。例如，我们在淘宝与京东等平台看到的第三方店铺就是这种类型。平台企业并不直接采购卖家的商品，只是提供平台让其销售，销售行为也是发生在店铺与消费者之间的。

其中，中间商运营模式中的经销商模式可以看作传统市场的一个缩影，而平台经营者模式可以看作双边市场的一个初级形式。通过对两种中间商运营模式的对比分析，我们可以更加清楚地了解双边市场与传统市场的异同之处。

经销商模式与平台经营者模式最大的不同体现在定价与交易模式上。前文提到，经销商模式的核心是经销商以批发价格从卖家处购买商品，并以零售价格出售给买家，经销商不仅需要购买、储存商品，更重要的是划定商品价格。图 6-1 描述了经销商模式与平台经营者模式的对比，下面我们通过一个具体的模型来讨论平台运营的具体模式和机制。

图 6-1　经销商模式与平台经营者模式的对比

资料来源：作者整理.

下面我们使用 Hoteling 模型进行分析。假设市场上存在同一单位的卖家与买家，每个卖家以单位成本 c 提供完全差异化的商品，该单位成本为随机变量，均匀分布在[0,1]区间内，当销售价格大于单位成本时，卖家进行交易。买家对商品有单位需求，当商品价格低于或等于其保留价格 v 时，买家就会购买该商品。同样地，保留价格也均匀分布在[0,1]区间内。为了简化分析，我们假设中间商在组织平台的过程中不产生任何可变成本，所以平台只会向卖家和买家收取固定的进入费用。

接下来我们对经销商模式与平台经营者模式的区别展开分析。

从经销商模式来看，经销商以利润最人化为目标从卖家处购买商品并销售给买家，它给买家提供的零售价格设定为 p，给卖家提供的批发价格设定为 $w = p - \mu$，μ 为经销商赚取的差价，即交易费用。交易过程分为两个阶段：第一阶段为经销商设定价格 p 和 μ；第二阶段为卖家和买家根据设定价格 p 和 μ 同时决定是否进行交易。根据假设，买卖双方根据其保留价格 v 和单位成本 c 作出决策，所以我们可以根据批发价格和零售价格来确定无差异买家和卖家，即进行交易与不进行交易带来的影响相同，另外也确定了买家和卖家的类型，即所有保留价格 $v > \underline{v}$ 的买家和所有单位成本 $c > \bar{c}$ 的卖家都会进入经销商组织的市场中与经销商进行交易，其中 $\underline{v} = p$，$\bar{c} = p - \mu$。同时经销商在模型中对买家与卖家都存在着垄断势力，这将导致社会无效率现象发生。

同时，分别设定买家和卖家的数量为

$$n_B = \Pr\{v > p\} = 1 - F(p) = 1 - p$$

$$n_S = \Pr\{p - \mu > c\} = F(p - \mu) = p - \mu$$

由于所有商品都是完全差异化的，因此，消费者购买所有商品的交易总次数为 $n_S n_B = (1-p)(p-\mu)$。经销商面临的利润最大化问题为

$$\max_{p,\mu} \Pi = \mu(1-p)(p-\mu)$$

根据一阶条件可以得出：

$$\frac{\partial \Pi}{\partial p} = \mu(\mu - 2p + 1) = 0, \frac{\partial \Pi}{\partial \mu} = (1-p)(p-2\mu) = 0$$

求解其最优定价和成本加成率，即

$$p^* = \frac{2}{3}, \mu^* = \frac{1}{3} \tag{6-1}$$

基于此，我们可以分别计算出买家和卖家的数量为 $n_S^* = n_B^* = 1/3$，以及经销商模式下的最大利润，即

$$\Pi^* = \frac{1}{27} \tag{6-2}$$

从平台经营者模式来看，假设经销商不再从卖家处购买商品销售给买家，而是设立一个允许买家和卖家自己交易的平台。平台对每笔交易收取交易费用 f，并假设该笔交易费用完全由卖家承担。交易顺序为：第一阶段，平台先设定交易费用 f；第二阶段，市场中的一方设定交易的零售价格 p；第三阶段，市场中的另一方根据前两个价格信息，结合自己的类型来确定是否参与交易，价格 p 由卖家设定。

通过逆向求解法来确定平台的最优定价和交易量。在第三阶段中，买家决定是否参与交易，其原则依旧是保留价格大于等于零售价格。根据之前的设定，在不同价格 p 下参与交易的人数为 $1-p$，对于卖家来说，他们面临着向下的需求曲线 $q(p) = 1-p$。在第二阶段中，对于不同单位成本 c 的卖家来说，利润最大化为 $\pi_S = (p-c-f)(1-p)$。根据利润最大化问题可以得到最优定价，即

$$p(c) = \frac{1+f}{2} + \frac{c}{2} \tag{6-3}$$

最后再求解平台第一阶段的利润最大化问题。计算交易量时，由于卖家单位成本 c 均匀分布在[0,1]区间内，所以可以对所有满足参与约束条件的成本类型的卖家交易量进行汇总，即在 $[0,\bar{c}]$ 区间内对 $q(p(c)) = 1-p(c)$ 进行积分，如式（6-4）所示。

$$Q = \int_0^{\bar{c}} [1-p(c)]dc = \int_0^{1-f} \frac{1}{2}(1-c-f)dc = \frac{1}{4}(1-f)^2 \tag{6-4}$$

可以得到平台经营者利润为 $\Pi = \frac{1}{4}f(1-f)^2$，再求解一阶条件可以得到平台利润最大化时最优交易费用和利润，如式（6-5）所示。

$$f^{**} = \frac{1}{3}, \Pi^{**} = \frac{1}{27} \tag{6-5}$$

通过比较上述两种模式（经销商模式和平台经营者模式）可以发现，在保留价格和单位成本都服从均匀分布的情况下，两种模式的利润相同，均为 1/27；同时平台费用也相同，交易量也相同。换言之，尽管两种模式的运行方式完全不同，但对于中间商来讲，选择经销商模式和平台经营者模式是没有区别的。

但事实往往并非这样。在去中心化定价的平台经营者模式下，不同成本类型的卖家可

以根据自己的成本进行定价，同时由于商品是完全差异化的，这意味着每个卖家都对买家存在垄断优势，这体现为每个卖家的加成率；在中心化的经销商模式下，由于卖家和买家的信息类型具有隐私性，所以经销商并不能进行价格歧视定价，同时由于卖家与买家的分歧，卖家对买家并不存在垄断优势。所以需要引入更多变量来分析何种方式更优。

虽然在本部分的分析中，两种模式对于中间商的影响不大，但在现实中我们看到，中间商明显更加偏向其中一种模式，这与现实中存在的特殊成本和市场结构有关。在我们的模型中假设两种模式都不会产生额外的可变成本，但实际上，经销商模式还会产生额外的商品储存和运输等成本，平台经营者模式会产生额外的信息处理和营销成本。考虑到这些因素后，中间商的实际选择会有所不同。

成本结构也会影响中间商的选择。当买卖双方都面临着较高的固定交易成本时，他们需要一个交易伙伴足够多的市场来摊薄固定交易成本。所以，此时一方加入市场的决策会取决于另一方是否加入，市场参与者的联系是相互依赖的，只有当一方的数量足够多时另一方才会加入市场，这也就形成了双边市场最重要的特点——间接网络效应。在这种情况下，中国民间商会更加倾向于采取经销商模式，以避免初期平台参与度低的风险，经销商主动承担起"破局"的任务，即通过自己采购和销售来吸引第一批加入市场的卖家和买家，形成良性循环。例如，京东商城在经营初期就是以经销商模式运行的，以京东自营的方式从知名品牌供应商处进行采购并直接销售给买家。对于知名品牌供应商而言，在电子商务发展的初期进入该市场成本较高，而京东商城通过经销商模式打消了知名品牌供应商的顾虑，增加了自身的用户数量。同样我们可以看到，当京东商城的平台用户数量足够大，不再有平台参与度的问题出现之后，京东商城也开始向平台经营者模式转型，允许开设第三方店铺等。

6.2.2 基于零售平台的实践分析

根据平台类型的不同，我们从零售角度对平台的运营做实践分析。依据职能的不同，可以分为分销平台、交易平台和沟通平台。其中，分销平台是指帮助商品从企业流向消费者的场所和方式；交易平台是指买卖双方进行交易的场所；沟通平台是指企业和消费者在商品购买前期、中期、后期针对商品的价格、质量、附加服务等一系列问题进行交流的场所和方式。传统销售平台的建设成本往往较高，十分依赖线下已有的累积优势。而且，技术应用不足也使传统渠道在满足便捷购物和个性化需求方面的能力相对有限，如渠道建设十分依赖物流体系，因而交付时长容易受到影响，消费者往往并不知道商品处在渠道中的哪个环节，以及大约还需多久才能送达。数字技术的进步和发展在一定程度上破除了这些限制，并促进了平台建设的数字化进程。平台建设的数字化和全渠道平台模式突破了商品购买的时间和地点限制，满足了消费者的个性化需求，提高了市场活动的效率并增强了市场活动的效果。

6.2.2.1 数字化平台

1. 电商平台分销渠道

许多企业都开始考虑在第三方在线平台市场（亚马逊、淘宝、天猫等电商平台）上销售自己的产品或服务。其中，电商平台（E-commerce Platform）是基于互联网技术发展起来的，是买家和卖家在网上进行交易的场所。电商平台主要分为四种类型，分别为 B2B、B2C、C2C、O2O。其中，B2B 是企业与企业之间的一种电商平台形式，企业与企业之间通过互联网进行产品的交换和传递，如阿里巴巴是网上 B2B 交易市场的领军企业；B2C 是存在于企业与消费者之间的一种电商平台形式，企业通过互联网面向消费者进行产品销售，如亚马逊、天猫等就是典型的 B2C 电商平台；C2C 是存在于消费者与消费者之间的一种电商平台形式，个体工商户通过互联网面向其他消费者个体进行产品销售，如个人卖家可以在淘宝上注册个人店铺；O2O 是线上购买和线下门店相结合的一种模式，如外卖和打车等。

随着互联网技术及移动社交媒体的发展，电商平台的形式也日益呈现出多样化特征。其中，电商直播呈现出巨大的发展潜力。电商直播的内容主要包括品牌宣传和直播带货等，平台主要包括淘宝、抖音、拼多多等。随着我国网民规模的进一步扩大，消费者对直播互动性、社交性、娱乐性等特点的认知逐渐加深，消费者对电商直播的接受度也在逐步提高。

电商平台打破了产品购买的时间和空间限制。依靠电商平台，消费者可以通过移动设备在任何时间和任何地点购买自己想要的产品或服务。例如，在淘宝上，消费者可以随时随地购买自己所需要的产品，从图书到家具，甚至是电影和音乐等。消费者只要登录其个人账户，搜索和选定自己需要的产品，然后加入购物车并点击确定即可实时结账。同时，消费者还可以自由选择提货方式（自提或送货上门），也可以指定产品送达的时间和地址。在购买成功之后，物流跟踪技术还允许消费者实时查看所购产品的运输状态、产品目前所在位置及产品的预计送达时间。

2. 社区团购

社区团购是指依托于真实居民社区的一种互联网购物消费模式，是一种区域化的、本地化的、网络化的团购形式。社区团购以生鲜水果和生活必需品为切入口，通过微信小程序、微信群等社交媒体工具，快速汇总消费者的需求。自 2018 年以来，社区团购得到了飞速发展，市场规模快速扩大。社区团购模式在一定程度上降低了企业成本。企业根据消费者的下单量按需备货，这在很大程度上缓解了产品的库存压力，并在一定程度上缓解了企业的资金风险，而节省的这部分成本便可以让利给消费者，使消费者可以购买到物美价廉的产品，进而实现良性循环，提升消费者的购物体验。同时，社区团购模式下的消费者黏性也相对较强，而且裂变速度更快，社区里熟人之间互相推荐团购产品，提高了消费者对产品的信任度。

6.2.2.2　移动支付交易平台

移动支付是指以移动端为主要载体，通过移动终端对所购买的产品进行结算支付的一种支付方式。目前，手机支付是移动支付的主要形式。实际上，移动支付的类型是多种多样的，不同的移动支付类型可以满足用户在不同场合的实际需求。当前，主要的移动支付方式包括密码支付、指纹支付、刷脸支付和近场通信支付。其中，密码支付是指买家确认购物时，向卖家支付货款时需要输入买家设置的支付密码，只有输入正确的密码才能完成支付操作；指纹支付是指消费者提前在支付端录入自己的指纹，将消费者的银行卡和自己的指纹进行关联操作，在支付时核对指纹即可完成支付；刷脸支付是指基于人工智能、机器视觉、3D 传感等技术实现支付，用户通过刷脸设备进行刷脸即可完成支付；近场通信支付是指消费者在购买商品时，通过手持设备与收款设备进行感应，从而完成支付。

移动支付丰富了交易策略，使交易过程变得更加简单，而且交易速度也更快。这项技术的应用缩短了消费者从产品选择到进行购买决策的时间，提高了消费者购买转化率。虽然快速简单的移动支付方式具有一定的吸引力，但许多消费者表示安全性仍是使用移动支付时担心的主要问题。因此，移动支付平台需要不断创新技术，提高交易环境的安全性，以便提高用户留存率和增加用户黏性。

6.2.2.3　数字化沟通平台策略

在人工智能技术不断发展与客服行业持续转型升级的背景下，智能客服逐渐兴起并迎来了快速发展。很多企业开始采用"机器人客服"来帮助消费者更高效地解决购买过程中出现的问题。同时，有些企业通过社交媒体与消费者进行便利的沟通，进一步提升了消费者的沟通体验。

与传统在线客服相比，智能客服可以实现以下几点：第一，智能问答，智能客服可以预测消费者的问题，判断并引导消费者在会话中通过对问题的简单选择，在一触即达的便捷交互中直接解决问题，从而使服务化繁为简；第二，即问即答，消费者发送问题之后，智能客服能够立即回复，快速响应消费者的需求，真正做到了零延迟和零等待；第三，关键词模糊匹配，对消费者问题进行分析处理和必要的语义理解之后，智能客服可以推荐关联度高的问题，供消费者选择和查询对应问题的解决方案。

6.2.2.4　全渠道平台策略

1. 全渠道平台的概念

全渠道平台指企业整合多种营销渠道，消费者可以通过这些渠道接触到企业的产品，并且消费者能够在所有的营销渠道中获得一致的产品信息。

传统的营销渠道主要采用单一渠道策略，如实体店销售。随着市场营销环境的变化，很多企业开始由单一渠道策略向多渠道策略转变。而且，企业为了满足消费者在任何时间、任何地点、以任何方式购物的需求，最终向全渠道营销策略转变。实际上，全渠道营销策略是在多渠道策略的基础上进一步发展而来的，两者的区别主要体现在平台重点、平台范围、渠道之间的关系和品牌—渠道—消费者关系四个方面。

第一，平台重点。在多渠道营销策略中，企业主要关注可以与消费者进行交流互动的渠道数量；而在全渠道营销策略中，企业将互动渠道和传统的单向传播渠道（广告）进行融合，使它们之间的界限逐渐模糊，从而扩大企业与消费者的接触点范围并提高沟通信息的一致性，企业与消费者之间的交流互动既可以是单向的，也可以是双向的，交互程度既可以是浅层的，也可以是深入的。

第二，平台范围。在多渠道营销策略中，企业主要关注线下商店、线上网站和其他一些直接营销渠道。在全渠道营销策略中，企业除了关注线下商店、线上网站和直接营销渠道，移动渠道（智能手机、平板电脑、应用程序）和社交媒体渠道（电视、广播、印刷广告）也是企业关注的重点，而且强调各渠道之间应该彼此协同。

第三，渠道之间的关系。在多渠道营销策略中，各渠道之间通常都是彼此分离的、不重叠的。在全渠道营销策略中，企业对各渠道实行整合管理，目的是为消费者提供一致的购物体验。

第四，品牌—渠道—消费者关系。在多渠道营销策略中，企业主要关注消费者和渠道之间的关系。在全渠道营销策略中，企业将关注的重点拓展到了品牌，关注品牌—消费者—渠道之间的关系。

2. 全渠道营销策略的应用

以京东超市为例，京东超市的全渠道营销策略包括线上渠道、线下渠道和创新渠道。其中，线下渠道包括京东自有渠道（京东母婴生活馆）和合作伙伴渠道（沃尔玛和永辉超市）；线上渠道包括京东自有渠道（京东 App 和七鲜 App）和外部渠道（微信、抖音等）；创新渠道包括京东餐饮、集采商品中心和物竞天择项目。京东超市的全渠道营销能力在帮助其品牌开拓、打通、整合更多不同位置的场域营销资源的同时，也触达了更多的目标消费者。随着京东超市全渠道营销策略的升级和完善，必将在继续为商家带来更多利润增量的同时，为消费者带来更好的购物体验。

整体来看，全渠道营销策略最大的特点是对营销渠道进行整合，更大程度上以消费者为中心。利用电商平台、线下宣传、社交媒体平台等各种渠道进行营销，并形成统一的整体营销。对于企业来说，单一的营销渠道只能覆盖有限数量的消费者，因此选择单一渠道就代表只选择了一部分消费者。相对而言，全渠道营销策略则覆盖了所有可能的潜在消费者，提高了产品的曝光度；对于消费者来说，可以从不同的渠道获取一致的产品信息，这在一定程度上提高了消费者的购物效率。企业能够从多个渠道中获取消费者的行为数据，然后依据数据分析结果获得更加精准的消费者画像，提高了同消费者的接触效率，增强了同消费者的接触效果。同时，还可以实现个性化渠道服务。例如，根据不同渠道中消费者的年龄、购买偏好等信息，为顾客提供不同的渠道服务内容。此外，全渠道营销策略还能够增强品牌的辨识度，对企业品牌形象塑造产生重要的促进作用。

当然，全渠道营销策略可能会引起消费者对数据隐私的担忧。应用全渠道营销策略的企业往往需要对消费者的姓名、年龄等基本信息，以及购物频率、购物时间段等行为信息进行采集、整合、分析，以便更好地实现市场营销信息的精准投放。但在互联网时代背景下，数据安全和数据隐私问题仍然是消费者和企业关注的重要问题。许多消费者在进行实名认证、填写财务信息或者公开地理位置时，仍然会犹豫。一旦消费者对企业的数据安全管理能力失去信任，就会对企业形象产生负面的影响。

因此，企业应该提高渠道整合的质量，以便为消费者提供跨渠道的无差别购物体验。换句话说，渠道整合质量是改善企业与顾客关系的关键所在，是全渠道营销策略的核心。具体来说，渠道整合可以针对不同类型的产品，从渠道服务质量和保证渠道信息一致性两个方面进行改进。对于购买卷入度高的产品（汽车）而言，与提高渠道服务质量相比，保证渠道信息的一致性往往对提高消费者购买满意度影响更显著。企业要保证产品本身信息和营销信息在全渠道内的一致性，并指导员工遵循标准化的业务流程和程序，以便确保能够对消费者的询问作出一致的、专业的回应。对于购买卷入度低的产品（牙刷）而言，与保证渠道信息的一致性相比，提高渠道服务质量往往会对消费者购买的满意度影响更显著。此外，企业应该为消费者提供更加灵活的渠道选择方案，使他们可以通过自己偏好的渠道便利地购买产品。全渠道营销策略如图 6-2 所示。

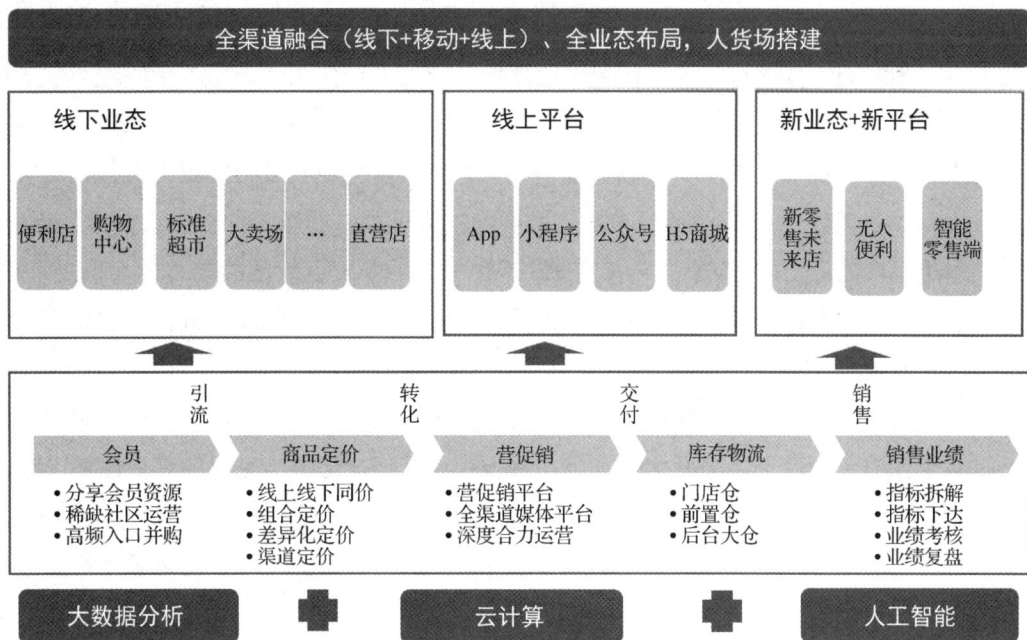

图 6-2　全渠道营销策略

资料来源：作者整理.

6.3 平台的经济学分析

6.3.1 规模经济和范围经济

数字平台的基础业务和核心业务一般都具有规模经济和范围经济的特征，这些传统经济特征与现代数据现象结合起来，形成了平台经济的独特性。

规模经济和范围经济都是基于生产技术（生产成本）的概念。规模经济意味着较高的产量对应较低的平均成本，因此大企业的生产效率较高，市场竞争力较强。一个与规模经济有关的概念是范围经济，它指的是同时生产多种产品时的总成本低于分别生产各个产品的成本之和，因此特定范围的多产品企业比单一产品企业的生产效率更高。大多数现代企业都提供多品种、多系列甚至多品牌的产品，因此规模经济与范围经济之间的界限并不明显。

由于规模经济和范围经济的存在，所以企业只有将生产的规模扩大才能实现生产的有效性。大企业可以通过投资价格昂贵但技术先进的设备，从而获得较高的产品品质和生产效率，但是先进技术设备的成本效应只有扩大规模才能体现出来。例如，一个先进的物流平台需要大量的固定资产投资，只有当货物规模较大时，才能实现比较高的效率。同时，大企业还可以用一套设备或系统同时生产多种产品或服务，通过范围经济进一步提高生产效率。例如，小米和苹果公司都是以销售网络为基础的，涉猎很多不同产品的制造和供应，充分发挥网络的范围经济作用。数字平台企业建立"生态系统"的现象，是规模经济和范围经济更加高级的表现形式，通过在被投资企业之间建立良性互动关系，企业之间共享数据流量等资源，以获得更高的收益。

规模经济还体现为较高的科技研发效率。大企业可以集中较多的资源用于科技研发，同时避免在竞争条件下的重复研发现象。科技研发支出可以看作一种"沉没成本"，而先进科技用于生产的支出越大，获得的效益就越高。大企业不仅有较强的能力投入科技研发，同时也能更充分地发掘先进科技的价值。虽然小企业数量众多、创新动机强且创新思维活跃，但小企业经济实力弱，竞争压力大，且容易陷入重复研发的困境。

规模经济使生产有效性与配置有效性之间产生矛盾。在一个市场内，企业的规模越大就意味着企业的数量越少，进而意味着市场竞争程度越低。但资源配置的有效性要求有充分的市场竞争，这就意味着市场上必须存在数量较多的"小企业"。因此，当存在显著规模经济时，生产的有效性（要求企业的规模较大）与产品配置的有效性（要求企业的数量较多）之间产生矛盾，事实上这正是传统"规制经济学"中讨论的基本矛盾之一。在平台经济中，由于网络外部性的存在，矛盾变得更加尖锐。

规模经济本身意味着过度竞争将导致生产有效性下降，因而是不可取的。事实上，在没有政府规制的情况下，规模经济行业经常出现"过度进入"的现象。过多的企业进入虽然有利于竞争，但是造成固定资产投资浪费现象非常严重，企业无法发挥规模经济的作用，总体效率反而较低。这时可能需要政府出面颁发牌照或者进行审批管理，对一些典型行业的企业数量加以限制，避免出现"一拥而上"的局面，这些行业包括大型石油化工行业、通信行业、汽车制造行业等。

6.3.2　双边市场

在一个双边市场内，一类用户（卖方）数量的变化会影响另一类用户（买方）的收益，即产生"网络外部性"。关于双边性的一个比较严格的定义是由罗歇和梯若尔提出的，如果平台向使用平台的双方收取的费用结构会直接影响平台的收入，那么这个平台就具有双边性。直观上看，这是因为平台给一方的定价需要考虑对另一方的外部影响，因此价格结构非常重要。例如，在网络购物平台中，平台企业可以对平台内的买家和卖家分别收取服务费，如果改变服务费结构会影响平台的收入，那么我们说这个购物平台具有双边性。

在现实世界中，一些平台市场的确可能具有双边性或多边性。例如，婚介平台经常对男性和女性收取不同的费用，或者对有不同背景条件的征婚者收取不同的费用，其目的不完全是差别定价，也是为了提高匹配率；通信网络对打电话和接电话收取不同的费用；互联网金融平台对借款人和借出人制定不同的资金价格方案；外卖送餐平台对餐馆、食客和骑手设计复杂的网络服务和送餐费方案等。这些价格结构的存在意味着平台可能具有双边性甚至多边性。

从实践角度看，一个有重要影响力的平台是否具有双边性，未必是显而易见的。有许多平台主要采用单边定价模式。例如，电子商务平台一般对买方是免费的，仅对卖方收费，这种单边定价模式意味着双边性无法体现出来。单边定价模式可能是最优双边定价模式的一个"边角解"，平台对其中一方的最优定价可能很低甚至是负的，但是由于支付成本较高，因此选择最简单的零元。一些社交平台（微信）对多数用户是免费的，而且难以区分不同使用方（信息的发送方和接收方），因此双边性也不明显。所以，虽然平台可能具有双边性，但是由于存在各种交易成本，主要还是体现为单边市场特征。

外卖行业可能是比较典型的双边市场。外卖平台可以分别对借助平台进行交易的商户和消费者收取不同的服务费，其中对消费者的收费经常以配送费的方式体现。大型外卖平台的确存在交叉补贴现象，特别是对消费者的补贴，体现了双边性的特点。但是，一方面商户可以"用脚投票"，减少使用收费过高的平台，促使平台降低收费标准；另一方面商户还可以提高价格，将过高的平台收费转嫁给消费者，这些效应都会在一定程度上抵消交叉补贴的作用。因此在有市场竞争的环境下，双边性的作用未必显著。

6.3.3　信息渠道与数据安全

数字平台与传统平台的关键区别，可能就在于前者在信息传送、分析、收集和使用等方面表现出的巨大优势。数字平台能够出现，本身就是由于互联网信息技术降低了交易的信息成本，而且使得许多以前无法完成的交易成为可能。由于信息在现代社会具有极端重要性，数字平台最终给社会生活带来根本性变革。

数字平台企业首先是信息交流平台，在此基础上再开发各种业务。例如，电子商务平台利用互联网为商户和消费者提供产品及需求信息，这是完成交易的基础，同时平台还可以开展广告、支付、物流等其他业务；社交平台通过移动互联网通道为人们提供信息交流服务，在此基础上进行商业广告、消费流量、电子商务、电子政务、搜索引擎、支付等业务；视频平台提供了视频内容，对消费者进行信息收集，然后才能开展广告等其他业务。数字平台作为新型高效的信息交流渠道，是所有其他功能得以实现的基础。

数据存储技术飞速进步，使得平台上的海量历史数据可以低成本并长期保存，随时供调用分析，从而催生了大数据产业。广义的历史数据可以用于企业总结经验，预测未来，使得企业的经营规划更加精准，具有很大的商业价值，因此，大数据甚至被称为一种新的生产要素，受到企业广泛重视。目前，大数据产业的发展正处于蓬勃发展时期，已经开始显示出巨大价值。

数字平台具有收集数据的天然优势，也是分析利用大数据的主力之一。例如，电子商务平台可以收集到海量的网上交易和浏览数据，根据这些数据可以分析消费者的偏好、发现高价值的交易机会、预测产业发展的方向等。数据应用也可能具有一定的"负外部性"。例如，亚马逊公司经常以"自营"的方式进入一些业务领域，而这些业务往往是在其网站上运营成果比较成功的第三方卖家的业务。这是电子商务平台企业利用大数据的一个典型例子，这种数据利用方式会对被模仿的企业产生不利影响。我国的领先数字平台企业喜欢构建所谓的"生态系统"，进入很多与平台业务无关的领域，这些领域的选择也可能是大数据分析的结果。除了与业务有关的数据，平台还可以利用网络收集其他具有社会价值的数据。

与大数据相伴而生的另一个问题是隐私保护问题。当平台企业试图从数据中获利时，经常难以避免使用用户私人数据，从而产生各种形式的隐私问题，包括造成用户心理层面的不适和对用户生活的实质性干扰。总的来说，用户隐私保护与大数据商业价值之间存在一种取舍关系，隐私保护越严格，大数据的价值就越低，相关产业的发展就越困难。考虑到数字平台的巨大价值，特别是给消费者带来的便利，过度强调隐私保护并不可取，但完全放任也会损害消费者的整体利益。在这个过程中还要考虑消费者具有的异质性特征，有些消费者愿意为个人隐私牺牲较多便利，有些消费者则相反。

6.3.4 反垄断与规制

随着数字平台的经济发展和社会影响力的迅速扩大，数字平台的反垄断与规制问题越来越重要。如果大型平台的行为具有针对竞争对手的排他性，平台之间的兼并重组不利于保持市场竞争秩序，或者平台行为违反公平原则，那么反垄断机构就可能介入调查并开展执法活动。与反垄断执法行为相比，政府规制更加强调日常的监督、管理和干预，但两者之间的界限在经济学意义上未必清晰。由于数字平台高度贴近最终消费者的特点，可相应调整的规制可能更加有利于保障平台经济的平稳发展，但同时也可能造成政府边界模糊、不当干预企业运营等问题。

反垄断的前提是市场边界的划分。应该明确的是，数字平台的核心业务不是其免费或低价提供的基础服务，而更多的是流量和数据服务。平台通过基础服务吸引用户的注意力，将其导向特定商户，从中获取收入，同时通过分析历史数据为商户提供有偿咨询。过于强大的客户导流和数据分析能力，可能导致垄断，最终还是由消费者买单。

根据《中华人民共和国反垄断法》，反垄断的目的是预防和制止垄断行为，保护市场公平竞争，提高经济运行效率，维护消费者利益和社会公共利益，促进社会主义市场经济健康发展。其中没有直接提及企业利益，但是企业利益应该属于"社会公共利益"的一部分。事实上，过度忽略企业利益，不一定是保护消费者利益或社会公共利益的最佳方式。这是因为企业本身是为社会创造价值的，没有现代企业也就没有现代经济，而且企业归根到底由消费者拥有。

我国市场规模较大，消费层次丰富，在很多领域都可以容纳多个平台企业同台竞技。平台经济的一个基本特征是网络外部性，使平台效率与充分竞争之间存在一定矛盾。网络外部性还使平台行业具有先发优势，当一个平台成功占位后，新平台的进入就比较困难，但事实证明，进入仍然是可能的。我国的平台领域大多已从"一家独大"向"百花齐放"转变。虽然部分平台的规模仍然很大，但是竞争已经比较充分，基本不存在垄断的可能性。

本章小结

本章首先介绍了平台经济的概念与特征，从理论和实践的视角给出了平台经济运行的逻辑，并作出了经济学分析。

复习思考题

1．谈谈如何理解平台经济及其性质。
2．谈谈平台经济运营中经销商模式和平台经营者模式的相同点和差异点。
3．谈谈平台的经济性如何分析。

◦◦➡ 【本章案例学习】

盒马鲜生的消费者旅程

在零售行业中，典型的用户消费旅程可以分为认知、到达、准备、购买、体验、物流、售后七个消费阶段，这也是"用户旅行"发展的各个阶段在该行业中的具体表现。

作为新零售的典范，盒马鲜生从创立之初就开始关注"用户旅程"的各个阶段，并从用户的角度思考为用户提供有价值的理念和便利的方式，结合"用户旅程"进行创新。这一创新也让盒马鲜生实现了普通商场三倍的坪效，其用户转化率高达35%，用户黏性和线上转化率均远高于传统电商。

盒马鲜生在选址时已经对人群做过筛选，有明确的人群定位。针对门店周边3千米的人群又拆分成到店体验、到店购买、配送到家三类，同时布局饿了么、支付宝等本地生活渠道。在此之上还通过盒马mini、盒马X会员等不同类型的服务，触达不同的细分人群。

对于到店体验并购买的高价值会员，以盒马App为主要触点。在盒马鲜生的门店中还设计了许多触点，其中包括电子价签、引导入会二维码、小票二维码、商品溯源码等。对于非到店的消费者，在饿了么、支付宝上设计入会触点，以及通过商品外包装二维码引导消费者入会。

盒马鲜生在门店购买和线上购买两种渠道上都实现了由同一套交易体系支持的目标，实时、快速地把订单分配给不同区域的拣货员，并且在履约能力上进行突破创新，如仓店一体、流水线店内物流、智能调度。这些举措都是为了让消费者感受到线上和线下无缝购买的体验。

在售后阶段，盒马鲜生将在线用户社群作为提高消费者黏性的重要一环，重点推出了直播功能，直接向消费者推送美食烹饪的内容；小马领养功能，以游戏的方式吸引消费者驻足，增加消费者对应用程序的使用时长；群聊功能，能够方便消费者聊天交流。盒马鲜生的消费者旅程分析如图6-3所示。

线下即时性的逛吃模式带来的良好体验有助于引流到线上的计划性购物，提高用户黏性。

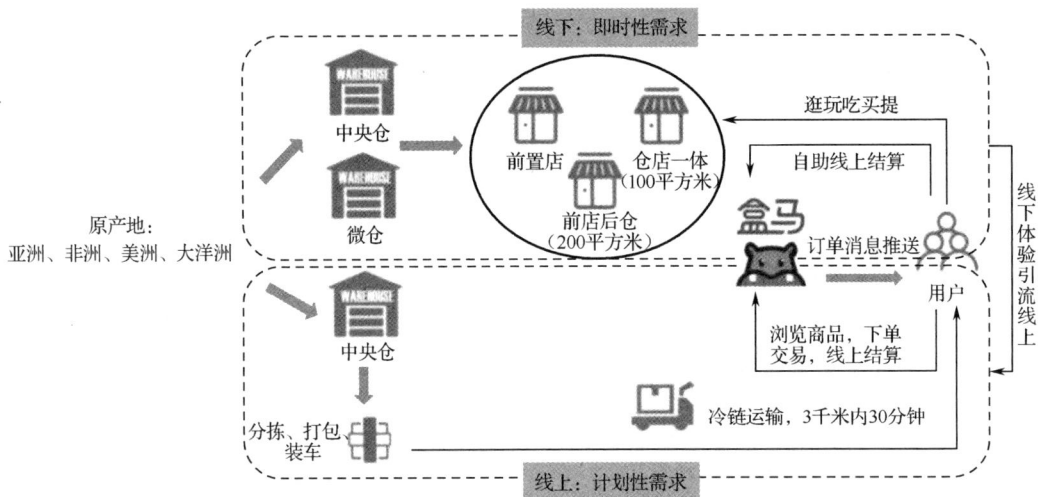

图6-3　盒马鲜生的消费者旅程分析

资料来源：夏寅. 重新定义客户旅程，2018.

案例讨论题

结合上述案例，阐述盒马鲜生在"用户旅程"方面作出了哪些改进和优化？谈谈自己对零售电商平台的运营理解。

本章主要参考文献

[1] 芮明杰，平台经济：趋势与战略[M]. 上海：上海财经大学出版社，2018.

[2] 赵昌文. 高度重视平台经济健康发展[J]. 金融博览，2020（1）：36-37.

[3] EVANS D. The Antitrust Economies of Multi-sided Platform Markets[J]. Yale Journal on Regulation, 2003, 20(2).

[4] 张鹏. 发展平台经济助推转型升级[J]. 宏观经济管理，2014（7）：3.

[5] 徐晋，张祥建. 平台经济学初探[J]. 中国工业经济，2006（5）：8.

[6] HAGIU A. Pricing and Commitment in Two-Sided Platforms[J]. The RAND Journal of Economics, 2006, 37(3): 720-737.

[7] 周毅. 全球平台经济的发展，问题与建议[J]. 发展研究，2019（10）：6.

第7章

数字经济时代的公司治理

⚬⚬→【引言】

数字经济时代新技术、新业态和新模式不断涌现，改变了企业的治理环境和手段，本章从传统公司治理的模式出发，分析在数字经济背景下公司治理的新模式和新范式。

⚬⚬→【本章学习目标】

1. 理解数字经济时代公司治理面临的新问题
2. 理解数字经济时代公司治理的新模式
3. 理解数字经济时代公司治理的新范式

⚬⚬→【开篇小案例】

阿里巴巴的合伙人制度

2014 年 9 月，阿里巴巴在美国纽交所上市。按照公司章程，在开曼群岛注册的阿里巴巴集团可变利益实体通过股权或协议（直接或间接）控制阿里巴巴集团旗下的 320 个子公司及在中国运营的不同网站的许可证和牌照等。阿里巴巴在纽交所发行股权，采用的并非脸书、Google 等国际 IT 巨头，以及京东、百度等中国企业在美国上市时通常选择的双层股权结构模式，而是普通股权结构模式，实行一股一票。从持股比例看，软银和雅虎分别持股 31.8% 和 15.3%，成为阿里巴巴的第一大股东和第二大股东。阿里巴巴永久合伙人马云和蔡崇信分别持股 7.6% 和 3.1%，其他高管和董事个人持股均低于 1%。马云和他的永久合伙人蔡崇信与软银和雅虎在阿里巴巴上市前达成一致行动协议。按照上述一致行动协议，软银超出 30% 的股票投票权将转交马云、蔡崇信代理，而在 30% 权限内的投票权将支持阿里巴巴合伙人提名的董事候选人。作为交换，只要软银持有 15% 以上的普通股，即可提名一位董事候选人出任董事会观察员，履行投票记录等事宜。按照阿里巴巴公司章程的相关规定，以马云为首的合伙人团队拥有对董事的特别提名权，可任命半数以上的董事会成员。上述规定只有获得 95% 以上的股东选票（本人或代理人）方可修改。通过上述制度安排，阿里巴巴确立了以马云为首的合伙人团队对阿里巴巴董事会组织发挥重要影响，从而实际控制阿里巴巴的法律地位和股东认同机制。这事实上构成阿里巴巴合伙人制度运行的制度基础。

资料来源：郑志刚，邹宇，崔丽. 合伙人制度与创业团队控制权安排模式选择——基于阿里巴巴的案例研究. 中国工业经济，2016（10）：18.

7.1　公司治理的概念与演变

7.1.1　公司治理的定义

公司治理的概念源于 17 世纪的荷兰，到了 20 世纪公司治理的相关概念和实践得到了快速发展。1932 年，Berle 和 Means 在《现代公司与私有财产》一书中指出，公司是一系列契约的组合，这些契约规定了公司所有者为企业发展提供必需的物质资本、管理层进行企业日常管理的模式。Shleifer 和 Vishny（1997）认为公司治理的定义为：

确保股东实现合理投资回报而就公司控制权和剩余索取权进行合理配置的一系列制度安排。

公司治理的核心在于，借助完整系统的机制设计，激励管理层优化对股东资本的经营决策，遏制内部控制人的利益攫取等私利行径，最终实现股东利益最大化。伴随企业所有权与经营权分离产生的代理冲突和代理成本是传统公司治理研究的重要问题，已有研究认为，此类问题主要体现在两个方面。

一是股东与管理层之间利益冲突引发的代理问题。1976 年，Jensen 和 Meckling 在标志性研究中系统论述了两权分离背景下股东与管理层间的利益冲突和代理成本：在信息不对称及不完备的契约中，高度分散的外部股东经常陷入既无法事前选出最优管理团队（逆向选择），又难以对管理层进行有效监督（道德风险）的两难处境，管理层趁机攫取大量实际控制权，滥用公司资源满足其私利需求（超额薪酬、在职消费、过度投资与帝国构建等），肆意侵占外部股东利益。同时，"搭便车"问题在分散的股东群体之间盛行，使得股东更无法主动积极地对内部管理层施以有效监督（Fama 和 Jensen，1983）。外部股东与内部管理层之间的利益冲突产生的成本被称为第一类代理成本，此时公司治理的主要目标为通过一系列的机制架构防范管理层对公司的利益侵占，缓解代理冲突，维护股东利益。

二是大股东和小股东间的利益冲突带来的成本。企业一般拥有大股东和小股东，虽然大股东的出现在一定程度上降低了第一类代理成本，却也直接催生出第二类代理成本——股权集中下，大股东对中小股东的利益侵占行为：控股股东滥用实际控制权，甚至与内部管理层合谋，通过资产转移、利益输送等方式谋取私利，侵害中小股东的合法权益。此时公司治理的主要目标是要协调大股东与中小股东间的利益冲突。

公司治理也与利益相关者有关，公司作为一系列合同关系的耦合体，管理层不仅是股东利益的代理人，同样是包括债权人、员工、供应商、顾客、政府、公众在内的其他多种利益主体的代理人。这些关联方也因此构成公司治理机制的重要主体，公司治理的目标之一就是实现利益相关者价值最大化。

7.1.2 公司内部治理结构

公司治理要有合理的内部治理结构，主要包含股东治理、董事会治理和管理层治理等。

7.1.2.1 股东治理

股东作为公司所有者和公司经营风险的最终承担者，会主动参与公司治理事务。公司治理本身是对股东权益的保护，股东会采用投票机制等治理手段来提升公司治理水平，规范企业经营决策。股东除了"用手投票"、积极参与公司经营，还可以"用脚投票"，通过退出威胁使得管理层服从股东权力，规范公司运转秩序（姜付秀等，2015）。公司还可以通过探索更多元的股权设计模式加强股东治理：多个大股东并存有助于提高股东的监督能力，调和控股股东与小股东间的利益冲突，遏制管理层的机会主义行为发生。

7.1.2.2 董事会治理

董事会是推动公司治理顺利落实的关键环节，选择合适的董事会成员是提升公司治理水平的重要手段，进而推动公司治理各项制度安排落地，提升公司的价值和绩效。在董事会成员的筛选方面，决策者应充分评估候选人的经验、资质、特质及技能，为企业输送高质量的人力资本；企业还可以充分借助活跃的外部候选人市场，善用市场机制对企业方的监督形成有益补充，有效督促候选人时刻注意规范自身言行，尽职做好本职工作。尤其是独立董事机制，可充分发挥其监督职能并加强对管理层的约束效力，以规范企业经营，提高公司治理的透明度。

7.1.2.3 管理层治理

企业往往会增加管理层的收入来缓解委托代理问题。例如，鉴于管理层持股比例低，从公司增值部分可分享的资本回报非常有限这一问题，因此更有动机通过更直接的利益侵占方式（超额薪酬、在职消费、低门槛的股权激励计划），将公司资源转移到自己手中，所以企业可以通过提升管理层的持股比例，将管理层与企业进一步绑定。同时，管理层在过度自信、过度乐观等错觉的驱使下，有强烈的动机不惜以过度投资为代价去构建自己执掌的商业帝国体系，主观色彩浓厚的决策浪费了公司的自由现金流量，降低企业的生产经营效率，徒增资源配置损失，所以企业在选择管理层时要尤为注意，需要选择更适合企业发展的管理层成员。

7.1.2.4 其他治理

除了股东、董事会和管理层，以员工、工会、内控部门为代表的内部监督主体也是内部治理结构的重要组成部分。员工作为企业最基础的人力资本，为了维护自身的工作机会和薪酬回报的权益，他们具有从内部监督企业规范经营的强烈动机和天然优势，是公司治理的重要参与者。员工通过健全通畅的内部报告通道，及时向高层传递企业内部的违规和违法行为，帮助管理层及时反省和纠正违规和违法行为，降低企业被外部监管者捕获处罚的风险。员工群体还可以组织起来并推选代表在董事会发声，直接参与企业发展方针的决策，制约大股东和管理层的私利行为，降低委托代理成本。

7.1.3 公司外部治理机制

除了内部治理结构，外部环境也对企业的治理有着显著的影响。例如，外部利益相关者能够有效弥补内部治理在机制设计上的缺失和执行力度上的不足，与内部治理结构相互配合、共同提高企业的整体公司治理水平。

7.1.3.1 市场治理机制

市场治理机制具体包含控制权争夺市场和卖空机制两种。

（1）控制权争夺市场。高度活跃的控制权争夺市场直接关乎企业控制权的配置格局，当收购市场被充分激活后，经营表现不佳的企业更有可能被收购，随后陷入 CEO 被替换、董事会席位丧失等控制权丧失的被动局面。尤其是市场上不易遭受被并购风险的并购方更有可能出现过度并购投资的现象，这样会导致企业经营绩效下滑，成本管理退化，消失的发展活力传导至资本市场，引发企业估值下跌，最终损害股东利益。

（2）卖空机制。在市场卖空机制压力下，公司股价下跌的风险增加，管理层的职业声誉易受损害，大股东的控制格局恐被洗牌；大股东和管理层为了维护自身利益，削弱卖空机制的连锁负面效应，主动积极规范自身经营行为，提高决策的科学性，提升公司治理水平，避免被市场捕获，成为卖空机制的对象。

7.1.3.2 市场中介治理机制

市场中介治理机制包含机构投资者治理机制和服务机构治理机制两种。

（1）机构投资者治理机制。机构投资者在提高信息透明度、促进价格发现、提高市场定价效率的同时，也在公司治理领域产生深远影响。传统角色上，机构投资者大体通过直接干预或退出威胁两大渠道监督公司治理，推动个体意志的落地实践，维护自身的投资收益。机构投资者不仅能为持股企业带来积极影响，还能在行业内部产生良好的溢出效应，刺激同行企业提高信息披露质量、改善公司治理水平。

（2）服务机构治理机制。除机构投资者外，以分析师、审计师为代表的市场服务机构也会对公司治理产生积极的促进作用。从独立于公司的外部市场分析师视角看，他们能基于大量的信息收集和实地调研工作，积极发挥信息中介职能，提高预测精度和公司治理透明度。专业的公司治理分析师收集、处理、分析并对外报告公司治理质量，能有效促进企业提高公司治理水平，以此吸引更多投资类分析师的注意，进而使企业得到更广泛的投资者的认可，为企业额外创造流动性价值。外部审计师受公司股东和董事会委托，通过审计企业的财务体系和财务报告质量，有效遏制内部管理层的盈余管理、财务违规行为甚至财务造假行为，约束管理层在职期间侵占公司利益的行为，保护股东利益。

7.1.3.3　媒体治理机制

媒体是另一种不可或缺的外部公司治理渠道，其作用主要体现在信息中介职能和监督职能两方面。作为重要的外部信息中介，媒体通过专业的信息挖掘与收集、处理与分析工作，及时披露资本市场报告，减少各市场主体间的信息不对称现象，提高公司治理透明度，改进市场定价效率。在外部媒体的强力监督下，为了维护职业声誉，管理团队积极改正不当行为，调整优化资本配置决策，收缩过度投资，降低企业代理成本，避免被媒体捕捉曝光。同时，媒体践行对市场主体的监督职能，包括高效识别企业的财务不端行为，约束企业控制人利用内部控制优势和信息优势攫取私利的行为，提高企业经营合规性。

7.1.3.4　产品竞争治理机制

产品竞争市场对微观企业公司治理影响的研究随着学者对顾客资本重要性的认知的加深而不断完善。消费者及沉淀下来的用户数据是企业宝贵的无形资产，能有效帮助企业树立并巩固行业竞争优势，是企业重要的市场营销及关系维护方向，深刻影响企业的行为决策和价值方向。一方面，从资产市场角度来说，用户消费评价经常内嵌关乎公司基本面的独特异质性信息，具有额外的信息含量，有助于提高市场定价效率；另一方面，企业能够借助用户需求发挥自身信息优势，辅助生产决策及研发创新，凭借产品牢固树立竞争优势，避免在行业洗牌中被清理出局。

7.2　数字经济时代公司治理新范式

7.2.1　数字经济时代公司治理范式转变

在数字技术的推动下，物质资本的重要性越发让位于稀缺度更高、对巩固竞争优势更不可替代的人力资本和智力资本；资本市场前沿正在发生重大变化，从实践上支持学者敢于突破固守的保护股东、股东利益至上的研究范式，将治理体系回归到以人力资本特别是以企业家才能为中心，构建鼓励和保护创业团队人力资本投入的公司治理研究新范式，传统两权分离背景下谨慎防范的委托代理成本已不再是阻碍公司治理效率提高的主要障碍，如何优化对创业团队的激励设计成为提升公司治理水平更为迫切的任务。

在数字经济时代背景下，公司治理应立足于数字经济与实体产业深度融合的发展实际，依托技术嵌入和数据驱动合力打造下的大数据生态系统，以大数据赋能为基础，以大数据驱动为动力，以大数据重构为路径，树立共建和共享理念，构筑数字经济时代企业的协同生态系统。管理者作为创始团队成员，对企业的长远发展先天具有深厚的认同感和使命感，即使让渡出大部分股权，他们仍然有强大的内驱力为企业成长保驾护航，在事业成功和社会认可中实现个人利益与企业利益的协同。同时，数字技术进一步辅助管理层优化经营决策，通过精准投资有效提升企业的生产效率和业绩表现，使得管理者能够从企业绩效改善中充分获得薪酬奖励，减少攫取控制权私利、浪费企业资源等行为导致的代理成本。

一是数字技术对治理模式的影响。一方面，数字经济拓宽了资本市场的治理边界，如可以将以机构投资者、分析师、审计师等为代表的市场中介、社交媒体及监管机构等外部治理力量聚集起来，利用数字技术为其积极发声增能赋权，提高其对企业运营状态的洞察力度和对企业经营结果的监督力度；另一方面，利用数字技术可以重新定位公司内部中小股东、董事会和管理层的治理角色，优化经营决策，提高行为的科学性，激发生产效率，以更好地适应动态变化的外部经营环境。在数字经济时代背景下，数字技术催生了新产业、新业态和新模式，线上和线下的深度融合拓宽了企业获取信息的方式和渠道，这将全面改进企业治理模式。

二是数字经济给企业营造了新的外部环境。数字经济时代，企业需要获得市场竞争力，包括能够捕捉市场动向、量身打造符合用户需求的产品和服务，是企业家创业成功的关键，产品竞争市场的战略重要性被空前加强。从内部治理上看，数字经济驱动产品及市场信息全渠道流通、扁平化传播，推动企业更加注重打造专业化生产和个性化定制，鼓励产品创新，夯实精准营销能力，提高生产效率；从外部治理上看，除了信息机制，消费者也是投资者的双重身份在增强企业在资本市场中的关注度的同时，也通过纵横发达的社交网络强化对企业行为的监督，发挥约束机制，提高产品竞争市场的精准治理能力。

三是数字经济重塑了企业内部治理主体权力配置格局。公司治理是企业资源分配的重要手段，数字经济和数字技术能够促使企业的控制权配置由依赖股东的股东中心模式向依赖核心创业团队的企业家中心模式倾斜，推动股权结构设计不断创新；同时，在权力分配格局变化的情况下，公司的外部控制权治理机制也相应呈现新面貌，传统控制权争夺市场、卖空市场尽管存在一定治理空间限制，在约束创始人及其创业团队权力方面将发挥更积极有效的作用。总之，在数字经济时代，公司治理将向新范式转变，整体呈现出以治理结构重构为核心的特征，预期通过破解数字经济生态下公司治理的现实困境，推动治理体系和治理能力建设。

7.2.2 数字经济下公司治理逻辑

一是公司治理的金融逻辑。数字经济高速发展带来了金融创新，如普惠金融、金融科技等迅速发展。数字技术以高速的迭代效率极大地拓宽了融资渠道，降低了融资门槛，使得资本稀缺性降低，资金投放更为精准且信贷违约率降低。在资本社会化趋势下，融资不再是制约企业发展的主要因素，股东的地位和话语权显著削弱，企业发展越来越依赖掌握核心技术和关键资源的企业家及创业团队，他们在让渡股权的同时强势保留控制权，权力配置更加趋于专业化。同时，企业家需要更稳定的经营环境、业务开发环境及研发环境来应对更加激烈的外部市场竞争，企业家控制权的重要性进一步凸显。

二是外部治理要素的革新。数字经济极大地改善了资本市场的信息披露环境，广泛推动了各参与主体信息获取成本的显著下降。①资本市场信息披露更加透明。以社交网站、微信、微博为代表的社交媒体进一步扩大了信息传播的时空范围，提高了网络关注的信息含量，公司治理的外部压力增加，对治理改进的及时性提出了更高要求。②市场竞争加剧。数字经济时代企业业务模式迭代更新加快，产品市场竞争加剧，客户反馈及评价信息积累沉淀成为企业独一无二、不可复制的无形资产，夯实了企业的产品创新及市场竞争的优势。③管理层地位得到较大提升。由于技术不断更新迭代，企业创始人及业务团队在数字企业中的地位得到极大提升，管理者能够充分利用大数据资源作出更优决策，提高生产效率，获得更加优异的绩效表现，降低资源浪费和控制权私利行为，股东和管理层间的冲突逐渐减弱。

三是数字经济催生了委托代理的新问题。在数字经济时代背景下，新兴产业发展速度加快，知识更新速度提高，技术偏向性更强。商业模式和业务模式变得更加复杂、专业，盈利模式更难被理解，传统的财务报表信息远远不能满足外部投资者的需求，资本市场对企业的估值定位更加困难。另外，海量、高维、高频、形态多样的外部大数据无形中加剧了新型信息不对称问题，各市场主体受自身对数据的敏感度，以及数据收集和处理能力的限制，即使身处相同的外部信息环境，普通投资者与专业投资者间对信息资源的利用差距也在悄然拉大。

四是数字经济改变了企业的组织架构。数字经济时代的公司治理实践，需要充分激励企业创始人，推动其对持续创新保持执着追求。创新资本作为无形资本，依附于企业创始人的创意投入，不能被物质资本替代。股东与管理层之间形成"合作与共赢模式"，由掌握公司核心竞争力的企业家向全体利益相关者共同负责。围绕业务模式创新的信息不对称问题，迫切需要资本市场出现另一种创新导向的企业组织构架，以鼓励和保护创业团队的人力资本投资，同时向资本市场发出明确的对业务模式创新的信号。

7.2.3 数字经济下公司治理路径

一是内部治理路径。在数字经济时代背景下，资本稀缺性减弱，企业获取资本的门槛降低，资本来源越发社会化，股权结构呈现分散趋势。同时，大数据技术推动下的信息流通，有效降低了控股股东和中小股东间的信息不对称程度，鼓励越来越多的中小投资者行动起来，积极参与公司治理。另外，技术便利使得中小股东采用网络投票、手机投票等方式随时随地参与公司治理的构想成为可能，股东监督职能进一步强化。信息传递更加便捷，董事更加深入了解公司的商业模式和业务模式，推动董事职能从传统的以监督为主，向以提供建议为主转变，从而提升董事会的专业化水平，增强公司决策的科学性和有效性。与此同时，具备"数字化思维"和"数字领导力"的管理团队能够积极适应数字化转型给企业带来的变革，深刻洞察数字技术对企业的重要价值，根据数字化技术量身定制企业的业务模式，制定合理的转型战略，把握正确的转型节奏，管理层短视行为、利益侵占及过度浪费现象减少，委托代理成本降低。

二是外部治理路径。以机构投资者、分析师、审计师为代表的市场中介机构能够有效利用自身沉淀的专业化信息收集及处理能力，综合运用人工智能、机器学习、区块链等技术赋能，充分挖掘大数据蕴藏的信息价值，提高精准决策能力，加强对企业的外部监督，提高公司治理水平。以微博、微信为代表的社交媒体等数字平台在大数据嵌入及互联网技术升级的背景下，极大地改变了企业生存发展的生态环境，在提高企业网络关注度的同时督促企业及时对信息披露作出反应与调整，公司治理的外部压力增大，监督效力得到极大提升。数字技术的广泛应用还能有效帮助监管部门更加精准地识别出企业的财务舞弊行为，加强网络监管力度，提高监管效率。数字经济下公司治理路径如图 7-1 所示。

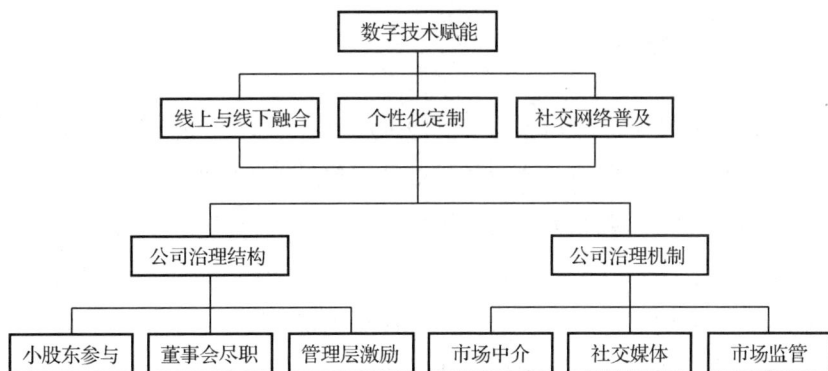

图 7-1 数字经济下公司治理路径

资料来源：作者整理.

7.2.4　数字经济下公司治理市场机制

一是要重视消费者对公司治理的作用。数字经济时代，企业与消费者间的交流越来越频繁，数据驱动导向的市场需求越来越成为企业布局创新型业务的核心逻辑，产品市场越来越重视个性化的产品定制，消费者已成为企业决策和治理结构中的重要组成部分。对购物偏好、搜索记录、使用评价等反映消费者特征的数据进行分析，有助于企业提升挖掘消费者价值的能力，在以用户需求为导向进行专业化生产和产品研发创新的同时，推动公司治理创新和管理创新，提高企业经营效率。

二是产品竞争市场的治理约束机制。随着大数据的应用及社交网络的不断发展，越来越多的投资者通过社交平台（股吧、企业微博、视频号等）了解公司并对公司提出建议，使企业不得不对投资者的诉求和建议时刻保持关注，整合各项技术前沿辅助决策生产，使得公司运营更加精准化和科学化、公司治理更加规范化和高效率化。企业能否对来源各异、形式多样的数据信息保持更加敏锐的感知度，是否有更为强大的数据收集和智能化分析系统，能否从大量数据中尽可能多地挖掘额外的信息价值，成为制约其提高公司治理水平、树立行业领先优势的关键。鉴于大数据革命下信息的独特价值和重要地位，企业除了自身注重积累数据资产，还应密切关注其相较行业竞争对手的信息处理能力及信息优势。

7.3　数字经济时代公司治理创新实践

结合数字经济孕育出的新技术、新业态和新模式，探索公司治理观念和治理模式的转变，本节从公司治理结构和公司治理机制两个角度探究公司治理创新实践。

7.3.1　公司治理结构

数字经济时代，融资渠道的拓宽和融资门槛的下降极大地降低了企业对以提供物质资本为主的外部股东的依赖；在技术革命和科技创新背景下，商业模式及业务模式的更新换代进一步推动企业的发展掌握在拥有关键技术的创始团队和核心员工手中，人力资本的重要性上升，控制权的配置向创业者倾斜。一方面，公司治理者要关注如何优化所有权结构，敦促企业家在董事会和管理层利用内部机制设计防止权力膨胀甚至权力失衡，建立良性的控制权分配格局；另一方面，公司治理者要聚焦如何激励创始团队和核心员工将个人利益与公司利益有机结合，对企业持续进行高质量的人力资本投入，提高公司整体的运营效率，获得更加优异的绩效表现。

7.3.1.1　控制权的新设计

在数字经济时代背景下，企业控制权设计将更多向以创始团队为主体的管理层倾斜，保障创业者在获取融资支持的同时保持对企业的稳定控制，使其专注以长期利益为导向布局企业的发展规划，减少受到外部资本市场的裹挟和操纵。

一是"双重股权"设计。双重股权结构指企业可以根据自身利益需求和实际发展需要在股权结构中设置带有不同表决权的类别股，如"一股一票"表决权的普通表决权股和"一股多票"表决权的特别表决权股。双重股权结构从制度架构上尤其适合新经济下的高科技企业，既能帮助高科技企业应对创业初期面临的巨额外部融资需求和不愿控制权旁落的需求，又能帮助创业团队以较少的持股比例保留对公司的稳定控制权，激励其充分发挥人力资本和智力优势，以长期利益为导向经营公司，不被市场和投资者的短期压力束缚。例如，阿里巴巴的双重股权结构有助于稳定公司创始人团队的长期控制权，使其凭借信息优势、行业经验和专业知识更高效地管理公司的经营决策，促进企业长期、可持续发展，同时实现与外部投资者间的信息共享及风险共担。具体操作时，在内部治理结构上，从防范委托代理成本转为保护创业者对公司董事会及管理团队的稳定控制权，建立健全内部权力制衡机制，充分发挥监事会及大众员工的监督作用，预防创始团队权力过度膨胀后发生行为轨道偏离的现象；在外部治理结构上，监管者需进一步完善法律法规体系和市场监管体系，动员以机构投资者、分析师、审计师及新闻媒体为代表的市场中介组织和以消费者为代表的社会公众积极参与对公司治理的监督工作，进一步提高企业的经营管理水平和公司治理水平。

二是有限合伙协议架构。在该架构下，实际出资相当有限的普通合伙人掌握合伙企业的全部决策权和控制权，对外代表合伙企业负责执行事务；提供大部分资金支持的有限合伙人依据法律的禁止性规定，不得执行合伙事务，也不得对外代表有限合伙企业，只享有利润分配权，分享投资收益。掌握关键技术的企业家借由合伙企业平台稳固掌握目标公司的控制权，积极向企业投入人力资本和智力成果，以长期利益为导向保证企业经营方针的持续性和连贯性，为公司的商业模式和业务模式创新创造稳定的培育环境，提高科技型企业的市场竞争力。资本雄厚的外部投资者作为有限合伙人向企业注入其发展需要的物质资本，在满足企业融资需求的同时不直接干预其经营决策，与企业家形成更专业的分工协作关系，在分享主要投资收益的同时为创业者分担风险。有限合伙协议架构还能将公司的核心高管和关键员工纳入有限合伙人范畴，使个人利益与公司利益实现绑定，激励其充分施展管理才能和创造才能，与企业共同发展，实现利益共赢。

7.3.1.2　公司治理的主体

在数字经济时代背景下，融资平台化、融资社会化的发展趋势使得股东的地位及话语权下降，企业的长期发展更依赖掌握高精尖技术、熟稔新商业模式的创始团队，企业家才能具有极强的针对性和指向性，即使在市场间自由迁移流动，也难以轻易被取代；企业家主动对外让渡一定比例的所有权为企业壮大谋求资金支持，转而通过董事会席位争夺及管理团队组建等方式加强对企业的实际控制权，继续掌舵未来发展方向，不受外部资本稀释和干扰。在此背景下，掌握关键资源和核心竞争优势的董事会及管理层成为公司内部治理机制的关键环节。

创始团队对董事席位及经营决策权的长期把持也会诱发新的公司治理矛盾。例如，2017 年 8 月，Uber 的 VC 股东 Benchmark Capital 起诉，要求以公司 CEO 为代表的创始团队减少对公司董事会的控制，暴露出投资人与创始人之间就公司控制权的激烈冲突；同时，创始团队为自己设置的难以撼动的控制权配置格局虽然在创业初期帮助企业有效专注企业长期发展利益，但伴随企业规模的扩张和企业发展的深化，创始团队固有的性格及能力缺陷逐渐浮出水面并被积累放大，此时缺乏权力制衡机制的控制权向内部人倾斜，这一局面极易将企业暴露在经营风险中，强势企业家的权力滥用和权力无度将极大地损害公司的整体利益。如何在激励创始团队的主观能动性、保护企业家控制权的稳定性、构建内部权力的制衡格局间保持平衡，是未来公司治理研究者急须着手解决的现实难题。

7.3.1.3　公司治理的基石

数字经济时代，员工群体内部呈现明显的分层趋势，核心员工的创造力和贡献边界可以被清晰地识别并界定出来。这部分员工构成企业不可分割的基础性人力资产，被企业充分增能赋权，由相对被动的劳动供给者和弱势监督者转变为更加积极的公司建设者和治理参与者，拓展出除监督功能外的内部治理新机制。一方面，公司治理研究者应该思考如何通过制度安排推动核心员工利益与公司整体利益实现更优融合，减少关键员工与创始团队间的利益冲突，激励核心员工更有动力对企业进行稳定持续的研发和创意等智力成果的投入。在具体的实现路径上，企业可通过设置员工持股计划使核心员工分享公司股票的增值收益，或通过有限合伙协议使核心员工成为有限合伙人进而参与公司的剩余价值分配，最终实现个人利益与公司长期利益的密切捆绑，激励其进行长期人力资本投入；另一方面，公司治理研究者也应警惕核心员工与创始团队间潜在的利益合谋风险：以他们为主体的业务骨干滥用自身的专业优势，以及利用与普通员工、普通投资者之间的信息不对称，采用复杂的手法操纵业务并进行业务包装攫取私利，损害其他合作方的正当权益，干扰正常的市场秩序。

7.3.2　公司治理机制

数字经济推动了公司治理结构转型，丰富拓展了公司外部治理机制和路径。移动互联网技术和大数据技术不间断地为资本市场注入体量大、维度高、覆盖面广的数据资源，企业在基于数据支持优化资源配置、提高决策精度的同时，通过更科学、更及时的外部监督进一步提高公司的治理水平、维护自身利益。人工智能、区块链、自媒体等数字技术极大地推动了扁平化、全流通信息环境的建设，以中小股东、消费者、社交媒体及机构投资者为代表的更广阔的监督主体以更低的参与成本和更多地参与便利投入对公司治理的监督制约工作中。监督手段和监督平台的多样化促进了治理主体的多元化发展，各监督主体被充分赋能，将治理边界从传统线下空间向线上空间扩展，共同提升现代企业的公司治理水平。

7.3.2.1　数字技术助力打开治理黑箱

在数字化转型时代背景下，大数据平台在宏观经济、中观行业及微观企业层面积累并输出海量的独特数据。例如，专业投资者和分析师能充分整合各数据平台综合分析公司的发展潜力和上升前景（从城市夜晚的灯光亮度中分析整体营商环境、从商铺位置和交易流水中分析城市规划及消费者偏好、从线上消费评价中分析主营业务潜力等），高效识别出发展不佳、财务泡沫严重、适合卖空的交易标的。同时，区块链等数字技术无形中增加了股票卖空交易的隐蔽性，提高了公司内部控制人追溯外部股东变化的难度系数，督促企业实际管理者规范自身行为，提高企业治理水平，通过维护相对透明的股权环境来保障企业实际管理者的控制权的稳定性。从现实案例看，瑞幸咖啡财务造假丑闻的曝光表明专业化的卖空机构确实有助于透视新经济企业技术包装下的商业模式和业务模式，刺穿虚增的财务泡沫，震慑管理层，提高企业经营的规范性。

7.3.2.2　数字技术为机构投资者赋能

在数字经济时代背景下，机构投资者的信息优势和专业优势在技术赋能下得以更加充分地施展：一方面，机构投资者有能力从各大数据公司及数据平台（股票市场、信息披露网站、社交媒体平台等）实时监测并高效提取海量且高频的数据，利用人工智能和机器学习技术筛选并提取有用的信息，在资本市场中依靠信息优势指导投资布局，获得超额回报；另一方面，大数据及现代信息技术切实支持机构投资者进行科学决策，减少主观判断和人为操纵，提高决策的精准度，发挥数字技术的外部治理效应。专业化程度更高的机构投资者能充分利用便利的数字技术，从纷繁复杂的高维数据中提炼并总结出关键信息，提高自身投资决策的精准度及标的公司的经营管理水平，履行好外部监督和建议职能。机构投资者还能基于专业优势研究开发区块链、智能合约等新兴技术，督促标的公司将这些技术融入企业的日常管理工作中，进一步提高公司的信息透明度和操作规范度，遏制内部盈余管理、恶意操纵及利益输送行为，提高公司的治理质量。

7.3.2.3　数字技术促进公众治理质量

在数字经济时代背景下，互联网技术推动了以微博、微信、股吧为代表的社交媒体和自媒体平台迅速发展，更广泛的标的公司通过纵横交错的社交媒体网络进入公众视野，接受社会监督。新媒体平台也有效弥补了传统媒体在信息传播时效性和舆论辐射覆盖面上的不足，配合大数据技术实现了信息的精准推送，投资者、消费者及潜在顾客的意见和诉求通过社交媒体平台被企业接收，并沉淀为企业独特的"大数据"资源。企业在对公众反馈的分析过程中，及时发现问题并有针对性地加以改正，进而提高公司的治理水平，达到精准治理的效果。同时，对于企业而言，社交媒体平台也成为公司主动对外披露信息的新窗口，具有额外的信息含量，帮助企业减少自己与市场间的信息不对称现象发生，增加企业透明度，提高自身声誉并树立企业形象，从而切实降低融资成本，收获融资便利。

7.3.3 公司治理的未来发展

在数字经济时代背景下，以人工智能、区块链、云计算、大数据为代表的移动互联网技术正在深刻变革企业的生产方式和治理方式，重塑公司治理研究范式的逻辑与路径：大数据与普惠金融日新月异的技术迭代显著提高了企业向外谋求资金支持的匹配精度，帮助企业在拓宽融资渠道、降低融资门槛的同时节约融资成本、收获融资便利，进而弱化企业对物质资本供给方（股东）的依赖，从现实实践出发挑战传统公司治理研究以股东为中心、股东利益至上的研究理念，引导企业思考新时代背景下公司治理的未来发展方向。

在数字化转型过程中，信息和数据跃升为关键生产要素，企业通过大数据分析夯实精准决策能力，优化资源配置方案，减少无效消耗和主观操纵现象发生，为提高公司治理水平奠定更为科学的建设基础。信息搭乘技术在多渠道、多平台间快速流通，信息传播扁平化，有效地将以中小股东、市场中介、社交媒体等为代表的更广泛的利益共同体纳入社会治理主体中，形成合力将公司治理边界从线下拓宽至线上，加大外部监督力度。产品竞争市场对新经济企业的治理效应相较传统企业显著增强，其不仅采用信息机制辅助创业企业的业务模式和生产方向，还能采用约束机制规范管理层的资源配置决策，使之尊重产品市场规律，避免被行业洗牌淘汰。同时，技术进步环境下的商业模式和业务模式创新极大地提高了内部业务团队与外部普通投资者间的信息不对称性，企业的发展前景和增长潜力更加依赖掌握核心技术和关键资源的企业家及创业团队，公司治理的主要矛盾由缓解代理冲突、防范管理层对公司的利益侵占转向保护创始团队的控制权稳定发展，激励创始团队进行长期的人力资本、智力资本及管理才能投入，最终实现管理团队利益与公司整体价值的有效统一。

同时也应该注意到，数字鸿沟的产生，相较于普通投资者，金融素养更高、业务水平更精湛的专业投资者更有能力充分整合各大数据平台，将海量数据优势切实转化为更精准的行为决策和更高的投资效率，拉大与普通投资者间的差距，削弱后者参与资本市场建设的热情和积极性。缺乏公众制衡的所谓"专业精英"在逐利动机的驱使下，不排除与企业管理层利益合谋、违规操作的可能性，进而损害普通投资者的合法权益。另外，信息技术的升级迭代也加剧了数字化企业内部管理团队与外部市场间的信息不对称问题，投资者更难有效理解相关高精尖企业的商业模式、业务模式及盈利模式的技术细节，投资决策更依赖企业方的业务公告和信息披露。然而，内部控制者有可能利用技术便利，更为精准且隐蔽地进行选择性披露和有指向性的消息投送，利用操纵舆论环境扭曲投资者正常的信息认知和风险感知能力，使市场放松警觉，为自己的利益掏空、利益输送等不当行为编织安全网，最终降低公司的治理水平。

综上，依托大数据、云服务及移动互联网技术，新型平台企业迅速崛起，构建出新的商业生态系统，成为不可忽视的外部治理力量。新型平台企业超越了交易平台的初始角色设定，以信息平台为连接纽带，通过要素整合和资源协调将更多外部关联方纳入自身的生态联盟，极大拓宽了企业的运营边界，有效促进了生产者、消费者，以及社会群体的多方融合，将公司治理范围由传统的线下空间延伸至线上空间。在平台生态系统中，信息的价值被进一步凸显，它们不仅突破了传统的地理边界在空间上跨界传播，还搭乘数字技术在时间上实现了不间断运行，为平台网络内各成员实时参与监督管理工作奠定了坚实的技术基础：中小股东有条件在任何时间、任何地点借助网络、手机等媒介积极发声，参与企业的公司治理；消费者的意见评价经由网络平台及时反馈给生产企业，并沉淀为宝贵的个性化数据资源；社会公众通过微博、微信等社交平台影响企业的网络舆论环境，对企业管理层造成压力，进而规范企业行为、提升企业治理水平。

本章小结

本章首先介绍了公司治理、治理结构和治理机制等相关概念，以数字经济推动公司治理观念与公司治理模式创新的需求为导向，给出了公司治理的新范式、新机制和新路径。

复习思考题

1. 谈谈如何理解公司治理。
2. 谈谈数字经济时代公司治理的新范式。
3. 谈谈数字经济时代公司治理的新机制和新路径。

●●➡【本章案例学习】

瑞幸咖啡财务造假案例

瑞幸咖啡公司（以下简称"瑞幸咖啡"或"瑞幸"）由神州优车前 COO 钱治亚在 2017 年 11 月从神州优车离职后创办，自 2018 年 5 月 8 日起正式营业。截至 2018 年 12 月 31 日，在瑞幸咖啡的收入与利润结构中，净营业收入为 8.407 亿元人民币，营业成本为 24.387 亿元人民币，净损失为 16.192 亿元人民币。2019 年 5 月 17 日瑞幸咖啡在纳斯达克上市，仅创立 18 个月就实现了 IPO 上市，创造了中国创业公司最快上市纪录。该企业快速上市的一个重要原因是标榜自己实施的是移动互联网企业的商业模式，即倡导以技术为驱动，

133

以数据为核心，借助互联网的方式销售咖啡，利用线上和线下的协同营销，通过 App 线上预订，然后利用线下门店配送。从本质上看，瑞幸咖啡属于快消费零售的一种新型 O2O 商业模式。上市后瑞幸咖啡在资本市场的股价不断走高，特别是 2019 年 11 月之后，股价从最低 13.71 美元上涨到最高 45.73 美元，上涨幅度高达 233.87%。在产品市场上，2 年内在全国开设 4 507 家门店，超越咖啡店巨头星巴克在我国的门店数量，成为我国门店数量最多的咖啡连锁品牌。资本市场与产品市场的出色表现，在 2019 年第四季度，就吸引了 64 家机构新进入场，股价提高 51.38 美元，市值 123 亿美元；2020 年 1 月瑞幸又进行增发融资，规模超过 11 亿美元。

在 2020 年 4 月 2 日，瑞幸咖啡公开宣布，在 2019 年第二季度至第四季度期间，公司伪造了 22 亿元人民币的交易额，同时也虚增了相关的费用和成本。公开"自爆"财务造假，让所有关注瑞幸咖啡的人震惊不已，当天股价暴跌，市值缩水至 16 亿美元。

2020 年 7 月 31 日，中国证券监督管理委员会宣布，瑞幸咖啡财务造假调查处置工作取得了重要进展。调查显示，瑞幸咖啡境内运营主体及相关管理人员、相关第三方公司存在大规模虚构交易，虚增收入、成本、费用，虚假宣传等行为，违反了《中华人民共和国会计法》《中华人民共和国反不正当竞争法》的相关规定。

瑞幸咖啡自成立以来，其所倡导的"颠覆性新零售模式的先驱，通过交易模式的创新和技术的应用，改变咖啡行业的交易结构，从而带来交易成本的显著下降"的"瑞幸模式"一直受到资本市场高度关注，并获得了投资人的好评，创造了中国创业公司最快上市纪录。然而瑞幸咖啡自曝通过虚增交易来粉饰交易量和营业收入，其深层原因是由自身商业模式特点和在融资过程中的风险资本偏好共同决定的：这种持续补贴吸引用户的商业模式对于资金需求的持续性要求高；而相比于利润方面，互联网企业的风险投资者更加重视企业的用户流量、市场地位、增长速度和未来的增长潜力。

资料来源：张新民，陈德球. 移动互联网时代企业商业模式，价值共创与治理风险——基于瑞幸咖啡财务造假的案例分析. 管理世界，2020，36（5）：15.

案例讨论题

在数字经济时代背景下，具有互联网基因的企业公司治理存在什么特点？为公司治理创新实践带来了什么样的启示？

本章主要参考文献

[1] SHLEIFER A, VISHNY R W. A Survey of Corporate Governance[J]. Journal of Finance, 1997, 52.

[2] JENSEN M C, MECKLING W H. Theory of the Firm: Managerial Behavior, Agency

Costs and Ownership Structure[J]. Journal of Financial Economics, 1976, 3(4): 305-360.

[3] ILIEV P, LINS K V, MILLER D P, et al. Shareholder Voting and Corporate Governance around the World[J]. Review of Financial Studies, 2015, 28(8): 2167-2202.

[4] LIU B, MCCONNELL J J. The Role of the Media in Corporate Governance: Do the Media Influence Managers' Capital Allocation Decisions[J]. Journal of Financial Economics, 2013, 110(1): 1-17.

[5] ZHU C. Big Data as a Governance Mechanism[J]. Review of Financial Studies, 2019, 32(5): 2021-2061.

[6] 李培功, 沈艺峰. 媒体的公司治理作用: 中国的经验证据[J]. 经济研究, 2010, 45 (4): 14.

[7] 郑志刚, 邹宇, 崔丽. 合伙人制度与创业团队控制权安排模式选择——基于阿里巴巴的案例研究[J]. 中国工业经济, 2016 (10): 18.

[8] 石晓军, 王骜然. 独特公司治理机制对企业创新的影响——来自互联网公司双层股权制的全球证据[J]. 经济研究, 2017, 52 (1): 16.

[9] 陈德球, 胡晴. 数字经济时代下的公司治理研究: 范式创新与实践前沿[J]. 管理世界, 2012, 38 (6): 213-239.

第8章

数字产品的运营管理

⏺⏺➡ 【引言】

本章在介绍数字产品的概念、市场特点和发展趋势的基础上，从运营管理、定价策略、内容管理和用户管理等方面介绍数字产品管理过程中的具体内容，读者应掌握解读运营数字产品的基本方法，能够建立数字产品运营管理理念。

⏺⏺➡ 【本章学习目标】

1. 了解数字产品的概念与运营管理的基本模式
2. 理解数字产品生产、定价和销售策略
3. 理解数字产品内容管理的模式与策略

⏺⏺➡ 【开篇小案例】

第一财经联合飞书打造的内容促销活动

飞书是字节跳动于 2016 年自研的新一代一站式协作平台，是保障字节跳动全球数万人高效协作的办公工具。飞书作为一款典型的 B 端产品，它通过社交媒体、行业展会和会议、内容营销，以及合作伙伴关系等多种方式成功拓展了其 B 端客户群体，并取得了显著的成果。

飞书在社交媒体平台上非常活跃，它利用社交媒体平台与目标客户进行互动，并展示其产品的价值和优势。例如，在微博上，飞书定期发布关于企业协作、沟通效率提升等方面的有价值的内容；利用短视频、图片和文字等多种形式，向受众传达飞书的核心理念和解决方案。

飞书在社交媒体上推出了名为"协作不止，尽在飞书"的活动。飞书邀请了多位知名企业家和行业专家，通过微博直播的形式，与用户分享协作和沟通的最佳实践。这些嘉宾分享了他们在企业协作方面的经验和成功案例，并提到了飞书在实现高效协作和团队沟通方面的重要作用。这一活动吸引了大量用户的关注，并在社交媒体上引起了热烈的讨论和积极的转发。此外，他们与一些知名企业合作，通过对合作活动的推广，飞书进一步提高了品牌知名度和吸引力。根据公开数据，飞书在社交媒体平台上的活跃用户数量持续增长，飞书也通过社交媒体的运营和推广取得了 B 端客户量的显著增长。

在特殊时期，线上协同办公成为重要场景。其间，第一财经联合飞书打造了直播内容营销活动，旨在帮助众多协同办公工具 App 建立更加专业的品牌形象，传递新一代工作与管理理念。第一财经为飞书定制了"「管理未来式」·飞越 8 小时"的选题，第一财经邀请企业家、学者和一线行业参与者围绕未来工作模式的话题展开线上讨论，通过"应对未来管理的极速变革""直播搅动下的新零售趋势""疫情之下，还适合创业吗？"等直播活动，实现了超过 610 万人次的全网宣传总流量，传递和强化了飞书的品牌形象。

资料来源：艾瑞咨询. 2020 年中国内容营销策略研究报告.

8.1　数字产品运营管理概述

8.1.1　数字产品的概念

随着数字技术的不断发展，互联网及移动互联网成为人们生活依赖的工具之一，各种各样的数字产品层出不穷，给人们的生活带来了较大变化，成为人们生活中必不可少的组成部分。

8.1.1.1　数字产品的内涵

学者们对数字产品的定义存在差异。在 20 世纪 90 年代，OECD 提出的数字经济概念认为，数字产品是电子传输的数字产品，应与一般有形的商品销售有区别，数字产品主要以电子方式传输或者劳务方式供给。美国著名经济学家夏皮罗和瓦里安认为，数字产品（Digital Produce）是一段字节，包含数字化格式，是可编码为二进制流的交换物。整体来看，数字产品是那些可以在线上购买和即刻消费使用的，并且使用时不用担心退货或者丢失的产品。它们往往可以借助数字媒介进行传播，可复制的成本和门槛较低。例如，在线音乐、移动 App 等都属于该类产品。

一般情况下，信息产品与数字产品可以指同一类交换物，也可以指存在一定差异的交换物。例如，被数字化的书籍，既可以称为信息产品，也可以称为数字产品；但是纸张形式的书籍，只能称为信息产品，不能称为数字产品。数字化产品不一定是数字产品，如各种应用软件既是数字化产品也是数字产品，但数字化家电是数字化产品但不是数字产品。数字产品的具体表现形式如图 8-1 所示。

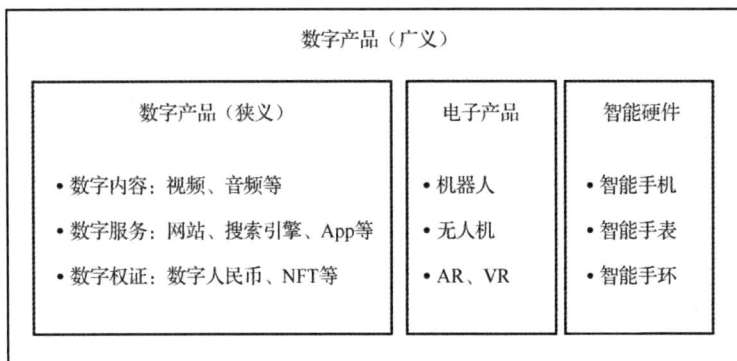

图 8-1　数字产品的具体表现形式

资料来源：作者整理.

8.1.1.2　数字产品的类别

数字产品运营的表现形式有较大差异。例如，在线服务类产品，因其具有交互性，服务商据此可以推出按使用次数收费或按时间段收费的定价方案；对股市行情进行分析，"质量"是其定价的重要评价指标。工具和实用产品，因其注重实用性，所以产品的效能很重要，通常产品效能本身大于运营。运营注重推广渠道的铺设、营销事件的策划等，能够清晰地对外传递产品价值，其关注点是用户增长。基于内容的数字产品，运营的关键点是内容的质量，用户增长需要依托独特的、高质量的好内容。所以对数字产品进行分类时，可以识别和把握产品的关键特性。

一是按照产品类别和属性进行分类。产品的属性分为可测试性、粒度和可下载性三项指标。可测试性指的是一个新的技术或产品在销售之前所愿意做新尝试的程度。有些数字产品不愿意被消费者和经销商测试使用；有的可以让消费者使用一部分或者可以在限定的测试时间内使用。粒度指的是一个物体或活动特征的相对大小、比例或穿透深度。数字产品的粒度指数字产品的可分割性，以及可以为经销商提供差别化服务的机会。可下载性指的是产品通过互联网从卖方到买方的传输机制。按照这三个指标，可将数字产品分为三类，包括在线服务类产品、工具和实用产品、基于内容的数字产品。

（1）在线服务类产品。这类产品主要提供存取有用网络资源的服务，并利用在线资源协助用户完成特定的任务，如网络电话软件、在线翻译、在线搜索服务、电子政务、远程教育等。有的在线服务产品有点像"工具和实用产品"，二者的区别在于消费者无法实际"购买"在线服务产品，只能付费使用。这类产品的可测试性属于中等水平；传输模式是在线交互式的，可下载性低；其粒度属于中等水平。

（2）工具和实用产品。这类产品都是帮助用户完成一定任务的，如 RealPlayer 可以用来收听在线广播和剪辑音频、Adobe Acrobat 可以用来建立和浏览 PDF 文件。这类产品可辅助用户完成特定的目标或任务。一般商业软件、共享软件、免费软件等很容易通过网络下载，并可以归入这个类别。生产商对这类产品的控制力强，适合采用先试用后购买的方式进行销售，因此这类产品的可测试性高；其产品传输模式以网络下载为主，可下载性高；产品的粒度属于低水平。

（3）基于内容的数字产品。这类产品的价值在于它的信息内容，如电子报刊、研究报告、各种数据库，以及在线的娱乐产品、各种视频等。这类产品可测试性低，一旦被消费者试用，生产商将很难控制产品；可下载性高；产品的粒度属于高水平。数字产品分类如表 8-1 所示。

表 8-1 数字产品分类

分 类	可 测 试 性	粒 度	下 载 性	代表性产品
在线服务类产品	中等	中等	低	在线翻译
工具和实用产品	高	低	高	共享软件
基于内容的数字产品	低	高	高	电子报刊

资料来源：蒋小花，吴山. 数字产品运营管理，2022.

二是按照产品的使用用途分类。

（1）内容性产品。内容性产品是指表达一定内容的数字产品。这类产品的代表形式有新闻、图书、报刊、电影、电视、音乐等。在网络环境中，大量的新闻信息被数字化，且多数新闻网站都免费向消费者提供信息。随着电子阅读器的普及，大量电子书在各种平台售卖，有些站点还提供书籍免费下载服务。

（2）交换工具。交换工具是指代表某种契约的相关数字产品，如数字门票、数字理财产品等。在线下环境中，人们采用纸质货币作为交换工具，而在线上环境中，货币和传统的金融工具都可以在数字化后变成数字产品。目前大多数金融信息都已经在数字化后被存储在计算机硬盘中，或者以数字格式在互联网上传播。数字化交换工具包括从数字化银行卡等金融交换工具到数字化高速公路缴费卡等运输交换工具，从政府公共管理事务活动的交换工具到社区活动的交换工具等。

（3）数字过程和服务。任何可以被数字化的交互行为都是一个数字过程，数字过程本身必须由软件进行驱动，这是数字过程和服务与内容性产品的一个区别。例如，人们用超星阅读器阅读数字图书馆书籍时，必须先启动超星阅读器，这个启动过程就是数字过程。数字过程和服务与内容性产品的另一个区别在于数字过程是交互的。数字过程往往不依靠软件就能单独完成，软件的作用是完成一些自动的程序，促进数字过程的发生，完成数字过程还需要人的参与，如填写在线表格，需要人作为主体参与其中。

8.1.1.3 数字产品的属性

与实物产品对比，数字产品具有非物质性、即时性、网络外部性、易传播性这四个维度的属性。

139

1. 非物质性

数字产品，如在线音乐，除了存储数字产品的设备，它们通常不占据物理空间；同时消费者也无法对数字产品进行物理接触，但却可以通过技术设备来感受它们。例如，消费者利用视频应用程序播放相应的视频产品。

2. 即时性

数字产品的消费和使用不依赖特定的时间和空间。在消费者产生了购买需求时，对于实物产品而言，通常需要经由线下渠道的交付才能收到产品进行消费和使用。数字产品，如 App 或电子书，在网络覆盖水平较高的地域，消费者可以不受时间和空间的限制，随时随地购买或使用这些产品。

3. 网络外部性

数字产品区别于传统产品的一个典型特征是其具有较强的网络外部性特征。网络外部性指单一用户使用产品获得的效用与用户的总数量成正相关，即一个产品用户数量越多其对消费者的价值也就越大，每个用户的效用就越高。使用数字产品的消费者数量不断增加，数字产品的协同价值也相应增加，消费者从数字产品中获得的效用也随之增加。

4. 易传播性

易传播性是指产品以较低的成本进行复制、存储和传播。数字产品以较低的成本进行快速复制、存储和传播，并且不会对产品本身产生任何磨损。例如，视频内容和音频内容，消费者可以在使用的同时很方便地进行转发和分享。例如，抖音平台的数字产品 App，可以通过消费者分享链接的方式在社交媒体圈中快速传播。

8.1.2 数字产品的运营管理

数字产品的运营管理是依托互联网平台的数字产品，以最低的预算、最优的路径、最高效的执行力度、最有效的手段吸引大批忠实用户，建立数字产品在市场上的竞争优势，并最终使数字产品在市场上取得成功的过程。

8.1.2.1 数字产品运营的核心任务

数字产品运营的核心任务是让产品在市场上取得竞争力。数字产品更多基于互联网，企业需要具备互联网思维。互联网是由用户、终端、应用、公司、收入和理念构成的生态，这个生态中以互联网公司为主体，以用户思维为理念，通过产品满足用户需求并获取用户，获取大量用户后再转化用户价值获得收入。企业的连接越广、连接越厚，价值就越大，这就决定了互联网内在的精神是去中心化的，是开放、平等的。互联网商业模式是建立在开放、平等的基础之上的，互联网思维体现着开放、平等的特征。开放、平等意味着民主，意味着人性化。从这个意义上讲，互联网经济是真正以人为本的经济，其思维的精髓是用户至上。

数字产品的质量尤为重要，但是真正的评价需要依靠用户，用户给予的好评直接影响数字产品的竞争力。在互联网中，由于信息传播的速度快，影响范围广，所以数字产品需要能打动用户。从用户角度来看，能解决问题的产品才是好产品；能方便、快速地解决问题的产品，就是一流的产品。互联网是一个更新迭代速度非常快的地方，速度是最重要的，企业应当追求"小、快、美"，通过快速迭代的方式，追求产品的极致，在互联网时代，数字产品制胜的关键是用户至上。

8.1.2.2　数字产品的开发策略

虽然开发新产品是企业重要的创新活动，但新产品开发的失败率非常高。在传统的新产品开发策略中，企业要想获得消费者对新产品创意的偏好信息，需要将新产品推向市场，通过消费者的评价和反馈获得偏好信息。在产品设计方面，更多依靠的是专业的产品设计师的相关知识，以及企业高层管理者对市场的洞察力。在数字营销快速发展和数字产品生命周期不断缩短的背景下，企业完善新产品开发策略刻不容缓。例如，最小化可行产品策略能够有效地帮助企业获得消费者对新产品创意的偏好信息，而数字孪生技术也可以对新产品的使用和运行效果进行仿真模拟，从而改进和完善新产品的功能和表现，并极大地缩短了数字产品开发周期，降低了产品开发成本。企业还可以利用在线创新社区收集消费者对新产品的期待，这些都是企业开发新产品时可以选用的有效策略。

1. 最小化可行产品策略

最小化可行产品（Minimum Viable Product，MVP）是指只包含能够满足消费者基本需求的产品，可以为产品未来的发展奠定基础。在产品开发时，如果只考虑"最小化"，往往会导致产品无法满足消费者的需求。在产品设计时，将"可行性"加入"最小化"中，常常可以设计出一款刚好满足消费者主要需求的产品。当然，最终目标是实现产品可用性的最大化，达到产品的理想形态。

在数字化时代背景下，消费者往往面临着更加多样化的选择，对产品和品牌的忠诚度不断下降。因此，企业要关注具体场景下消费者的痛点，满足消费者更高层次的需求。企业在实行最小化可行产品策略之前，需要明确产品的用户画像、预期市场规模、市场定位、优势等问题。只有搞清楚这些问题，企业才能从最小化可行产品策略中获得最大的好处。

企业利用数字技术，对数据资料进行整理和分析，能够帮助企业更准确地发现消费者的需求，并由此来推动相应的产品决策进程。企业只有从消费者的角度出发，以消费者需求为导向，不断地进行科学验证和科学试错，最终才能快速迭代出符合消费者需求的产品。因此，数字技术提升了企业实行最小化可行产品策略的效率和效果。

2. 数字孪生技术

数字孪生技术（Digital Twin，DT）是一种产品模拟技术，它通过将现实产品的一系列数据特征映射到虚拟空间当中，来实现对产品新功能的虚拟测试，为提升新产品的质量和性能奠定基础。数字孪生技术具有实时反应、互动性和自我迭代等特点。其中，实时反应是指虚拟空间内产品的表现必须是物理空间内产品表现的真实反映；互动性是指历史数据与实时数据的交互与融合；自我迭代是指数字孪生技术可以实时更新产品的相关数据，在虚拟空间和物理空间中进行优化升级和模型改进。概括而言，利用数字孪生技术进行新产品开发的流程如下。

（1）产品概念设计。产品概念设计是新产品开发的第一步，也是其中最重要的一步。产品经理需要根据消费者对现有产品的反馈、市场环境、产品竞争力、投资计划等大量信息来定义新产品的概念、外观和主要功能。数字孪生技术可以将大量信息进行整合和分析，让产品经理快速了解上一代产品需要改进的地方或者快速发现消费者的新需求。在利用数字孪生技术设计汽车的案例中，产品概念设计阶段，仿真平台运行虚拟试验场、车辆传感器模拟测试场景，以便形成一个或多个自动驾驶的测试场景。

（2）详细设计。在这一阶段，产品经理要利用数字孪生技术完成产品的设计和建造，包括产品功能、设计参数、测试数据等。同时，需要对产品进行重复的模拟测试，以便确保产品能够达到预期的性能。而且数字孪生技术可以弥补之前技术无法获取的实时数据和环境影响数据，协助实现模拟试验效果的最优化。仍然以前面的汽车开发为例，在这一阶段，汽车设计师会根据消费者的反馈、测试数据，以及消费者在使用上一代汽车时出现的各种问题，进一步细化设计方案。例如，汽车设计师根据消费者的驾驶习惯、车身材料和制动性能进行改进，提高设计方案的可行性。

（3）虚拟验证。在传统的产品开发过程中，设计方案的有效性和可行性要等到产品投入市场之后才能知道市场对新产品的反应。这不仅会延长产品的生产周期，而且会极大地增加企业投入产品开发中的时间成本和资金成本。相对而言，数字孪生技术则可以将产品任何配件的质量和数据在实际生产之前通过虚拟模型的调试和预测进行分析，从而避免烦琐的市场验证和测试工作。在虚拟汽车试验场的案例中，自动驾驶汽车根据自身算法对十字路口信息进行处理，并根据路口信息自动作出制动减速、缓慢通过路口等驾驶决策。利用车上安装的动态测量设备，实时采集该车辆的行驶数据并上传至仿真平台，然后通过数据分析技术得出有效的汽车驾驶改进方案。

3. 利用在线创新社区

企业不仅可以依靠内部的资源来开发新产品，也可以利用企业外部的人员（消费者）来开发和改进产品。换句话说，消费者对产品开发起到十分重要的作用。其中，在线创新社区就是消费者参与产品开发过程的数字营销工具，它可以极大地降低新产品在市场上不受欢迎的风险和产品开发成本。此外，在线创新社区还允许消费者对社区中发布的产品创意进行投票和评价，这对在线创新社区的成功是非常重要的。它不仅有助于提高新创意的质量，而且还有助于企业识别出新创意在目标市场中受欢迎的程度。

在实践中，戴尔所采用的头脑风暴（brainstorming）项目就是利用在线创新社区帮助企业实现新产品开发的典型案例。公司的首席执行官一直强调要倾听消费者的声音，因此，公司成立了社交媒体聆听管理中心，主要用来监测、回应和引导社交媒体上有关戴尔品牌的话题。公司除了把社交媒体作为倾听消费者声音的重要途径，还通过社交媒体与消费者近距离地进行密切沟通。

⊷➡【小案例】

Threadless T 恤公司社区设计模式

Threadless T 恤公司采用的设计模式是社区设计模式，即由全球的设计师和艺术家来提交产品的设计并投票决定，这种模式可以将设计的优秀程度最大化，同时也可以使 T 恤产品更符合消费者的需求。该公司为设计师和用户提供了一个便捷的交流平台。设计师可以通过平台发布自己的作品，得到用户的反馈，为日后的创作提供参考；用户也可以在平台上留下自己的评价和建议，反馈产品的优点和不足，这对该公司的改进提供了有益的帮助。该公司采用社区设计模式和大数据分析来发现消费者在审美方面的偏好和需求，通过这种方式进行创新、设计，生产和销售更符合消费者需求的产品。

资料来源：作者整理.

8.2　数字产品定价策略

8.2.1　数字产品的定价依据

数字产品定价是企业最重要的决策之一，影响企业市场占有率及获利程度。传统价格理论认为，价格主要取决于社会必要劳动时间和供求均衡状况。在现代新技术经济条件下，产品定制等策略正在改变产品的生产方式和销售方式。产品生产小批量化，甚至可以做到没有一件产品是相同的。在网络条件下，等价交换的价值规律正在受到冲击，定价方式也在发生变化。

8.2.1.1　数字产品定价的特征

一是对产品效用评价的主观性。产品的需求随消费者个人的偏好而变化，数字产品的需求更受此影响。数字产品没有实物形式，对于它们的用途和价值，不同的消费者有不同的理解，主观性强。在划定数字产品的价格时，一般根据消费者的边际支付意愿进行定价，并依靠消费者类型或其他信息进行数字产品价格划定。

二是数字产品的经验属性。在使用数字产品之前，消费者无法对其价值进行判断，无法知道自己是否会喜欢，是否会愿意为其付费，很多消费者会根据该产品已有消费者的评论和销售数量进行判断。对于数字产品来说，它每次被消费的时候都是经验产品。消费者在确定产品价值前会谨慎消费；对数字产品的提供商来说，确立数字产品消费偏好显得非常重要。企业需要通过各种手段帮助消费者了解该产品的效用，降低产品质量信息的不确定性和信息的非对称性。

三是数字产品的网络外部性。网络外部性分为直接网络外部性和间接网络外部性。直接网络外部性，如电话、在线服务、电子邮件等，随着某一数字产品消费用户数量的增加而直接导致网络价值的增大；间接网络外部性，如互联网与网站、电子书等，随着数字产品使用者数量的增加，该数字产品的互补产品数量增多，价格降低。

8.2.1.2 数字产品的成本结构分析

数字产品有着特殊的成本结构，包括以下几点。

（1）前期投入成本较高。多数数字产品前期投入了较大的研发费用，如微软公司开发 Windows 时投入了 2 亿美元，即生产 Windows 光盘支出 2 亿美元，而后期消费者购买每张光盘只需要支付 50 美分。

（2）生产过程中固定成本高，变动成本低。数字产品可变成本的特殊性是将已经生产的产品大量复制，其成本增加很少，甚至可以忽略。软件生产商有能力生产一份副本，就能以几乎相同的单位成本生产 100 万份副本或 1 000 万份副本，因此对数字产品生产能力通常没有自然限制。正是这种低增量成本和大规模的运作使微软公司得以享受 92%的毛利率。

（3）生产的固定成本绝大部分是沉没成本。数字产品的生产通常分成两个阶段：第一阶段是智力的创造性劳动阶段，这一阶段需要大量的投入才能创造出数字产品；第二阶段主要是机械性复制阶段，由于复制信息的成本很低，因此，只需要很低的边际投入便可以通过复制生产出大量同类数字产品，数字产品的边际成本几乎为零。

（4）销售过程中生产成本低，销售成本高。数字产品往往需要花费极高的销售成本来推广产品，被消费者认识、接受，甚至要花费极高的培训成本，对消费者进行使用方法的培训。

8.2.1.3 数字产品定价的理论基础

（1）价格歧视理论。通常的价格理论都是假定市场上的消费者是同质的。在现实生活中，消费者大多是异质的，不同的消费者有不同的偏好，他们对同一产品的主观评价也不同，也就是说每个消费者对同一产品的保留价格是不一样的。这就使垄断企业可以利用差别价格，实现利润最大化。同一产品按照不同的价格销售就是价格歧视。价格歧视不能出现在完全竞争的市场中。在竞争的市场中，有许多以市场价格出售同一种产品的企业。如果企业可以用较高的市场价格出售产品，没有一个企业愿意收取低价格。如果企业想要以较高的价格出售产品，消费者就会流失，转向其他企业购买。所以，能够实施价格歧视的企业通常具有一定的市场控制能力。

（2）固定价格和差别定价。固定价格包括标签价格或菜单价格，固定价格是最常见的价格决定方式。卖家会把每个产品进行标价处理，如果消费者认为价格合适，他就会选择购买某种产品；如果消费者认为产品价格过高，他可能转向其他的卖家，不会跟卖家讨价还价。固定价格有时可能是一个供买卖双方讨价还价的起始价格，有时可能是一个计算折扣的基准价格。设置固定价格的优点是可以节约交易的时间成本。一般来说，卖家不敢把价格定得太高，否则会失去消费者。差别定价就是卖家在销售相同产品的时候，单位价格可能会因人、因时而不同。例如，卖家拍卖产品时通常一人一价。另外，讨价还价也属于典型的差别定价。

（3）静态定价和动态定价。静态定价是指卖方在交易前就确定了产品价格，典型的代表就是固定价格。还有就是卖方事先制定产品的数量折扣政策或价格套餐政策，这种定价属于差别定价中的二级或三级差别定价。动态定价是买卖双方在交易时确定的价格。典型的代表是一级差别定价。买卖双方在交易之前只知道大致的价格范围，在交易的过程中，消费者根据产品的质量、供求形式和卖方的要价，经过讨价还价，来调整自己的支付意愿。

8.2.2　数字产品的定价策略

数字产品定价时，应当考虑产品的特性、营销环境和消费者对产品的主观评价。除了一小部分对产品价格特别敏感的消费者，降价策略并不一定会成功，因为大量消费者更注重其他获取成本和产品的效用。

8.2.2.1　主要定价策略

1. 部分免费策略

部分免费策略指消费者可以免费下载并使用产品的部分功能，若要使用产品的全部功能则要另外进行购买。显然，这一定价思想与传统的升级销售十分类似。例如，360 公司是将部分免费策略运用得非常极致的一家公司，其最早推出的产品是"360 安全卫士"，此产品完全免费，不但自己免费，还拉来了著名杀毒软件卡巴斯基与其绑定，用户安装了 360 安全卫士后，不但可以免费使用 360 公司的各种功能与服务，而且还可以免费使用半年正版的卡巴斯基杀毒软件。

2. 限时免费策略

限时免费策略指消费者可以免费下载和使用产品，但是在使用一段时间之后就会受到限制，主要包括次数限制和期限限制两种情况。其中，次数限制是指消费者可以免费使用一次或几次该产品，超出限制的使用次数之后则需要额外付费；期限限制是指在规定时间内消费者可以免费使用该产品，但在超过规定的使用时间之后则需付费使用。这种策略的应用往往是通过先试用的方式来获得消费者的认可和使用意愿，然后在此基础上正式收取费用。

8.2.2.2 数字技术定价策略

1. 智能动态定价策略

（1）智能动态定价策略的概念。智能动态定价策略是指基于机器学习和人工智能定价技术的应用，结合市场中的供求关系、季节变化等影响因素确定最终的产品价格。企业可以将期望的利润、季节、日期、消费者评价、搜索率等指标输入定价模型中进行计算，并利用机器学习或人工智能算法确定最优的产品或服务价格。例如，优步（Uber）所使用的峰值定价策略，就是基于对海量实时数据的建模优化，将时间、地点和用车的紧急程度等数据纳入算法模型当中，从而确定最终的用车价格。

（2）智能动态定价策略的应用。为了使房东的收益最大化，爱彼迎（Airbnb）公司也采用了智能动态定价策略。爱彼迎公司推出了"Price Tips"和"Smart Pricing"两种定价工具。其中，"Price Tips"可以根据房东目前的定价，显示该房间每天被预订出去的概率和相应的推荐价格；在"Smart Pricing"工具中，房东可以设置一个最低值和一个最高值，之后工具系统会自动生成不同日期的推荐价格。在数字经济时代背景下，这一智能动态定价策略也逐渐应用到了其他服务行业，如零售业和航空业等。

（3）智能动态定价策略的优点分析。概括而言，智能动态定价策略具有以下三个优点：第一，智能动态定价策略实现了自动化定价，提高了定价的速度、增强了定价的灵活性；第二，智能动态定价策略帮助企业实现从全局视角优化最终价格的目标，智能算法允许企业将影响价格的多种因素考虑在内，通过自动迭代计算，帮助企业作出最优的价格决策；第三，智能动态定价策略能够在一定程度上预测市场趋势，通过分析产品或服务过去和现在的相关数据，智能算法能够提前预测市场变化并调整价格，这在一定程度上有助于企业提高对市场的洞察力。

2. 算法驱动的个性化定价策略

（1）算法驱动的个性化定价策略的概念。算法驱动的个性化定价策略是指基于数据收集工具和数据分析工具的应用，结合消费者的个体差异（支付意愿）来确定最终的价格。随着信息技术的发展，99%的在线企业可以获得用户访问其网站的行为信息，如位置信息、浏览和购买记录、收藏记录、某一产品的浏览时间、支付方式等。企业可以利用 Cookies 等信息收集工具对消费者的行为数据进行跟踪，进而通过分析消费者的行为数据解读消费者的个人特征和偏好，从而预测其支付意愿等。

（2）算法驱动的个性化定价策略的应用。例如，京东采用算法驱动的个性化定价策略与保价服务策略相结合的方式，在保证企业获取利润的同时，还提升了消费者的购物体验。京东在其价格保护政策中提到：消费者在京东网站购物，如商品出现降价现象（不包括支付方式的相关优惠），在价保规则范围内，京东将赠送与差额部分等值的金额补偿或"京豆"。其中，家用电器商品在订单商品签收之前或签收之后的 30 天内可以申请价格保护；生鲜商品在订单签收之前或签收之后的 48 小时之内可以申请价格保护。

（3）算法驱动的个性化定价策略的优缺点分析。通常，算法驱动的个性化定价策略具有以下两个优点：第一，可以帮助企业通过价格判断消费者的个人偏好，并使定价合理化；第二，可以在一定程度上挖掘潜在消费者，扩大市场规模。利用个性化定价策略，企业可以针对新用户设置新人优惠并留住用户。例如，饿了么为新注册的用户发放无门槛外卖红包。

不过，这一个性化定价策略存在大数据杀熟的局限性。大数据杀熟是指针对某一件产品，或者某一项服务，老用户看到的价格反而比新用户看到的价格更高。大数据杀熟现象可能是大数据无意识的算法导致的，也可能是企业有意而为之的。但是，无论是无意的还是有意的，该现象长期来看都可能会对消费者的购买体验产生不利影响。价格以较高的频率上涨或下跌可能会导致消费者对产品，甚至是对企业产生负面评价。因此，国家规定要求保障消费者的算法知情权和算法选择权，企业不得利用算法实施不正当竞争行为。因此，对于企业来说，一定要慎用算法技术，采用服务策略与定价策略相结合的方式进一步优化相应的定价策略。

8.2.2.3　消费者参与定价策略

消费者参与定价策略是指消费者参与企业设定产品价格的过程。其中，按需付费定价策略和选择价格定价策略是最具代表性的两种消费者参与定价策略。

1. 按需付费定价策略

按需付费定价策略是一种参与式定价，是指将产品或服务价格的决定权交给消费者。简单来说，就是企业只提供产品或服务，而由消费者来决定价格。

按需付费定价策略需要消费者在定价过程中付出较多努力，因此可能会降低消费者的购买意愿。但是，对认知需求高的消费者来说，他们往往希望感受到自己在定价过程中所付出的努力，而按需付费定价策略则正好满足了这类消费者的需求，从而提高他们的购买意愿和优化购物体验。

2. 选择价格定价策略

选择价格定价策略是指企业为消费者提供多个价格选项，消费者可以自主选择他们想要支付的价格。在这一定价策略中，消费者仍然对价格享有最终决定权，但他们不必自己生成价格选项。例如，旅行平台 Priceline 就曾推出过这类定价策略。消费者参与选择价格定价策略的过程，会增加消费者对价格的控制感，同时企业所给出的价格选项也降低了消费者参与定价需要付出的努力，优化消费者定价过程的体验感。

●●━━▶【小案例】

Radiohead 第七张专辑的按需定价模式

英国著名摇滚乐队 Radiohead 的第七张录音室专辑《彩虹里》(*In Rainbows*)正式发行。与一般专辑通过唱片商店销售的发行模式不同，Radiohead 的这张专辑将完全在网络上发行。乐迷们如果想购买这张由 Radiohead 乐队独立发行的唱片，可以登录乐队的官方网站，通过网络支付方式获得唱片。这张专辑的价格是 40 英镑，包含一张 CD、两张黑胶盘，以及一些图片和歌词小册子等。如果乐迷们不想获得实体唱片，也可以购买 MP3 单曲，但与苹果公司 iTunes 销售模式一首单曲卖 0.99 美元(约合 7.5 元人民币)的定价不同，Radiohead 新专辑的曲目没有定价，网站上的价目表只有一句话"价格由你决定"，让有意购买单曲的乐迷们"看着给"。

资料来源：作者整理.

8.3 数字产品的内容管理

8.3.1 内容管理的概念

数字产品的一大特征就是内容管理，企业与用户交互的重要载体就是数字产品的内容，企业通过给用户传递内容达到信息传播的效果。因此，内容管理在企业与用户的沟通中发挥着重要作用。虽然学者们对内容管理的界定稍有差别，但是从整体来看，内容管理是创建及传递有价值和引人注目的内容以吸引现实的或潜在的目标的商业管理过程，目的是促使顾客作出能为企业带来利润的行为。

8.3.1.1 内容的特点

内容生产需要用户有一定的积累才能生成，不同产品的内容有轻重之分。

轻内容是指产品内容运营过程中大多依附其他产品，无法独立存在，所花费的时间和人力成本相对较少，人人都可以输出。例如，网易跟帖依附于网易新闻。重要内容通常是由专业的团队协作完成的，并且内容本身的价值非常高而且产量相对较低，如电影、电视剧等。这类运营需要较高的技巧，除了需要有品牌影响力、用户数量，还需要支付版权费用。本节介绍的内容管理不包括这部分。普通内容通常具有以下四个特点。

（1）内容创作的难易程度稳定。例如，创作者写一篇推广文章，即使产品改进到了极限，但对创作者来说，还是需要整理思路、字斟句酌，文章对创作者的依赖程度非常高。

（2）投入成本较高，产量较小。创作者写一篇文章、回答一个问题或者剪辑一段视频都需要投入一定的时间。对创作者来说，如果产品没有很好的激励机制，就不利于创作者持续创造内容。

（3）内容通常可以自传播。一篇好的内容很容易被分享，内容转发率高。内容质量越好，自传播的速度和周期就越快。

（4）内容通常可以直接定价。例如，对于网络小说、百度文库、公开课等内容，消费者已经习惯为之付费。

8.3.1.2　内容管理的结构

1.　内容生产者

内容生产者是网站与产品内容的发动机，是保证内容流转效率和网站与产品转化能力的动力。内容生产者主要解决原始素材从哪里来、内容由谁来提供、提供什么样的内容、能否为内容消费者所喜爱等问题。这一点与电子商务很像，某品牌定位的是儿童客户，那么它的进货定位就是儿童，不会是成年人；某品牌定位的是大家电，那么它就不会接受手机、相机等小电器。数字产品也一样，某旅游网站，提供的肯定是各地旅游信息。数字产品平台上，可以自己提供消费者感兴趣的内容，也可以请意见领袖、行业精英、产品用户等提供，但不管由谁提供，他们都是内容生产者。不管内容生产者是人还是机器，都需要定时维护，以确保内容生产者持续提供内容。

2.　提供的具体内容

收集好原始素材，开始内容再加工过程。从选题、编辑、创作、排版到发布，将内容组织成需要对外呈现的形式，这便是内容产品的生产过程，对这个环节的把关将决定内容质量的高低。

3.　内容产品标准化

对于我们熟悉的领域，我们可能看到一篇文章就能够揣测到它是出自哪个公众号的，因为其风格是已经塑造成为这个公众号品牌的隐形标签。内容标准化输出，形成自己的风格，不仅可以提高内容生产的效率，也可以在一定程度上为输出的内容产品打上标签，产生品牌效应。

4.　内容消费者

内容消费者定位要准确，因为它决定产品目标用户聚焦的用户群体，是内容消费人群描述的关键。例如，时光网的内容消费者定位是电影爱好者，哔哩哔哩早期的内容消费者定位是 ACG 爱好者。

8.3.2　内容运营管理策略

8.3.2.1　内容运营战略

从企业战略视角来看，内容运营可以确立理想的品牌定位，引导消费者的品牌认知，颠覆其可能对品牌的成见；从竞争视角来看，内容运营可以助力成熟企业制定竞争战略和拓展市场，也可以帮助初创企业快速进入成长期。

第一，从品牌定位来看。品牌定位是将品牌根植于顾客心中的过程，成功的品牌定位代表企业品牌在顾客心中有独特的地位，能够轻松与其他品牌区分开来。在确定品牌定位的过程中，企业可采用一系列内容运营工具，如故事视频、图片及文案等，创作具有情调的社交媒体内容等，向目标客户传递品牌理念。具体可从树立品牌在消费者心中的形象、了解竞争对手、增强品牌独特性、宣传品牌定位宣言及传播品牌定位等角度展开。

第二，从消费者认知来看。消费者认知指的是消费者心目中对企业或产品的看法。内容运营可以给消费者提供不一样的体验，诠释不同的心情与感受，继而培养忠诚顾客。例如，通过内容传递提供戏剧化的反面案例，让消费者接纳和认可企业或产品，可以助力"低端品牌"上位。

第三，从竞争战略来看。企业可以利用内容的传递进行正面攻击（攻击领导品牌的长处）、侧面攻击（攻击领导品牌的弱点）及包围攻击（从多个方面攻击领导品牌）。企业通过精巧的内容设计，把战略内容完整地表达出来。

第四，从企业市场拓展来看。"产品延伸战略"指的是扩展现有产品的深度和广度，向现有顾客推出新产品，提高企业的产品使用率，即在顾客消费支出中的占有率，当然，对媒体企业而言，内容本身就是产品，多开发内容新颖的产品，就是利用产品延伸战略。如果能精准把握潜在的、尚未得到满足的消费者需求，提炼新产品，将可能刺激新的消费，实现市场扩张的目标。

8.3.2.2 内容运营过程

1. 内容运营前准备

（1）对自身产品的理解。企业要明确自身产品的定位、用户需求、用户使用场景、市场份额、商业模式等。企业只有搞清楚这些问题，才有可能把产品运营好。例如，QQ浏览器最初的定位是手机浏览器，满足用户在访问小说、视频等网页的需求。

（2）对产品用户的理解。在开始正式运营产品内容之前，企业可以先对使用产品的用户进行分析，这样有助于把握自己的工作方向。在分析用户画像时，企业需要重点关注用户的基本属性，如年龄、性别、所在地域、受教育程度、上网习惯、对内容的偏好等，对用户的深入了解是每个互联网产品内容运营的基础。

（3）对竞争产品的分析。对竞争产品的分析是非常有必要的。由于目前市场上完全空白的产品非常少，因此企业要分析竞争产品的内容特色，以及留给自己产品的发展空间。每款产品都会有竞争产品，产品在不同的发展阶段所面对的竞争产品也不同。如果企业想要迅速运营好内容，首先就要找到产品所在阶段的竞争产品，并且要了解竞争产品的运营策略和竞争产品的各项转化数据。

2. 内容初始化

内容初始化是内容运营初期的核心环节。它是在构建好的内容框架下，在第一批"种子"用户使用产品之前，填充一些内容，这些内容代表网站与产品的价值观，决定自己的产品可以吸引什么样的用户。在内容初始化前，企业必须解决以下几个问题。

（1）确立好内容面向的初始目标用户群，越细分越好。针对目标用户群，确定输出相应的主题。

（2）确定第一阶段用户内容需要解决的问题。要清楚产品初始阶段如何通过内容留存"种子"用户，清楚知道准备运用哪些运营手段，保证"种子"用户的活跃度。

（3）关键路径引导与初始内容准备吸引用户参与。新用户进入后要有引导文案，让新用户知道社区具体的运营内容、如何参与等。对于社区型网站或者产品，可以自己作为用户或者定向邀请一些"种子"用户开始进行内容填充。例如，交易型网站对应的关键路径，可能是注册和交易指南、商品信息、如何支付等，内容初始化的重点是商品信息、图片展示。

（4）确立内容架构，解决内容从哪里来、到哪里去的流程问题。想清楚用户进入社区后希望看到哪些内容，产品内容会被分到哪一级目录之下。

3. 内容输出机制

内容运营人员需要寻找用户关注度高的话题。常用的手段是通过技术抓取、收集某一个细分领域的文章，形成素材库，对话题的热度进行排序，整理出需要关注的内容。内容运营初期，运营人员需要调动多方面的力量参与话题的填充和讨论。例如，带领公司的同事填充热门话题，邀请用户参与话题讨论。其中，邀请早期用户参与话题讨论，是建立持续的内容输出机制的重要手段。例如，淘宝用户非常注重客户评论，因为这可以实现流量的转化。

4. 内容推荐机制

内容推荐对内容运营人员而言是一项很大的挑战。在符合产品气质的前提下，能吸引大量用户点击的内容才算是好的内容。符合产品气质的内容，有利于普及产品的价值观，吸引大量志趣相投的用户参与内容的创作，产品依靠氛围聚集用户，用户的选择可以印证内容是否有足够的吸引力。

常见的内容推荐方式有以下几种。

（1）热门推荐。热门推荐是一种既省力又讨巧的推荐方式。最常见的是"排行榜"形式。要给用户展示平台上最热门的内容。但是要注意热门的内容在各平台上往往都是相似的，很多新内容无法给用户展现。所以热门推荐只适合产品早期运营阶段，产品成熟后设置成为一个产品模块即可。

（2）编辑推荐。随着产品的日益成熟，用户持续增长，编辑推荐已成为内容推荐方式的首选。其逻辑是基于平台对于自身运营人员能力的自信，认为官方编辑推荐的内容就是用户喜好的内容。

（3）个性化推荐。个性化推荐常见于音乐、视频、新闻、电商等大平台，如天猫的个性化商品推荐。个性化推荐通常包括以下三种方式。

① 基于用户的推荐，找到相似的用户，看他们消费了什么内容，然后推荐给该用户。

② 基于物品的推荐，根据用户消费的内容、查找过的信息找到相似的内容，然后推荐给该用户。

③ 基于物品特性的推荐，根据用户消费过的内容提取特征，找到更多相似的内容，然后推荐给该用户。

8.3.2.3　用户生成内容策略

1. 用户生成内容的定义

用户生成内容（User Generated Content，UGC）最早起源于互联网领域，用于描述由用户生成的一系列内容，如日志、视频、音频、评论、图像等。本章将 UGC 定义为：用户作为生产主体，在互联网平台、社交媒体上发布的带有一定创意的内容，形式包括音频、视频、文本、图片等。

根据定义可以判断 UGC 有两层组织关系，一层是用户，即内容贡献者；另一层是平台，充当内容运营者和内容审查者的角色，有了人气，平台就会越来越大，人气就会越来越旺，反之亦然。UGC 型平台有微博、朋友圈、知乎、豆瓣等。

UGC 内容会深刻影响人们获取信息和做决策的方式，对用户的消费决策也产生直接或间接的影响；主要影响阶段为信息获取及信息评估阶段。应用 UGC 有三大优势。

一是真实感。根据咨询公司 Stackla 在 2017 年发布的调查报告，90%的受访者认为内容真实不造作，是喜欢一个品牌的重要因素。当用户看到和自己社会地位差不多的其他用户发布的内容后，其认为这样的报道属于个人行为，无任何商业利益，其文字和图片中传达出的喜悦和自豪未经修饰，这种真实感的传达会提高可信度。

二是关联感。用户自己创造的内容，自然和用户有更紧密的关联。来自普通用户的品牌分享，其他用户更容易理解和接受。

三是社会认同。社会认同是社会心理学中关于人际影响力的重要理论，认为人们在做决策时，如果缺乏或未掌握足够的信息，往往会倾向于参照他人的决策作出自己的决定。这种倾向在社交媒体环境中得到了充分证实，如美国最大的点评网站 Yelp，以及中国的大众点评、小红书和知乎等，用户创造的品牌内容，正是社会认同的表现。

2. 用户生成内容策略

用户生成内容其实就是用户向企业发出的社交信号，企业把握、处理、应对好这些信号，在某种程度上决定了企业社交媒体营销的用户敏感性及相应的营销效果。

品牌在内容中提及的方式不同，所体现出的品牌社交信号的强弱也不同，可将用户生成内容分为以下类型。

（1）泛提及。泛提及指的是用户在社交媒体的帖子中能够提到企业品牌或产品名称，如"今天买了一台苹果手机"等。这说明用户可能不知道企业官方账号或主体标签，也反映出用户期待与品牌发生社交互动的意愿不强烈。一般而言，这种用户创造内容的品牌社交信号模糊。但是无论是正面的还是负面的提及，只要品牌能及时作出回应，就可能给消费者带来惊喜，消费者会认为品牌的社交媒体更加鲜活可亲。

（2）品牌主题标签。用户在社交媒体中加入品牌或产品的主题标签。一旦用户在其创作内容上使用了品牌或产品的主题标签，意味着用户发出了一个相对清晰的品牌社交信号，品牌便可以便捷地聚合所有用户创造的相关内容。例如，新加坡的环球影城可以找到主题标签，完成下述营销任务：总结顾客旅游体验的调性，发现谁最有可能是意见领袖，分析顾客服务建议等。

（3）企业社交媒体账号。企业社交媒体账号指的是用户在社交媒体帖子中直接嵌入品牌的官方社交媒体账号，如个人在发帖子时直接提及企业微博，可以看出这种场景下的品牌社交信号非常清晰，企业在社交媒体营销中应尽可能作出回应，使用户满意。

（4）品牌活动标签。品牌活动标签指的是用户在社交媒体帖子中，为了响应企业发出的主题活动号召，使用企业指定的品牌活动主题标签。在这种场景下，用户发出的社交信号具体、明确，而且主题活动通常具有时效性，用户可能也有获得回报的期望，所以他们期待企业能够及时作出回应。

因此，企业在围绕活动主题产生 UGC 时，首先应确保自己的系统具备及时追踪能力，同时在用户回应上投入资源、快速响应。基于时效性主题的用户参与活动，在恰当的引导及激励机制下，可在短时间内产生大量聚焦性的用户创造内容，为企业营销提供充足的内容支撑。

【小案例】

三星 Galaxy Note10 娱乐营销

2019 年 5 月 31 日至 7 月 10 日，三星 A 系列手机携手新浪旅游、环球旅游周刊联合发起#VLOGA 趣拍#活动。活动吸引各领域 KOL 产出多维度的精彩内容，此外趣味 VLOG+花样的营销玩法，真正吸引了用户的注意力。活动连续登录微博话题榜单和热点前几名，实现了 41.4 亿人次的话题阅读量、177.1 万人次的话题讨论量、1.83 亿人次的视频角标曝光量，助力三星微博提及量增长 84%，新三星 A 提及量增长 202%。

资料来源：互联网周刊，2020.

153

8.4　数字产品的用户管理

8.4.1　用户管理的内涵

企业生产的产品只有满足用户需求才能占领市场，同时，任何一家企业都无法满足市场所有用户的需求，企业只有分析市场后确定目标用户，满足目标用户的需求，才能为企业带来经济效益。

用户管理是指通过运营手段提升用户的贡献量、活跃度和忠诚度，一般出现在用户类产品或综合产品中用户模块的运营。整体来看，用户管理以用户为中心，用户是所有运营工作的出发点。在产品的运营推广过程中，运营推广人员需要结合产品本身的特性，从用户的需求出发，进行有针对性的个性化运营。用户管理的目标是增加用户数量及提升用户活跃度。关注每个运营节点，分析每个节点用户变化的原因。要预设用户增长节点，关注用户活跃度，让活跃用户数量稳步增长。所以，用户管理就是以用户为中心，遵循用户的需求，以用户数量及活跃度为目标导向，设置运营活动与规则，制定运营战略，严格控制实施过程与结果，完成从无到有的用户积累，以达到预期的运营目标与任务。

8.4.1.1　用户分类

用户分类必须区分不同渠道的用户来源，根据渠道进一步识别用户属性，用户可以分为"种子"用户、核心用户、达人用户、普通用户等。

1. "种子"用户

"种子"用户是企业获取的第一批用户，且能够留存下来，带来更多的用户。他们热衷尝试新观念或新产品，是新观念的提出者或者新产品的倡导者。但热衷尝试新产品的用户不一定就是"种子"用户。例如，IT观光团，他们热衷于尝试各种最新的产品，会利用新媒体、微博等各种方式推广产品，并从专业的角度审视产品的定位、设计、交互等各项细节，然后开始设计专栏对产品进行测评，以推测它们能不能成为下一个脸书或者微信，同时也借鉴其中的产品逻辑指导自己的工作。另外，早期用户也不一定是"种子"用户，他们只是比较早地使用产品的用户。"种子"用户是指产品本身能解决其需求，他们会无条件地支持产品，推广和传播产品的一类用户。

2. 核心用户

核心用户是产品赖以生存和发展的根本，核心用户是产品核心价值的主要贡献者。核心用户能够贡献资源，如内容、产品创意、技术难题等，能够为企业带来现金流，并宣传产品，增加更多直接或者间接的用户。"种子"用户是存在于产品运营初期的特殊用户，而核心用户则存在于产品运营的每个阶段。例如，百度云招募协助其在贴吧、论坛、QQ

空间、QQ 群、微博等平台运行的自媒体账号。

3. 达人用户

这是根据用户表现设置新用户的产品运营方式，他们更多是为了提升产品的活跃度。例如，把用户分成小红书达人、美食达人、电影达人、旅游达人等不同属性来分别运营，维持其活跃度，并能让产品在每个细分领域逐渐沉淀相关内容，形成固定的关系链，打造多元化的产品运营氛围。

4. 普通用户

普通用户指的是只完成注册的一类用户，普通用户数量庞大。普通用户这一群体，一般完成注册后的操作行为较少甚至毫无操作，基本只有消费内容，不与他人互动，贡献内容较少甚至不贡献内容。当一款产品通过"种子"用户的测试正式上线后，普通用户就会逐步进入，人数也会逐渐增多。新浪微博刚发布不久，通过新浪娱乐、读书、博客等频道的带动，引入了大批公众人物、明星、知名企业等，然后在这些 KOL 的引导下，微博的普通用户在初期形成了指数级增长，通过 KOL 与普通用户的互动可以完成用户留存任务。

8.4.1.2　用户获得

不同阶段，用户获得的方式不同。

1. 早期用户获得

早期用户一般通过内测获得。企业邀请用户参加内测会使用户产生一种荣耀感和自豪感，内测用户可以很轻松地变成"种子"用户。选择邀请的用户一般是比较有影响力或话语权的，经过他们的宣传介绍，容易获得普通用户的关注。企业可以邀请以下三类用户成为内测用户。

（1）社会名人。如果企业有一定的经济实力，则可以邀请社会各界名人对产品进行内测。例如，品牌鲜花 Rose Only 在入市后，倡导"一生只送一人"的产品理念，并邀请了诸多明星为产品推广，从而引起大量普通用户的关注。

（2）意见领袖。根据产品特色，企业可以考虑邀请社交平台的意见领袖进行内测，他们对产品有着与明星比肩的影响力，需要花费的时间成本与预算相对偏低。

（3）媒体渠道。记者、自媒体人、论坛博主、贴吧吧主等在传媒领域中都有相当大的话语权，企业邀请他们进行产品内测，可以增加产品在主流媒体上的曝光度。企业最好为测试用户建立交流平台，如论坛、QQ 群、微信群等，让他们可以及时交流并保持产品的新鲜度，持续贡献有利于产品推广的素材，获得更多用户。

2. "种子"用户获得

测试期的"种子"用户主要由产品团队成员和依靠运营吸引来的"种子"用户两部分人群构成。

（1）吸引产品团队成员成为"种子"用户。产品的团队成员通常认为，他们自己开发、设计、运营了一款产品，肯定会对产品负责，会站在普通用户的角度去体验产品。但事实上，每个团队成员都有不同的关注点，技术人员认为自己应该注重改善代码效率、提升系统稳定性；设计人员认为自己应该注重改善视觉交互；运营人员设计内容吸引用户。从而促使产品团队成员成为"种子"用户，所以"种子"用户运营的第一步就是要让创始团队成员成为产品的"种子"用户，增强用户参与感。

（2）从内容出发寻找"种子"用户。在互联网时代，人人都可以发出自己的声音。但是，优质的内容也只是由小部分人提供的，通过优质内容可以联系内容的创造者。从内容出发，可以通过搜索引擎、垂直社区和内容平台找到潜在"种子"用户，进而判断他是否能成为"种子"用户。整个产品运营成功的关键还在于产品能否满足用户的需求。如果用户对产品感兴趣，就会追问产品的开发进程，并申请成为产品的用户，为产品的理念买单，为一个不完整的、有待改善的产品买单，这才是真正的测试期的"种子"用户。

8.4.2 用户管理的策略

用户管理人员最重要的职责就是获取用户，同时积累大量活跃用户，实现产品价值的提升。

8.4.2.1 早期用户管理

早期用户管理的主要目标是提高用户注册转化率，这就要提高注册用户量。例如，企业要提高注册转化率和降低跳出率，就要在注册引导流程中最大限度地展示产品核心价值、满足用户的最高诉求；次要功能和锦上添花的功能在用户注册成功后再进行介绍和展示；通过调整文案、功能介绍等不断优化注册引导流程，从而让更多注册用户真正转化为使用用户。

8.4.2.2 用户过程管理

1. 防止用户流失

（1）用户流失的定义。针对不同的产品，用户流失的定义也不同。企业应根据自身产品的特征定义哪些用户可为"流失用户"，哪些用户存在流失趋势，以便及时作出流失预警，分析用户流失前有哪些特征。如注册渠道是否比较集中？地域特征是否比较明显？年龄层是否趋同？行为特征是否比较类似？属性特征是否相同？

（2）流失用户召回。使用较多的流失用户召回手段包括邮件召回、短信召回和信息推送。

邮件召回的优点是发送成本低，发送量大；缺点是网民使用邮箱一般用于工作需要，很少用来联络感情，有些用户注册邮箱仅为了注册一个产品账号。因此邮件发送量大，但是召回效果一般。

短信召回的优点是传达率很高；缺点是成本高、被当成垃圾短信的概率高，容易导致用户投诉，所以必须慎用。

信息推送的优点是根据用户的兴趣把产品的信息推给用户，针对性强、传达率高；缺点是对用户造成干扰，用户对于推送的信息会变得麻木。

2．促活跃

促活跃主要是指让不活跃的用户变活跃和保持活跃用户的活跃度。促活跃一般结合用户防流失一起进行，防流失是把用户留住，促活跃就是让留住的用户变活跃。

根据用户注册时间制定促活跃的措施。刚注册的用户对于产品还处在摸索期，比较耐心，企业为了吸引用户，可以展示锦上添花的功能。通过产品功能引导用户参与产品活动，让用户感觉自己被关怀，可以快速培养产品认知度和忠诚度。

针对注册时间较长的老用户，企业需要进行更加细致的分析。如果该用户是曾经活跃过，现在活跃度下降了，就需要重点分析其活跃度下降的原因。如果是一直不活跃，也要分析其不活跃的原因。保持用户活跃度的基本原则是尽量减少运营层面的干扰。

本章小结

本章首先介绍了数字产品及相关管理的概念，分别从定价策略、内容管理和用户管理等维度进行了策略分析。

复习思考题

1．谈谈如何理解数字产品运营和传统产品的差异。

2．谈谈对数字产品定价策略的理解。

3．内容管理的策略有哪些？

4．如何进行用户管理。

●●➡【本章案例学习】

三一重卡的内容管理策略

2017 年 11 月，47 岁的梁林河辞去三一集团董事兼常务副总裁职务，将 22 年职业生涯得到的集团 0.5%的股份作为抵押，获得三一重卡 10%股份，带领 32 名员工重新走上创业之路。2021 年，三一重卡累计销售 1 497 辆新能源重卡，销售量同比增长 1 621%，占据 14.33%的市场份额，夺得国内新能源重卡年度销量冠军；与此同时，在国六柴油重卡和牵引车销量排行榜上，三一重卡分别位列第六位和第七位，再次捍卫了行业第二梯队"领头羊"的市场称号。

2018 年年初，梁林河开始以"三一既是魔鬼又是天使"为题连续在"卡车之家"论坛与卡友交心，向传统重卡企业发出檄文。移动互联网迅速普及，三一重卡入驻抖音和快手平台，成为首个利用新媒体平台开展数字化营销的重卡品牌。

2021年，三一重卡进一步迭代数字化营销模式，一方面打造行业首个数字IP——"卡圣"，并开展VR直播；另一方面聚焦网销交付不灵活、线上难以实现规模扩张等痛点，依托移动智能仓等技术打造卡车新零售全新载体——三一快闪店，引得权威媒体争相报道。

"在许多人心中，卡友就是粗俗、不讲道理的形象，我们何不让社会重新认识这一群体呢？"在梁林河的亲自推动下，2020年3月，三一重卡推出"省出美好传递爱"抖音主题挑战赛，并为卡友创作了《开向远方》主题曲，号召网友为默默奉献的卡友加油，一个多月的时间，共有29.1万个关于卡友幽默、搞笑、工作等真实状态的视频上线，吸引30多万人次参与，播放量达26.6亿次，抖音官方账号涨粉15.8万人次，成为"最硬核的软传播"。同时，三一重卡以维护卡友权益为主题，策划《小意和她的卡友们》这部20集的短视频作品，"卡友是拉货的，不是卸货的"，真实反映卡友遭遇的潜规则，让卡友有了强烈共鸣，获得近2 000万次播放量，这一温情操作吸引了众多卡友点赞支持。长期在"卡车之家"发帖的梁林河顺势而为，从PC端迈入移动互联网，在抖音注册"董事长面对面"账号，吸引近10万名卡友关注，成为行业第一位利用移动互联网与卡友直接互动的董事长。

三一重卡不断完善包括抖音、快手在内的自媒体流量矩阵，吸引用户浏览视频、有效阅读，拥有近100万名精准粉丝，粉丝数量位居行业第一；加入百度、抖音等互联网广告投放体系，提高广告曝光度与点击量；并与第一商用车、卡车e族、货车宝等行业平台建立良好的合作机制，依托三一集团签约的行媒资源，以及行业KOL不断获取流量。

此外，三一重卡客服人员还在抖音、快手等短视频评论区持续与用户互动，引导用户关注"三一卡友之家"微信公众号，并引导用户浏览视频号与微信推文。同时，三一重卡在百度搜索引擎及抖音、快手短视频界面建立了品牌锚点，用户点击后可看到车型信息、留资入口等，公司也成立了外呼中心，组建了网销团队，培养了电话销售、社群运营、直播营销的超级队伍，根据用户资料通过电话外呼、添加微信等方式引导用户加入产品推介微信群，完成厂家直销的交易闭环。

"互联网时代，有争议才有流量"。为此，三一重卡有针对性地制定了以"玩火"为主线的传播策略。三一重卡首先要"引火上身"玩转内容营销，梁林河在抖音上发布檄文，主动发声，颠覆行业规则，率先提出"三一国六不加价"的口号，重新定义性价比，制造争议，打响国六开局之战；谢凯带领数字营销团队提炼产品核心卖点，推出三个系列病毒视频并高频率传播，短视频、图文与直播三箭齐发，自媒体矩阵和垂直媒体、KOL三层并举，从定价、核心技术、"网红"和"国民"人设等角度，主动引争议、造热点。三一重卡通过激励机制，诱发卡友自主转发裂变，通过官方带节奏，老司机、致远会等第三方证言，形成口碑效应，深度种草"国六双侠"；抖音则成立了MCN专班，主动对接抖音卡友

KOC，发起达人 CPL 投稿任务，植入"百年动力，成熟平台""网红重卡，一身正气"等品牌口号，利用达人共创内容收集线索，并按照线索量给予达人奖励。

资料来源：周文辉，冯露通，袁可纯. 数字化营销：三一重卡如何从红海中开创蓝海，2022.

案例讨论题

在数字经济时代，三一重卡是如何开展内容管理的？能否总结其内容管理的主要策略？有何启示？

本章主要参考文献

[1] 郝志中. 用户力：需求驱动的产品、运营和商业模式[J]. 中国房地产，2016（5）：1.

[2] 俞明南，鲍琳琳. 数字产品的经济特征分析[J]. 情报杂志，2008，27（7）：3.

[3] 蒋小花. 数字产品运营与推广[M]. 杭州：浙江大学出版社，2018.

[4] 陈小妹. 软件产品定价的常见问题及定价策略[J]. 时代经贸，2020，502（5）：34-35.

[5] 耿伟茜. 今日头条的内容运营策略研究[D]. 保定：河北大学，2018.

[6] 张文霖，刘夏璐，狄松. 谁说菜鸟不会数据分析[M]. 北京：电子工业出版社，2011.

实 践 篇

第9章

数字贸易

●●●━▶ 【引言】

　　本章阐述了数字贸易的基本概念和特点，对数字贸易的相关理论进行了梳理，探讨了跨境电商的发展。

●●●━▶ 【本章学习目标】

　　1. 理解数字贸易的基本概念与特点

　　2. 理解数字贸易的发展现状与趋势

　　3. 理解跨境电商的发展趋势

●●●━▶ 【开篇小案例】

MEGAMEDIA 数字文化内容跨境交易服务平台

　　浙江华麦网络技术有限公司于 2014 年 3 月搭建了我国首个音视频内容跨境交易服务平台（MEGAMAI），该平台是集高品质、多功能、可扩展性为一体的国际文化传输及交易平台，中英文双语全球云同步，为传媒影视行业的从业者、制片方、发行方、电视台、新媒体等国内外企业与机构提供专业的"线上+线下"服务。

　　该平台由项目大厅、企业库、交易市场、商务活动、行业资讯、增值服务六大板块构成，并辅助以五项商务配套服务工具，为影视动漫游戏等数字文化内容提供全方面、多元化的相关交易服务。"线上+线下"的双线模式，多维度运行，旨在为国内外数字文化企业提供一个领先的、国际化的跨境交易平台。

　　1. 项目大厅

　　根据行业大类，以剧集、电影、动画片、纪录片、游戏五大类为主进行项目展示，并根据年份、国家（地区）及语言辅助进行分类与查找。对用户上传内容进行独立的、设置详细界面的展示，帮助国内外用户浏览项目内容和相关信息。

　　2. 企业库

　　数字文化企业在平台进行自主注册与信息完善，通过审核后放在企业库板块，以企业为单位建立完整且独立的板块，并以关键词分类，细分 33 项业务范围，帮助用户快速查找需求企业及相关联系方式。

3. 交易市场

将有版权交易需求的项目进行归纳展示，注册者可根据自身需求进行了解，向符合需求的项目上传者发起交易问询与交流。进一步以自主对接的方式提高商务合作的沟通效果，提升交易内容的成功率。

4. 商务活动

借助平台企业及项目优势，将以中国国际动漫节国际动漫游戏商务大会（iABC）、夏纳电视节中国（杭州）国际电视内容高峰论坛（MIP China）、杭州青年影像计划、芬兰坦佩雷电影节等为代表的各类国内外线下活动延伸至平台，以及在特殊时期后发展的系列线上对接项目；建立起服务于线上及线下的各类行业活动，成为产业发展、商务合作与交易的双向桥梁。

5. 行业资讯

在大信息流量时代，有选择性地展示当前热门的、具有可参考性的行业资讯，通过原创编辑、行业盘点、外文翻译、采访调研等方式展示国内外最新的行业发展态势；选择标志性事件或现象进行中英双语的实时跟踪与实时翻译，以便及时向国内外行业者提供一手资讯，帮助行业者了解彼此的行业市场。

资料来源：浙江华麦网络技术有限公司.

9.1　数字贸易概述

数字技术的出现有效推动了社会生产力的提升，推动了数字经济的出现，带动了数字贸易的兴起。数字贸易是传统贸易在数字经济时代的拓展与延伸。数字贸易既改变了传统的国际贸易形式，又赋予了传统国际贸易新的内容。随着数字技术的进步和广泛应用，数字贸易蓬勃发展，其内容与边界也在不断拓展。

9.1.1　数字贸易的产生与演进

9.1.1.1　数字贸易的产生

数字贸易的产生不是偶然。从其动因来看，主要有以下几个方面。

一是经济全球化的推动。经济全球化步入新的发展阶段，呈现出新的发展趋势。经济驱动表现在以下方面：第一是开放驱动，各国为了适应新的发展趋势采取更多开放性措施，呈现各国企业积极参与国际合作和竞争的新格局；第二是市场驱动，即市场规则和市场竞争规律正在成为支配全球资源配置格局的决定性力量，从而不断改善全球经济福利条件，鼓励更多国家参与全球化趋势；第三是创新驱动，即知识积累、技术进步和高端人才集聚正在成为推动经济全球化的新力量，经济全球化趋势迅速扩散并产生重要影响。得益于开放驱动、市场驱动和创新驱动等新发展趋势的影响，数字贸易迅速兴起。

二是全球产业结构的调整和升级。随着经济全球化的步伐加快，全球产业结构不断升级，产业结构逐渐趋向高级化。信息产业的快速崛起使得高新技术产业得到快速发展，带动服务业在各国国民经济中比重增加，服务贸易结构朝着技术密集型、知识密集型发展。其中以信息服务业为代表的知识服务业的兴起，创造了大量信息产品的需求，这些产品具有无形、易传播的特点，拥有成为数字产品的先天优势。产业结构高级化趋势为数字贸易发展提供了广阔的提升空间。

三是新技术和新需求的协同推动。新技术的广泛兴起与应用，为全球贸易的产生和发展提供了源源不断的动力。全球互联网和移动技术的发展为消费者提供了更加便捷的购物途径和交易平台，促进了数字贸易的发展。人工智能和大数据技术可以对市场趋势和消费者行为进行深入分析，一方面有利于为消费者提供个性化服务；另一方面也有利于帮助企业作出更为明智的决策。区块链技术和智能合约的应用则为数字贸易的安全和发展效率的提升保驾护航，同时也降低交易成本，减少交易风险。在产业结构调整与升级、新技术产生与应用等因素的影响下，需求结构和需求方式也发生了改变。在数字经济时代背景下，消费者的个性需求得到极大满足，有了更大的商品选择空间，最大限度满足了消费者需求。同时消费心理日趋成熟，消费者更加追求个性化的需求也促使生产者提供更多的个性化产品，新需求推动更多新数字产品的出现。

四是全球贸易治理规则的调整和推动。全球经济贸易模式不断演进，国际贸易规则也随着国际贸易形态的变动在不断发展。从多边贸易体制的形成历史来看，新规则的引入主要由发达国家主导，而非全球各国平等协商的结果。贸易是各国经济交流的主要途径，涉及各国重要利益，使得全球贸易治理规则在全球经济治理规则中的重要性日益增加。美国等发达国家通过主导多个贸易投资协定谈判，力图推行代表发达国家利益的更高标准的新贸易规则。数字贸易正是以美国为首的西方发达国家推进全球贸易治理新规则的着眼点和着力点。

9.1.1.2　数字贸易的演进

通过梳理既有研究资料，根据交易标的的不同，我们将数字贸易的演进历程划分为以下三个阶段。

第一阶段为 1998 年至 2009 年，以电子商务为主要形式的阶段。数字贸易是全球化和数字化发展到一定阶段而产生的新型贸易模式，在发展的起步阶段可以被认为是电子商务。1969 年，随着因特网的出现，电子商务的发展进入快车道。1997 年，美国政府制定了《全球电子商务框架》，推动全球电子商务的自由竞争与发展。根据交易主体的不同划分，电子商务模式可以被分为企业对企业（B2B）、企业对消费者（B2C），以及消费者对消费者（C2C）三种模式。随着数字技术的不断更新迭代及广泛应用，电子商务的内涵不断地延伸与拓展，这就产生了"数字贸易"这一概念。

第二阶段为2010年至2013年，以数字产品和服务贸易为主要形式的阶段。这一阶段，数字贸易的标的仅包括数字产品与服务。国外学者Weber（2010）提出：数字贸易是指通过互联网等电子化手段传输有价值的数字产品或服务的商业活动，数字产品或服务的内容是数字贸易的核心。国内学者熊励等（2011）提出数字贸易是以互联网为基础、以数字交换技术为手段、为供求双方提供互动所需的数字化电子信息，实现以数字化信息为贸易标的的商业模式。但这一阶段的数字贸易标的范围较为狭隘，与经济现实脱节比较严重。因此，"数字贸易"的内涵很快被全新诠释。

第三阶段为2014年至2017年，以实体货物、数字产品与服务贸易为主要形式的阶段。这一阶段，数字贸易的标的除了既有的数字产品与服务，实体货物也被纳入其中，其定义强调数字贸易是依托数字技术实现的贸易。2014年8月，美国国际贸易委员会在《美国与全球经济中的数字贸易Ⅱ》对"数字贸易"的定义进行了修订，该修订提出：数字贸易是指互联网和互联网技术在订购、生产，以及递送数字产品和服务中发挥关键作用的国内商务和国际贸易活动。2017年，美国贸易代表办公室（USTR）发布的《数字贸易的主要障碍》报告中又进一步拓展了数字贸易的内涵，报告提出：数字贸易不仅包括个人消费品在互联网上的销售及在线服务的提供，还包括实现全球价值链的数据流、实现智能制造的服务及无数其他平台和应用。

9.1.2 数字贸易的内涵与类型

9.1.2.1 狭义的数字贸易

2013年7月，美国国际贸易委员会在《美国和全球经济中的数字贸易Ⅰ》报告中初步界定了数字贸易的概念，该定义提出："数字贸易"是指通过互联网传输产品和服务的国内商务和国际贸易活动。该定义不包括商业活动中的实体产品，即使是具有数字特性的实体产品。该报告把数字贸易进一步划分为社交媒体、数字引擎、数字化交付内容和其他数字产品和服务。数字贸易类别如表9-1所示。2014年在《美国和全球经济中的数字贸易Ⅱ》中将数字贸易定义为在订货、生产或提交产品和服务环节，物联网和基于互联网的技术起到显著作用的美国国内商务和国际贸易活动。这一版定义把数字贸易拓展到了实体产品范畴。2017年美国国际贸易委员会在《全球数字贸易1：市场机遇与主要贸易限制》中对数字贸易的内涵进一步修订，提出将实现全球价值链、智能产业链，以及相关的平台和技术纳入数字贸易的范畴。但是该部分所阐述的数字贸易仍属于"狭义"的数字贸易活动，强调贸易的交付模式为数字交付，因此剔除了大多数的实体产品贸易活动。

表 9-1　数字贸易类别

数字贸易类别	类别中所包含的产品与服务
数字化交付内容	音乐 游戏（包括全格式和手机游戏、附加内容下载、游戏订阅、社交网络游戏和多人在线游戏） 视频（包括互联网电视，电影和其他视频） 书籍（包括电子书，数字课程材料和有声读物）
社交媒体	社交网站 用户评论网站
搜索引擎	通用搜索引擎 专业搜索引擎
其他数字产品和服务	软件服务，包括移动应用（App）和通过云（通过互联网）传递的软件 通过云提供的数据服务，包括数据处理和数据存储 通过互联网传递的通信服务，包括电子邮件，即时通信（instant messaging）和互联网电话（VoIP） 通过云提供的计算平台服务

9.1.2.2　广义的数字贸易

经济合作与发展组织（OECD）、世界贸易组织（WTO）等对于数字贸易的研究角度不同于美国国际贸易委员会，他们对于数字贸易的界定更为宽泛，属于"广义"的数字贸易。2020 年，OECD、WTO 和国际货币基金组织（IMF）在《衡量数字贸易手册》中将数字贸易定义为所有借助数字订购和数字交付的贸易活动，从性质、产品和行为主体三个维度出发，将数字贸易划分为数字订购贸易、数字交付贸易、数字中介平台赋能贸易，列举了 16 种数字贸易类型，数字贸易分类如表 9-2 所示。整体来看，数字贸易的内涵正在不断向外延伸，相比于前期通过数字技术传输的贸易，现在只要在研发、订购、生产，以及运输等一个或多个环节中涉及以数字形式或以数字技术为基础的操作发生的贸易都可算作数字贸易。

表 9-2　数字贸易分类

属性			对象	参与者	描　　述
数字订购	数字交付	数字中介平台			
√	×	×	货物	B2B	A 国的企业直接从 B 国的供应商处通过供应商的网店或"电子数据交换"（EDI）购买在线货物，如产品中使用的组件
√	×	×	货物	B2C	A 国的消费者直接从 B 国的供应商处通过供应商的网店在线购买货物，如衣服
√	×	√	货物	B2B	A 国的企业通过 A 国、B 国或任何地点的在线平台向 B 国的供应商购买货物，如通过 eBay 订购办公室家具
√	×	√	货物	B2C	A 国的消费者通过 A 国、B 国或任何地点的在线平台向 B 国的供应商购买货物，如在亚马逊订购一本书

属性			对象	参与者	描　述
数字订购	数字交付	数字中介平台			
√	×	×	服务	B2B	A 国的企业向供应商直接提供在线购买服务，但该服务需要以现实方式交付，如运输服务
√	×	√	服务	B2C	A 国的消费者直接向 B 国的供应商订购服务，但该服务需要以线上方式交付，如通过宾馆自身的线上预订系统在线预订宾馆客房
√	×	√	服务	B2B	A 国的企业通过 A 国、B 国或任何地点的在线平台向 B 国的供应商提供购买服务，该服务随后以现实方式交付，如标准化的维护与修理服务
√	×	√	服务	B2C	A 国消费者通过在线平台向 B 国的供应商购买服务，该服务随后以现实方式交付，如旅游者预订的分时驾驶服务
√	√	×	服务	B2B	A 国企业直接向 B 国供应商提供在线购买服务，该服务随后以数字方式交付，如标准化的维护与修理服务
√	√	×	服务	B2C	A 国消费者直接向 B 国供应商提供购买服务，该服务随后以数字方式交付，如一份保险
√	√	√	服务	B2B	A 国企业通过 A 国、B 国或任何地点的在线平台向 B 国的供应商提供购买服务，该服务以数字方式交付，如一家公司通过平台订购的图形设计服务
√	√	√	服务	B2C	A 国消费者通过 A 国、B 国或任何地点的在线平台向 B 国供应商购买服务，该服务以数字方式交付，如购买音乐流媒体
√	√	√	服务	B2B	A 国企业向 B 国的供应商提供在线订购服务，该服务以数字方式交付，如定制咨询服务、业务流程外包（BPO）服务
√	√	√	服务	B2C	A 国消费者向 B 国供应商在线购买服务，该服务以数字方式交付，如带有在线讲座的教育服务
√	×	×	服务	C2C	A 国消费者通过 A 国、B 国或任何地点的在线平台向 B 国消费者购买服务，该服务以现实方式交付，如 Airbnb
√	×	×	服务	C2C	A 国消费者通过 A 国、B 国或任何地点的在线平台向 B 国消费者购买货物，该货物以现实方式交付，如通过线上市场进行的二手货物交易

9.1.3　数字贸易的特征

9.1.3.1　与传统贸易的异同

1．相同之处

与传统贸易相比，数字贸易的行为本质、内在动因、经济意义并未改变。数字贸易的本质是生产要素及最终产品、服务在不同主体之间的转移；虽然实现方式不同，但是贸易作为交换活动的本质没有改变。无论是国内贸易还是国际贸易，数字贸易的内在动因都是一致的，国家之间技术水平的相对差异带来贸易成本的差异，使得一国可以利用专业化生产自己具有相对比较优势的产品。经济意义表现为各主体生产规模的扩大、消费量的增加、价格水平及产品类型的变化，最终表现为各国经济效益的提高。

2．不同之处

第一，贸易标的不同。数字贸易改变了传统货物贸易的结构。传统贸易中的贸易对象为实体产品。数字贸易对象不仅包括实体产品，还涵盖知识密集型产品，具有高知识、高技术、高互动、高创新的特征，其贸易对象更加多样化与虚拟化。服务贸易在数字贸易中的占比显著提高。

第二，贸易模式不同。传统贸易需要在固定场所或常设机构中发生交易，并需要纸质材料完成买卖双方的交易。运输方式主要采取海运、火车运输等方式。数字贸易不需要特定的交易场所，交易材料呈现无纸化、电子化的特征。部分数字产品和服务贸易可以采取数字化运输方式。数字平台代替传统的贸易中间商连接供给和需求。数字平台通过为供应商和消费者提供设施和服务，降低了交易成本，极大地提高了贸易效率。

第三，驱动因素不同。在传统贸易中，劳动力、资本、技术，以及地理位置和区域内制度与基础设施均是一国比较优势的来源。但是在数字贸易中，数据和数字技术是新型比较优势的来源。随着数字技术的快速发展，劳动力、地理位置等禀赋对于贸易的制约作用相对降低，但是知识密集型资本和数据等无形资产的重要性却显著提高。数字技术及收集、使用和分析数据的能力是数字密集型产品出口比较优势的来源，成为数字贸易快速繁荣的驱动因素。

第四，时空属性不同。传统贸易周期长，容易受到产品价格变化、货币汇率波动等因素的影响，同时贸易双方的地理距离也会影响贸易。在数字贸易中，数字技术促进了交易效率大幅提高，贸易时间的不确定性大大降低，处于互联网的贸易双方不再具有严格的空间属性，使得交易主体不受地理距离等因素的限制。

第五，贸易主体不同。在传统贸易中，受规模经济的制约，固定成本是阻碍中小企业和数字密集型产品生产企业参与国际贸易的重要因素。在数字贸易中，地理距离对于贸易的制约作用显著削弱，帮助中小企业实现规模经济，降低贸易成本。而且数字平台的存在一方面为供应商提供了更多获得信息的渠道，创造了更加公平的竞争环境；另一方面也为消费者了解中小企业提供了便捷途径。数字贸易主体由大型公司逐渐向中小企业和个体消费者延伸。

第六，监管体系不同。在传统贸易中，各国海关、商务等监管部门，以及 WTO 等国际组织是贸易的主要监管机构；国内的贸易制度、国际贸易协定是主要的法律规范。数字贸易的监管体系除了上述的监管机构和法律规范，还涉及对于数据等要素的监管。数字产品的市场准入、数据的自由流动、网络安全等方面已经成为当前制定贸易新规定的焦点性议题。

9.1.3.2　数字贸易的本质属性

一是虚拟化。第一，数字贸易生产过程中使用数字化知识和信息，即要素虚拟化。第二，交易在虚拟化的互联网平台上进行，使用虚拟化的电子支付方式，即交易虚拟化。第三，数字产品与服务的传输通过虚拟化的方式进行。目前交易虚拟化在中国已经非常普遍，2023 年全年网上零售额为 15.42 万亿元人民币，较去年增长 11%，中国连续 11 年成为全球第一大网络零售市场。

二是集约平台化。在数字贸易过程中，集约化平台成为整合和配置资源的基本经济组织，是整合各方数据的中枢，也是实现价值创造的关键，平台化运用已经成为主要商业模式，淘宝、京东等电子商务平台是典型代表。数字贸易能够运用集约化平台迅速整合和配置生产要素，准确反映市场的需求变化，实现按需生产的集约化生产模式，较大程度实现了帕累托最优状态。

三是普惠共享化。互联网的普及和数字技术的广泛运用极大地降低了贸易门槛，使得在传统贸易中处于弱势的群体，如中小微企业能够更好地参与贸易，同时也为更多的消费者提供了参与机会，极大地释放了生产和消费潜力。对于发展中国家来说，也能够积极、有效地参与贸易并分享数字贸易红利。

四是个性化。传统贸易中供应商多数提供标准化产品和服务。在数字贸易时代，随着个人消费者更多地参与贸易，标准化的产品与服务很难满足消费者的个性化需求。为消费者提供定制化产品和服务是提升用户体验和企业竞争力的重要手段。数字产品个性化已经成为企业在数字贸易时代不可或缺的竞争优势之一。

五是扩展化。随着数字技术的迅速发展，新技术、新产品不断涌现，这使得数字贸易的范围不断扩大。数字贸易不再局限于传统的产品交易，而是扩展到服务、数字内容等更广泛的领域。数字技术的进步推动着贸易模式的变革，为跨境电子商务等新型数字贸易形式的兴起提供了有力的技术支持。

六是生态化。在数字贸易时代，政府、企业、消费者等各个参与主体紧密合作，共享数据资源，共同创造价值，形成了一个互利共赢的生态体系。通过数据共享和协同创新，参与方可以实现资源优化配置，推动数字经济增长。构建良好的生态体系将促进数字贸易的发展，为社会发展带来更多福利与机遇。

9.1.4 数字贸易模式

9.1.4.1 数字订购模式

数字企业通过提供订购等服务降低信息搜索成本和贸易制度成本，从而提高了中小企业参与国际贸易的能力。这种国际贸易模式并没有改变原来货物生产的比较优势，即生产要素、技术和中间投入的成本和供应链体系依赖仍然在国际贸易中起决定性作用，但数字跨国公司不仅替代了原有部分贸易主体参与国际贸易利益分配，而且凭借其数字技术和数据优势在贸易利益分配中占据优势地位。数字跨国公司通过数字订购也参与传统服务贸易利益分配方式，但有些服务贸易主要来自自然资源因素（旅游风景区）而非比较优势。

9.1.4.2 数字产品贸易模式

对于以货物为载体的数字产品而言，其比较优势源于数字技术要素，这是一种数据驱动的新型供应链贸易。对于以服务为载体的数字产品而言，有些是专业服务提供商通过数字技术转变商业模式形成的数字产品，有些则被数字跨国公司替代。对于专业服务提供商而言，尽管通过数字化额外复制的边际成本为零，但初始成本还是受到不同要素结构比较优势的影响。对于数字跨国公司提供的数字产品服务而言，他们提供免费数字产品服务，如搜索引擎等服务。

9.1.4.3 数据服务贸易模式

数字跨国公司的数据服务包括云计算服务及其他数据服务。云计算服务技术特征是数字跨国公司将云服务资源主要配置在母国，并在低税和具有数字技术能力的区域设立分支机构（数据处理中心），提供区域云计算服务。传统跨国公司依托产品需要收集和处理的数据业务以整合现有的国际生产方式，同时对这些数据进行数据货币化处理，成为跨国公司收入的新来源。数据货币化可以有不同的形态和形式，包括直接销售数据、通过共享数据改善运营、利用数据开发新产品和服务、改善现有产品和服务。

9.1.5 数字贸易的测度

梳理现有文献，数字贸易测度架构大体遵循从"单一交易标的、单一维度"向"两类交易标的、多向维度"的过程发展。联合国贸易和发展会议（UNCTAD），以及美国商务部（USDOC）均采用前一种架构，这种数字贸易测度架构对应前文所述的狭义的数字贸易。OECD、WTO 和 IMF 等则采用后一种架构，对应前文所述的广义的数字贸易。本文所阐述的数字贸易的统计测度基于 OECD、WTO、IMF 发布的《数字贸易测度手册（第一版）》（以下简称《手册》），在实际应用中可根据具体情况调整测度框架。

（1）概念框架。《手册》在明确统计范围的基础上，提出了包含贸易标的、贸易方式和贸易主体三个维度的数字贸易概念框架，其中贸易标的分为货物、服务和数据；贸易方式分为数字订购、数字交付和数字中介平台赋能；贸易主体分为企业、政府、家庭和非营利机构，旨在统计测度的数字贸易概念框架，如图 9-1 所示。根据数字贸易概念框架，《手册》给出了数字贸易测度的基本框架，核算的主体内容是数字订购和数字交付。根据模板中的计算公式，数字贸易总额=数字订购贸易+数字交付贸易－同为数字订购和数字交付服务贸易。

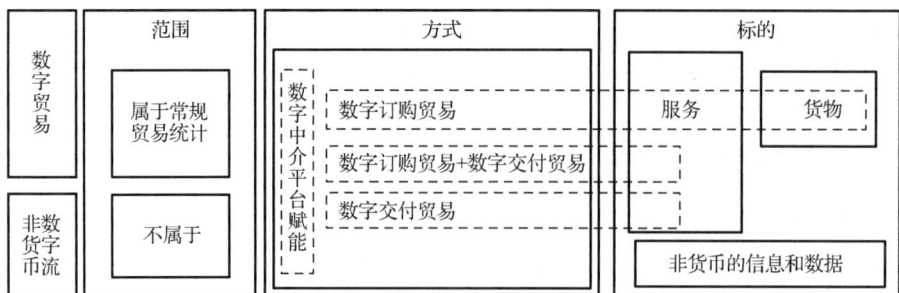

图 9-1　数字贸易概念框架

资料来源：OECD，WTO，IMF. 数字贸易测度手册（第一版），2020.

（2）数字贸易测度中的缺陷。IMF 和 OECD 的数字贸易的概念框架是目前的权威体系，该体系主要分为三个部分：数字订购贸易、数字交付贸易和数字中介平台。然而，该框架在统计过程中仍存在较大困难。

第一，数字订购贸易是一项国际贸易活动，其中商品或服务通过专门接收和发送订单的计算机网络完成。对于数字有序贸易，现有的统计措施主要基于企业调查和海关统计。然而，这两种措施都有其缺点。企业调查可能会忽略国内和跨境电子商务之间的区别，或造成中介机构重复计算；海关统计数据可能会遗漏少量 B2C 数字订购商品贸易或大量 B2B 数字订购商品贸易，而适合不同运输方式和不同税种的关税减免标准是因国而异的。

第二，数字交付贸易属于服务贸易的范畴。联合国贸易和发展会议的"支持信息和通信技术服务的国际贸易"统计框架有效地利用了现有的关于服务贸易的统计数据，并能计算出以数字方式提供的所有服务贸易。联合国贸易和发展会议将支持信息通信技术服务的国际贸易定义为"通过信息通信技术网络（语音或数据网络，包括互联网）远程提供的服务产品"。它仅限于通过跨境交付方式提供。然而，这种方法可能忽略了除跨境交付以外的其他网络贸易交付方式。此外，该方法很难准确计算出属于数字交付交易平台的中介服务费用，如可能隐藏在商品价格中的中介服务费用。

9.2　数字贸易的相关理论

9.2.1　古典主义理论

9.2.1.1　绝对优势理论

亚当·斯密在《国富论》一书中提出了绝对优势理论，拉开了国际贸易理论研究的序幕。该理论提出，一个国家如果在某种商品的生产上具有绝对优势，即能够以较低的成本生产该商品时，那么该国应专注生产具有绝对优势的该商品，然后通过国际贸易的方式获取其他商品，而不是试图在所有领域都能够自给自足。在亚当·斯密看来，国际贸易与其他各种贸易一样。他认为贸易是人类"倾向于用一种东西交换另一种东西"的结果。这并不意味着贸易没有自私的动机。相反，当人们相互交易时，他们追求的是自己的利益，而不是一些利他主义的利益。他们必须从贸易中受益，否则他们不会追求贸易。因此商人之所以进行国际贸易，是因为他们能够从中赚取利润。亚当·斯密也提出不仅单个商人受益，而且整个社会都会从国际贸易中受益。

1. 劳动分工

亚当·斯密关于劳动分工的思想是他的国际贸易理论的基础。他认为劳动分工导致了劳动生产率的提高。更为合理的分工，使同样的劳动力可以产生更多的产出。第一，每个工人重复做一道工序，熟练度会增加。第二，节省从一种工作到另一种工作的烦琐程序。第三，机器的发明可以使一个人的效率增加。

2. 国际贸易

亚当·斯密认为国际贸易对国家有利。国际贸易有助于扩大市场、提高劳动分工和生产效率，充分利用各国的资源和劳动力，实现互利互惠。国内生产者面临的竞争加剧也增加了国际贸易的收益，因为国际贸易降低了国内垄断的可能性。自由竞争虽然不符合生产者的利益需求，但是对于社会是有益的。此外国际贸易有利于在不同国家之间转移知识和技术，从而促进经济的发展。

国际贸易模式与国内经济增长之间相互依赖，相互影响。一个国家的生产成本优势是由其内在发展路径决定的，而其发展路径又受到其贸易模式的影响。因此，一个国家的绝对生产成本优势并不是固定的，它们往往会被贸易放大，也可能随着时间的推移而改变。例如，一个国家可能在生产商品方面获得绝对优势，也可能会失去这种优势。

亚当·斯密的绝对优势理论在国际贸易理论中占据重要地位，但也存在一些缺陷。①忽视比较优势。绝对优势理论没有考虑到不同国家之间的比较优势，一个国家可能在某种商品生产方面没有绝对优势，但可能拥有比较优势。②不同商品的需求情况。绝对优势理论没有考虑到不同商品的需求情况。即使某国在生产某种产品上拥有绝对优势，但如果该产品在市场上需求量较小，其优势可能无法得到充分利用。③忽略了生产要素的流动性。绝对优势理论假设生产要素不流动，但实际上这些生产要素在实际贸易中是可以自由流动的，会影响贸易的均衡和效率。尽管存在这些缺陷，亚当·斯密的绝对优势理论仍然对国际贸易理论的发展产生了重要影响，并为后来的经济学家提供了研究和讨论的支撑。

9.2.1.2　比较优势理论

比较优势理论是经济学家为解释国际贸易的实际模式提供的最基本的见解之一。依赖劳动生产率差异的比较优势标准模型，由大卫·李嘉图（David Ricardo）于1817年提出，一般称为李嘉图模型。该模型弥补了亚当·斯密绝对优势理论的部分缺陷，因为亚当·斯密的绝对优势理论只能解释国际贸易产生的部分原因，它说明只有在产品生产上具有绝对优势的国家才能发生对外贸易，但是对于那些国家，几乎其所有产品的生产都具有绝对优势或都处在绝对劣势地位，绝对优势理论则无能为力。李嘉图论证了国际贸易并不局限于绝对成本的差异，而是只要生产上存在成本的相对国别差异即可，各国都可以参与国际分工贸易，并从中获得比封闭条件下更多的利益。比较优势理论对贸易理论有两个关键贡献：第一，它表明贸易可以因为国际技术差异而产生。更具体地说，它建立了在 CES 生产函数和完全竞争环境下生产两种贸易商品的单要素世界中，贸易模式是由各国出口具有劳动生产率相对优势的商品的相对成本的国际差异决定的。第二，它明确了自愿贸易对任何参与方来说都不可能是减少福利的。通常，分析是在两个产品、两个国家、一种要素模型中进行的，即世界上只有两个国家，两个国家都能且只能生产两种产品，生产过程中只投入一种生产要素即劳动力，并假设国家之间的运输成本为零。

比较优势理论也存在着缺陷：第一，李嘉图虽然用劳动生产率的差异解释国际贸易产生的原因，但是没有解释造成劳动生产率产生差异的原因。第二，李嘉图提出各国应该利用比较优势进行专业化生产，但是每个国家或多或少都会出于实际需求生产处于比较劣势的产品。第三，古典假定。从理论上讲，比较优势理论的主要缺陷在于假定经济是一种平稳运行的竞争经济。当存在本地或全球公共产品时，贸易可能导致环境恶化。而且，非弹性价格和工资、商业周期，以及非自愿失业都可能导致低效率现象出现。当宏观或微观经济出现市场失灵的时候，贸易会推倒它的生产可能性边界至规定范围以内。而且，李嘉图将经济变量进行高度静态化处理，忽略经济变量在长期内动态变化的情况。但是从社会发展的趋势看，一个劳动生产率相对落后的国家，可以通过模仿或引进先进技术，提高生产技术，甚至可能会成为劳动生产率相对较高的国家，战后的日本就是一个鲜明的例子。第四，忽视了收入分配的问题。某一国家开放贸易会增加国民收入，但是这并不意味着每个个人或企业都能从开放贸易中获益。如果通过进口、自由贸易使得某些生产要素所生产的商品或在某些地区生产的商品的供给增加，那么这些要素或地区的收入可能会比限制贸易时要低。

9.2.2 新古典主义理论

9.2.2.1 要素禀赋理论

赫克歇尔的学生俄林在老师的研究基础上，对此问题进行了深入分析，并在 1933 年出版的《地区间贸易与国际贸易》一书中提出了要素禀赋理论，用在相互依赖的生产结构中的多种生产要素理论，代替李嘉图的单一生产要素理论。俄林的要素禀赋理论被称为新古典贸易理论，被视为现代国际贸易分工理论的基石。

赫克歇尔-俄林模型认为比较优势的来源并非劳动生产率的差异，产生比较优势的原因有两个，一个是国家之间要素禀赋的不同。所谓要素禀赋，指的是各国生产要素的拥有状况。各国要素禀赋的不同，是产生比较优势的重要因素。各国都生产使用本国禀赋较多、价格相对便宜的生产要素的商品以供出口，获得最大利润。另一个是生产要素投入比例不同。根据产品含有的生产要素的密集程度不同，可以把产品大致分为劳动密集型、资本密集型、技术密集型等不同类型。即使生产同一产品，在不同国家生产要素的组合也不完全相同。生产要素投入比例的不同就会产生比较优势，从而产生贸易分工的基础。很明显，一国如果对生产要素进行最佳组合，在某种商品的生产中多使用价格低廉的生产要素，就能在该种商品上具有较低的比较成本，拥有比较优势。

第一，假设条件的静态化。忽略全球经济因素的动态变化，因此一国的比较优势也可能发生转变。第二，模型的分析只假定投入两种生产要素，但实际生产中，一个产品的生产往往需要投入很多种生产要素。第三，生产要素的不同质。一国劳动者受教育程度越高，那么就可能比投入相同实物资本的国家更可能生产出数量更多、质量更佳的产品。劳动者受教育程度的不同会造成最后生产的产品有较大差异。第四，要素禀赋理论在分析过程中引进了价格或货币因素，增加了问题的复杂性。在国际贸易中，产品价格的形成可能受多种因素的影响，因此不一定会趋向生产要素价格均等化。

9.2.2.2　里昂惕夫之谜

根据著名的赫克歇尔-俄林（Heckscher-Ohlin，H-O）理论，一个国家会出口使用该国拥有相对丰富和便宜生产要素生产的商品，并且会进口那些生产过程中需要大量使用该国相对稀缺和昂贵生产要素的商品。例如，如果某个国家拥有大量廉价劳动力而土地要素较少，则这个国家可能会出口劳动密集型产品，如服装，并进口土地密集型产品，如谷物。20 世纪中叶，美国经济学家里昂惕夫以美国进出口结构为案例进行验证分析时，发现美国出口的竟然是劳动密集型产品，进口的却是资本密集型产品，这一结论与赫克歇尔-俄林模型推断的贸易格局相反，被称为里昂惕夫之谜。

针对里昂惕夫之谜，国际经济学界似乎有三个主要的反对意见：第一，里昂惕夫使用了一个双因素模型（劳动力和资本），从而将自然资源（土地、气候、矿产、森林等）从其他因素中抽象出来。但是，一种商品可能是自然资源密集型的，因此用双因素模型将其分类为资本密集型或劳动密集型显然是不合适的，在考虑要素禀赋时要恢复资本、劳动和土地的传统三元关系。改造自然资源赋予其经济价值需要资本和劳动力的加持，而各国在生产以自然资源为基础的产品时，可能会以不同的比例将这些因素结合起来。第二，里昂惕夫得出的结论可能反映的是美国的关税政策，而不是要素密集程度。由于美国的重点保护产业大多是劳动密集型产业，关税政策使贸易格局发生了转变，从而导致了里昂惕夫之谜的存在。第三，反对里昂惕夫之谜的文献中最常见的论点是里昂惕夫之谜在他的资本衡量中只包括了物质资本（机器、设备、建筑物等），而完全忽略了人力资本投资。人力资本投资的收益或报酬在于提高一个人的技能和获利能力，在于提高市场经济和非市场经济中经济决策的效率。这就暗示着美国劳动市场比外国劳动市场含有更多的人力资本，把人力资本这一部分加到实物资本上，就会使美国出口商品的资本密集度高于进口替代商品的资本密集度。

9.2.3　新贸易理论

古典主义和新古典贸易理论分析的是产业间贸易，而新贸易理论分析的主要是产业内贸易。国际贸易从产品内容上来看大致可以分为两种基本类型：一种是一国进口和出口属于不同产业的产品，即产业间贸易；另一种是一国既出口同时又进口属于同一产业的产品，两国互相进口和出口属于同一产业的产品，即产业内贸易。而且产业内贸易的发展也显然并没有遵循传统贸易理论的一些基本假设，如完全竞争和规模报酬不变。传统国际贸易理论的一个重要假设是规模收益不变。但现实中规模的变化通常会带来效率的变化。大量的产业内贸易是垄断竞争和寡头厂商生产的差异产品之间的交换。垄断竞争和寡头厂商都属于不完全竞争形式，它们的生产都要受到规模经济的制约。由于传统国际贸易理论的假设同国际贸易的实际情况大相径庭，因此新贸易理论逐渐形成。1977年迪克西特和斯蒂格利茨在《垄断竞争与最优产品多样化》一文中克服了在一般均衡模型中研究内生递增规模经济的技术问题，建立了一个规模报酬递增和不完全竞争模型（DS模型）。这一模型假设存在两个国家，若其中一个国家生产存在规模经济，即使两国其他条件完全相同，这一国家仍然可能拥有比较优势。DS模型认为，从生产者角度来讲，由于产品的生产规模越大成本就越低，因此产品类型越少越好；从消费者角度来讲，由于多样化消费的偏好，所以产品类型越多越好。这就产生了一个两难冲突：消费者要求产品类型更多；而生产者在资源稀缺性的约束条件下，生产规模就会缩小，导致每种产品的生产成本增加及价格上升。但由于规模经济的作用，市场竞争能使这种两难冲突达到一定的平衡或达到一种次优的均衡：每一个生产者都去生产一种差别性产品，既满足了消费者多样化和廉价的消费需求，又能使生产者本身获得一定程度的垄断利益，从而形成某种垄断竞争的局面。

20世纪70年代末80年代初，以保罗·克鲁格曼为代表的一批国际经济学家先后用规模报酬递增、垄断竞争和产品差别等范畴来构筑新贸易理论模型。新贸易理论以不完全竞争、规模报酬递增和差别产品等核心范畴构筑新贸易理论模型。新贸易理论认为：第一，国际贸易之所以发生，是受要素禀赋和经济规模的共同影响，产业间贸易受要素禀赋相对差异的影响，产业内贸易受国家经济规模不同的影响，两者共同构成了总贸易量；第二，在承认完全竞争市场结构的同时，强调了不完全竞争市场结构，认为在规模经济和不完全竞争的市场结构下，经济不可能达到完全竞争市场下的资源最佳配置状态，只能在一种次优状态下运行，但相比各国自我封闭的情况，开展贸易后福利效应将会改善；第三，新贸易理论提出了利润转移和外部经济等两个干预贸易的论点，为政府干预经济提供了理论依据。由此可见，新贸易理论有效解释了战后国际贸易的新格局，成为国际贸易理论发展的又一重要里程碑。

　　新贸易理论也存在一些缺陷。第一，由于理论模型建立在诸多假设条件下，假设条件的微小偏差都会影响到政策选择工具，使得政策实施效果有所偏差。第二，理论模型所要求的假设很多，叠加信息不对称，对政府干预作用的衡量很难客观评价。第三，该理论主要是由美国的经济学家研究并得出的结论，而没有从发展中国家的角度去解释，因此该理论的适用范围可能更偏向于发达国家。

9.2.4　新新贸易理论

9.2.4.1　主要内容

　　古典贸易理论、新古典贸易理论，以及新贸易理论均是从产业层面上来解释国际贸易的。但这些理论都无法解释国际贸易中的更为微观层面上的许多现象，现实中，无论是企业规模、组织架构或生产设备等，行业内的企业之间存在着巨大差异，因此新新贸易理论将进一步细化到企业层面。新新贸易理论有两个重要模型。

　　一是以梅里兹为代表的学者提出的异质企业贸易模型。异质企业贸易模型集中探讨异质企业如何从事国际贸易，以及国际贸易对企业的生产率增长和福利究竟会产生哪些影响。梅里兹首次将企业生产率的差异内生到垄断竞争模型中，他构建了一个异质企业动态产业模型，以一般均衡框架下的垄断竞争动态产业模型为基础扩展了保罗·克鲁格曼的贸易模型，从而成功地将企业生产率内生到模型中，形成了新新贸易理论的基本理论框架。新新贸易理论提出：当高生产率的企业进入出口市场，低生产率的企业只能在国内市场生产甚至退出市场。企业异质性的存在使得资源在国际贸易过程中重新配置，流向高生产率企业，而那些最低生产率的企业被迫退出，从而提高了行业生产率的水平。综合来看，贸易自由化导致产业内部资源重新配置，并且提高了所有产业的总体行业生产率水平。

　　另一个是以安特拉斯为代表的学者提出的企业内生边界模型。他们提出了一个关于企业边界的不完全合约产权模型，解释企业在国际市场中的行为及贸易中企业选择的方式。研究发现企业进口额占美国进口总额的比重非常高，而且出口企业往往具有较高的资本密集度，在国际贸易中占据比较优势，同时也发现企业出口额占美国出口总额的比重也很高，而且出口企业的资本—劳动率比例更高。这也表明企业的资本、技术及合约制度的异质性对企业选择国际化的重要影响。赫尔普曼将梅里兹的异质企业贸易模型和安特拉斯的企业内生边界模型进行结合，构建了一个南北国际贸易模型。在该模型中，他们将企业进行国际一体化战略视为企业对内生组织边界的自我选择，即认为企业是否进行外包或一体化，是否选择国内或国外等决策都是企业的内生组织选择。贸易、投资和企业的组织是相互依赖的，不同组织产生的激励、固定成本的差异，以及不同国家工资水平的差异共同构成了均衡的企业组织结构。同时该模型也很好地解释了南北工资差距不断加大和中间投资贸易成本不断减少的影响，从而有力地解释了现有的贸易模式和投资现象。在此之后，安特拉斯构建了一个动态一般均衡的李嘉图南北贸易模型，该模型解释了不完全国际契约导致产品周期的出现。产品周期是南方国际契约的不完全特性和高技术投入产品的重要性随着产品的年龄和成熟度下降而产生的。最初产品在高效率的北方制造，后来低技术投入产品转移到南方以利用南方低工资的优势。这种转移首先是通过 FDI 在企业内部进行的，后来外包给南方的企业。动态一般均衡李嘉图南北贸易模型表明，南方的不完全契约导致北方均衡工资高于南方。

新新贸易理论将产业组织理论和合约理论的概念融入国际贸易理论，将贸易模式的研究从产业层面扩展到企业层面，进一步扩展了国际贸易理论。尽管新新贸易理论的体系正在逐渐完善，但仍存在一些局限。第一，该理论没有充分考虑产品差异，企业如今越来越重视产品差异化，新新贸易理论还不能解释如技术含量等差异带来的产业内贸易现象。第二，新新贸易理论还有待引入企业异质性的其他特征，企业在跨国经营方式、企业战略、市场定位等方面也存在较大差异。第三，没有说明和讨论动态条件下最优化均衡，新新贸易理论的均衡是一般均衡分析法下得到的结果。

9.2.4.2 数字贸易对新新贸易理论的挑战

新新贸易理论相较于传统贸易理论和新贸易理论，其前提假设和分析框架最接近现实贸易情况。但是在数字贸易时代背景下，随着新新贸易理论前提假设的现实基础发生改变，数字贸易也对新新贸易理论造成了较大冲击。

第一，国际贸易的固定成本会逐渐趋向国内贸易的固定成本。异质性企业贸易理论包含一个重要假设，即国际贸易的固定成本显著高于国内贸易的固定成本。在数字贸易中，贸易活动主要通过数字化方式实现，互联网和数字技术与贸易的各个环节深度融合，有效降低了成本，提高了贸易效率。在数字贸易时代背景下，企业进入国际市场所需要的固定成本会越来越低，不断趋近于国内贸易的固定成本。

第二，企业数字化水平是异质性的主要来源。异质性企业贸易理论认为，企业生产率的高低决定了企业是否有能力出口。然而，在数字贸易时代背景下，企业生产率的差异不再是决定因素，企业智能化水平的重要性日益凸显。

第三，数字交易平台的产生降低了贸易出口门槛。异质性企业贸易理论认为只有生产率高的企业才能从事出口活动，而在数字贸易中，生产率低的企业也能够从事出口活动。数字贸易中，企业能够利用互联网平台直接面对海外消费者，进入国际市场的门槛大幅降低。

第四，数据是新型生产要素。企业内生边界理论假定只有资本和劳动两种基本生产要素。在数字贸易中，数据是相对于资本和劳动而言更重要的生产要素。数据作为新型生产要素，为企业在激烈的市场竞争中取得成功提供了重要支持。通过充分挖掘和利用数据，企业可以获取更高效的生产方式和更具有竞争力的产品与服务。

第五，数据要素无法自由流动。企业内生边界理论假定生产要素可以在部门间自由流动。但数据要素通常不像传统生产要素（劳动力和资本）那样可以自由流动。在数字时代背景下，数据的流动受到法律法规的制约，不同国家和地区对数据的收集、存储、传输和使用都有不同的规定和限制。

第六，平台战略正在席卷全球。企业内生边界理论假定跨国公司只有垂直一体化和外包两种生产组织形式。在数字贸易背景下，企业不再简单地选择垂直一体化或外包的生产组织形式，更多的企业会选择平台战略。该战略区别于传统的垂直竞争战略，平台战略能够捕捉多边市场间的网络效应。

9.3　全球数字贸易治理

9.3.1　主要经济体数字贸易战略

本文选择了美国、欧盟、印度、中国这四个经济体作为典型案例，并进一步分析它们的数字贸易战略和规则。选择的原因如下：第一，这四个经济体都有大量的互联网用户、大规模的数字贸易市场和世界领先的高科技产业；第二，它们都采用不同的数字贸易战略；第三，美国、欧盟和中国是全球数字数据治理的积极参与者，而印度与其他国家不同，没有加入世界贸易组织电子商务联合倡议，在十大数字经济体中，它是唯一一个尚未加入的国家。

9.3.1.1　美国

美国数字经济稳居世界第一，其产业规模、产业链完整度、数字技术研发实力和数字企业全球竞争力等方面位居世界前列。根据联合国贸易和发展会议的数据，在 2021 年全球市值排名前 100 位的大数字平台中，有 41 个平台位于美国，占总市场价值的 67%。数字平台可以在世界各地收集数据，并在美国进行集中决策和数字生产，使得美国成为数据净进口国。此外，美国是全球数字技术的主要来源，为人工智能、物联网、大数据、区块链等数字技术的发展奠定基础。

美国采取自由开放的数字贸易战略，帮助其国内平台在全球范围内继续扩大和获取数据，从而增强其国家数字产业和数字经济的竞争力。美国强调贸易的自由化和便利化，并主张降低数字贸易壁垒。一方面，美国已经积极签署了关于数字贸易治理的贸易协定。截至 2021 年 12 月，它已经签署了 12 个积极的双边、多边和区域协议《美国-墨西哥-加拿大协议》（USMCA）及美日数字贸易协定，它们被认为是解决全球数字贸易壁垒的最全面和最高标准的贸易协定；另一方面，美国努力通过实现贸易协定降低数字贸易壁垒。美国签署的数字贸易协定涵盖了广泛的内容，包括对数字产品的非歧视性待遇、允许跨境数据流动、禁止数据本地化措施、禁止强制性披露源代码等。

9.3.1.2 欧盟

欧盟在数字贸易方面的发展水平落后于美国和中国。根据 Statista 的统计，2020 年欧盟电子商务收入规模为 0.46 万亿美元，相比美国和中国的收入规模较低。此外，欧盟尚未开发出一个全球领先的数字平台。虽然在欧盟有超过 1 万个数字平台，但其中大多数是中小企业。与此同时，美国的数字平台是欧盟主要的数字服务供应商，大量国内中小企业使用国际云服务存储数据，该服务通常由美国的供应商提供，如亚马逊、字母表、微软或 IBM。欧盟致力于提高数字经济的竞争力，并确保在数字贸易和技术创新方面处于领先地位。据此，欧盟实施了有条件开放的数字贸易战略，建立了高标准的数据保护体系，为国内中小型数字平台提供了增长空间。欧盟积极消除了不合理的数字贸易壁垒。欧盟委员会在其 2021 年发布的《开放、可持续和坚定自信的贸易政策》文件中表示，欧盟的（双边和多边）贸易政策应作为优先事项，支持欧盟的绿色和数字议程，并追求确保欧盟在数字贸易中处于领先地位的目标。

9.3.1.3 印度

和中国一样，印度的电子商务也在快速增长。随着互联网基础设施的完善和智能手机的普及，互联网普及率迅速上升，印度的互联网用户数量继续增加。根据印度品牌权益基金会的数据，到 2020 年，印度的网上购物用户数量为 1.4 亿人，落后于中国和美国。基于印度庞大的市场规模，其电子商务市场的规模继续扩大；到 2021 年，电子商务市场的价值为 840 亿美元，根据 Statista 的预估，到 2030 年，其价值将达到 3 500 亿美元。与此同时，印度的电子商务平台正在与大型国际平台展开竞争。例如，印度亚马逊在用户流量和销售额方面都排名第一，超过了印度国内的所有平台。

印度在国际层面缺席多边和区域数字贸易谈判，为数字贸易与数据流通设置了壁垒。在多边层面上，印度尚未参与世界贸易组织电子商务谈判。在双边、多边和地区层面，截至 2021 年 12 月，印度已经签署了 17 项有效的贸易协定，但只有一项协议的章节涉及电子商务治理。此外，印度倾向于对电子传输征收关税，并制定了严格的数据本地化要求。

国内学者根据数据流和经济发展水平这两个标准构建了一个分类法，以区分美国、欧盟、印度和中国的数字贸易发展策略。作为发达经济体和净数据进口国，美国致力于开放数字贸易，降低贸易壁垒，帮助国家数字平台利用数字技术和数据量提高规模经济效应，从而提高国家数字部门的竞争力。与此同时，作为一个发达经济体的净数据出口国，欧盟有条件地开放数字贸易活动以维持发展，同时给国内中小型数字平台提供一定的增长空间。作为一个发展中经济体和净数据进口国，中国先后开放数字贸易，不仅为国内数字平台的发展提供时间，也为其全球扩张提供条件，这符合中国的实际情况。然而，作为一个发展中经济体和净数据出口国，印度采用了限制性的规则，并为数字贸易和数据流的发展设置了障碍。

9.3.1.4　中国

基于国内市场的规模，中国的数字平台迅速崛起。因此，中国不仅在互联网用户数量方面，而且在电子商务平台的收入和市场份额方面，都排名世界第一。根据中华人民共和国商务部电子商务和信息化司的数据，2020 年中国跨境电商贸易量为 1.69 万亿元人民币，较去年同期增长 31.1%。根据 Statista 的数据，到 2020 年，中国的电子商务收入为 1.34 万亿美元，而美国的收入则为 0.54 万亿美元。中国积极参与区域贸易合作，促进贸易便利化，加强国际电子商务合作。

截至 2021 年 12 月，中国已签署了 5 项涵盖电子商务或数字贸易的双边、多边和区域协定。这些协定侧重数字贸易的基本问题，包括禁止强制技术转让、对电子传输不征收关税、承认电子认证和电子签名、禁止未经请求的商业电子信息及保护在线消费者。然而，目前还没有为数字贸易中的新问题制定规则，如对数字产品的非歧视性处理和源代码保护。虽然中国被认为设置了较高的数字贸易壁垒，但政府正在申请加入国际贸易协定，并不断提高其在这方面对世界的开放程度。中国的第一个超大区域贸易协定《区域全面经济伙伴关系协定》（RCEP）于 2022 年 1 月正式生效。此外，中国努力加强数字经济方面的全球合作，并正式申请加入《全面与进步跨太平洋伙伴关系协定》（CPTPP）和《数字经济伙伴关系协定》（DEPA）。

9.3.2　主要经济体数字贸易规则

目前，全球有四个关键贸易协定代表美国（CPTPP 和 USMCA）、欧盟（EU-UK）和中国（RCEP）的治理方式。它们都是典型的高标准和领先的贸易协定。这四项协定涉及数字贸易的介绍性规范条款，包括国内电子交易框架、电子合约、电子认证和电子签名、无纸化交易、关税、关于进入和使用互联网的原则、网络安全、在线消费者保护、未经请求的商业电子通信、个人信息保护、利用电子手段实现信息的跨境传输、计算机设施的位置、公开政府数据、数字产品的非歧视性待遇、源代码、互动式计算机服务、互联网互联互通收费共享、合作。CPTPP、USMCA、EU-UK、RCEP 的数字贸易规则如表 9-3 所示。此外，这些经济体对传统规则几乎没有争议。然而，在条款中有关数字贸易的新问题存在明显的分歧，如数字产品的非歧视性处理、互联网互联互通收费共享、计算机设施的位置、源代码和互动式计算机服务。这些都体现在以下三个方面。第一，USMCA 制定了全面的数字贸易规则，涵盖范围广泛的新问题，包括互动式计算机服务、开放政府数据、源代码保护等。第二，CPTPP 和 USMCA 在其规则的结构和内容上存在显著的重叠，这说明了美国制定数字贸易标准的领导地位，以及其他经济体对美国数字贸易规则的效仿。第三，尽管采用类似的结构，但 RCEP 涵盖的新兴问题比 CPTPP 和 USMCA 要少，显示了中国谨慎的政策立场。

179

表 9-3 CPTPP、USMCA、EU-UK、RCEP 的数字贸易规则

数字贸易规则	CPTPP	USMCA	EU-UK	RCEP
国内电子交易框架	√	√	×	√
电子合约	×	×	√	×
电子认证和电子签名	√	√	√	√
无纸化交易	√	√	×	√
关税	√	√	√	√
关于进入和使用互联网的原则	√	√	×	×
网络安全	√	√	√	√
在线消费者保护	√	√	√	√
未经请求的商业电子通信	√	√	√	√
个人信息保护	√	√	√	√
利用电子手段实现信息的跨境传输	√	√	√	√
计算机设施的位置	√	√	√	√
公开政府数据	×	√	√	×
数字产品的非歧视性待遇	√	√	√	√
源代码	√	√	√	×
互动式计算机服务	×	√	√	×
互联网互联互通收费共享	√	×	×	×
合作	√	√	√	√

与此同时，在这四项协议的监管细节中存在明显的关键冲突，特别是关于数据治理的规定，如表 9-4 所示。

第一，关于个人信息保护，欧盟—英国协定认为保护个人数据和隐私为个人的权利，应告知任何有关跨境数据传输的措施。与此同时，RCEP、CPTPP 和 USMCA 认识到个人信息保护的经济和社会效益，并强调法律框架的重要性，以及相关的国际原则和指导方针。此外，CPTPP 和 USMCA 还为违反个人信息保护行为的非歧视性做法制定了规定。考虑到数据治理中的不同法律方法，CPTPP 和 USMCA 鼓励发展机制，以实现不同制度之间的兼容性，USMCA 还提倡亚太经济合作组织跨境隐私规则（CBPR）系统作为一种有效的机制。

第二，关于利用电子手段实现信息的跨境传输，四项协议都承诺允许跨境传输信息，但级别不同。欧盟—英国协定禁止对自由数据流的限制，包括要求在该领土内进行数据存储或处理的数据本地化，以及禁止在另一方领土内进行数据存储或处理。在另一种方法中，CPTPP、USMCA 和 RCEP 规定了例外条款，即如果这些措施不导致任意或不合理的歧视或伪装的限制，并且不施加超过要求的限制，就可以采取或维持针对合法的公共政策目标的措施。此外，RCEP 认为安全利益是一个例外，这是无可争议的，而 USMCA 则指出，

这些限制应与所提出的风险成比例。

第三，与数据定位相关的计算机设施的位置，与跨境数据流的调节方式相似。欧盟—英国协定认为，不应要求使用计算机设施或网络元素进行处理，而数据的跨境传输应取决于在该领域内使用的计算机设施或网络元素。同时，CPTPP、USMCA 和 RCEP 阻止了在领土内使用或定位计算机设施作为业务条件的要求。然而，CPTPP 为合法的公共政策目标设定了例外措施，而 RCEP 则为合法的公共政策目标和安全利益设定了例外措施。

表 9-4　关于数据治理的规定

个人信息保护	
CPTPP	为保护个人信息而制定的法律框架。 应考虑到相关的国际原则和准则。 非歧视性的做法。 是一种促进不同机制之间的兼容性的机制
USMCA	为保护个人信息而制定的法律框架。 应考虑到相关的国际原则和准则，如亚太经济合作组织隐私框架和经济合作组织理事会关于个人数据保护和跨境流动指南的建议（2013 年）。 非歧视性的做法。 是一种促进不同机制之间的兼容性的机制。亚太经济合作组织跨国界隐私规则制度是一种有效的机制
EU-UK	承认个人有权保护个人资料和隐私。本协议中的任何内容均不得妨碍采取或维持有关保护个人数据和隐私的措施。 应告知已经采取或维持的任何措施
RCEP	为保护个人信息而制定的法律框架。应考虑到相关的国际标准、原则、指导方针和标准。 应配合保护个人信息
利用电子手段实现信息的跨境传输	
CPTPP	允许通过电子方式跨境传输信息。例外情况：针对符合公共政策目标的措施
USMCA	不得禁止或限制通过电子方式跨境传输信息。 对个人信息跨境流动的限制与所呈现的风险成比例。 例外情况：针对合法公共政策目标的措施
EU-UK	确保跨境数据流，以促进贸易。 不要求数据在该区域内以本地化方式进行存储或处理。 不得禁止在另一方的领土内进行储存或加工处理
RCEP	不得阻止通过电子方式跨境信息传输。 例外情况：实现合法公共政策目标的措施；保护基本安全利益的措施
计算机设施位置	
CPTPP	不得要求在该领域内使用或定位计算机设施作为开展业务的条件。 例外情况：针对合法公共政策目标的措施
USMCA	不得要求在该区域内使用或定位计算机设施作为开展业务的条件
EU-UK	不得要求在该区域内使用计算机设施或网络元素进行处理
RCEP	不得要求在该区域内使用或定位计算机设施作为开展业务的条件。 例外情况：实现合法公共政策目标的措施；保护基本安全利益的措施

9.3.3　全球数字贸易治理及发展趋势

　　总体而言，主要经济体间数字贸易协定的趋同表明了全球数字贸易及其治理的发展趋势。第一，近年来，全球各国对数字贸易的重视程度日益提高，电子商务或数字贸易治理体系通过双边、多边和区域贸易协定得到加强。第二，很明显，全球各国一直在努力降低对数字贸易的壁垒。贸易协定是通过消除关税和非关税壁垒来促进数字贸易的一种重要途径。关税措施包括取消对电子传输征收的关税，非关税措施包括合法承认电子认证和电子签名的有效性，以及接受以电子方式提交的贸易管理文件。第三，保持透明和有利的环境来保护消费者，避免不必要的电子交易监管负担、交流信息和法规经验，以及共同协助中小企业克服电子商务和数字贸易的障碍，积极营造数字贸易和电子商务的监管环境。第四，高度重视个人信息保护和跨境数据流。主要经济体通过数字贸易协定强调了保护电子商务用户的个人信息，以及跨境数据流的经济和社会效益的重要性。

　　主要经济体之间的条款冲突表明了美国、欧盟和中国在数据治理方面的不同方法。美国支持跨境数据流动，并鼓励国际合作，以努力平衡公共政策目标，其中包括经济发展和保护国家安全和个人隐私。美国已经制定了一种以组织为基础的方法和事后规定。此外，美国主张建立统一的国际机制，促进跨境数据流动，并支持 CBPR 体系作为一种有效的机制。CBPR 开发和支持 2011 年亚太经济合作组织，涉及九个成员经济体，旨在促进跨境数据流在亚太经济合作组织经济基于 APEC 隐私原则，其中包括防止伤害、注意、收集限制、使用个人信息，选择、个人信息的完整性，安全保障措施和问责制（亚太经济合作组织，2015）。该系统是一个由政府支持和基于问责制的数据隐私认证系统，公司可以加入它，以证明符合国际公认的数据隐私保护。CBPR 被认为是一种实现与国内法律法规具有互操作性的机制，该机制通过提供一定程度的隐私保护和建设能力，而不取代经济的国内法律或组织的国内法律义务。

　　欧盟强调保护个人信息，不仅通过双边、多边和区域贸易协定，还通过统一的立法。欧盟通过引入一般数据保护条例（GDPR）和框架的自由流动的数据，构建了一个全面和高标准的数据保护系统，该系统采用基于地理的方法，事前规定基于适当的决定和适当的保障措施。欧盟的治理方法区分了个人数据和非个人数据。对于个人数据，GDPR 的适用性可以消除成员国层面的数据保护规则的差异，增强个人数据在欧盟内的自由流动。GDPR 于 2016 年 4 月 14 日通过，并于 2018 年 5 月 25 日在物质范围内生效，该立法适用于全部或部分以自动方式处理的个人数据；在领域范围内，它适用于在工会设置控制器或处理器时对个人数据的处理，无论处理地点如何，以及对工会的数据主体对个人数据的处理，无论控制器或处理器在哪里设置。立法设置条件的个人数据转移到第三国或国际组织，包括适当的决定，委员会决定数据接收器确保适当的保护保障，对控制器或处理器提供保障，以及可执行的权利和有效的法律补救措施。对于非个人数据，非个人数据自由流动框架致力于消除成员国的数据本地化要求。该框架于 2018 年 11 月 14 日获得通过，并于 2019 年 5 月 28 日生效。它适用于除了个人数据的电子数据和混合数据集中的非个人数据部分。该框架通过禁止数据本地化要求防止对联盟内数据移动的限制，除非是为了符合以下原则的公共安全以确保当局能够迅速获得数据，并确保专业用户能够自由地传输数据。

中国认识到自由数字贸易的重要性和跨境数据流的好处，但为国内数据治理法规保留了空间，这在 RCEP 中关于跨境数据流和计算设施位置的安全利益例外条款中得到了说明。同时，中国引入《中华人民共和国网络安全法》《中华人民共和国数据安全法》《中华人民共和国个人信息保护法》，构建了严格的数据治理框架。特别是《中华人民共和国个人信息保护法》包括了关于跨境数据活动的详细规定。《中华人民共和国个人信息保护法》于 2021 年 8 月 20 日通过，并于 2021 年 11 月 1 日生效。在中国境内处理自然人的个人信息、提供产品、服务和分析、评估境内自然人活动的活动，以及法律、行政法规规定的其他情形，均适用本法律。该法律为个人跨境信息设定了条件，其中包括国家网络空间管理局组织的安全评估、专门机构进行的认证、根据国家网络空间管理局制定的标准合同，以及法律、行政法规规定的其他在境外提供个人信息时应满足的条件。此外，法律还规定了数据定位的规定，关键信息基础设施运营商和特定数量的个人信息处理人员应在境内存储个人信息。

9.4　跨境电商

9.4.1　跨境电商的内涵与外延

9.4.1.1　跨境电商的内涵

1. 跨境电商概念

跨境电商主要指不同国家和不同地区的交易主体借助电子商务平台进行商务交易。其中两个典型的主要参与者是电子商务平台（跨境在线平台）和其他第三方服务公司（跨境物流提供商和支付提供商）。国际买家利用在线电子商务平台订购产品，跨境交易由第三方（物流公司或支付公司）处理。

根据世界海关组织的定义，CBEC 标准的框架特征如下：在线订购、销售、通信，支付；跨境交易或运输；实物（有形的）货物；面向消费者或买方（商业性和非商业性）。

2. 跨境电商发展阶段

我国第一阶段为跨境电商的发展萌芽阶段。跨境电商在中国起步较晚，但发展迅速。中国政府敏锐地意识到，跨境电商对经济的增长和企业竞争力的提升有巨大影响。自 20 世纪 90 年代初以来，一系列以"黄金"字命名的项目，如"金桥""金杯""金门"（统称"三个黄金"项目）的出现，为国民经济和行业的重要部门奠定了相对发达的信息基础，开启了中国在国际贸易领域应用电子商务技术的序幕。1999 年阿里巴巴国际站的成立，标志着中国正式进入跨境电商领域。但在这一阶段，我国跨境电商平台只提供黄页服务，交易双方仍然需要进行线下交易。

2003 年的"非典"对中国的生产和生活方式产生了很大的影响。但与此同时，它也为中国电子商务的发展提供了机遇。2004 年敦煌网的成立，标志着中国跨境电商的发展迈入成长期，交易模式从最初的线下交易逐渐过渡到线上交易。此后，随着各行业和部门信息化工作的逐步推进，各种电子商务网络平台的兴起，从 2005 年起，电子商务进入了中国快速发展的阶段。

2008 年，受全球金融危机、人民币升值和劳动力成本持续上升的影响，中国的传统外贸产业受到了沉重打击，进出口量大幅下降。许多中小外贸企业纷纷倒闭。跨境电子商务凭借中间环节少、价格低、利润率高的优势，呈现良好的发展势头。2013 年中国跨境电商步入发展成熟期，各种数字化技术的应用促使我国跨境电商平台提供更加完善和优质的服务，促进我国对外贸易的发展。

3. 跨境电商模式

随着全球经济一体化和技术的快速发展，跨境电商已成为一种日益重要的贸易模式。在跨境电商的发展过程中，主要有几种模式，如图 9-2 所示。

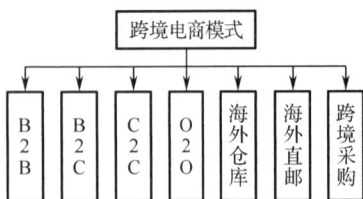

图 9-2　跨境电商模式

（1）B2B 模式指企业之间的电子商务模式，主要涉及企业之间的贸易，满足企业各自的需求。（2）B2C 模式指企业转向消费者的电子商务模式，主要涉及利用互联网向消费者提供商品或服务的企业。（3）C2C 模式指消费者之间的电子商务模式，主要涉及二手商品的交换、消费者生产或创造的商品的销售。（4）O2O 模式指从在线到离线的电子商务模式，通过网络获取客户，为离线客户提供更好的服务。（5）海外仓库模式指在海外建立仓库，使货物库存更加充足，快速响应客户需求，提高客户满意度。（6）海外直邮模式指将中国商品直接邮寄到海外，允许消费者在网上购买中国商品，同时提供更快、更方便的物流服务。（7）跨境采购模式指为中国消费者提供购买海外商品的服务。

9.4.1.2　跨境电商的外延

1. 传统国际贸易与跨境电商

跨境电商给传统国际贸易带来的主要改变包括：第一，跨境电商重塑全球消费者的消费习惯；第二，跨境电商允许公司通过增加产品类型的方式进入市场，并使商品分销变得更容易，从而节省成本；第三，跨境电商为小企业提供更多的机会，并转移发展中国家的生产活动，改变其在全球价值链中的地位；第四，跨境电商能够降低贸易成本；第五，跨境电商将增加发展中国家在全球贸易中的份额，预计将从 2015 年的 46% 增长到 2030 年的

57%；第六，跨境电商能够促进服务贸易，这将促进新的服务出现。除了这些积极的变化，跨境电商还可能会对传统国际贸易造成一些不利影响。全球各国仍然对市场集中性、隐私丧失、安全威胁、数字鸿沟扩大，以及跨境电商对一个国家的经济产生的负面影响感到担忧。具体来看，跨境电商与传统国际贸易的不同主要集中于三个方面。

第一是国际贸易商业模式。在一般的交易操作模式下，买卖交易双方在提交订单前必须进行交易谈判（大部分是面对面的），而长期的交易谈判无疑会消耗更多的时间，产生更多的费用。然后每笔交易都必须同时签订纸质合同，处理各种纸质文件，这是一种非常低效的方法。但在跨境电商平台上，买卖交易双方可以利用网络平台进行谈判，环境更便捷、安全，下单、支付等交易流程也可以通过平台自动完成。因此，跨境电商不仅节约了大量的时间和成本，而且提高了效率。跨境电商的网络平台作为国际贸易的媒介，使国家间的贸易更快、更高效，改变了国际贸易的传统商业模式。在传统国际贸易中，进口商和出口商都更有可能关注大宗商品，而忽视消费者最基本的需求，消费者自由选择商品的范围也很容易受到限制。然而，在跨境电商贸易中，各国的消费者可以直接登录跨境电子交易平台，并自由浏览各种商品。消费者可以直接与商家谈论他们感兴趣的产品，并全面了解产品信息。同时，他们也可以根据自己的需要来选择支付方式和物流服务模式。

第二是国际贸易参与者。跨境电商平台将以进出口商为中心的线性贸易模式逐渐转变为更广泛的贸易模式。对于中小企业和初创企业来说，这种模式直接增加了它们的贸易机会，为它们提供了平等的外贸环境。此外，不同行业的企业也开始利用智能电子商务平台拓展市场。智能电子商务平台自动生成的大数据，可以为企业提供更有效、快速、准确的关于各国消费者行为和消费习惯的决策信息。不仅如此，利用这些大数据，该平台还可以同时了解同一行业的竞争对手的信息，这在无形中推动了企业市场竞争力的提高。这种模式也推动了国际物流行业、金融行业、数据和信息加工行业的发展，改善了整体服务业。随着互联网技术、跨境电子交易平台和海关的升级，银行、保险公司、物流公司相互合作，帮助外贸企业减少了在时间和资金方面花费的巨大成本。

第三是国际贸易环境和国际贸易安全。跨境电商的兴起促进了全球进出口贸易的发展。随着各国间贸易量的增加，国际银行、物流产业、保险产业、服务和电子信息产业也得到了相应的发展，形成了一个新的国际贸易体系。同时各国实施了一些优惠税率、免税退税等政策，这将极大促进国际贸易的发展。然而在国际电子商务服务平台上，国际贸易仍存在安全问题和监管问题，特别是对一些正处于跨境电商发展阶段的发展中国家而言。其信贷相关的法律法规尚未形成体系，这极大地威胁了国际贸易的市场秩序，增加了国际贸易的信用风险。因此，消费者信息的非法披露频繁发生，犯罪分子利用这些信息进行侵权和电信欺诈。各国都应高度重视国际电子商务监管体系，共同创造良好的国际贸易环境。

2. 数字贸易与跨境电商

第一，作为数字贸易时代的重要组成部分，跨境电商将助推全球数字贸易时代的到来。

跨境电商作为数字贸易的一种形式，利用电子商务平台、物流网络和数字支付等技术，使消费者能够在国外购买商品，同时也为商家提供了更广阔的市场和更便捷的销售渠道。原本以货物交易活动为主的跨境电子商务将不断扩展其商务活动领域，整合传统产业链，推动生产和贸易活动的数字化和智能化转型。

第二，数字贸易作为新型贸易活动，是跨境电商发展的高级形态。目前的跨境电商仍处于数字贸易的初级阶段，产业的垂直整合力度不足。数字贸易是以数字化平台为载体，通过人工智能、大数据和云计算等数字技术的有效使用实现实体货物、数字化产品与服务、数字化知识与信息的精准交换，进而推动消费互联网向产业互联网转型并最终实现制造业智能化的新型贸易活动。因此，数字贸易是跨境电商未来发展的更高目标。

9.4.2 跨境电商的发展特点与趋势

9.4.2.1 全球跨境电商的发展特点与趋势

1. 全球跨境电商的发展特点

市场营销在商业世界中扮演着重要的角色，随着技术和社会的不断发展。在移动互联网、社交媒体和新技术的推动下，跨境电商开创了一个新时代，引发了市场营销的革命性转变。利用互联网和数字技术发展的跨境电商已经取得了重大进步。

目前跨境电商的发展特点包括以下几点。

第一，在技术进步和不断变化的消费者偏好的推动下，跨境电商的格局正在经历变化。在最新的趋势中，移动商务、社交商务和语音商务重塑了企业与用户互动和促进交易的方式。随着智能手机和平板电脑的普及，移动商务的交易量激增，促使企业优化移动兼容性平台。这一变化导致了移动商务的交易量显著增加，即时购物的便利性满足了用户需求。数字钱包和移动支付应用程序的兴起进一步简化了结账流程，提高了交易的便利性。社交商务通过无缝整合到社交媒体平台中的购物，已经彻底改变了跨境电商的格局。各大品牌利用社交媒体平台的庞大用户基础，提供应用类购买选项。这一趋势通过直播购物体验促进用户生成的内容和实时互动，提高用户参与度。随着亚马逊 Echo 等声控设备的普及，语音商务获得了吸引力。这些设备允许用户进行购买、询问产品，并使用语音命令向列表中添加项目。由人工智能打造的虚拟助手为用户提供量身定制的产品建议，增强了对多任务处理用户的交易便利性。这些趋势相互交叉，不仅提高了用户的参与度，而且在不断发展的跨境电商领域中获得了竞争优势。

第二，促进商业模式和运营的根本性转变，重塑了企业实现其核心功能和与用户接触的方式。通过利用技术，企业正在简化流程，增强用户体验，并创造新的价值主张。通过对数据驱动的洞察和分析，使企业能够作出明智的决策。数字工具的自动化和集成化优化了工作效率，这种演变也有利于为用户提供个性化的体验，因为企业可以根据用户偏好数据定制产品。协作平台和沟通工具正在促进跨功能的参与，促进企业创新。云计算的应用是数字转型的另一个方面，它正在彻底改变数据存储和可访问性，改变企业管理信息和应对市场动态变化的方式。

2. 全球跨境电商的发展趋势

随着技术的不断进步，跨境电商贸易规模有望实现快速增长。人工智能将在跨境电商中发挥更重要的作用，人工智能聊天机器人和虚拟助手提供高度个性化的用户支持。先进的人工智能算法将增强产品推荐、搜索和预测分析功能，使购物体验更加直观和高效。

可持续性也将逐步成为跨境电商的重要追求目标。这将涉及对可再生能源、绿色数据中心和环保供应链管理的研究。除了加密货币，区块链技术还将在跨境电商中得到更广泛的应用，特别是在安全和透明的供应链管理、防伪措施和在线交易中建立信任等方面。超个性化服务将继续发展，该研究将深入探讨人工智能驱动的系统，这些系统可以实时预测个人的偏好和需求，为用户提供量身定制的购物体验。

增强现实（AR）和虚拟现实（VR）将彻底实现产品可视化，允许消费者在购买之前尝试虚拟产品。该研究将探讨 AR 或 VR 如何影响消费者的行为和决策能力。随着数字转型的进展，如数据隐私、算法偏见和负责任的人工智能使用等伦理考虑将变得越来越重要，从而促使对负责任的技术采用框架的持续研究。跨境电子商务领域将会扩展，因此需要研究影响全球电子商务战略的国际法规、税收影响和文化因素。此外，研究将继续探索数字转型如何影响传统零售，可能导致新的混合模式产生。数字技术威胁加剧，研究将集中于加强网络安全措施和开发先进的欺诈检测算法，以保护企业和消费者的权益。

随着数字化技术的不断发展和消费者对品质和服务要求的提高，跨境电商的未来趋势将会更加普及、高效、安全和个性化。同时，电商平台需要更加注重可持续性和安全问题，为消费者提供更加优质的商品和服务。

9.4.2.2　中国跨境电商的发展特点与趋势

1. 中国跨境电商的发展特点

跨境电商出口加速推进"品牌出海"，品牌战略已成为各大跨境电商平台发展、帮助中国中小企业提升竞争力的重要条件。在 B2C 领域，国内跨境电商平台依托自身优势，助力企业打造品牌；在 B2B 领域，面对全球贸易新形势下海外采购需求的新变化，品牌孵化成为 B2B 跨境电商发展的重点方向。随着网络购物的快速普及，中国跨境电商进口加速了全球供应链的优化，进一步满足了人们对美好生活的向往。

跨境电子商务合规进程加快。在标准体系和平台规则的共同作用下，我国跨境电商合规进程不断加快。一方面，中国政府高度重视跨境电商标准化体系的初步形成，2021 年以来，我国积极推进跨境电商标准化建设，目前跨境电商领域已形成涵盖国家、行业、地方、团体和企业标准在内的 41 项标准；另一方面，数字化平台企业积极行动，通过数字化技术为中小外贸企业打造一站式数字化合规解决方案。

187

跨境电商新模式快速发展。2022 年，跨境电商新模式快速发展。一方面，"直播+跨境电商"的发展不断加速，开启海外直播电商商业化进程；另一方面，海外独立站数量呈现井喷态势。据商务部统计，中国企业在海外建立的独立站约 20 万个，独立站在跨境电商中的市场份额不断增加。

注重社会责任和可持续发展。将社会责任融入商业设计，推动可持续发展，是数字科技企业的共同义务，节能减碳已成为众多中小企业的发展目标。

2. 中国跨境电商的发展趋势

走向精细化和数字化。大数据时代，多渠道精细化运营将是未来跨境电商发展的主旋律。随着全球线上消费规模不断扩大，跨境电商将利用用户行为数据寻找目标客群，分析用户消费流程，定位业务痛点，深度挖掘用户数据的价值。营销方式将逐步由传统的规模化向精细化转变，完成由追求规模到追求品质的转变。营销渠道将从单一的广告投放转向社交购物、直播购物、VR 购物等多渠道数字化投放。未来，打通多渠道、实现全流程数字化将成为中国跨境电商发展的立足点。

跨境服务市场规模不断扩大。随着数字贸易的快速发展，我国跨境电商服务产品交易规模将不断提升。服务贸易领域的深化改革为跨境电商服务产品发展注入了新动力。2021 年，全面深化服务贸易创新发展试点稳步推进，122 条具体措施中 110 条已落地，落地率超过 90%。

支持服务外包高质量发展、建设特色服务出口基地等政策措施不断出台。服务业外资准入不断放宽，营商环境不断改善。数字技术快速发展催生大量数字服务需求，视听、医疗、教育、网络零售等线上服务在全球范围内增长趋势显著。据商务部统计，2021 年我国知识密集型服务贸易保持两位数的速度增长，其中个人文化娱乐服务、知识产权使用费、电信及计算机和信息服务出口增速突出，分别增长 35%、26.9%和 22.3%。当前，国际经济与贸易形势复杂多变，数字贸易仍面临诸多不确定性，未来如何快速推动跨境电商服务产品发展仍须进一步探索。

跨境电商进口规模不断扩大。2022 年，中国国家主席习近平在第五届中国国际进口博览会开幕式上的讲话再次强调，中国将推动各国共享中国大市场机遇，扩大优质商品进口范围。2023 年，随着进口政策的进一步完善、跨境零售进口正面清单的调整优化及中国居民消费需求的增加，中国大市场将充分释放消费红利，跨境进口市场规模将进一步扩大。

跨境电商生态链将不断优化升级。数字技术的发展将为跨境电商行业带来革新，如区块链的可追溯、不可篡改、点对点传输技术、智能合约技术等，将助力解决跨境物流监控、跨境支付、跨境电商产品质量追溯等问题；大数据技术、云计算技术将使营销更加精准化、个性化，提高供应链运作效率。2022 年数字人民币应用于跨境电商支付场景，随着数字技术与跨境电商场景的深度融合，未来将形成智能化、绿色化的跨境电商数字生态链。

电子商务国际合作进程将加速推进。"丝路电商"朋友圈不断扩容，推动双边合作拓展，金砖国家、上合组织、中国—中东欧、中国—中亚等多边机制建设持续推进。中国积极推动世界贸易组织电子商务谈判，正式申请加入全面与进步跨太平洋伙伴关系协定（CPTPP）和数字经济伙伴关系协定（DEPA），积极探索和推动与欧洲、非洲、拉丁美洲等地区国家的贸易和投资自由化便利化合作。多双边电子商务合作布局不断拓展，合作层次不断丰富，水平不断提高。

本章小结

本章介绍了数字贸易的概念、特点和发展趋势，并从理论上进行了梳理和总结，对跨境电商的发展特点进行了分析。

复习思考题

1. 数字贸易如何改变传统贸易模式？
2. 跨境电商和数字贸易之间有什么关系？
3. 请结合中国数字经济发展的历程，论述数字经济与贸易产生与发展的总体规律。

●●◆【本章案例学习】

中国跨境电商平台

2023 年中国跨境电商贸易规模为 2.38 万亿元人民币，同比增长 15.6%。其中，出口规模为 1.83 万亿元人民币，同比增长 19.6%；进口规模为 5 483 亿元人民币，同比增长 3.9%。该排名于 2024 年 2 月更新，以下排名数据源于 Econometrics 在 2023 年年底发布的《中国跨境进口零售电商市场季度监测报告》。统计范畴为跨境进口零售电商市场交易份额。中国跨境电商市场并不是特别分散的，虽然有很多独立的品牌店、小型电商网站和专业平台，但还是有几家巨头脱颖而出，占据了大部分市场份额：根据 Statista 2023 年的数据，其中天猫和京东占据了跨境零售额的近 65%。中国五大跨境电商平台如表 9-5 所示。

表 9-5　中国五大跨境电商平台

平　台	市 场 份 额
天猫国际	市场份额：37.6%。 　天猫国际于 2014 年开业，是最大的外国品牌跨境交易市场。它由中国电子商务巨头阿里巴巴运营，该公司是淘宝、Lazada 和中国版天猫等平台的幕后推手。 　与天猫不同，天猫国际不向纯内地企业开放（该平台仅与在海外有实体的海外企业合作）。这些企业必须拥有海外注册商标，并且按照天猫的要求，需要"在海外拥有良好的声誉和商业地位"。 　天猫国际将自身定位为全球顶级品牌销售优质商品的平台，旨在迎合中国高端消费者的需求，满足他们对高端商品日益增长的需求，并利用他们的高消费能力。 　消费者大多是居住在大城市的中产阶级年轻女性（35 岁以下），她们知道在天猫国际可以得到什么：直接访问优质外国品牌及其目录

续表

平　台	市　场　份　额
京东 全球购	市场份额：18.7%。 京东全球购于 2015 年成立，它依托中国第二大市场京东庞大的现有用户群，取得了成功。 京东全球购拥有近 2 万个品牌的近 1 000 万个 SKU，产品类别涵盖营养保健、家电、汽车等各个领域。 京东全球购设有多个国家和地区"展馆"。该全球跨境电商平台目前以出口为重点。为了促进这一做法，京东在俄罗斯和印度尼西亚建立了办事处，为那里的出口商家提供支持
抖音 全球购	市场份额：12.3%。 抖音全球购是今年榜单新上榜的平台，自 2021 年上线以来，抖音全球购用户持续增加，销售额保持高速增长，迅速发展成为国内跨境消费品采购的核心平台。 庞大的用户量也让海外品牌看到了该平台的发展潜力，近年来入驻抖音电商全球购平台的海外品牌数量快速增长，五大核心品类均在抖音电商全球购平台上实现增长。 抖音电商全球购为海外品牌提供从"种"到"购"进入中国的一站式品牌成长方案，致力于为中国消费者提供全球范围内的各类好货好价，是中国一站式跨境进口 B2C 电商平台
拼多多全 球购	市场份额：5.9%。 拼多多全球购是新上线的平台，拼多多于 2019 年 4 月上线全球购，拼多多平台的全球化战略旨在为用户带来更多来自世界各地的优质商品选择。对于海外商家来说，入驻拼多多全球购不仅是拓展市场的机会，更是连接中国庞大消费市场的窗口。 目前，拼多多全球购业务覆盖全国 80 个关区近 200 个保税仓。据介绍，在拼多多全球购业务中，百强品牌中有 21 个实现同比 300%以上的增长，59 个单品单日销售额过百万元人民币，带动现场国际品牌及产品持续热销，MichaelKors 轻奢箱包同比增长 200%以上，皇家美居同比增长 480%，依视路同比增长 543%，蔡司同比增长 220%，戴森官旗及整体销售额同比增长 200%
唯品会 国际	市场份额：4.1%。 唯品会是中国第三大 B2C 电商平台和领先的闪购电商平台，这种销售模式在很大程度上延续到了其跨境业务板块。 唯品会国际于 2014 年上线，保证平台上销售的产品 100%为正品。与考拉海购最初几年的运营方式类似，唯品会国际也是自营的，它采用直接海外采购，并拥有自己的配送合作伙伴。正因为如此，它能够做到在 12 小时内从其城市仓库发货。 然而，最近有迹象表明，跨境电子商务正在失去唯品会商城的高优先地位——主网站上不再显示国际网站的链接

资料来源：TMO 集团.

1. 天猫国际

天猫国际旨在帮助海外供应商抓住中国消费者对优质进口产品的旺盛需求。它是中国最大的跨境电子商务平台，拥有来自全球 90 多个国家和地区的 46 000 多个品牌，连接着超过 1 亿人次活跃消费者和 30 000 个国际品牌。这些品牌在独立运营的店面（商店）或特定国家展馆中展示，这些展馆将来自同一国家的不同商家的产品捆绑在一个界面上。天猫国际利用阿里巴巴广泛的消费者分析集，为海外供应商提供中国消费者的购物行为和偏好信息。

天猫国际遵循从订单到交付的复杂商家工作流程。与天猫国内 B2C 平台类似，天猫国际为外国商家提供店面设计的自主权。它利用其复杂的在线商城结构为商家提供具有灵活性和安全性的服务。

190

天猫国际提供四种商业模式可供选择。

（1）天猫海外仓：低成本中国市场进入选择。

对于那些想要"试水"但尚未准备好全面投入的公司来说，这种商业模式是理想的选择。该商业模式使用海外配送模式（TOF），只需要将货物运送到阿里巴巴的海外仓库即可，而菜鸟（天猫的物流部门）已与全球数十家邮政服务公司合作，比商家直接将货物运送到中国要容易得多。天猫海外仓团队负责其余事宜——营销、销售、运营，以及将商品交付给最终消费者。此外，天猫买家团队将协助商家挑选最畅销的产品。

（2）天猫直购：海外热门商品首选。

通过此选项，产品将在天猫直购（TDI）商店出售，该商店会选择最畅销的产品并从品牌或供应商处采购。商家会获得一个完善而成熟的渠道，而无须经营自己的商店。与 TOF 类似，只需根据 CIF（成本、保险和运费）国际贸易协议将产品运送到保税仓库。此选项的主要缺点是对实际销售过程的控制非常有限，因为一切都由天猫直购进口团队管理，他们只负责管理产品列表和运营。

（3）天猫国际旗舰店：自主管理模式。

这是品牌旗舰店采用的最先进的商业模式，为中国消费者提供最佳覆盖范围。因此，它是最大化品牌知名度的理想选择，拥有一系列运营店铺的工具——从获取消费者洞察数据到使用强大的营销和促销工具及维护品牌形象。这种模式也提供了最大的灵活性，因为它既可以用于保税仓库，也可以用于直接运输。品牌可以选择自己经营店铺，也可以将其外包给第三方机构。

（4）天猫国际迷你店：利好中小企业。

这种商业模式类似 TDI 模式，针对中小型企业，提供较低的准入门槛和运营成本，以及天猫国际团队的端到端协助。

2. 京东全球购

京东是中国领先的 B2C 电商平台和物流服务商之一。京东的前身是京东激光，它是2004 年上线的电子零售平台，是中国 B2C 电商的先行者之一。2007 年是京东发展的里程碑，这一年，京东将业务重心从电子产品转向日用百货，并开始发展自己的物流体系。如今，京东已经成为全球第二大电商平台和中国财富 500 强中营收最大的零售企业。

推出自营物流服务十年后，京东于 2017 年分拆物流业务，成立子公司京东物流。四年后，京东物流在香港首次公开募股，募资 32 亿美元，成为迄今为止全球最大的独角兽退出案例之一。京东物流拥有 1 300 个仓库和 31.6 万名员工，是中国最重要的物流服务提供商之一。得益于自营物流网络，京东在 2020 年特殊时期跑赢大盘，市场份额大幅提升。

除了京东自己的配送服务，第三方客户也是京东物流不断增长的收入来源。京东物流目前的业务遍及中国几乎所有城市和城镇，以及全球 220 多个国家和地区。展望未来，京东物流计划建设更多配备自动化仓库的 5G 智能物流园区，并建立自己的空运部门，拥有至少 100 架货机。

京东的运营模式有两种。

预购供应商产品（B2B2C 模式）。京东负责国际物流、海关、仓储、产品界面设计、营销和售后服务等方面。这种运营模式适合在中国已经相当知名的品牌。它也能确保客户的良好用户体验。

为品牌开设商店（市场模式）。在这种运营模式中，品牌直接在平台上开设自己的在线商店。作为回报，京东负责客户服务、营销基础设施和其他类型的服务。应该记住的是，京东向卖家收取服务费，并收取销售佣金。卖家根据产品类别的不同，佣金占比从 2%到 10%不等。

案例讨论题

试论述这几种商业模式各自有哪些优势和劣势。

本章主要参考文献

[1] 马述忠,房超,梁银锋. 数字贸易及其时代价值与研究展望[J]. 国际贸易问题,2018（10）：16-30.

[2] 盛斌,高疆. 超越传统贸易：数字贸易的内涵,特征与影响[J]. 国外社会科学,2020（4）：15.

[3] 沈玉良,彭羽,高疆,等. 数字贸易发展新动力：RTA 数字贸易规则方兴未艾：全球数字贸易促进指数分析报告（2020）[J]. 世界经济研究,2021（1）：15.

[4] 谭芬,侯瑞瑞. 我国跨境电商对进出口贸易的提振效应考察——基于美日欧样本数据的比较[J]. 商业经济研究,2022（4）：161-164.

[5] 张茉楠. 全球数字贸易战略：新规则与新挑战[J]. 企业活力,2018（5）：23-27.

[6] 朱理,李元,曾璋勇. 我国跨境电子商务发展及运作模式选择[J]. 商业经济研究,2018（24）：94-96.

第10章

数字金融

⬤⬤⬤➡ 【引言】

本章分析了数字金融的基本概念，对数字金融涉及的不同业务类型进行了解读。

⬤⬤⬤➡ 【本章学习目标】

1. 理解数字金融的概念与特征
2. 理解数字金融在不同行业的运行，如普惠金融等
3. 理解数字金融的治理机制

⬤⬤⬤➡ 【开篇小案例】

数字支付方式的开始

数字钱包只是直接在平台上传输双方的资金，资金保留在双方各自的数字钱包中。根据交易情况，数字钱包可以生成电子通知，表明交易已完成、账单已支付。电子通知可以在支付系统与商品、服务的购买之间实现信息的整合。以停车场收费为例，传统的支付系统包括进场取票、支付停车费、出站时出示已支付的停车费票据。一些较新的停车场试图通过取消纸质票来改进该系统，让司机在进入时使用信用卡或借记卡，在离开时再次出示同一张卡，费用自动从该卡中扣除。无论是传统的票务系统，还是在新系统中记录使用的信用卡，都会耗费时间、增加成本，并且需要多个读卡终端。

中国的支付系统则可以在司机进入时扫描二维码以记录司机进入车库的时间，在退出时再次扫描二维码，在钱包中自动扣款后，车库门才会打开。这一系统需要智能手机和停车场车库门之间的无线通信，它取代了读卡器的功能，并节约了使用停车费票据或信用卡的时间。降低成本对于小额、大量的交易来说尤为重要。如果停车费为每次 2 美元，每次约 25 美分的借记卡手续费则意味着每停放 8 次车，手续费就相当于每次的停车费。对于信用卡而言，尤其是豪华白金卡，每笔 2 美元的手续费可能接近 50 美分，这进一步挑战了传统停车系统的经济性。

资料来源：黄益平，杜大伟. 数字金融革命，2022.

10.1 数字金融的概念与特征

10.1.1 数字金融的内涵

数字技术为金融部门带来了创新。理论上，基于传统经济学中被广泛接受的"规模报酬递减"假设，同时触达大量特征各异的长尾客户的成本很高。数字金融降低了这一成本：现有的移动支付服务提供商都拥有大量的用户；人工智能和云计算以前所未有的速度与数字金融模型融合，从而为客户提供及时的个性化服务；由大型科技公司开发的信用风险评估模型不仅在预测客户的贷款违约风险方面更可靠，而且还能够向没有银行账户的客户提供贷款。例如，一家新型互联网银行每年可以向数千万的低收入家庭和中小企业发放贷款，大科技信贷的不良贷款率普遍低于传统银行发放同类贷款的不良贷款率。

10.1.1.1 数字金融的概念

本书将数字金融定义为将互联网、大数据、人工智能和云计算等数字技术应用于金融产品和流程中所提供的金融业务。这些金融业务有时也被称为金融科技或互联网金融。

在美国和英国，"金融科技"一词通常指区块链技术、加密货币、跨境支付和央行数字货币。在中国，"金融科技"或"数字金融"一词最有可能与向大众市场提供支付、贷款、保险和投资服务有关。因此，中国数字金融业具有普惠金融的特征。根据北京大学数字普惠金融指数（Peking University Digital Financial Inclusion Index，PKUDFI）可知，2011年，数字金融业务主要集中在东南沿海少数城市；2020年，东南沿海的数字金融业务规模依然领先，但东西差距、南北差距明显缩小，这意味着落后地区正在迅速追赶发达地区。

数字技术使数字金融在扩大业务规模、提高效率、改善用户体验、降低成本和控制风险方面取得了不小的进展。数字技术的一个重要特征是长尾，这意味着一旦成功构建大科技平台，为额外用户提供服务的边际成本几乎为零。大数据、人工智能和云计算的结合，使数字金融机构能够以极快的速度为大众市场提供个性化的金融服务。利用规模经济和范围经济，大科技平台可以覆盖非常广的市场。

10.1.1.2 数字金融的特征

互联网公司与传统金融机构的竞争和相互促进发展使我国的数字金融进入深度发展阶段，并体现如下的特征。一是金融服务广泛覆盖化。数字金融借助移动网络直抵客户终端，让用户在没有网点的地区也能借助移动终端设备获取金融服务，打破传统金融服务要求营业网点的物理限制。二是金融服务对象大众化，服务形式个性化。数字金融的发展注重规模化效应和长尾效应，数字技术的应用使金融服务能够渗透尾部市场，极大降低了服务长尾市场客户的成本。三是金融交易成本低廉化，金融服务线上化。数字金融的服务以线上平台为主，不仅减少了开展线下业务的人员与设备支出，还通过为服务供需双方提供线上信息交换、线上交易等方式降低了客户获取和线下服务的成本。四是大数据风控。数字金融基于各平台产生的用户行为数据和交易信息流数据，利用大数据分析、云计算等信息技术实现对各类用户的信用、还贷能力的精准判断，从而能够为用户提供合适的金融产品，降低风险发生的概率，另外，信贷需求者信用信息的数字化极大提高了信贷供给方的授信审批速度，使金融弱势群体同样能够获取相对高效和便捷的信贷服务。

10.1.1.3　数字金融的行业类型

依托数字信息技术的数字金融发展具有高效率、低成本和强风控等特点，至今已实现多层次发展，在转账支付、金融理财、保险服务和消费信贷等领域得到广泛应用。

一是移动支付。支付业务应用广泛，如银行与银行、银行与其他金融机构之间开展的同业间业务和资金清结算业务，以及 POS 机自动化转账业务等。以支付宝、微信为代表的新兴互联网公司利用积累的线上平台购物流量和社交网络流量开展第三方支付业务，异军突起成为数字化支付领域的主导力量。根据 CNNIC 发布的第 46 次《中国互联网络发展状况统计报告》显示，截至 2021 年 6 月，中国在线支付用户数量达到 8.05 亿人次，占网民整体的 85.7%；手机网络支付用户达 8.02 亿人次，占网民整体的 86.0%。

二是数字信贷。数字信贷表现为个人或家庭通过互联网平台直接或间接地向互联网金融公司或各类金融机构获取的，用于消费性支出的贷款。拥有巨大流量和数据优势的互联网公司，利用网购平台或社交软件向用户直接或间接提供基于各种消费场景，如网络购物、外卖服务、线下购物等的消费信贷，在促进消费的同时培养了用户贷款消费、超前消费的习惯。

三是智能投顾。智能投顾是基于网络算法为客户提供自助式的财富管理服务的一种工具，在投资咨询服务的整个过程中，尽量减少或不需要人工的参与。目前，国内的大型科技平台（蚂蚁集团）、传统投资管理公司（证券公司、基金公司）、商业银行和第三方财富管理公司均有智能投顾产品。

四是数字货币。数字货币最初源于以技术为导向的加密货币社区，之后逐渐拓展到公共领域。从技术上说，它是加密字符串，利用非对称加密技术，数字货币的加密系统非常难破解。

10.1.2　数字金融的发展

10.1.2.1　数字金融的发展特点

数字金融的变革动力归根结底是可应用于金融领域的新技术迭代。近年来，我国金融领域的技术应用百花齐放，而关键核心技术却亟须突破。在经历了一系列实践探索与检验之后，预计未来各方将更加关注前沿技术的成熟度和应用的广泛度，并且基于金融业特性来推动技术创新和落地，既高度重视新技术，又逐渐从需求痛点出发，围绕成本收益考量并且不"为技术而技术"；同时，也需要避免"短期内高估、长期内低估"某项创新技术的金融应用价值。

一是人工智能将成为数字金融创新的"主动力"。随着我国数字经济的快速发展，人工智能的技术迭代和应用进入快车道。产业政策助力人工智能场景创新，算力、数据等基础不断完善，各行业人工智能应用加速渗透。放眼全球，生成式人工智能的发展进入"应用爆发期"，合成数据引领着人工智能的未来。就金融领域而言，人工智能进一步支持金融服务"上云用数赋智"，不断提升智慧金融服务能力（精准洞察客户能力、智能交互服务能力、集约运营管理能力、金融产品创新能力、智慧生态建设能力、金融智能风控能力），促使场景金融更加智慧（精准营销场景、智慧服务场景、集约运营场景、产品创新场景、智慧生态场景、风险智控场景）。当然，伴随生成式人工智能大模型的快速演进，推动负责任的人工智能创新应用也成为发展的重中之重，其中包括公平性、知识产权（IP）、隐私性、安全性、可解释性、可靠性、组织影响、社会和环境影响。

二是互联技术成为数字金融创新的承载力量。在万物互联的世界中，我们可从三个维度分析互联技术的发展和应用，包括基础设施层、技术组件层和场景生态层。第一个维度是基础设施层，它是万物互联的基础，针对如何让分散在各地的不同规模的数字基础设施统一调度、高效运转，既需要提升数据中心自身的计算处理能力，又需要提升网络传输的效能；第二个维度是技术组件层，在金融机构数字化转型步入深水区的过程中，各机构将自下向上的局部创新与自上向下的整体规划相结合，逐步优化技术架构、业务架构、数据架构、应用架构，推动数据、组件、服务等各类资源的互联互通和协同创新；第三个维度是场景生态层，它是依托现代信息基础设施而构建的上层应用场景，都随着连接技术的不断改变而发生形态演进，如"AIoT""XR""虚拟数字人"等未来新型生态交互场景逐渐涌现和完善。

三是分布式技术是数字金融创新的拓展力量。随着技术的不断发展，各领域也不断与云平台进行紧密结合，尤其是人工智能、边缘计算等都借助云平台的优势持续向纵深发展。同时，由于云体系具有复杂度，混合云将是未来相当长的一段时间内金融行业的必然选择。在区块链领域，大部分国家逐步加强了政策层面的管控，但从技术本身来看，一些典型的技术栈还在持续升级和完善，跨链问题也逐步有了比较清晰的解决方案。

四是安全技术是数字金融发展的保障力量。党的二十大报告指出"以新安全格局保障新发展格局"。金融行业的数字化转型，需要以安全作为前提和基础。大数据、人工智能等新兴科技在金融领域加速发展并得到广泛应用，在助力业务创新、效率提升的同时，新兴科技衍生出更复杂的信息环境、更多样的安全风险。"数据隐私安全""网络黑产""供应链安全"等成为金融领域关注的热点问题,对安全技术提出了新的要求和挑战。例如,在政策和市场的双重驱动下,隐私计算技术将迎来全面的蓬勃发展,并逐渐走向技术成熟期。随着对应用场景的深入探索,人们逐渐发现数据要素流通更应侧重"数据要素外循环",与以往强调内部数据保护的安全体系有着巨大不同。数据持有方、计算方、使用方的分离,导致部分原有的设计理念和方法不再适用。隐私计算能够解决其中"可想不可见"的部分,但是对安全模型、系统设计、权限关系、社会分工等方面仍然需要重新设计或考量。

10.1.2.2　我国数字金融的发展趋势

党的十八大以来,数字技术开始重塑我国金融业,我国数字金融实现了高速成长,步入全球第一方阵行列。从具体数据来看,国际清算银行学者的测算显示:2019 年,中国金融科技类信贷规模达 6 267 亿美元,高居全球第一;排名第二的美国金融科技类信贷规模仅为 784 亿美元,不足中国的 13%;排名第三至第五的日本、韩国和英国分别只有 278 亿美元、146 亿美元和 115 亿美元。就移动支付领域而言,2023 年中国移动支付业务总笔数达到 1 851.47 亿笔,总金额达到 555.33 万亿元人民币,分别较去年同期增长了 16.81% 和 11.15%。移动支付的普及率已达到 86%,居全球首位。截至 2023 年 6 月底,数字人民币的交易额已达 1.8 万亿元人民币,流通中的数字人民币总额为 165 亿元人民币,累计交易笔数达到 9.5 亿笔,已开通的数字人民币钱包数量达 1.2 亿个。总体而言,我国的数字金融业态已经覆盖支付、信贷、投资、保险、征信等各项业务,尤其是在移动支付领域,我国已经领跑全球,成为全球金融交易最活跃、支付最便利、成本最低及效率最高的国家之一。

10.2　数字金融行业分析

10.2.1　普惠金融

普惠金融可以定义为能有效且全方位地为社会各界人士提供服务的金融体系,其初衷是通过金融基础设施的不断完善,提高金融服务的可获得性,实现以较低成本向社会各界人士(尤其是欠发达地区和社会低收入者)提供便捷的金融服务。这一概念最初被联合国用于 2005 年——"国际小额信贷年"的宣传中,后被联合国和世界银行大力推广。2014 年,世界银行已在全球七十多个国家和地区与合作伙伴联手开展普惠金融项目,全世界五十多个国家和地区设立了发展普惠金融的目标(世界银行集团,2015)。2005 年后,普惠金融的概念被引入中国,并得到了中国政府的认可。2015 年年底,国务院发布《推进普惠金融发展规划(2016—2020 年)》,对普惠金融年进行了更具体的部署,并在其中明确定义了普惠金融:普惠金融指立足机会平等的要求和商业可持续的原则,以可负担的成本为有金融服务需求的社会各阶层和群体提供适当的、有效的金融服务。

10.2.1.1 普惠金融的策略

北京大学数字金融研究中心的研究团队在 2016 年编制了"北京大学数字普惠金融指数（PKUDFH）"，并在 2019 年和 2021 年对该指数进行了更新（郭峰等，2020）。他们从数字普惠金融的覆盖广度、适用深度和数字化程度这 3 个维度，其中包括 33 个具体指标来构建数字普惠金融指标体系。通过该指标体系计算出的指数展现了中国数字普惠金融发展情况：2011 年各省数字普惠金融指数的中位值为 33.6，2015 年增长到 214.6，到 2020 年则进一步增长到 334.8，2020 年省级数字普惠金融指数的中位值是 2011 年中位值的 10 倍，平均每年增长 29.1%，由此可见，中国数字普惠金融呈现快速增长的趋势，而且更重要的是东中西部地区各省的数字普惠金融指数都在迅速增长。数字普惠金融体系各维度的权重如表 10-1 所示。

表 10-1 数字普惠金融体系各维度的权重

总 指 数	一 级 指 数	二 级 指 数
数字普惠金融指数	覆盖广度（54.0%）	账户覆盖率（54.0%）
	适用深度（29.7%）	支付业务（4.3%）、货币基金业务（6.4%）、信贷业务（38.3%）、保险业务（16.0%）、投资业务（25.0%）、信用业务（10.0%）
	数字化程度（16.3%）	移动化（49.7%）、实惠化（24.8%）、信用化（9.5%）、便利化（16.0%）

资料来源：郭峰，王靖一，王芳，等. 测度中国数字普惠金融发展：指数编制与空间特征. 经济学（季刊），2020，19（4）：1401-1418.

10.2.1.2 普惠金融新模式

2016 年，我国政府发布了《推进普惠金融发展规划（2016—2020 年）》（以下简称"五年规划"）。2016—2020 年，中国在普惠金融方面的发展取得了令人瞩目的进步。普惠金融取得惊人成功的秘诀在于应用了数字技术，其中包括大科技、大数据、人工智能、区块链和云计算等技术。2020 年各省数字普惠金融分类指数分布如图 10-1 所示。

推动中国普惠金融快速崛起的三大因素分别是数字技术、市场需求和监管环境。

第一个因素是数字技术的快速发展和广泛应用，它也是首要因素。2013 年之前的支付宝之所以没有被广泛使用，是因为在台式计算机上使用支付宝相当不方便，而智能手机的出现改变了这一点。中国数字技术的快速发展是政府和私营部门共同努力的结果。政府在全国范围内对数字基础设施进行了大量投入，数字技术渗透率显著提高。数字基础设施的完善使个人和企业几乎能在任何地方连接大科技平台。私营部门也在其中发挥了作用。2011 年，支付宝每秒只能处理约 300 笔交易。到 2019 年，这个数字已经远大于 30 万笔，数字技术的发展缩小了新兴经济体在金融服务覆盖方面的性别差距、贫富差距和城乡差距。

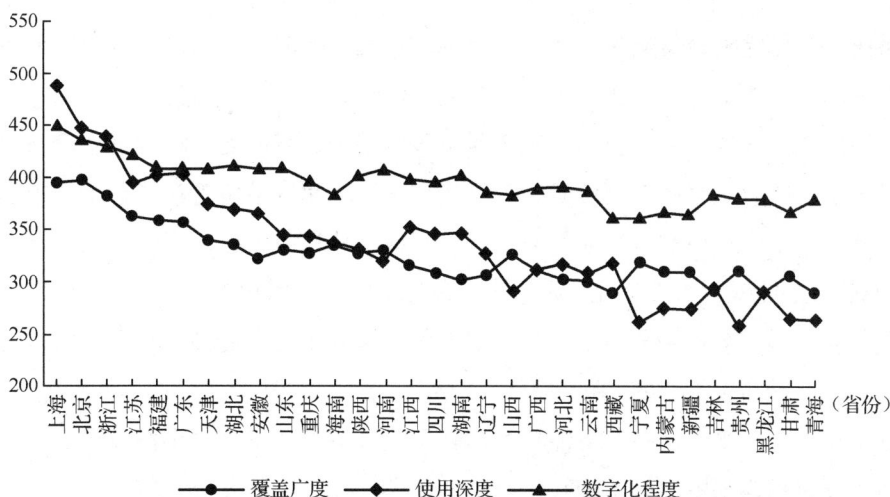

图 10-1　2020 年各省数字普惠金融分类指数分布

资料来源：郭峰，王靖一，王芳，等. 测度中国数字普惠金融发展：指数编制与空间特征. 经济学（季刊），2020，19（4）：1401-1418.

第二个因素是大量未得到满足的市场需求，尤其是来自低收入家庭和中小企业的需求。由于在客户触达和风险管理方面存在问题，为低收入家庭和中小企业提供金融服务很困难，在中国，"金融抑制"现象较为普遍，即政府对金融体系的干预。正规金融体系对低收入家庭和中小企业的服务不足使非正规金融活动和数字金融业务充满活力。因此不难想象，数字贷款对那些未被银行信贷业务覆盖的低收入家庭和中小企业来说意义重大。许多在线投资产品也是如此。在大多数情况下，数字金融产品不仅提高了金融服务效率，而且填补了市场的空白。

第三个因素是相对宽松的监管环境。支付宝出现于 2004 年年底，但直到 2011 年才获得正式牌照。第一个 P2P 平台"拍拍贷"于 2007 年上线，监管机构直到 2016 年年中才公布了第一个监管政策框架。监管机构不急于将这些企业纳入监管范围，在某种程度上，监管机构并没有给这些数字金融机构发放牌照，因此也就无须对其承担监管责任。

10.2.2　移动支付

在全球大多数发达经济体中，支付系统和银行系统已经相互交织了几个世纪。两者之间的联系很明显：与持有对方资金的金融机构相比，在交易过程中，银行能够更好地扮演支付中介的角色。然而，数字金融催生出了另一种可行的支付模式，在这种模式下，银行并不发挥核心作用，在极端情况下甚至不发挥任何作用。

10.2.2.1　移动支付的形成

支付宝和微信支付两个平台已经成为中国规模最大的支付系统，也是世界上规模最大的支付系统。支付宝和微信支付集成了在美国广泛可用但未被使用的技术，它们可以让广大用户以简单、低成本的方法实时地在各方之间转账、付款。这些技术被应用于数字钱包和二维码功能中，理解数字钱包和二维码对于理解整个系统的运行机制是十分必要的。数字钱包以电子化的方式存储着消费者的多个支付凭证，允许消费者在多种场景中以这种方式传输资金。数字钱包中的资金通常来自另一个数字钱包或银行账户的转账。这个概念不同于 ApplePay 上的银行卡数字化，数字钱包具有存储资金的功能，而银行卡数字化只是用虚拟卡代替实体卡。支付宝和微信支付的资金使用方式不同，这种差异在很大程度上是因为两个平台开发的初衷不一样。微信基于社交媒体平台，并且涉及大量个人对个人的支付；支付宝则植根于电商平台，更有可能获得商业资金或将商业资金用于商业目的。支付宝和微信支付的支付规模如图 10-2 所示。

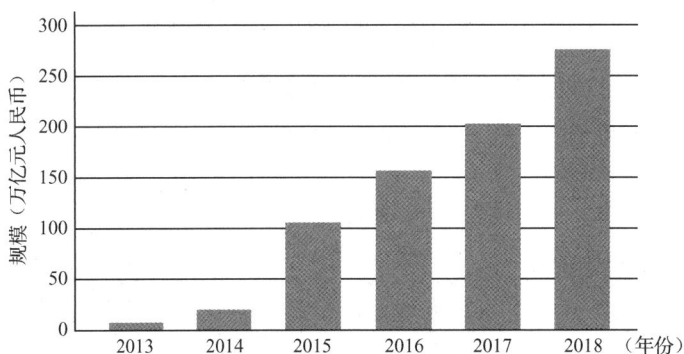

图 10-2　支付宝和微信支付的支付规模

资料来源：People's Bank of China, Caixin Data, CEIC.

10.2.2.2　数字钱包

支付宝和微信支付可以轻松地将资金留在数字钱包中。其免收手续费的商业模式促使消费者将资金放在数字钱包中。数字钱包中的资金可以转入计息账户，如货币基金，或者通过与平台合作的经纪自营商账户直接将资金投资于股票市场。这一点在支付宝成为蚂蚁集团业务的一部分后尤为显著。蚂蚁集团旗下规模最大的基金是天弘余额宝。天弘余额宝提供具有吸引力的年化利率，这通常比将资金存入国内银行的活期利率更高。该基金规模的不断扩大反映了支付宝作为数字钱包的崛起态势，显现出将数字钱包与经纪交易商账户合并的市场机会，进一步削弱了银行在存取款业务中的中介职能。企业同样有将资金留在数字钱包中的倾向，但它们需要将资金转移出去并使用银行系统进行支付。

10.2.2.3　数字货币

2020 年以来，中国人民银行已在中国多个城市进行了数字人民币试点工作。数字支付工具（Digital Currency Electronic Payment, DCEP）的试验放在任何国家都是第一次，更不用说是中国这一世界上最大的经济体之一了。在特殊时期背景下，这些数字人民币的试点工作除了能刺激消费，还为其正式发行奠定基础。深圳是规模最大的试点，2020 年 10 月，深圳市政府发放了 1 000 万元人民币的数字货币。近 200 万人报名参加了此次抽奖活动，其中 5 万人中奖，每人获得 200 元人民币的奖金。每位获奖者都下载了"数字钱包"，并在 3 389 家参与商户中使用了数字货币，这些商户包括餐厅、加油站和超市。消费者和商户对二维码和数字钱包都非常熟悉，此次试点获得了极大的成功。

二维码和数字钱包的创新能力可以通过多种渠道挖掘。在深圳进行的大规模试点工作表明了中国通过支付宝和微信支付获得的技术领先地位，表达了中国继续创新的愿望，也说明了中国全面推广 CBDC 的可能性。CBDC 将成为新的赋能手段，可用于政府直接向公民支付、实现消费者便捷支付和转账，以及成为一系列新的金融工具和货币政策杠杆。中国已经做好充分准备通过支付系统的创新来实现 CBDC 价值的最大化。

10.2.3　数字信贷

数字信贷是指借助大科技平台、大数据、人工智能、云计算等数字技术开展的信贷业务。这些数字技术提高了信贷服务的可得性，也有助于风险评估。例如，数字平台的长尾特征意味着平台建立之后提供服务的边际成本接近于零，大数据分析则提供了一种新的信用风险评估方法。依托这些数字技术，数字信贷可以迅速覆盖大量借款人。中国的数字信贷至少存在三种不同的商业模式：P2P 借贷、大科技信贷和供应链金融。

10.2.3.1　P2P 借贷

P2P 借贷是指个人通过数字平台直接向他人借钱，而不通过金融机构这一中介平台（黄益平等，2016）。2006 年，孟加拉国格莱珉银行的创始人穆罕默德·尤努斯获得诺贝尔和平奖。当时在微软担任技术经理的顾少丰听说了这个消息，想知道这种小额信贷模式在中国是否适用。2007 年，他与上海交通大学的另外两名校友一起创建了拍拍贷公司，这是中国第一家 P2P 借贷公司。与 2005 年在英国成立的 Zopa 和 2006 年在美国成立的 Prosper 相比，拍拍贷也是全球小额信贷领域的先驱之一。

2015 年 P2P 借贷行业的风险快速暴露，中国银行监督管理委员会于 2015 年 12 月开始征求各界意见，随后于 2016 年 8 月发布了《网络借贷信息中介机构业务活动管理暂行办法》。这一文件中最重要的一点是明确了 P2P 借贷平台只能作为信息中介。实际上，这直接关上了中国 P2P 借贷行业的大门。然而，由于担心金融风险和社会稳定问题，监管机构没有立即终结 P2P 借贷业务，而是给予 P2P 借贷业务一段缓冲期。在这期间，各平台尝试各种方式进行业务转型。2020 年年底，P2P 借贷平台数量终于清零，其间有很多平台倒闭，一部分平台主动退出，另一部分包括拍拍贷等在内的平台则进行业务转型。

总体来看，中国 P2P 借贷行业的兴起和衰落是一次失败的实践，很多贷款人多年的储蓄随着 P2P 借贷平台的衰亡而损失惨重。但这段惨痛的经历至少给了我们两个重要的教训。

第一，不能妥善管理金融风险的金融交易应当被禁止。仅仅把钱借给无法从银行借款的人是远远不够的，在此基础上做好风险管理才是关键。如果没有任何有效的信用风险评估方法，那么该笔贷款就不是"负责任的贷款"。显然，在 P2P 借贷平台成立之初，贷款人无法获取借款人的征信记录，几乎没有任何有效的信用风险评估方法。第二，造成 P2P 借贷行业混乱的主要原因是缺乏有效的金融监管。2007—2016 年可视为监管"真空期"，因为业务性质尚不明确，监管部门可能很难在初期果断采取行动。因而，监管的态度在初期倾向于"放开"而不是"控制"，且当时监管主体的责任分工不明确，造成在很长一段时间内，没有监管机构主动承担责任，也没有相应的行业规则，甚至最终对 P2P 借贷行业的"清理"也是由执法机构而非监管机构执行的。

【小案例】

我国 P2P 网络借贷的发展

2004 年支付宝上线常被视为中国新金融业态的开端（谢平等，2012），2007 年可被视为 P2P 网络借贷在我国的发轫年。这一年，在上海成立的拍拍贷是我国第一个直接连接贷款人与借款人的借贷平台。就发展阶段来看，2007—2012 年可被视为我国 P2P 网络借贷的萌芽期。在此期间，红岭创投（2009 年）、人人贷（2010 年）、陆金所（2011 年）、宜人贷（2012 年）等知名平台先后成立。根据网贷之家数据显示，截至 2012 年年底，我国累计出现的网贷平台为 166 家，其中有 150 家正常运营，问题平台数量较少，仅为 16 家。

2013—2015 年为 P2P 网络借贷的快速生长期。2013 年 6 月，活期资金管理服务产品"余额宝"在推出不到一周的时间内，用户就超过 100 万人次。随着公众网上理财热情的高涨，P2P 网络借贷也逐渐进入公众视野。这一阶段，"互联网+金融"的发展理念得到了广泛实践。2014 年年底和 2015 年年底，政府工作报告均提出要"促进互联网金融健康发展"。同时，这两年间 P2P 网络借贷平台数量激增：2014 年新增 1 991 家平台，2015 年新增 2 451 家平台，到 2015 年年底，累计出现的平台数已达 5 121 家。Wind 数据显示，2013—2016 年，中国的移动支付规模是以前的十倍以上，从 6.6 万亿元人民币增长到 78.7 万亿元人民币。其他金融科技产品（网络市场基金、P2P 网络借贷、网络消费融资和网络保险）的市场规模也是以前的十倍左右，从 1.4 万亿元人民币增长到 15.5 万亿元人民币。2016 年年底，P2P 网络借贷规模约占个人短期贷款规模的 8%。

2017 年，大量 P2P 网络借贷平台成为问题平台，以及"现金贷"的猖獗引发公众广泛担忧，这使得监管部门决定对 P2P 网络借贷市场采取更严格的监管措施。2017 年 4 月，P2P 网络借贷风险专项整治联合工作办公室下发《关于开展"现金贷"业务活动清理整顿工作的通知》，2017 年 12 月，中国银行监督管理委员会下发《关于做好 P2P 网络借贷风险专项整治整改验收工作的通知》，标志着 P2P 网络借贷风险整治已成为监管工作的首要任务。从那以后，市场预期变得悲观，贷方对市场的信任度极大降低。2018 年年中，新一轮借贷风险爆发，监管部门再次宣布推迟 P2P 网络借贷平台的备案。2018 年，问题平台已超过 900 家。

2018 年 8 月，监管机构发布《关于开展 P2P 网络借贷机构合规检查工作的通知》，并附《网络借贷信息中介机构合规检查问题清单》，正式启动行业合规检查。按照监管要求，网络借贷机构将按照"1+3"制度框架，采取机构自查、自律检查和行政检查三部分的监管流程，对资金池、自筹资金、支付、信息披露等板块进行重点检查。《网络借贷信息中介机构合规检查问题清单》列举了合规检查重点关注的内容，如是否违反禁令，是否违反法定义务和风险管理要求，是否履行对贷款人和借款人的保护义务，是否违反信息披露要求，是否违反关键领域监管要求，是否违反其他相关法律法规和监管规定等。2018 年 12 月，监管机构发布了《关于做好网贷机构分类处置和风险防范工作的意见》，针对 P2P 网络借贷机构的风险状况进行了有效分类，并明确了相应的处置方案。

2019 年 1 月，监管机构下发了《关于进一步做实 P2P 网络借贷合规检查及后续工作的通知》，宣布将从 2019 年第一季度开始，监管机构开展互联网金融领域合规检查工作，以及整改效果的验收检查。整治领导小组和网络借贷风险专项整治领导小组联合召开网络借贷风险专项整治工作座谈会。会议指出，整治工作将继续严格落实降机构数量、降行业规模、降涉及人数的"三降"要求，利用合规检查、多方监测、系统分析等手段对机构进行穿透式核查，加大良性退出力度。2020 年 11 月，中国银行保险监督管理委员会（简称银保监会）宣布，互联网金融风险大幅降低，截至当年 11 月中旬，全国实际运营的 P2P 网络借贷机构完全清零，标志着中国的 P2P 网络借贷市场实际上已经不复存在。2012—2019 年累计运营平台数和正常运营平台数如图 10-3 所示。

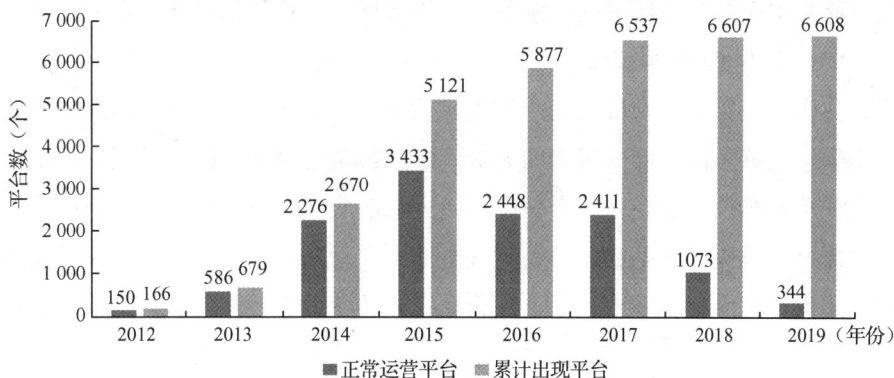

图 10-3 2012—2019 年累计运营平台数和正常运营平台数

资料来源：网贷之家；沈艳. 个体对个体（P2P）. 网络借贷的兴衰，2022.

10.2.3.2 大科技信贷

大科技信贷是指大型科技公司利用其大科技平台的生态系统和大数据技术支持信用风险评估，从而为借款人提供贷款（黄益平，邱晗，2021）的方式。虽然大科技信贷模式

目前已被全球许多大科技公司接纳，但中国仍是最大的大科技信贷市场，腾讯旗下的微众银行和蚂蚁集团旗下的网商银行是两家领先的大科技信贷提供商，各自拥有约 2 000 名～3 000 名员工，每年各自可以发放超过 1 000 万笔贷款。与 P2P 网络借贷不同，大科技信贷采用了一个新的信用风险管理框架，其中包含两个重要支柱：大科技信贷平台及其生态系统、大数据信用风险评估模型。大科技信贷平台帮助贷款人获取客户和积累数据，而大数据信用风险评估模型则负责识别具有偿还贷款能力和意愿的借款人。

大科技信贷平台具有三个特点。一是长尾特征，大科技信贷平台为客户提供服务的边际成本几乎为零。例如，购买商品、支付电费、预订出租车、捐款、转账、投资金融产品等。大科技信贷平台及其生态系统吸引了大量用户加入，获客不再是一件难度大、成本高的事情。二是数据积累，用户在使用社交媒体、电商平台或搜索引擎时会在平台上留下数字足迹，累积的数字足迹将成为大数据的一部分。三是贷后管理，由于所有借款人都在大科技信贷平台的系统上开展交易，因此平台可以通过设计激励机制来鼓励借款人还款，减少道德风险问题。目前各大科技信贷服务商与传统银行之间的直接竞争并不激烈。大多数大科技信贷客户的贷款规模都小得多，并不会被传统银行的业务所覆盖。因此大科技信贷服务商和传统银行相辅相成，但这种现状有可能会随着时间的推移而改变。

10.2.3.3　供应链金融

供应链金融是普惠金融的一种重要形式，尤其是对中小企业非常具有普惠价值。这些中小企业既没有系统的财务数据，也没有足够的抵押资产，无法满足传统银行对信用风险评估的要求。例如，一家大型汽车公司会有许多汽车零部件供应商，如果银行能够通过汽车公司获得这些中小企业供应商的采购信息、生产信息、销售信息和现金流信息，那么它们就可以向这些中小企业提供贷款。

供应链金融的关键点是要确认动产和交易的真实性。如果无法保证信息的准确性和可靠性，从事借贷业务可能会面临极大的风险。供应链金融模式可持续发展的一个重要条件是客户的商业可持续性，这也是所有信用风险评估的底线。供应链金融利用区块链等数字技术，实时监控商业流量（商品、交易和现金流）并对其进行风险评估，并且通过建立现金流闭环以确保借款人按时还款。这种商业模式能够帮助那些账面盈利的中小企业利用外部资金扩大中小企业的业务规模。即使中小企业没有系统的财务数据，如果有盈利的独立业务，供应链金融仍然能发挥作用。对于这些中小企业来说，银行通常不会向它们提供贷款。但是，只要交易本身是盈利的，交易的真实性可以得到验证，现金流处在闭环之中，供应链金融就可以向中小企业提供信用支持。

例如，蚂蚁集团、京东数科等多家大科技龙头企业纷纷尝试利用数字化技术发展供应链金融业务。到目前为止，比较有代表性的案例是一家新兴金融公司——普洛斯。普洛斯是物流、房地产、基础设施、金融和相关技术领域的全球领先的投资管理和基础建设公司。

它在自己的平台上直接接入供应链，为提供供应链金融服务奠定了领先基础。实际上，通过一些适当的调整策略，该做法可以复制到其他供应链金融服务中。普洛斯已经可以提供动产抵押融资、应付账款和应收账款融资、设备融资租赁等一系列供应链金融服务。

10.2.4　智能投顾

智能投顾是指基于网络算法为客户提供自助式财富管理服务的一种工具，在投资咨询服务的整个过程中，尽量减少或者不需要人工的参与。自 2008 年 Betterment 推出全球首款智能投顾产品以来，智能投顾逐渐受到个人投资者的欢迎。2019 年，美国智能投顾的资产管理规模达到了 7 500 亿美元。中国也在 2014 年推出了首个智能投顾产品。

10.2.4.1　中国智能投顾的发展

中国智能投顾的发展大体可分为三个阶段。

第一阶段：2014—2016 年的探索期。在智能投顾发展的早期，相应的监管条例尚不完善。智能投顾主要涉及三类牌照，分别是证券投资咨询牌照、资产管理牌照和基金销售牌照。持有证券投资咨询牌照的机构只能为客户提供投资建议；持有资产管理牌照的机构除了可以为客户提供投资建议，还可以协助客户进行资产管理；持有基金销售牌照的银行、第三方财富管理公司可以销售共同基金、信托、对冲基金和保险等金融产品。2014 年，由于缺乏相关牌照，一些初创的金融科技公司利用人工智能为投资者提供财富管理服务，并试图在财富管理领域复制 P2P 模式，目的是从监管中套利。随后，第三方财富管理公司和P2P 网络借贷平台也纷纷加入了智能投顾市场，以吸引更多的个体投资者，并希望将来监管机构能够放松对牌照的要求，或者自身能在申请牌照时获得一些先发优势。

第二阶段：2016—2019 年，基于销售端的收费模式。随着互联网金融监管的日趋严格，智能投顾的监管框架在 2016—2017 年也逐渐形成。吸取了 P2P 模式的经验教训，中国人民银行、国家金融监督管理总局、中国证券监督管理委员会（简称中国证监会）、国家外汇管理局（简称外管局）等监管部门在此期间下发了一系列关于金融机构资产管理业务的指导意见。2016 年年底，招商银行推出的"摩羯智投"是国内商业银行首次推出的智能投顾产品，引起了市场的广泛关注。招商银行作为国内商业银行财富管理的先行者，2016 年，其资产管理规模达到了 2.3 万亿元人民币。

第三阶段：2019 年至今，基于咨询端的收费模式。智能投顾发展的一个重要里程碑是2019 年中国证监会启动的公募基金投资顾问业务试点。从客户利益出发，推动智能投顾的收费模式从销售端向咨询端的转变将给财富管理行业和智能投顾市场带来全新的发展机遇。例如，一些试点机构的收费上限不能超过客户资产净值的 5%。自试点计划启动以来，共有 3 批 18 家公司取得了试点资格，其中 5 家基金公司在 2019 年 10 月成为首批试点机构。2019 年 12 月，腾安基金、盈米基金、蚂蚁基金成为第二批试点机构。2020 年 2 月发布的第三批试点机构名单中包括了 3 家商业银行和 7 家证券公司。虽然试点机构可以向客户收取管理资产净值的 5%作为咨询费用，但目前大多数机构的收费标准都低于 0.5%。国内金融科技巨头蚂蚁集团和全球领先的资产管理公司 Vanguard 共同推出的全新理财服务"帮你投"在支付宝上线。"帮你投"旨在服务于支付宝和蚂蚁财富平台的 12 亿用户，其设定的最低投资门槛为 800 元人民币，并以年化总资产 0.5%的标准收取服务费用。

10.2.4.2　中美智能投顾的比较

投资建议个性化、门槛低、费率低、用户界面友好是中美两国智能投顾的共性，基于两国资本市场发育程度、监管框架和投资习惯的差异，智能投顾也存在以下几点差异。

一是监管框架。美国对于智能投顾的监管框架是清晰且成熟的，所有智能投顾产品在推出之前，都必须在美国证券交易委员会进行登记，并且与传统投顾遵循相同的法律规定，如 1940 年的《投资顾问法》和 1934 年的《证券交易法》。中国智能投顾的监管还处于起步阶段，未来监管的变化将取决于共同基金投顾试点的情况。

二是投资标的。美国智能投顾的投资标的主要指交易费用低、透明度高、流动性强的交易型开放式指数基金，中国智能投顾更多地投向主动型和被动型的共同基金。随着中国 ETF 市场的快速发展，这种情况可能会很快发生改变。

三是投资目标和投资周期。美国智能投顾的客户群体比较重视风险和收益的平衡，同时注重投资组合的多样化和税收规划。中国智能投顾的客户群体则更加注重投资回报，且投资周期较短。

四是收费方式和市场主体。美国智能投顾产品主要由知名的资产管理公司、财富管理公司和金融科技公司提供，它们通过收取咨询费来赚取利润。中国智能投顾产品则主要由众多类型的金融机构提供，它们通过收取销售佣金或咨询费赚取利润。

五是市场集中度。美国智能投顾产品大都来自著名的资产管理公司和金融科技公司（Vanguard 和 Charles Schwab 这两家公司在美国智能投顾市场上占据领先优势）。中国智能投顾的市场份额则由基金公司、债券公司、商业银行、大型金融科技平台和第三方财富管理公司共同享有，市场集中度相对较低。

10.3　数字金融行业的监管

尽管中国数字金融行业的发展已取得一系列成果，但在很长一段时间内，监管仍然以传统的事中监管和事后监管为主。同时，数字技术发展带来许多新的挑战，包括新型金融欺诈、侵犯隐私、监管套利等问题，具有广泛性、突发性、复杂性、动态性、交互性等特点。传统监管难以防范更复杂的新型风险，因而金融科技发展面临掣肘难题。P2P 网络借贷机构频繁爆雷，头部金融科技公司涉嫌垄断市场、数据、流量，联合贷款出资方与信息中介方频发委托代理问题，平台滥用用户隐私数据，大科技公司跨界经营造成风险外溢。这些问题引发了社会对金融科技发展的巨大争议。

10.3.1　数字信贷监管

10.3.1.1　P2P 的监管

2015 年前后，大量 P2P 网络借贷机构爆雷对社会造成了严重的经济后果。为了保障行业良性发展和维护投资者权益，2016—2017 年，国家金融监督管理总局及其他政府部门发布了四个重要监管文件，分别从总体要求、备案、存管、信息披露四个方面对 P2P 网络借贷机构进行了全面规范，总结起来为"1+3"（1 个《办法》+3 个《指引》）监管框架。

具体而言，"1 个《办法》"为国家金融监督管理总局出台的《网络借贷信息中介机构业务活动管理暂行办法》，明确了网络借贷信息中介机构的总体经营要求和 13 条业务红线，包括不得为自身或变相为自身融资、不得吸收公众存款、不得归集出借人的资金设立资金池、不得直接或变相向出借人提供担保或者承诺保本保息等。"3 个《指引》"包括以下三个方面，分别对 P2P 网络借贷机构的备案、存管和信息披露行为作出了规范要求。第一，2016 年年底，国家金融监督管理总局等三部委发布《网络借贷信息中介机构备案登记管理指引》，强调了对 P2P 网络借贷机构行业的事中监管和事后监管，明确规定了 P2P 网络借贷机构备案登记的申请程序与相关要求。第二，2017 年年初，国家金融监督管理总局发布《网络借贷资金存管业务指引》，针对 P2P 网络借贷机构资金挪用问题作出工作指导，明确规定 P2P 网络借贷机构的资金应交给商业银行实施分账存管。第三，2017 年 8 月，国家金融监督管理总局发布《网络借贷信息中介机构业务活动信息披露指引》，规范了 P2P 网络借贷机构的信息披露行为，加强了 P2P 网络借贷机构向公众和投资者的信息披露监管，保障了投资者的合法权益。在以上三个重要文件的指引和约束下，至 2017 年年末，中国已基本搭建完成 P2P 网络借贷机构行业的"1+3"监管框架，为行业的规范、有序发展和全面审慎监管奠定了制度基础。

10.3.1.2　助贷模式的监管

助贷模式指商业银行与第三方机构（包括电商平台、科技公司等）合作，第三方机构作为客户流量入口，依托大数据，利用云计算、机器学习等技术对客户的借款申请进行第一道风险筛查，商业银行进行第二道风险筛查，并决定是否贷款。

助贷模式兴起的原因之一是银行等金融机构需要拓展信贷领域的业务，而第三方机构在营销获客、数字技术、逾期清收等方面更具优势，双方开展了基于资源互补的合作。为了获得银行资金，第三方机构与银行通常签订"保证金协议"，即第三方机构先向银行缴纳一笔保证金，银行在此基础上提供 10～20 倍的杠杆资金用于放贷。若消费金融业务出现逾期或坏账现象，银行将首先从保证金中扣除相应的坏账损失。若坏账逾期额超过保证金总数，助贷机构则根据逾期代偿协议迅速补足资金缺口。在保证金模式中，大多数助贷机构既不具备担保资质，也没有兜底坏账的能力。面对坏账现象，助贷机构没有完善的资金拨备机制。由于一味追求客户规模和流量，助贷机构降低了对风控标准和客户质量的要求，现金贷的高复借比例和多头借贷使得现金贷不良贷款率高达 20%至 50%。

助贷机构往往能够以极小比例的资金撬动商业银行的大额资金。因此，尽管兜底坏账问题得到了解决，高杠杆问题仍然存在隐忧。以"微粒贷"为例，2019 年微众银行累计放款金额达 3.7 万亿元人民币，但财务报表显示各项贷款余额仅 1 629.66 亿元人民币，占比仅 4.4%。若助贷机构的风控能力不足，联合贷款极易发生风险，并且风险最终仍由银行承担。严格降杠杆成为当务之急。在 2020 年 11 月，国家金融监督管理总局联合央行发布《网络小额贷款业务管理暂行办法（征求意见稿）》（以下简称《办法》），显著降低了联合贷款模式的杠杆率，减少了商业银行的信贷风险敞口。《办法》规定网络小额贷款公司通过银行借款、股东借款等非标准化融资形式融资的规模不得超过其净资产规模。通过发行债券、资产证券化产品等标准化债权类资产形式融资的规模不得超过其净资产规模的 4 倍，并规定在单笔联合贷款中，小额贷款公司的出资比例不得低于 30%。《办法》有助于遏制第三方机构过度增加杠杆行为，约束其在总额度范围内对自身负债结构进行调整、规范经营管理模式。

10.3.2　虚拟货币的监管

比特币及底层的区块链技术已成为全球投资者争相追捧的对象。自 2009 年中本聪构建出比特币的创始区块，至 2021 年 3 月，单个比特币价格一度突破 5 万美元，风靡全球的比特币带动了虚拟货币的崛起。虚拟货币类金融欺诈案件数量日益增加，极大损害了投资者的利益。以我国公安机关侦破的首起"利用区块链，以比特币等数字货币为媒介"的特大跨国网络传销案主角"Plus Token"为例，全球共有约 300 万名投资者被骗共计约 500 亿元人民币。

10.3.2.1　明确虚拟货币属性

中国货币监管部门早在 2013 年就在密切关注比特币的借机炒作和违法犯罪活动。为保护社会公众的财产权益，2013 年 12 月 5 日，中国人民银行等五部委发布了《关于防范比特币风险的通知》（以下简称《通知》）。《通知》明确指出，比特币不具有法偿性与强制性等货币属性，不是真正意义上的货币，不具有与货币等同的法律地位，且不应作为货币在市场上流通使用。

在初始监管阶段，尽管比特币被监管机构官方定性，但基于虚拟货币的融资活动仍未被监管机构完全禁止。随着比特币价格屡创新高，五花八门的虚拟货币不断问世，每个与区块链概念相关的项目几乎都成为投资者眼中的下一个造富神话。基于虚拟货币的代币发行、融资交易也成为区块链概念下备受追捧的融资工具，其带来的融资门槛降低和信息不对称问题严重，无疑潜藏着巨大风险。最典型的是太空链，这个宣称致力于将区块链概念拓展至太空领域的项目，它披上"量子""太空"等尖端科技词汇的外衣后，一天内就完成了高达 10 亿元人民币的融资，然而随着其虚假宣传、多次修改发行项目书等负面新闻曝光，其金融诈骗的本质才浮出水面，投资者蒙受巨额亏损。

10.3.2.2　全面禁止境内 ICO 活动

为遏制包括代币发行、融资交易在内的投机炒作之风，2017 年 9 月 4 日，中国人民银行等七部委发布《关于防范代币发行融资风险的公告》（以下简称《公告》），虚拟货币监管进入第二阶段。《公告》指出，中国境内任何组织和个人不得非法从事代币发行融资交易，各金融机构和非银行支付机构不得开展与代币发行融资交易相关的业务。

最具代表性的案例为 Plus Token，以虚拟货币为名，行网络传销之实。Plus Token 以区块链技术为噱头、以虚拟货币为交易媒介，在中国、韩国、日本等多国进行传播，宣称向投资者提供一种名为"智能狗搬砖"的数字货币增值服务，即在不同虚拟货币交易所进行套利交易，实际上无法实现套利功能。该平台通过承诺高额返利，鼓励用户充值赚取佣金，迅速吸引了大批投资者，涉案虚拟币总值超过 400 亿元人民币。事实上，该平台所使用的层层返佣政策和传销套路相差无几，然而在高额佣金和区块链技术的包装下，投资者极易受骗。

10.3.2.3　投资者教育任重道远

基于虚拟货币相关欺诈活动的非法集资特性，监管机构重点加强了投资者教育工作，虚拟货币监管过渡至第三阶段。2018 年 8 月 24 日，国家金融监督管理总局等五部委发布《关于防范以"虚拟货币""区块链"名义进行非法集资的风险提示》（以下简称《提示》）。与前两个阶段的监管规定相比，《提示》重点突出需要全面加强对投资者警惕非法集资、传销、诈骗的引导教育，明确提醒投资者此类诈骗活动具有网络化、跨境化、欺骗性、诱惑性、隐蔽性的特点，存在多种违法风险，其本质是"借新还旧"的庞氏骗局。值得一提的是，此次《提示》发布主体新增了中华人民共和国公安部和国家市场监督管理总局两个部门，这一信号表明，随着虚拟货币平台频发爆雷现象，投资者维权的情况越来越多，单纯依靠行政部门监管已无法有效遏制各类违法活动的开展，公安部门的介入调查是大势所趋。

10.3.2.4　对虚拟货币炒作的进一步监管

自 2021 年 1 月以来，虚拟货币价格屡创新高，交易炒作活动反弹，为保障人民群众财产安全，维护经济金融的正常秩序，监管当局再次出手严厉打击虚拟币炒作。2021 年 5

209

月 1 日起，我国开始施行《防范和处置非法集资条例》，进一步加大对非法集资活动的监管力度。2021 年 5 月 21 日，中央金融委员会办公室明确指出要打击比特币挖矿和交易行为，坚决防范个体风险向社会领域蔓延。2021 年 6 月 21 日，中国人民银行就银行和支付机构为虚拟货币交易炒作提供服务的问题，约谈了中国工商银行、中国农业银行、中国建设银行、中国邮政储蓄银行、兴业银行和支付宝等部分银行和支付机构。在严格的监管政策下，币圈迅速降温，2021 年 6 月 22 日晚，比特币跌破 30 000 美元关口，最低跌至 28 893.62 美元，与 2021 年 4 月 14 日创下历史新高的 64 863.1 美元的纪录相比币价腰斩。

10.3.3　征信与隐私保护

金融科技的发展离不开大数据的支持。通过大数据分析，金融科技公司能够更直接地了解消费者和潜在消费者的偏好，即与传统金融机构相比，金融科技公司拥有核心优势——KYC。同时，大数据技术在征信中的应用能够显著提高数额审批、逾期贷款清收等环节的效率和金融机构的风控能力。但是提高效率、降低成本的另一面，可能造成对消费者个人隐私的侵犯。

10.3.3.1　征信监管

金融科技对隐私保护面临的另一个挑战是以大数据征信之名进行的数据倒卖。尽管大数据与人工智能让征信数据的内容更加丰富，征信模型更加完善，为信息获取、信息内容丰富、信用评分模型优化等方面都带来了质的改变，但是，大数据技术的过度使用，如对消费者行为痕迹数据和关联衍生数据的过度采集，可能会使用户及其亲朋好友的电话、住址、照片、工作等隐私信息从各个网站中被拼凑起来，被非法贩卖给多家公司。

更严重的后果是，用户隐私数据被倒卖引发金融欺诈。从黑市获取数据后，罪犯利用各大银行、购物平台和移动支付平台的安全漏洞，进一步窃取用户信息、盗刷资金、办理网络贷款或实施网络诈骗。由于罪犯掌握详尽的用户隐私信息和数据，甚至可以利用从各平台获取的活体认证视频合成语音和图像资料，用户经常会放松警惕，陷入他们挖好的坑中。2019 年，360 金融研究院发布的《2018 智能反欺诈洞察报告》显示，因信息泄露而遭遇金融欺诈的受害者中，有 38%的受害者损失 1 万元人民币至 5 万元人民币，11%的受害者损失 5 万元人民币以上，亟须相关部门重视此类新型的非接触式金融欺诈案件。

10.3.3.2　隐私保护的监管

大数据征信和网络借贷的潮起潮落，也体现了中国金融消费者隐私保护相关法律的逐步完善。2016 年 11 月 7 日《中华人民共和国网络安全法》发布，并于 2017 年 6 月 1 日生效，该法律规定网络运营者不得泄露、篡改、毁损其收集的个人信息，未经被收集者同意，不得向他人提供个人信息。然而，由于《中华人民共和国网络安全法》并未界定与交易无关的衍生数据的权属，这让金融机构和互联网公司有机可乘，对数据进行过度采集和多次倒卖。因此出现了考拉征信和 51 信用卡攫取暴利的恶劣行径。2019 年 6 月，中国人民银行联合公安部组织开展征信乱象治理。半年内，各部门共缴获公民个人信息 4.68 亿余条、涉案金额 9 400 余万元，考拉征信、51 信用卡等大数据征信平台的主要负责人、相关技术员工相继被捕入狱。上述平台受到查处后，大量投资者预期监管机构将对金融消费者的个人隐私安全进行全面保护，因此看空以个人信用管理服务、助贷中介为主营业务的金融科技公司，受此影响，几乎所有已上市的大数据征信公司、网络贷款公司的股价应声大幅下跌，在美国上市的微贷网与和信贷也未能幸免。

在用户隐私保护方面，国外有不少经验值得我们借鉴。2018 年 5 月 28 日，欧洲消费者权益保护组织将谷歌、脸书、Instagram、WhatsApp 四家科技公司的产品告上法庭，指控其强迫用户接受隐私数据授权的行为违反《通用数据保护条例》（*General Data Protection Regulation*），侵犯消费者的个人隐私。2020 年 7 月 16 日，欧洲法院正式判定 2016 年签署的《欧美数据隐私护盾》"无效"，并全面禁止谷歌、脸书、亚马逊等金融科技公司将存储的欧盟用户数据传输至海外。

中国已建成世界上规模最大的金融信用信息基础数据库，加强对金融数据的保护，是保证用户信息安全、维护用户权益和维持金融稳定的重要前提，也是金融行业治理整顿的重要一环。近年来，部分互联网金融和征信巨头相继爆发大规模个人信息泄露事件，引发了广大用户对金融科技安全性的质疑。因此，监管部门应从业务和技术两个方面明确对征信信息保护的监管要求，明确数据权益归属，建立健全监管科技系统，与各国加强协调合作。

10.3.4　监管沙盒

监管沙盒正是在此背景下应运而生的新监管模式，它凭借有效的风险补偿和筛选机制，不仅能识别出虚假创新的败德企业，而且能为风险较高的真实创新提供试错空间。因此，监管沙盒正在被越来越多的国家采用，实践表明，监管沙盒对于促进金融科技创新、提升市场效率极为有益。

10.3.4.1　监管沙盒的功能

监管沙盒是一个可供金融科技业务试验其产品、服务、商业模式和交付机制的安全环境，它最早由英国的金融行为监管局提出。在此环境中，金融科技企业可以在一般性监管规则之外，从事不确定的业务活动。在沙盒实验中，监管部门建立一个"缩小版"的市场，并提供特定的责任免除机制，以迅速应对新兴金融科技产品或服务无法适应传统监管规则的问题。

沙盒监管遵循"事前有门槛、事中有监管、事后有评估"的监管思路。相较于传统监管，沙盒监管事前进入门槛较低，有助于金融科技企业尽快落实创新方案；事中监管有助于提升监管者对风险洞察和预测的敏锐度；由于金融科技企业为沙盒内真实消费者提供了新型产品及服务，其测试结果可用于评估创新产品的可行性和金融科技企业的综合业务能力，若测试失败，监管部门将停止产品的推广，避免了全社会消费者的利益损失，通过测试的创新产品则可以更快地走向市场。

10.3.4.2 中国监管沙盒的实践

中国的金融监管改革已取得一些实践成果。2019 年 7 月 13 日，关于在北京、上海、广州等十个省市开展"中国版监管沙盒"试点工作的部署在第四届全球金融科技（北京）峰会上被正式提出。截至 2020 年 12 月，中国金融科技创新监管试点已覆盖北京、上海、重庆、深圳、雄安新区、杭州、苏州、广州、成都 9 个地区，共涉及 60 个创新项目。这些项目既包含金融服务，也包含科技产品，多为金融机构和科技公司联合申请。既有基于多方安全云计算的中小企业融资服务、基于人工智能的智慧供应链融资服务，也有基于区块链的金融与政务数据融合产品、产业金融数字风控产品。

立足中国国情与国际经验，中国金融科技监管沙盒的设计可从以下五个方面进行完善。第一，建立由国务院金融稳定发展委员会牵头、中国人民银行负责、国家金融监督管理总局与中国证监会具体执行的分业监管框架，发挥社会监督的辅助作用；第二，考虑采取"开放申请窗口、公布申请结果、作出中期评估、决定是否退出、沙盒外评估"的五步监管流程，实现及时监管、互动监管和动态监管；第三，沙盒准入阶段应指引清晰、把控严格，但应容许非持牌金融机构进入沙盒实验；第四，在沙盒测试期可通过多层次沙盒管理工具来合理激励测试企业；第五，沙盒退出结果为发放牌照或者良性退出。

同时，沙盒监管力度必须与创新活动风险特性相匹配。当监管力度较小时，沙盒因无法有效筛选诚信创新与败德创新企业，会使得大量败德创新企业进入市场，损害投资者利益；当监管力度过大时，诚信创新企业的收益无法覆盖其合规成本，不利于激励企业创新。因此，沙盒监管应实现实时动态监管，根据市场环境变化调整最优监管力度，避免出现"一管就死，一死就放，一放就活，一活就乱，一乱就管"的监管困局。

当前，英国、新加坡、澳大利亚、美国、加拿大、日本和中国香港等国家和地区积极推进金融科技创新发展，并通过监管沙盒控制创新风险。截至 2021 年 3 月，全球已有约 50 个国家和地区对监管沙盒进行了探索。

从颠覆式创新的包容度来看，存在以美国为代表的审慎型策略，以及包括英国、新加坡在内的大多数国家采取的主动型策略。美国认为，对金融科技的监管至少应当和正规金融机构的监管一样严格。英国和新加坡都是区域性金融中心，凭借成熟的金融体系和丰富的金融发展经验，因此监管部门应在监管策略和技术上主动出击，创建沙盒，鼓励金融创新业务进入沙盒测试，继续保持和维护其区域性金融中心的地位，引领新时代金融科技的发展趋势。以英国为例，前两期入选监管沙盒项目的企业大部分都是成立不足 3 年的初创企业，多数企业仍然处于融资阶段，甚至部分企业的产品还未正式推出，但仍通过了进入沙盒实验的筛选。中国目前的监管沙盒设计以稳健为主，虽没有英国的主动型策略激进，但与美国的审慎型策略相比对创新的包容度更高。

10.3.4.3　未来发展

监管模式的创新是监管当局的工作重点。由于近年来金融科技新业态创新具有颠覆性的特征，相较于传统金融风险，金融科技风险的传染性更高、渗透性更强、风险形势更复杂。中国金融科技监管在监管流程、监管工具、监管理念等方面，都需要及时进行改革与创新，适应金融科技发展的步伐、改变监管落后于创新的被动局面。

本章小结

本章首先介绍了数字金融等相关概念，对普惠金融、数字信贷、智能投顾等业态模式进行了分析，最后对数字金融监管模式进行了梳理。

复习思考题

1．谈谈如何理解数字科技对金融创新的影响。
2．谈谈对不同类型数字金融业务模式的理解。
3．谈谈对中国 P2P 市场发展情况和经验教训的看法。

◦◦◦➡【本章案例学习】

中国数字货币的发展

2019 年，中国数字货币的研发进程加速，2019 年 7 月，国务院正式授权央行数字货币的研发项目，并且由中国人民银行牵头开展。中国人民银行在研发过程中借用了诸多市场机构的资源和帮助，包括商业银行和大型科技公司（腾讯和阿里巴巴）。此外，三大电信运营商（中国联通、中国移动、中国电信）也参与了研发工作。同时中国人民银行数字货币研究所所长穆长春在黑龙江省伊春市的一个论坛上宣布中国的数字货币已经处于成熟阶段，数字人民币已经"准备就绪"。根据官方统计，截至 2019 年 8 月 21 日，中国人民银行数字货币研究所已经发明了 74 项专利。阿里巴巴等大型科技公司也已获得与数字货币有关的多项专利权。

2020 年 4 月，民众使用数字人民币的图片在互联网上广泛传播，标志着中国人民银行已开始进行数字人民币的试点测试。最初，数字人民币测试选定在深圳、苏州、成都和雄安新区四个地区开展，2022 年，数字人民币在北京冬奥会举办地进行了试点。接下来，为推进测试进程，中国开始将数字人民币发放给随机选定的试点地区居民，但这一措施局限于部分试点区域。

2020年10月8日，中国向5万名深圳居民随机发放价值1000万元的数字人民币，每名被选中的居民能得到200元数字人民币。这笔钱可以在深圳3389家线下商店中自由使用。未使用的数字人民币将在2020年10月18日24:00被收回。四大国有商业银行（中国工商银行、中国农业银行、中国银行、中国建设银行）参与了此次试点。为了方便区别，四家银行设计了不同颜色的数字钱包。

2020年12月15日，在中国苏州，价值2000万元的数字人民币被随机发放给10万名居民，试点规模扩大了一倍。未使用的数字人民币将在2020年12月28日24:00被收回。在此次试点中，这笔钱除了可以在5000多家线下商店使用，还可以在京东商城使用。它还支持通过蓝牙（bluetooth）和近场通信（NFC）进行离线支付。此外，另外两家大型国有商业银行（交通银行和中国邮政储蓄银行）也参与了试点。至此，六大国有商业银行全部参与了数字人民币试点工作。自2020年3月起，瑞典的央行数字货币e-Krona也已在试点地区进行了测试。

资料来源：徐远. 中国的央行数字货币：发展路径与可能影响，2021.

案例讨论题

根据数字人民币的发展，请你对数字人民币未来的发展进行预测和提出建议。

本章主要参考文献

[1] 黄益平，黄卓. 中国的数字金融发展：现在与未来[J]. 经济学（季刊），2018，17（04）：1489-1502.

[2] 李苍舒，沈艳. 风险传染的信息识别——基于网络借贷市场的实证[J]. 金融研究，2018，（11）：98-118.

[3] 沈艳，王靖一. 媒体报道与未成熟金融市场透明度——中国网络借贷市场视角[J]. 管理世界，2021，37（2）：16.

[4] 黄益平，邱晗. 大科技信贷：一个新的信用风险管理框架[J]. 管理世界，2021，37（02）：12-21+50+2+16.

第 11 章

元宇宙产业

⊶➡【引言】

本章通过梳理元宇宙产业在中国发展的现状，同时对产业链结构、绩效和行为进行分析，发现元宇宙产业目前存在的问题与挑战。本章综合展现中国元宇宙产业发展现状和趋势，以提升公众认知水平，助力产业健康发展，服务国家战略决策。

⊶➡【本章学习目标】

1. 理解元宇宙产业的基本概念与特点
2. 理解元宇宙产业的结构性特征
3. 了解元宇宙产业发展趋势和挑战

⊶➡【开篇小案例】

元宇宙产业的发展

2021 年 3 月 Roblox 的上市让 Metaverse（元宇宙）概念引爆市场，近 400 亿美元的市值彻底打开了"元宇宙"行业的想象空间。在 Metaverse 中，用户不再刻意区分物理性的真实存在还是数字化的虚拟存在，更重要的是，元宇宙产业创造了一个用户与他们的家人、朋友、宠物、喜爱的物品和体验都能通过虚拟方式进行连接的全新环境，使其成为下一代社交世界的载体。

Metaverse 的概念源于 1992 年美国科幻小说家尼奥·斯蒂文森的《雪崩》，书中描述了一个平行于现实世界的网络世界 Metaverse，所有现实世界中的人在 Metaverse 中都有一个化身，他们在其中交往和生活。Metaverse 包含 5G、AI、区块链、内容制作等多种元素，其核心在于通过虚拟体验扩展现实（Extended Reality，XR）技术，XR 技术及设备的持续迭代不断优化用户的数字化生活体验；基于 XR 技术的数字化服务将围绕各类场景不断渗透，将为颠覆性沉浸式的元宇宙产业数字生活体验带来突破，成为开启元宇宙产业时代的重要载体。

XR 技术产业经历了从资本狂热到迅速降温的过程，经历了几年的蛰伏和缓慢爬坡阶段，当下 XR 技术的发展阶段可类比智能手机产业 iPhone 4 上市前夕的行业拐点阶段。2021

年 XR 技术全球出货量预计超过 1 000 万台，已然达到扎克伯格提到的"出货量超过 1 000 万台，市场潜力就足以推动开发人员持续投入"的行业发展拐点。此外，产业链和技术不断发展，内容应用逐步繁荣，生态参与者加速入局，整个元宇宙产业生态正在持续丰满，XR 技术终端出货量有望迎来爆发。

2021 年 8 月，字节跳动巨资收购国内领先的 VR（虚拟现实）创业公司和硬件设备企业 Pico，再次引发市场热议，体现了字节跳动进入元宇宙产业领域的决心，也让科技公司纷纷在 XR 技术领域的布局进入大众视野。苹果、脸书、微软、谷歌、华为、腾讯、字节跳动等都在纷纷构建 XR 技术生态，战略卡位"下一代计算平台"。

资料来源：德勤. 元宇宙系列白皮书——未来已来，2021.

11.1 元宇宙产业的概念与内涵

2021 年，随着美国公司脸书名称改为 Mate，元宇宙产业正式进入大众视野，2021 年 3 月，元宇宙产业第一股 Roblox 在美国纽交所上市。我国上海、北京、深圳、杭州等城市也陆续提出要大力发展元宇宙产业，将其视为未来互联网产业的新入口。元宇宙产业将人工智能、区块链、大数据、云计算、虚拟现实、智能终端等技术涵盖在了一个框架中，元宇宙产业并不是单一技术成果的应用和发展，而是众多技术的融合，这些技术的发展促进了现实世界和虚拟世界的进一步融合，元宇宙产业创新发展的同时，也重塑了人类的社会经济活动。虽然元宇宙产业的概念可以追溯到 30 年前，但是目前缺乏对其深入的认知，其代表了下一代互联网应用和社会形态，本节将对元宇宙产业的概念及中国元宇宙产业的发展进行初步梳理分析。

11.1.1 元宇宙产业的基本概念与特征

元宇宙产业是数字经济时代经济社会实践的产物，其嵌入具体的经济生产和生活中。目前实践界和学术界对元宇宙产业的概念及内涵并没有形成统一认识，普遍认为元宇宙产业是一个与现实世界平行且互动的虚拟世界，是依托数字技术形成的超越现实世界、增强现实交互空间的全新社会形态（聂辉华和李靖，2022；方凌智，2022）。从互联网视角来看，元宇宙产业指基于互联网而生、与现实世界相互打通、平行存在的虚拟世界，是一个可以映射现实世界、又独立于现实世界的虚拟空间[①]。综合来看，元宇宙产业是对目前各项互联网技术的全面融合、连接和重组，是数字要素和现实要素融合的终极模式，从技术上来看，其强调了数字技术进一步地拓展应用，尤其是针对智能终端（扩展现实）技术的使用；从功能上来看，其强调了虚拟数字空间与现实世界的融合，其打破了原有虚实较为隔离的局面；从用户场景上来看，数字技术在购物、社交、办公、教育、医疗等领域的深

---

① 2021 年 12 月 23 日，中纪委网站文章《深度关注：元宇宙如何改写人类社会生活》中对元宇宙的描述。

入应用。正如 Meta 提到的，数字空间的扩展网络，包括增强、虚拟和混合现实中的沉浸式 3D 体验，这些体验相互关联、操作，因此用户可以轻松地在它们之间移动，在其中用户可以与其他不在同一物理空间中的人进行互动和探索[①]。

元宇宙产业具有下面四大特征。

一是技术融合性。元宇宙产业将不是互联网单一技术的使用，其融合了目前最前沿的各种技术，包括软硬件、基础设施等。元宇宙产业融合了云存储、云计算、边缘计算等算力技术，为元宇宙产业提供了计算基础；元宇宙产业需要区块链技术为其提供信用、身份及安全保障 XR 技术让人机实现三维交互，让用户在虚拟世界的感受与现实世界的感受完全一致，VR、AR、MR（Mixed Reality，混合现实）等技术将会达到快速发展阶段；物联网及信息通信技术是元宇宙产业重要的信息传送通道；数字孪生技术将现实世界镜像到虚拟世界中，为元宇宙产业提供了负载平台。综合技术将形成虚拟结合的社交系统、生产系统及经济系统，实现虚拟共生，每个用户可进行世界编辑和内容生产。

二是时空拓展性。元宇宙产业将对现实的时间和空间进行多重延伸，提供了一个可超越现实的新世界。在元宇宙产业世界中，主体的体验、社交、生产、经济等元素可同时在虚拟和现实世界中存在，动态空间跳脱了传统物理世界的局限，静态空间在元宇宙产业世界能够处于移动状态。在元宇宙产业中，经由媒介环境的构建，个体对移动互联网的视觉和听觉拓展为视觉、听觉、触觉、温度等各方面的感官体验，无限丰富和延伸。元宇宙打破了空间的有限性和时间的线性，货币、属性、环境、事件等信息均可在异构空间和同度异构空间之间相互映射，从而实现信息的跳转和虚拟时空的穿梭。

三是人机协同性。元宇宙产业的一个重要逻辑是将人类的感官数字化，让感官体验在虚拟世界中与现实世界中几乎没有差别。通过 VR、AR 技术实现内生虚拟、外拓现实，同时提高了个体的能力；脑机接口技术促进了人机交互，创建用于信息交换的连接通路，实现信息交换及控制，通过硬件设备与软件设备的支撑，通过直接的脑机信息交互、思维具象化，在智慧生活、生物医疗等领域将发挥重要作用。元宇宙产业中将有更多的虚拟人出现，元宇宙产业社会中，自然人、虚拟人、机器人三者共融共生，虚拟人拓展了自然人在虚拟空间的能力，机器人提高了自然人在现实空间的能力。

四是经济增值性。元宇宙产业时代，当人类以数字人的身份进入虚拟世界时，其所进行的社会经济活动不仅完全可以不依赖现实世界的物质生产活动，而且还会呈现与物质世界生产、消费完全不同的经济规律和价值逻辑。虚拟人是元宇宙产业数字经济的行为主体，通过虚拟人经济行为的价值创造实现虚拟原生价值增值。另外，数字资产将在元宇宙产业中扮演重要角色，包括数字货币或者其他专属资产等，元宇宙产业中的数字资产与现实资产一样，以可交易为前提，且隐含产权属性。例如，Roblox 游戏平台为那些高积分的热门

① Lau Christensen, Alex Robinson, 2022, The potential global economic impact of the metaverse.

创作者提供数字代币与法币的价值兑换服务，就展现了在虚拟世界创造价值、然后在现实世界兑现价值的经济闭环体系。元宇宙产业将创造更多的附加值，由创意驱动产生的异质性价值，其源于内容、定制、情感等产生的附加溢价。最后，元宇宙产业将会与现实产业进行深度融合，促使更多的现实行业实现创新高速发展。

11.1.2　元宇宙产业的发展

关于元宇宙产业的概念多停留在小说、电影等文学作品中，对元宇宙产业的描述也出现在 1992 年的小说中。人工智能的发展是元宇宙产业中较具代表性的技术，尤其进入 2021 年之后，元宇宙产业的概念快速传播开来。2021 年 3 月，Roblox 顶着"元宇宙产业第一股"的光环在美国上市，Roblox 对元宇宙产业的理解体现为世界即服务（world as aservice）的理念，用户在其搭建的虚拟世界中拥有创作的能力，其在招股书中描述了元宇宙产业的一些关键特征，如身份、社交性、沉浸感及多样性等，均引爆了大众对元宇宙产业的关注。与此同时，国外一些巨头企业均开始布局元宇宙产业领域，如微软推出"Mesh for Microsoft Teams"软件，并以 687 亿美元的价格收购动视暴雪；英伟达推出 Omniverse Avatar 软件，帮助元宇宙产业创作者建立虚拟人物形象；韩国首尔市成为第一个加入元宇宙产业的城市政府，发布了《元宇宙首尔五年计划》，将政府服务作为突破口，打造公共服务"元宇宙平台"。据统计，2020 年元宇宙产业的全球市场规模为 879 亿美元，而预测到 2020 年将达到 63 906 亿美元（复合增速达 55%），其中 2022 年全球元宇宙市场规模有望达到 2 800 亿美元。2020—2030 年元宇宙全球市场规模发展预测如图 11-1 所示。

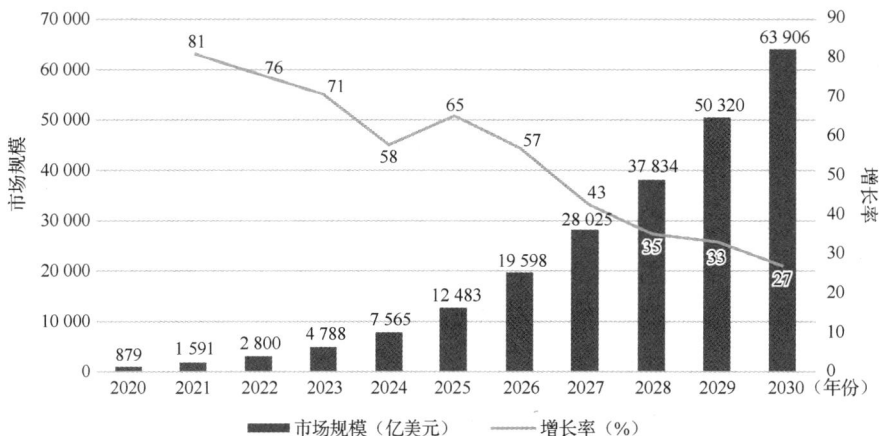

图 11-1　2020—2030 年元宇宙全球市场规模发展预测

资料来源：亿欧智库，华鑫证券研究.

2021 年 6 月，元宇宙产业开始被国内关注，产业界与学术界逐渐关注到该产业在国内的发展。2021 年 11 月，我国第一批元宇宙产业委员会成立，新华社成立了元宇宙产业联创中心，共建新一代互联网数字空间新生态。从各个地方的发展情况来看，北京发布了《北京市城市副中心元宇宙创新发展行动计划》，布局地理空间、3D 环境生成、交互算法等元宇宙产业领域。上海印发《上海市电子信息产业发展"十四五"规划》，明确前瞻布局元宇宙产业底层技术，并于 2022 年 7 月发布《上海市培育"元宇宙"新赛道行动方案（2022—2025 年）》，推出为元宇宙产业量身定制的"张江数链"和"漕河泾元创未来"两个特色园区。其他地市，如武汉、合肥、无锡等都将元宇宙产业的发展写入了当年的政府工作报告，重点推动元宇宙产业、大数据、云计算、区块链、地理空间信息、量子科技等与实体经济融合。在企业层面，主要以腾讯、字节跳动、百度等企业为主进行产业链的布局，腾讯于 2019 年就开始持股 Roblox，并在底层技术、大数据中心、社交网络互通，以及组织管理等方面具备布局元宇宙产业的优越条件；字节跳动于 2019 年收购了 VR 厂商 Pico，除了基础硬件，其在芯片、半导体板块也开始布局，字节跳动投资半导体，致力于光波导、光引擎、光学模组等。网易公司加速布局 AI 或 VR 等元宇宙产业核心技术，抢跑游戏+商业元宇宙产业。

元宇宙产业涉及领域较广，产业链较为复杂，国内企业多集中在应用端，掌握核心技术的企业较少，这是中国在布局元宇宙产业过程中面临的问题。

从产业发展来看，元宇宙产业是对目前的数字经济的进一步提升，如 Roblox 平台为创作者提供数字代币与法币的价值兑换服务，展现了在虚拟世界创造价值、然后在现实世界兑现价值的经济闭环体系。中国在互联网领域高速发展近 20 年，基础设施完备、市场潜力巨大，但在 VR 或 AR 出货量、感知交互、渲染计算、内容制作与分发等关键技术，以及场景应用上仍不断追赶。同时中国在基础层的发展时间较短，在算法理论和平台开放方面有待完善，在开发工具方面，中国游戏以产品为导向，视频开发工具丰富，中国游戏市场具有用户基数大、内容丰富等优势，海外引擎技术投资较广。从整体来看，国外企业在感知体验、软硬件开发、基础设施建设方面占有优势，特别是作为元宇宙产业重要入口的 VR、AR 设备方面，国外企业处于全球市场的绝对主导地位，中国企业的占比较低，其主要是通过投资进行布局的；中国企业在 5G、云计算、人工智能等基础设施方面发展势头良好，存在弯道超车的机会。

2021 年到 2030 年将是元宇宙产业发展的起步阶段，这一阶段重点是不同行业对数字化、虚拟化和在线化技术的进一步深入应用和技术沉淀，各个行业将会大力推行自己的元宇宙产业，形成元宇宙产业分散化、单行业、多中心小生态的格局。所以，从短期来看，元宇宙产业主要聚焦在娱乐、社交和游戏等内容领域，拥有更大的用户规模、更好的用户体验、更丰富的内容创作的头部互联网企业是元宇宙产业的关键参与者。从长期来看，元宇宙产业发展的机遇在于技术体系和多元化经济生态的完善，这取决于 5G、云计算、区块链、NFT 等技术和规则的完善，元宇宙产业将为人类生产生活构建新的实践场景。

11.1.3 元宇宙产业链组成

元宇宙产业链条长而复杂，包含硬件、软件、内容及应用等多个领域。本章结合元宇宙产业的发展，从技术和应用逻辑层面将元宇宙产业分为四大组成部分：底层技术、网络技术、平台和智能终端及应用生态。

底层技术主要包含了元宇宙产业的关键技术、元器件、基础软件及算法相关技术。硬件技术主要涉及核心芯片、传感器、光学器件和显示屏等。其中仿生芯片、UWB（超宽频）芯片成为元宇宙产业的核心芯片部分，在显示领域，MicroLED、锁定光波导等技术成为众多企业关注的部分。基础软件主要包括操作系统、数据库、编译器等，同时也包括 AR 工具方面的渲染平台、3D 开发工具、AR 模型预览工具等。算法、数据和算力等层面也属于元宇宙产业的底层技术，如以阿里云、百度和华为为代表的算法云服务等，都是基础层面的核心技术。中国目前在底层技术上仍处于跟随与追赶的态势，但是得益于强大的基建能力及人口规模优势，未来中国的底层技术将会有突飞猛进的发展。

网络技术是通信与互联网的基础，也将是元宇宙产业的核心基础设施，主要包括设备制造和网络通信两大部分。在元宇宙产业场景里虚实交互需要低延时、渲染重构的画面，这对通信网络有着更高的要求，需要先进的移动通信技术作为支撑。5G、Wi-Fi 6 等与云计算技术能够赋能元宇宙产业联结场景，实现人、机、物三方信息快速、稳定交互。网络接入为元宇宙产业奠定了重要基础，其中 5G、Wi-Fi 6、光纤入户等属于核心技术领域。网络基础设施是重要支撑，包括基础电信运营商、IDC 或 CDN 网络运营商等，国内主要的电信运营商有中国电信、中国移动、中国联通、中国广电等，IDC 或 CDN 网络运营商有世纪互联、万国数据、网宿科技等，国外电信运营商在该市场的份额占比较低。

平台是元宇宙产业的重要载体和应用依托，平台技术主要涵盖数字孪生和创作工具开发，数字孪生相关技术将现实和虚拟进行连接，其中包括了 3D 建模技术、行业引擎、3D 相机设备等，如 BIM 技术可为元宇宙产业提供各类建筑的结构及模型，用于支撑各类应用在人造物理空间中的运行，3D 扫描快速建模技术可用于数字人或数字物品的模型制作。针对某些细分行业的元宇宙产业应用，特定云平台和平台即服务（Platform as a Service, PaaS）模式的行业引擎，为众多工业企业构建元宇宙产业体系提供了便捷。平台也包含了元宇宙产业创作工具的开发和使用，目前元宇宙产业的创作工具主要包括应用开发工具、图形图像工具、渲染引擎工具等。元宇宙产业的互联网支撑平台实现了多个平台的互通操作，通过 DNS、HTML 实现相互间的链接和跳转，云计算、大数据、物联网及区块链等新一代技术，则为这些平台的互联互通操作提供了技术支撑。

智能终端是元宇宙产业的虚实交汇点，也是产业布局的核心。XR 终端主要指 VR、AR，以及 MR 等终端设备。VR 设备利用计算机生成模拟环境，构建出一个虚拟世界，其强调用户与虚拟世界的交互，为用户带来沉浸式的虚拟世界体验；AR 技术则借助计算机图形技术和可视化技术产生真实世界中不存在的虚拟对象，并将虚拟对象准确"放置"在真实世界中，为用户带来感知效果更丰富的环境体验；MR 则是多种终端技术融合的产物。众多元宇宙企业布局 XR 终端，如截至 2021 年年底，Meta 旗下的 Oculus Quest 2 销量已达到 1 000 万台，2022 年索尼发布 PS VR 2，苹果公司在 2023 年推出 AR 眼镜硬件。国内企业，如华为、腾讯、阿里巴巴、百度等也在 XR 技术领域展开不同程度的生态布局，华为较早开展 XR 关键技术的布局和储备，相关产品占有一定市场份额，预计在未来 XR 技术时代，国产品牌将呈现百家争鸣、共同成长的良性发展局势。

除了 XR 终端设备，自然交互和动感模拟也是智能终端的重要组成部分。自然交互是指摆脱键盘和鼠标的掣肘，利用语音、动作、眼神等更加自然的方式与机器进行交互。例如，语音交互、表情捕捉、眼动跟踪、气味模拟及脑机接口等。动感模拟是 VR 技术的重要体现，如通过特殊的动感平台，可模拟自行车、汽车、船舶、飞机等运动。

元宇宙产业的价值在应用端得到高度体现，对很多产业的发展产生了较深影响。在产业智慧化发展中，元宇宙产业将成为实体经济的重要组成部分。元宇宙产业广泛应用于社交、零售、娱乐、制造业、金融、医疗、远程办公、教育培训、企业研发、城市治理等多个领域，场景创新层出不穷。例如，在元宇宙产业的社交中，企业利用全息虚拟影像技术搭建出虚拟现实平台，互动方式从简单的语音、文字、图片、视频等延伸到突破时空限制的购物、游戏等，元宇宙产业社交将进一步打破线上与线下的界限。元宇宙产业可以提升工业的"智慧化"程度，企业通过构建与真实世界等比例的工业数字孪生体，收集产品研发、生产制造或商业推广等数据并进行分析，将结果反哺到现实生产中，以达到最优运行状态或最优规划状态，不同的应用场景为元宇宙产业的发展提供了广阔的想象空间。

虚拟人在元宇宙产业中有着广阔的应用生态，打破物理界限和提供拟人服务与体验是虚拟人的核心价值，超写实、工具化、强交互是其发展趋势。虚拟人将成为数字世界的接口，虚拟偶像、虚拟分身，以及多模态助手等是目前虚拟人的呈现。据统计，2022 年中国虚拟偶像核心市场规模将达到 121 亿人次，在中国，将有超 5 亿人次成为虚拟偶像受众。头部企业在技术沉淀、IP 运营、流量方面有较好基础，偏好探索底层技术、硬件架构，以及针对公司业务应用生产工具化产品，产业链布局较为全面，如国外企业 Meta、Google 等，国内企业腾讯、阿里巴巴、字节、哔哩哔哩等，但是多数企业主要涉及平台层垂直解决方案提供及应用层，包括营销领域的应用。元宇宙产业链组成如图 11-2 所示。

221

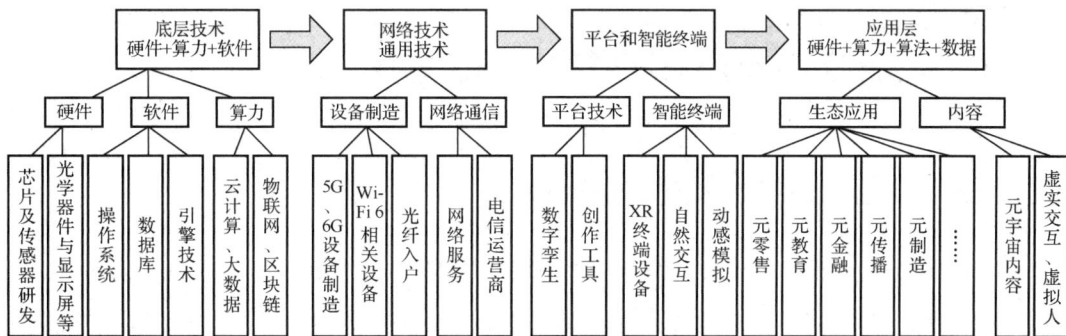

图 11-2　元宇宙产业链组成

资料来源：作者整理.

11.1.4　中外元宇宙企业的布局

从全球范围来看，国内外元宇宙企业发展各具特色，整体上以美国、中国、日韩、欧洲等区域企业为主。美国企业的综合实力突出，从底层技术、网络技术、平台层面涌现出特色鲜明的公司，且公司类型多样化。相比之下，中国元宇宙企业目前还处在发展初期，布局方式以自主研发和投资国外企业并重为主，技术积累需要加强。

国外企业，以 Meta 为代表的头部互联网企业在元宇宙产业领域布局实力雄厚，投资力度大，从技术层面和应用层面的价值链全链条都进行了布局，以 IBM 为代表的传统 IT 公司，依旧聚焦于底层技术的发展。以亚马逊、英伟达为代表的企业在云计算等底层基础设施方面处于全球领先地位，主要集中在网络计算和平台算法层面。与国外企业相比，中国企业的综合实力与之存在差距，大多数企业选择通过投资其他公司的方式进行生态布局。腾讯是中国元宇宙产业的领军企业，与字节跳动一起成为中国当前能够与国外企业展开竞争的中国企业代表，但这些元宇宙企业的业务主要集中于内容生态与应用层，在其他产业链环节虽有布局，但处于起步阶段，在软硬件技术和平台建设方面与国外企业有着显著差距。阿里巴巴聚焦在网络技术和平台算法领域，以云计算为基础构建硬件体系、软件体系和应用体系。整体来看，中国元宇宙企业多数处在起步阶段，主要是以游戏、内容开发为主，不管是数量，还是技术能力都与国外同类企业有着差距。

未来中国企业在 5G、云计算、人工智能等基础设施方面发展势头良好，在元宇宙产业领域存在着弯道超车的机会。中国市场在用户基数、社交等方面有着深厚积累，中国企业在价值链的内容生态层发展态势良好，未来在内容创作和场景搭建方面的想象空间巨大。随着在人才和投资布局方面的不断加强，中国在网络计算方面和平台建设方面与国际巨头的差距正在逐步缩小。5G 技术超前布局，市场成熟度高，加上中国企业在互联网前期积累的用户、人才和资本等方面具备优势，未来有望在价值链上的数字基建和内容生产等领域展现出巨大发展潜力。

11.2　我国元宇宙产业发展的结构性分析

11.2.1　我国元宇宙企业的发展现状

2021 年元宇宙概念受到关注以来，中国成为元宇宙产业发展较为快速的区域之一。根据天眼查数据，2021 年以来，有 570 余家名称含有"元宇宙"的企业，其中约 92.47%的企业成立于 1 年内，注册资本在 100 万元人民币以内和 500 万元人民币以上的相关企业各占 30%以上，从地区来看，河南省和广东省相关企业数量最多。截至 2022 年 3 月，全国元宇宙概念相关企业达到 1 532 家，尤其在 2021 年，共计成立 711 家，元宇宙概念的企业数量正式进入爆发期。2017—2022 年 3 月国内元宇宙相关企业成立数量统计如图 11-3 所示。

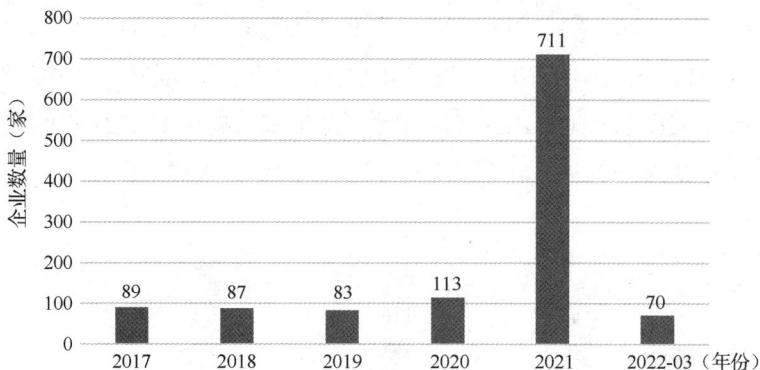

图 11-3　2017—2022 年 3 月国内元宇宙相关企业成立数量统计

资料来源：Lungee 探迹，德勤.

根据《2022 胡润中国元宇宙潜力企业榜》，在入围的最具潜力的 200 家企业中，超 70 家企业聚焦芯片和数据服务，大部分企业是围绕 VR 产业的，如歌尔股份有限公司（简称歌尔股份）VR 头显出货量占据全球 70% 以上的份额，中科创达、舜宇光学、瑞芯微等围绕 VR 产业配备相关底层技术，携程、贝壳、东方明珠等已将 VR 或 AR 技术引入各自的业务领域，帮助用户体验虚拟空间。从行业领域来看，主营业务为软件与数据服务的公司最多，占比 17%；其次是半导体公司，占比 16%；再次是传媒和娱乐公司，占比 15%；电子元件公司占比 14%；消费电子公司占比 10%。从区域分布来看，总部位于北京、上海、深圳的企业占总数的一半，北京的企业最多，有 55 家；其次是上海，33 家；深圳第三，23 家；杭州第四，15 家；广州第五，13 家，其中南沙有 3 家。粤港澳大湾区占全国 22%，长三角地区占全国 31%。

11.2.2　我国元宇宙企业的市场绩效分析

我国元宇宙产业正处在初步发展阶段，不同类型的企业绩效存在差异，本章依据我国上市元宇宙产业相关企业的经营情况及涉及的相关业务，选取了 89 家企业进行分析。元宇宙产业所含领域较多，上市公司成为投资者关注的焦点，2021 年 10 月，元宇宙产业概念上市公司受到热捧，多数上市公司交投活跃，股价变化较大。本章针对这 89 家公司的企业经营情况进行分析。

从 2019—2021 年的数据来看，元宇宙产业相关企业的盈利状况较好，108 家企业年平均利润率为 8.6%，年投资回报率达到 8.2%，高于同期其他行业相关企业。尤其在 2021 年 9 月后，元宇宙产业概念股集体大涨。我们将 108 家企业分为文化传媒（18 家）、游戏（16 家）、互联网服务（15 家）、光学光电子（12 家）、软件（10 家）、消费电子（10 家），以及通信服务（8 家）行业，在这七大行业中，游戏、互联网服务，以及消费电子近三年来发展态势较

223

好，在 2021 年文化传媒和游戏行业的盈利情况较好，也迎合了元宇宙产业概念的发展。从营业收入角度进行分析，2021 年元宇宙产业相关企业营业收入快速增长，相较 2020 年平均增长率为 15%，营业收入增长率在 2020 年出现小幅度波动后，说明我国元宇宙产业相关企业发展受到了特殊原因的影响，但在 2021 年有了明显的增长，据预测 2022 年的增长趋势依旧显著。2019—2021 年国内元宇宙上市企业行业营收平均增长率如图 11-4 所示。

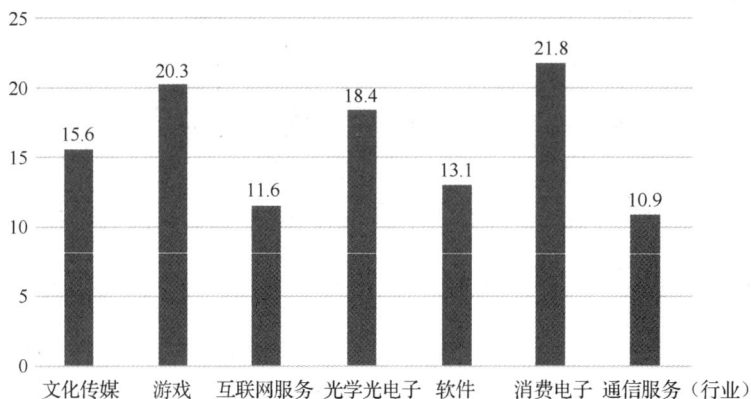

图 11-4　2019—2021 年国内元宇宙上市企业行业营收平均增长率（%）

资料来源：CSMAR，作者整理.

以规模较大的 10 家企业为例，立讯精密工业股份有限公司在 2021 年的营业收入达到 1 539.46 亿元人民币，净利润为 70.71 亿元人民币，2019—2021 年的年增长率超过了 50%。多数企业的规模实现了较快增长，如京东方科技集团股份有限公司（以下简称京东方）、歌尔股份、科大讯飞股份有限公司（以下简称"科大讯飞"）等都实现了超过 30%的销售增长率。VR/AR/XR 设备生产企业歌尔股份的 2021 年报显示，营收达到 782.2 亿元人民币，同比增长 35.5%，实现归母净利润 42.7 亿元人民币，同比增长 50.1%。虽然歌尔股份在 2020 年股价表现一般，但伴随着元宇宙概念的出现与火爆，2021 年，歌尔股份出现了股价的大幅上涨，最高报 58.11 元/股。歌尔股份具备成熟的光学元件、光机系统和智能硬件设计、制造能力，与全球科技大厂深度合作布局 VR/AR 产业链。但是也应该注意到，受宏观经济下行、欧美通货膨胀、加息、手机销量下滑等多重因素的影响，消费电子行业在 2022 年整体表现不及预期，但受益于 VR、游戏机、智能穿戴等需求的旺盛，与元宇宙产业相关的智能硬件业务仍有较大成长空间。2021 年我国元宇宙典型上市企业经营情况如表 11-1 所示。

表 11-1　2021 年我国元宇宙典型上市企业经营情况

企 业 名 称	营业收入（亿元人民币）	营业收入同比增长（%）	净利润（亿元人民币）
立讯精密	1 539.46	66.43	70.71
京东方	2 193.1	61.79	258.31

企 业 名 称	营业收入（亿元人民币）	营业收入同比增长（%）	净利润（亿元人民币）
歌尔股份	782.21	35.47	42.75
紫光股份	676.38	12.57	21.48
三七互娱	162.16	12.62	28.76
鹏鼎控股	333.15	11.60	33.17
浪潮信息	670.48	6.36	20.03
世纪华通	139.29	−7.03	23.27
汤姆猫	19.41	7.43	7.08
科大讯飞	183.14	40.61	15.56

资料来源：CSMAR 数据库，作者整理.

11.2.3　我国元宇宙产业投融资行为

随着元宇宙概念的兴起，越来越多的新创企业不断涌现，专业投资机构、政府基金也开始关注元宇宙赛道，掀起了元宇宙领域的投资热潮。从元宇宙产业投融资数量占总投资数量的比重来看，元宇宙赛道逐渐成为私募股权投资机构布局的重要领域；从国内外平均水平来看，元宇宙产业投融资时间占总投资时间的比例从 2020 年的 7.1%提升到 2022 年第一季度的 16.6%。根据德勤等机构对 10 家较大的私募股权投资机构的投资情况分析，2021年，我国元宇宙产业相关投融资规模超过百亿元人民币，主要集聚在智能终端硬件领域。在一级市场中，高瓴资本、红杉资本、真格基金、五源资本等一线投资机构均开始布局元宇宙产业赛道，其中涉及虚拟社交平台、虚拟偶像、游戏等诸多产业。

自 2022 年以来，中央及各地政府把目光也投向了元宇宙领域，多地政府为了扶持元宇宙产业的发展，纷纷成立元宇宙投资基金。如 2022 年 4 月，重庆市元宇宙发展基金成立，重点投资虚拟现实、增强现实、数字孪生、智能穿戴设备等领域，同期广州市天河区联合其他 7 家投资机构成立天河区元宇宙联合投资基金，总规模超 200 亿元人民币。从投融资领域来看，50%以上的投资事件聚焦在元宇宙产业的底层技术上，如芯片、人工智能、机器视觉、区块链等。同时以游戏为代表的泛娱乐内容作为直接影响消费者体验的最前沿内容，也受到了国内外资本的关注。NFT 作为元宇宙经济体系的关键要素，包括加密货币、NFT 产品开发、NFT 产品交易平台、区块链游戏等，成为投资方的主要关注点。与消费领域直接相关的，如元宇宙游戏、虚拟办公、购物平台等是当前国内投资机构的投资热点，其中的代表投资包括元宇宙游戏开发商 Mythical Games，虚拟活动平台 Hubilo 等。与此同时，国内投资机构对数字人相关企业的投资热度在增加，投资方向也从偏营销的数字人运营逐步转向与数字人相关的底层技术。除私募股权投资基金外，科技巨头，如 Meta、微软、苹果等公司在元宇宙领域的投资也没有停止。2021 年我国元宇宙行业主要投融资情况如表 11-2 所示。

表 11-2 2021 年我国元宇宙行业主要投融资情况

企 业 名 称	融 资 轮 次	业 务 范 围	投 资 方
爱奇艺智能	B 轮	VR 硬件	清新资本
积木易搭	超 2 亿/B 轮	3D 数字化应用	深创投、前海母基金
小派科技	数千万/B 轮	VR 设备	联合光电
叠境数字	2000 万美元/A+轮	全息技术	阿里巴巴
Pico	90 亿元收购	VR 硬件	字节跳动
博瑞康科技	近亿元/B 轮	脑机接口	红杉中国、凯风创投
亮风台	2.7 亿元	AR 平台	CPE 源峰、晶凯资本
当红齐天	数亿元/B 轮	XR 内容	小米战役、建银国际
万象科技	百万美元战略融资	虚拟偶像	保时捷
亮亮视野	1 亿元/C 轮	智能 AR 眼镜	安信证券、亦庄国投

资料来源：上奇数字科技有限公司. 中国元宇宙产业投融资画像报告.

11.2.4 元宇宙产业细分领域分析

本节针对元宇宙产业细分领域的重点环节进行产业发展分析。硬件是元宇宙产业发展的第一入口，同时，硬件的发展也需要与更为丰富的内容相互促进，游戏、链游等成为元宇宙的初级形态。元宇宙将催生出更多的新内容、新场景、新业态，它将重塑内容产业的规模和竞争格局。

11.2.4.1 AR/VR/XR 硬件领域

以 AR/VR 设备为代表的智能硬件设备是未来增长较快的产品之一。据预测，中国市场规模将从 2021 年的 21.66 亿美元增长至 2026 年的 192.1 亿美元。全球硬件类产品在 2021 年迎来爆发式增长，出货量超过 1 000 万台。根据 TrendForce 的预测，未来五年内，全球硬件类产品的年出货量将超过 5 000 万台。在产业发展中，AR/VR/XR 设备已经逐渐形成由计算平台、硬件供应、内容应用厂商和用户等多方参与者构成的生态体系。硬件核心器件包括光学、屏幕、处理器、存储、摄像头、电池等，对于眼镜产品而言，光学和屏幕占硬件成本的 40%，属于关键的核心器件。芯片同样是重要的布局环节，处理器和存储器也占了较大的比例。海外企业巨头，如苹果、谷歌、微软、脸书，以及索尼等都在自研相关芯片，国内企业以华为为首，也积极投身于芯片研发的浪潮中。另外，操作系统和开发引擎也是重要的布局关键点，其能够助力构建高效的开发者生态。经历了早期的技术研发与突破、资本入场、轻量化硬件出产、初步用户群体产生等重要阶段，AR/VR/XR 设备已经由过去的硬件厂商、应用开发商等少数企业单打独斗发展成为多方共建的生态合作模式，参与方努力共筑蓬勃发展的生态环境，生态各方正在加速融合创新。2016—2022 年全球 VR 和 AR 设备出货量及预测如图 11-5 所示。

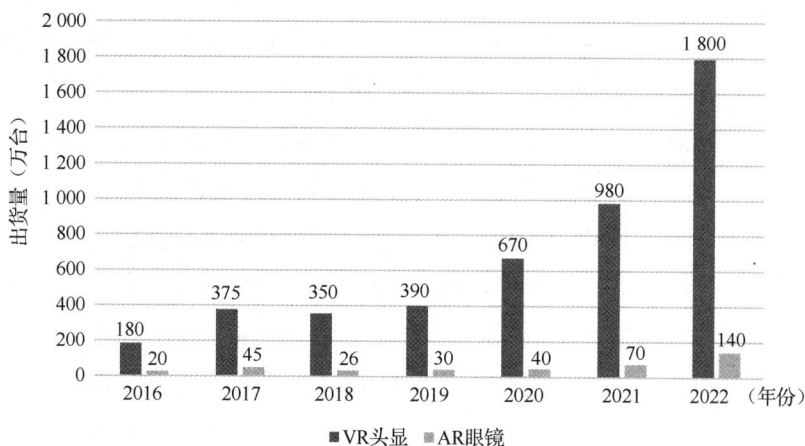

图 11-5　2016—2022 年全球 VR 和 AR 设备出货量及预测

资料来源：IDC，德勤.

目前，我国的 VR/AR 设备仍处于起步阶段，从我国产业发展状况来看，VR 设备上游供应链已基本完善，光学、显示、主芯片、结构件等可以提供稳定、成熟的产品，如全球最大的 VR 设备一体机代工厂商为山东歌尔（歌尔股份），它是索尼、Pico、Oculus 等产品的独家供应商，但它以代工为主，尚缺乏一定的技术前瞻布局。我国在 AR 设备领域中上游的核心技术尚不成熟，诸多环节仍处于研发阶段。例如，在 Micro LED、光波导、主芯片等领域依旧处于技术攻克阶段；在近眼显示技术领域，京东方等领先企业已着手规划高性能 VR 设备液晶面板的研发，但在部分前瞻性的技术布局上还有所欠缺。在云内容制作与分发方面，在弱交互内容制作的三自由度领域，国产品牌 Insta360 等的影响力正日益上升，而自由度更高的六自由度强交互内容制作领域，国内与海外仍然存在一定差距，技术实现以套用国外领先企业的技术方案为主。

11.2.4.2　NFT 产业领域

NFT 产业领域是元宇宙的重要组成部分，它是创建于区块链上的数字所有权凭证，证明用户拥有某个数字收藏，NFT 提供了一种利用区块链标记原生数字资产所有权的方法，赋予了这些资产真实性和稀缺性，其应用形式包括但不限于数字画作、图片、音乐、视频、3D 模型等，同时，NFT 还能帮助艺术品、收藏品、影视作品等文化内容生产行业实现数字化升级，并为其带来更多商业模式的创新。NFT 的特点在于其具有唯一性，它不可分割且非同质化。资产可绑定 NFT，进而让众多实物资产成为数字化资产的替身，并成为数字资产。数字藏品便是 NFT 应用的一个分支。

2021 年被视为 NFT 元年。2021 年，海外 NFT 交易量达到 177 亿美元。中国的 NFT 发展主要集中在数字版权领域，相较于海外存在一定的滞后性。中国代表企业为阿里巴巴的蚂蚁链、腾讯幻核等，此外，京东、网易等互联网企业也具有成为综合性发行平台的潜力。同时，网文、漫画、音乐、音频、视频等领域的互联网数字内容平台也在不断发展。

227

2021 年年底，视觉中国推出元视觉平台后，2022 年 3 月，北京蓝色光标数据集团股份有限公司（以下简称"蓝色光标"）与芒果超媒股份有限公司（芒果 TV）均推出自身的数字藏品平台。海外代表企业为 Opensea，该平台囊括艺术品、收藏品、游戏资产、虚拟土地、域名等各个种类的 NFT，在 2022 年 1 月，Opensea 的估值达到 130 亿美元。从 NFT 数字藏品行业发展趋势来看，中国的数字藏品相关企业将更多从版权保护和资产确权切入，发挥 NFT 数字产权证明功能，企业将探索无币化的发展道路，或者以人民币作为标价和交易货币保证其价值的稳定，并在数字藏品的发行、销售、流通等环节探索和建立中国化的规则和标准。伴随 NFT 应用的推广和流行，未来 NFT 的铸造、发行、销售、流转都会有监管部门的介入，NFT 的法律性质、交易方式、监督主体、监督方式将逐步明确。

11.2.4.3　虚拟人产业领域

虚拟人是元宇宙产业发展不可缺少的要素，它是指存在于非物理世界中，由计算机图形学、图形渲染、动作捕捉、深度学习、语音合成等计算机手段创造及使用，并具有多重人类特征的综合产物，也被称为虚拟形象、虚拟人、数字人等。虚拟人的应用可分为服务型虚拟人和身份型虚拟人。替代真人的虚拟主播和虚拟 IP 中的虚拟偶像是目前的市场热点。预计 2030 年，我国虚拟人市场规模将达到 2 700 亿元人民币。作为多模态升级的代表技术，虚拟人的应用场景众多，可与各行业的众多领域相结合，变现路径和市场潜力明确。其中，虚拟主播、虚拟偶像已得到明确的商业价值验证，虚拟分身生成等场景也在不断发展。

中国加入虚拟人赛道的企业均为综合实力较强的企业，主要包括百度、字节跳动、科大讯飞、杭州相芯科技有限公司、蓝色光标等，平台以新闻播报、直播带货、营销为主要场景，或者探索 B 端、C 端应用。百度智能云曦灵数字人平台依托百度强大的 AI 技术能力，提供 2D/3D 虚拟人形象生产线，并基于三大平台分别进行人设管理、业务编排与技能配置、内容创作与 IP 孵化，面向不同的应用场景提供对应的虚拟人解决方案。字节跳动在东南亚地区上线 Pixsoul，打造沉浸式虚拟社交平台，字节跳动投资杭州李未可科技有限公司，后续将推出同名虚拟 IP 形象。虚拟人名片（元名片）将成为另一大应用市场领域，据预测，2024 年，中国虚拟人名片市场规模将达到 200 亿元人民币。整体来看，虚拟人行业未来的主要驱动力来自用户代际变化，新一代用户对内容消费和虚拟世界更为渴求。虚拟人相关技术（计算机图形学、深度学习等）门槛相对降低，企业入局较为容易。未来虚拟人逐步渗透进营销、政务、银行等领域，服务型功能凸显能够助力企业实现降本增效。

11.3　国内外元宇宙产业发展及政策分析

11.3.1　国外元宇宙产业发展现状分析

各个国家也积极布局元宇宙赛道，并出台了相关政策鼓励该产业发展，本节以美国、欧洲、韩国、日本等国家或地区为例进行分析。

1. 美国

美国是元宇宙理念的开拓者，正处于投资风口，并拥有较为前沿的技术、产业体系及市场，目前多个元宇宙领军企业均来自美国。例如，英伟达以工业为切入口推出协作平台Omniverse，从而打造"工业元宇宙"；Meta 从社交媒体企业转型为元宇宙企业，在硬件、内容、底层技术和市场应用等方面都形成了一定规模。美国政府对元宇宙产业尚采取观望态度，并没有提出明确的元宇宙产业建设的路径与相关政策。美国更加关注数据滥用与隐私泄露问题，其监管机构出台了若干监管条例，同时对人工智能系统涉及的数据，特别是面部识别数据进行监管。整体来看，美国企业持续推动美国政府对元宇宙的认知，进而塑造了有利的竞争环境和创新环境。

2. 欧洲

欧洲对人工智能、数字经济等产业较为关注，欧洲设立的《人工智能法案》、《数字服务法案》和《数字市场法案》等，在促进元宇宙产业发展时发挥了一定的支撑作用。整体来看，欧洲在互联网产业领域发展不快，其市场多被美国企业占领，因此他们更关注如何保护本地市场，促进企业的合理竞争，同时保护用户免受在互联网上的伤害。在元宇宙时代，预计欧洲将会继续推动对虚拟空间的监管，维护欧洲市场的竞争活力。

3. 韩国

韩国是对元宇宙反应最快的国家之一，其已在国家层面成立了元宇宙协会，韩国信息通信产业振兴院联合 25 家机构和企业成立了"元宇宙联盟"，目的是通过政府和企业合作，构建元宇宙生态系统，实现开放型元宇宙平台的落地实践，该联盟目前已经有三星、KT 等 500 多家公司和机构加入。2020 年年底，韩国科技部公布了《沉浸式经济发展策略》，主要以 XR 经济为导向塑造韩国的人工智能产业。在 2021 年发布的《Digital New Deal 2.0》中，韩国将元宇宙、大数据、人工智能、区块链等列为发展 5G 产业的重点项目。韩国数字新政推出数字内容产业培育支援计划，共投资 2 024 亿韩元（约 11.6 亿元人民币）。2022 年，韩国计划从政府预算中拨出 9.3 万亿韩元（约 516 亿元人民币）用于产业数字化转型和培育数字经济产业。

在元宇宙领域，首尔率先提出要打造元宇宙城市，在 2022 年建立名为"元宇宙首尔"的高性能元宇宙平台，并在经济、教育和旅游等领域提供服务，于 2022 年年底向公众展示。根据为期五年的"元宇宙首尔基本计划"，首尔市政府将陆续在元宇宙平台上提供各种商业支持设施和服务，如虚拟市长办公室、金融科技实验室及首尔校园城等。首尔计划利用虚拟现实、增强现实和扩展现实相结合的技术提高城市管理水平，首尔将推出虚拟空间智能办公室，用虚拟形象的公职人员为公众提供咨询服务。首尔将通过公共需求与私人技术相结合，开创"元宇宙首尔"的新大陆。

4. 日本

2021 年 7 月，日本经济产业省发布《关于虚拟空间行业未来可能性与课题的调查报告》，总结了元宇宙行业迫切需要解决的问题，并提出政府应构建和制定与元宇宙相关的法律体系、行业标准、指导方针等。日本在虚拟货币领域成立了业界联盟，日本的加密资产（虚拟货币）兑换平台 FXCOIN 等在内的多家机构于 2021 年 12 月中旬成立了元宇宙的业界团体"一般社团法人日本元宇宙协会"。该团体将与金融厅等行政机关进行合作，启动市场构建体系，并联合相关机构梳理位于元宇宙的虚拟土地转化为 NFT、虚拟货币等用于支付时，在虚拟货币兑换平台以外完成交易等金融接触点。这些都体现出日本正在加速打造元宇宙生态体系，以期在全球元宇宙行业中占据主导地位。

11.3.2　元宇宙产业发展与政策现状分析

2022 年以来，国内地方政府积极主动作为，不少地区围绕元宇宙产业化进行了系统布局，出台了不少政策文件。北京、上海、广州、杭州、厦门等多地政府加紧布局元宇宙产业赛道，积极出台涉及元宇宙、虚拟现实的相关政策和文件，浙江、江苏无锡等省市在相关产业规划中明确了元宇宙领域的发展方向，北京也将推动组建元宇宙新型创新联合体，探索建设元宇宙产业聚集区。

1. 上海

2022 年 1 月 8 日，上海市经济和信息化委员会召开会议，谋划 2022 年产业和信息化工作，强调加快布局数字经济新赛道，紧扣城市数字化转型，布局元宇宙新赛道，开发应用场景，培育重点企业。2021 年 12 月发布的《上海市电子信息产业发展"十四五"规划》中提到，上海要前瞻部署量子计算、第三代半导体、6G 通信和元宇宙等领域。《上海市培育"元宇宙"新赛道行动方案（2022—2025 年）》于 2022 年 7 月发布，上海坚持"以虚强实"为发展导向，借助 5G 技术，支撑边缘计算、物联网、8K 超高清等领域的颠覆性创新，叠加 VR/AR、车联网、工业互联网、智慧医疗、智慧金融等消费级应用场景。2025 年，上海元宇宙相关产业规模达到 3 500 亿元人民币，将带动软件和信息服务业规模超过 15 000 亿元人民币。整体来看，上海有着较好的元宇宙产业发展基础，上海将聚焦发展集成电路、生物医药、人工智能三大先导产业，并提升发展电子信息、生命健康、汽车、高端装备、先进材料、时尚消费品六大新的重点产业，打造高端产业集群，布局元宇宙新赛道，为上海的产业系统更新、升级播下新种子，寻找新杠杆，积蓄新动能。

2. 北京

2022 年 3 月，北京市通州区发布《关于加快北京城市副中心元宇宙创新引领发展的若干措施》，北京城市副中心将打造一批元宇宙示范应用项目，支持一批元宇宙应用场景建设。2022 年 8 月，北京发布《北京城市副中心元宇宙创新发展行动计划（2022—2024 年）》，提出力争利用 3 年时间将北京城市副中心打造成为以文旅内容为特色的元宇宙应用示范区，培育、引进 100 家以上元宇宙生态链企业，落地建成 30 项以上"元宇宙+"典型应用场景项目，推动制定一批元宇宙相关标准。北京具备技术存储优势，北京几乎是所有科技大企业的总部所在地或重要基地,如百度、腾讯、阿里巴巴、小米、中国移动等,国企、央企的大部分总部设在北京,这也意味着其研究院、核心技术团队,很多都在北京,科研机构和高等学府也都集中在北京。

3. 广东

2022 年 4 月,广州市黄埔区、广州开发区正式发布《广州市黄埔区 广州开发区促进元宇宙创新发展办法》,明确将从建设具有黄埔特色的元宇宙标志性场景、元宇宙关键共性技术与通用能力的价值创新与公共服务平台、特定研究方向的元宇宙相关项目等三个层面进行奖励,最高补贴金额达 500 万元人民币。2022 年 3 月,广州市南沙区也挂牌成立"广州元宇宙创新联盟",该创新联盟由宸境科技、网易智企、三七互娱、玖的数码、大西洲等企业共同发起,创新联盟的成立将汇聚南沙乃至广州产业链优势资源,整合优质产业单位,建立元宇宙产业健康生态,促进成员之间的资源共享和互惠互利,提升整体行业的科技创新竞争力。

深圳发布了国内首批元宇宙技术标准,即《基于区块链技术的元宇宙身份认证体系》和《基于区块链技术的元宇宙支付清算体系》,这也开启了元宇宙发展的新纪元。深圳成立了"深圳市互联网学会元宇宙学术委员会",同时成立了"深圳市互联网学会元宇宙产业基金"、商学院、研究院,这些都为该地区元宇宙产业的发展提供了重要支撑。深圳成立了元宇宙创新实验室,已成功对接海内外超过 26 个国家的用户和技术团队,福田区将大力发展数字新基建、数字新科技、数字新智造、数字新金融、数字新文化、数字新商贸六大数字产业,积极引进数字经济领军企业和示范项目,推动区块链、量子信息、类脑智能等未来产业的技术转化成果加速落地。

4. 浙江

浙江省数字经济发展领导小组办公室印发了《关于浙江省未来产业先导区建设的指导意见》,将元宇宙与人工智能、区块链、第三代半导体并列,是浙江 2021 年到 2023 年未来产业先导区的重点布局领域之一。浙江将在先导区重点建设任务中明确加快在脑机协作、虚拟现实、区块链等领域搭建开放创新平台,促进产业技术赋能、集成创新。2022 年 3 月,杭州未来科技城发布 XR 产业发展计划,在未来五年内,未来科技城将培育 XR 上市企业 5 家,吸引、培育 XR 产业相关企业 300 家,扶持技术攻关和场景应用项目 100 项。同时,杭州未来科技城为了鼓励 XR 产业升级发展,设置了资金与政策方面的诸多福利,未来还将实施顶尖人才项目,给予最高一亿元人民币的资金支持。

整体来看,浙江人工智能、云计算、大数据、虚拟现实等前沿科技产业呈现全产业链发展态势,为进一步拓展元宇宙产业版图奠定良好基础。浙江人工智能产业竞争力居国内第一梯队,已构建从理论研究、技术开发、终端制造到智能应用的完整产业链。浙江云计算产业实现全球领跑,"乌镇之光"、杭钢云、浙江云等绿色高效算力设施加快建设,阿里云市场排名全球第三。浙江大数据产业规模指数排名全国第四,数据资源指数和行业应用指数全国第一。浙江虚拟现实产业链韧性显著提升,在教育培训、医疗健康、旅游、文化娱乐等重点领域不断创新产品与服务供给。

5. 其他地区

2022 年 3 月，江苏省无锡市滨湖区发布的《太湖湾科创带引领区元宇宙生态产业发展规划》强调，要注重空间布局和产业推进相结合，整体规划、系统推进产业集聚、人才引育、生态发展和应用场景等工作。到 2025 年，滨湖区利用元宇宙生态产业集聚发展、关键技术创新发展、专利标准引领发展、应用示范跃迁发展、专业人才梯次发展等手段，打造长三角元宇宙技术创新高地。

山东省工业和信息化厅等七部门联合发布的《山东省推动虚拟现实产业高质量发展三年行动计划（2022—2024 年）》，将用三年时间在全省培育、推广百项应用场景及解决方案，打造国内一流、具有国际竞争力的千亿级虚拟现实产业高地。

武汉市在 2021 年的《政府工作报告》中提出，武汉要加快壮大数字产业，推动元宇宙、大数据、云计算、区块链、地理空间信息、量子科技等与实体经济融合，建设国家新一代人工智能创新发展试验区，打造小米科技园等 5 个数字经济产业园。

国内各省市元宇宙产业政策梳理如表 11-3 所示。

表 11-3　国内各省市元宇宙产业政策梳理

地区	发布时间	政策名称	主要内容
上海	2021 年 12 月	《上海市电子信息产业发展"十四五"规划》	前瞻部署量子计算、第三代半导体、6G 通信和元宇宙等领域
	2022 年 7 月	《上海市培育"元宇宙"新赛道行动方案（2022—2025 年）》	培育 10 家以上具有国际竞争力的创新型头部企业和"链主"企业，打造 100 家以上掌握核心技术、高能级高成长的"专精特新"企业
	2022 年 9 月	《宝山区工业元宇宙产业发展三年行动计划》	宝山区工业元宇宙相关产业规模突破 100 亿元，实现工业元宇宙与主导产业融合发展
	2022 年 2 月	虹口区发布"元宇宙产业发展行动计划"	打造北外滩元宇宙发展和应用示范区，构建上海数字经济发展新高地，重点做好"六个一"
北京	2022 年 8 月	《北京城市副中心元宇宙创新发展行动计划(2022—2024 年)》	元宇宙技术创新应用能力明显提升，培育、引进 100 家以上元宇宙生态链企业，落地建成 30 项以上"元宇宙+"典型应用场景项目
广东	2022 年 4 月	《广州市黄埔区 广州开发区促进元宇宙创新发展办法》	促进数字孪生、人机交互、脑机接口、增强现实/虚拟现实/混合现实等元宇宙技术的变革与应用创新
	2022 年 7 月	《广州南沙新区（自贸片区）推动元宇宙生态发展九条措施》	从技术攻关支持、创新平台资助、产业集聚扶持、研发投入补助、应用场景构建、创新生态建设、人才引进补贴、科技金融支撑、知识产权促进九个方面对元宇宙产业发展给予支持
浙江	2022 年 6 月	《杭州钱塘区元宇宙产业政策》	高层次人才来钱塘区创办元宇宙产业项目的，给予最高 1 000 万元启动资金和研发费用补助、最高 1 000 平方米 3 年租金补贴
	2022 年 3 月	《关于浙江省未来产业先导区建设的指导意见》	构建以人工智能及元宇宙等领域为重点的未来产业发展体系

续表

地区	发 布 时 间	政 策 名 称	主 要 内 容
江苏	2022 年 5 月	《江宁高新区关于加快发展元宇宙产业的若干政策》	规划建设元宇宙产业先导区，打造元宇宙软件和技术层、感知显示层、场景及应用层的长三角地区特色化园区
	2022 年 1 月	《太湖湾科创带引领区元宇宙生态产业发展规划》	把元宇宙作为太湖湾科创带引领区域数字化转型和新型智慧城市建设的重要突破口，构筑先发优势，进一步提升科技创新竞争力
福建	2022 年 5 月	《厦门市元宇宙产业发展三年行动计划（2022—2024 年）》	打造"元宇宙生态样板城市"和数字化发展新体系，打造一个高端研究平台，开发一批特色应用场景，培育一批优质企业，培养一批创新人才，组建一个产业联盟，制定一批行业标准
湖北	2022 年 8 月	《武汉市元宇宙产业创新发展实施方案（2022—2024 年）》	全市组建成立 1 个元宇宙研究院，建成 2 个以上元宇宙产业孵化基地，聚焦 10 个行业领域，打造 30 个以上元宇宙场景应用示范项目，培育集聚 100 家以上元宇宙核心企业
重庆	2022 年 4 月	《重庆市渝北区元宇宙产业创新发展行动计划（2022—2024）》	从推进产业集群化发展、推进元宇宙示范应用、提升协同创新能力、优化产业发展生态四个方面提出建设任务
沈阳	2022 年 6 月	《沈阳市和平区元宇宙产业创新发展行动计划》	围绕元宇宙 7 大核心技术，即区块链技术、交互技术、电子游戏技术、网络及运算技术、人工智能技术、物联网技术、工具软件技术

11.3.3　国内主要元宇宙企业产业布局分析

国内大型企业已经在元宇宙领域进行深入布局，本章以网易、字节跳动、腾讯、百度等企业为例，分析国内企业在元宇宙领域的发展现状。

1．网易

网易有着较为深厚的互联网企业发展基础，这也奠定了元宇宙产业发展的基调。依靠多年积累的游戏和音视频交互经验，网易在 VR、AR、人工智能、引擎、区块链等领域深入布局，目前已经具备探索开发元宇宙的技术和能力。网易已有瑶台沉浸式活动系统、虚拟人、星球区块链等元宇宙产品落地，并投资多家虚拟人领域创新公司，在场景应用端不断探索发展路径。

在硬件领域，网易围绕消费级 AR 眼镜（Holokit）的软硬件一体化的闭环生态，以及赋能 B 端多场景的应用，包括"网易洞见"和"网易影见"两款产品，该类产品已经在文旅空间、商业空间、数字营销、智慧教育等领域得到广泛应用。网易成立了伏羲人工智能实验室，在强化学习、自然语言处理、视觉智能、虚拟人、用户画像、大数据与云计算平台等方面均有深厚的技术积累，目前已拥有数字人、智能捏脸、AI 创作、AI 反外挂等多项行业领先技术。在内容方面，网易发布《逆水寒》等游戏内容，以纯粹东方古典审美指导国际前沿图形引擎技术，创造出拥有高自由度的游戏体验。网易已经成为国内元宇宙产业发展的领军企业之一。

2. 字节跳动

字节跳动开展了对元宇宙赛道的全方位布局。在硬件领域，字节跳动投资芯片制造企业深圳市光舟半导体技术有限公司（以下简称光舟半导体）、收购 VR 行业头部一体机生产厂商 Pico；在软件领域，字节跳动入股 VR 数字孪生服务商众趣科技，凭借多年在 VR/AR 领域的持续研发投入，其目前已形成了对元宇宙赛道的全方位、多角度的深度布局。2021年 10 月，字节跳动投资光舟半导体，致力于光波导、光引擎、光学模组、微纳半导体材料与工艺等技术的研发，进而形成了以 Pico 产品为核心的产业链矩阵。2021 年 1 月，字节跳动投资北京代码乾坤科技有限公司，该公司是集工具开发、平台运营、素质培养为一体的综合性互联网平台，其核心技术物理引擎"重启世界"填补了我国在"数字模拟"领域的空白。字节跳动具备十分丰富的内容场景优势，旗下内容平台用户已覆盖 150 多个国家和地区，用户量高达 10 亿人次。基于该优势，字节跳动在内容侧打造了完备的产品矩阵，加码文娱内容，深挖虚拟人领域，与直播节目进行完美结合。例如，其打造了名为"李未可"的 AR 科技潮牌及同名虚拟 IP 形象。整体来看，字节跳动深度布局元宇宙赛道，产品矩阵基本建成。

3. 腾讯

腾讯于 2020 年提出"全真互联网"概念，这是一个接近元宇宙的概念。腾讯具备布局元宇宙的优越条件，通过"资本+流量"的组合拳，走在了开放元宇宙的前列。基于其在社交领域的优势，腾讯将软件领域作为核心突破口。腾讯认为元宇宙最有吸引力的地方就是用户体验，让用户参与虚拟世界建设是核心，因此腾讯布局元宇宙产品的关键是"链接+数字化"。腾讯于 2012 年收购了 Epic Games 40%的股份，其虚幻引擎 Unreal Engine 是全球最大的游戏引擎之一，帮助开发者渲染虚拟世界。围绕用户体验，腾讯着力打造沉浸式社交、沉浸式内容（VR 游戏、电竞、虚拟演唱会）、虚拟人（Siren）、NFT，以及为企业元宇宙建设提供服务。

4. 百度

百度布局人工智能较早，并将技术研发逐渐应用到不同场景中。其以搜索场景为起点，逐步向 NLP、机器翻译、语音、图像、知识图谱和机器学习等方向进行技术研发。百度推出飞桨深度学习平台，赋能自身移动生态，提高了搜索效率，并且不断推动"云+AI"战略。通过自身 AI 体系中的深度学习，平台在软件和硬件方面积累了算法和算力等方面的优势。另外，百度在 VR 领域有着多年布局，产品包括了消费级 VR 爱奇艺奇遇系列 VR产品，也包括面向企业场景的百度 VR 产品。2021 年推出了百度希壤产品，该产品致力于打造一个多人互动的虚拟世界。希壤平台最大的特点是能感受到与其他用户群体的交流，可以在希壤平台中浏览城市、展览馆与风景名胜。

综上来看，中国大型的元宇宙企业尚处在行业发展初期，布局方式为自主研发和投资国外企业并重，技术积累尚需进一步增强。中国企业在互联网发展中具备大量用户、人才和资本优势，进而能够以此为突破口，以数字技术和内容生产等领域作为元宇宙发展的突破口，高质量地发展元宇宙产业。

11.3.4　元宇宙赋能数字经济应用场景分析

元宇宙与数字经济深度融合，元宇宙可催生新兴经济业态的发展，可助力数字经济发展的量变与质变，可赋能数字经济发展的应用场景。元宇宙将为数字经济发展带来新的动力，下面从五个场景领域进行分析。

1. 赋能工业：工业元宇宙

工业元宇宙是一个平行于现实工业世界，又独立于现实工业世界的虚拟空间，是现实工业世界在数字世界的真实映射，属于全息数字工业世界。随着云计算技术、3D 设计技术、VR 技术、AR 技术、数字孪生技术、人工智能技术、物联网技术、区块链技术、5G/6G 技术等技术的不断发展和完善，工业元宇宙会越发成熟，虚拟工业世界会越来越接近，甚至超越现实工业世界。当工业设计、生产、制造的任意一个环节，都有虚拟世界为之赋能和支持时，标志着制造业正式跨入工业元宇宙时代；当交易、生产开始使用区块链技术进行记录、确权时，意味着制造业深度进入工业元宇宙时代。

第一，元宇宙在工业场景的应用，核心是关注虚拟技术在工业制造流程中的应用，以线下实体制造业为主，通过数字化技术的导入和深度应用，强化制造业的创新与管理能力，提高生产效率，优化智能运营，巩固创新成果。第二，通过虚拟空间提升用户消费体验，更好地把握用户的个性化需求，形成更有趣、更新颖、更多样化的新型数字消费市场，为制造业提供最新、最准确的客户需求信息和实时的市场趋势变化。第三，通过打通物理世界和数字世界的数据和信息渠道，更高效地构架企业数字化供应链，实现产、供、需高度融合及供应链一体化，最终形成不同区域、不同行业、不同细分市场的多个工业元宇宙之间的生态融合。

2. 赋能消费：消费元宇宙

消费元宇宙是元宇宙赋能的另一大场景。不同于互联网消费阶段或者电子商务阶段，元宇宙将会实现从消费主体、信息获取方式、信息呈现形式及消费体验等方面进行虚实结合。元宇宙可提供更真实的消费体验、虚拟空间体验，强调消费者在虚拟世界的沉浸感；同时，在真实世界的体验中，元宇宙借助数字产品，提升人的感知与认知能力，为消费者提供更加便捷、更高质量的生活和工作服务。从目前发展情况来看，元宇宙游戏为消费者提供了早期的沉浸式体验，同时为消费者的创作提供了便利。另外，数字人在元宇宙世界中应用范围不断拓宽，得到了企业方和品牌方的青睐，其能够激发消费者购物积极性，促进品牌方的消费转化。从未来发展情况看，个体也会构建自身的数字人身份（分身，avatar），为虚拟世界提供真实个体的孪生角色，提升个体在虚实空间的体验。

元宇宙为消费者提供了新的消费需求，提供了新的信息获取路径及新的消费场景，为

235

消费产业带来了新的产品需求和营销平台。企业在消费元宇宙领域有着较大的应用空间，一方面，企业可通过 AR/VR 的使用、构建虚拟空间体验、利用数字人开展营销等方式提升消费者的购物体验；另一方面，企业可以在虚拟世界中打造品牌数字资产，如虚拟产品、游戏道具、NFT 等，对企业品牌进行多元化推广。在虚实结合层面，元宇宙为实体零售企业带来新的发展空间，企业可用虚实结合的沉浸式体验提升消费者的消费体验，依托数字孪生技术和元宇宙流量平台，为零售企业建立物理空间的复制虚拟版本，消费者可以在虚拟与现实中相互穿梭和互动。同时，个人娱乐、办公、本地生活，围绕着消费者的方方面面均有消费元宇宙带来的美好场景，这些场景终将在未来实现，基于区块链技术的 Web 3.0，数字产品、数字资产、数字市场及数字货币将在不知不觉中进入个人生活，重塑经济体系。

3. 赋能医疗：医疗元宇宙

医疗元宇宙提升了医疗效率。物联网与区块链深度融合，医疗设备信息、数据和服务录入云平台之后，可对患者进行健康监测，获取患者的医疗历史、体质监测、运动监测等数据，有助于全民身体健康的提前性监管。另外，区块链技术的使用能够打通医院、养老院、保险公司、医药公司等部门之间的信息互通，更好地为全民健康提供优质保障服务。结合医疗机器人、智能感知、人工智能等技术，能有效支持医生开展远程会诊、远程手术等服务，突破时空的限制，发挥最优质医疗资源的作用，实现线上与线下的融合发展，让医疗信息和资源"一键可及"，避免无法对症下药、病急乱投医、救治不及时等问题，真正打通看病难的"最后一公里"。

整体来看，医疗元宇宙整体还处于概念早期，但随着医疗健康行业数字化发展进程的快速推进，网络及运算技术、物联网技术、区块链技术、交互技术、人工智能技术等基础技术在医疗健康产业中实现部分应用落地，同时随着 5G、硬件等基础设施支撑能力的进步，医疗元宇宙产业已进入技术快速发展期，VR/AR、3D 打印、AI 影像等技术已经实现初步应用。数字疗法、全息数字人、数字健康管理等方面，除技术尚未成熟、数据有待积累外，医疗数据的合法、合规、安全使用和相关政策配套则是实现技术快速发展的必要前提条件。至于脑机接口、手术机器人等前沿技术，目前属于风险资本重点关注的领域，但距离技术成熟及临床落地还有一段距离。

4. 赋能教育：教育元宇宙

教育元宇宙的核心是在利用元宇宙技术创建的虚实融合的场景中进行教育活动，尤其是寓教于乐式的学习。利用人工智能技术、数字孪生技术、区块链技术、云计算技术、拓展现实技术（包括虚拟现实、增强现实和混合现实等）、机器人技术、脑机接口技术，以及 5G 网络技术等技术，虚拟教师可进行"实物"展示和实操演示，并且可以实现跨地区的资源共享，学生共享教育资源，学习并传承前人的实践经验。教育元宇宙将带来更为生动与沉浸的学习模式，教育元宇宙使学习过程中的参与、互动等方式更为多元，对相关的学习内容展示更为丰富立体。例如，基于游戏的学习模式有可能获得应用。事实上，罗布乐思正计划将教育视频游戏带入教室。这种沉浸式学习模式，将为教育模式、教育公平性、教育可获得性带来新的机遇。预计未来，在教育元宇宙空间让学生进行沉浸式学习，包括对动手能力的培训，将会越来越流行，从而给教育培训行业带来实质性影响。

　　5. 赋能文旅：文旅元宇宙

　　文化旅游产业是指以旅游经营者创造的观赏对象和休闲娱乐方式为消费内容，使旅游者获得富有文化内涵和深度参与旅游体验的旅游活动的集合，其本身是文化产业和旅游产业融合的产物。文旅元宇宙极致的沉浸式体验、极致的时空开放性、极强的社交属性、现实虚拟有效互动性和持续可创造性等特性对于文旅行业文化符号的开发和体验提升都有很大的意义。文旅元宇宙空间的打造有利于突破时间与空间对旅游资源的限制、打通线上与线下文旅体验的界限，建立新型的文旅消费方式。例如，通过虚拟人技术，利用景区智能交互屏进行来宾接待、个性化讲解、精准营销揽客、塑造景区专属 IP 名片、人流监控引导、节日主题风格换装和游览打卡拍照。文旅元宇宙通过对物（场景）的建设和人的建设，以实现人和场景的互动、虚拟人与虚拟人同游、虚拟人和虚拟场景的互动。

11.4　元宇宙产业发展展望

11.4.1　我国元宇宙产业的发展与治理

　　元宇宙产业成为未来极为重要的产业赛道，一方面我国要思考如何将元宇宙产业建设推至更高层次、更好地与国际接轨，另一方面也要防范元宇宙产业发展可能带来的潜在风险。

　　第一，要紧抓元宇宙产业底层技术进行发展，掌握产业发展核心要素。没有自己的底层技术，就掌握不了发展的主动权，因而在布局元宇宙产业的当下，不仅要关注元宇宙产业如何应用，更应当着眼于元宇宙产业底层技术的发展与突破。政府更应当积极主导元宇宙产业的发展，扶持元宇宙支柱产业，实现从技术到应用的全面建设，注重元宇宙产业基础设施建设，同时积极参与国际元宇宙规则与标准制定，推动元宇宙产业向更高层次发展，把握自身发展主动权。虽然我国各地政府正在加快布局元宇宙产业，但目前所具备的底层技术支撑条件距离实现产业成熟还有很大差距，需要各地政府加大平台层的关键技术投入，优化产业生态。

　　第二，鼓励民营资本进入元宇宙产业市场，发挥市场主体作用。元宇宙产业不同于过去的单一产业，它是数字经济背景下的多种产业的集成，科技巨头企业的投资与布局不足以带动元宇宙产业的全局发展，个体的力量是有限的，而市场的力量是无限的，在需求驱动发展的背景下，引入民营资本进入元宇宙产业市场，使元宇宙产业的市场主体更丰富、更活跃，这将带动元宇宙产业更全面地发展与应用。因此，政府应当鼓励更多的民营资本加入元宇宙产业建设中，发挥市场主体作用，促进元宇宙产业市场的发展与活跃，以需求驱动发展，优化元宇宙产业生态，同时，鼓励中小型企业进入下游基础设施服务行业，以及相关元宇宙产业的衍生服务行业，拓展元宇宙生态，推动元宇宙产业的全面发展与应用。

第三，预防元宇宙产业发展风险，发挥政府的管控作用。随着大众对元宇宙概念的关注，该概念存在着被炒作的可能性。股市中，投资者应警惕元宇宙概念"沾之即涨"的现象，市场繁荣的背后可能隐藏着巨大风险，谨防出现产业泡沫现象。投资者要理性看待元宇宙产业热潮，警惕打着元宇宙产业的幌子浑水摸鱼的投机行为，将更多的目光投向那些深耕底层技术的企业。政府也要时刻警惕元宇宙产业泡沫的出现，合理发挥政府管控作用，建立监管与预警机制，积极引导资金流向，为投资者营造一个合理、规范且高效的元宇宙市场。

第四，推进法治化建设，营造制度健全、环境良好的元宇宙产业生态。有关部门要及时、有序、全面地推进元宇宙产业法治化建设，进而营造制度健全、环境良好的元宇宙产业生态。一是，建立全面的制度保障，切实保护用户权益与隐私。二是，设定一定限制条件，防范元宇宙产业沉迷问题。三是，划清明确的法律边界，打击游走于模糊地带的危险活动。四是，建立完善的元宇宙产业监管机制，推行用户实名制，强化用户责任意识，净化元宇宙产业环境。

11.4.2　元宇宙产业政策

一是要加快基础技术攻关，培育元宇宙产业战略科技力量。加快底层技术攻关。加大对共性关键技术的研发投入，制定元宇宙产业关键核心技术攻关和项目清单，重点突破高端芯片、脑机科学、区块链、卫星互联网、智能感知、3D引擎等"卡脖子"和前沿核心技术，确保元宇宙产业技术的先进性。强化新技术基础设施支撑，应坚持总体筹划、系统布局，构建以下一代通信网络为基础、以数据算力设施为核心、以智能互联为突破，集约高效、经济适用、智能绿色、安全可靠的现代化数字基建新体系，打通元宇宙产业发展的数字"大动脉"。鼓励重点院校、行业领军企业，以及重点科研机构共建、共享技术研究中心、数据共享中心、企业孵化中心等研发应用机构，在跨领域核心技术研发、融合创新上进行深度合作。

二是打造应用场景创新，切实赋能实体经济。关注元宇宙产业的场景创新，聚焦游戏、娱乐、社交等元宇宙产业最初体验入口，探索发展虚拟数字人、虚拟会展、VR/AR文教、数字亚运、沉浸式商务、NFT数字资产等元宇宙产业消费场景，加快商业模式变革，构建元宇宙产业消费生态全景。尤其在工业制造领域，加快探索元宇宙产业在产品设计、智能制造、环境保护、医学分析、航空航天、无人驾驶等领域的融合应用，构建数字孪生体，模拟优化生产环节中的设备工艺和作业流程，赋能实体经济高质量发展。关注元宇宙产业在智慧城市建设中的应用，推动元宇宙产业在公共服务、城市建设、乡村振兴等方面的广泛应用，聚焦全域监控、城市治理模拟决策、应急事件处置、城市规划等方面，加快数字孪生城市建设进程。

三是重点布局智能终端产业，大力发展 XR 产业。XR 设备具有三维化、自然交互、空间计算等完全不同于移动互联网的特征，被认为是元宇宙产业生态的关键链接设备。在 XR 产业领域，我国在前瞻性研究方面，特别是关键技术领域的感知交互、渲染计算、内容制作与分发等方面，与全球领先水平相比仍有差距。要大力发展渲染技术和感知交互技术，跨越 XR 产业沉浸式体验的初始门槛。中国终端设备市场规模小、渗透率低，缺少标杆性企业，整体处于起步阶段，消费级内容和生态尚未成熟。应继续加强关键技术研发，加快设备升级迭代，降低研发成本，提升元宇宙产业的体验感。

四是探索商业模式创新，深化内容产业生态发展。目前元宇宙产业的商业模式不够清晰，部分企业单纯追求技术性能提升以争取最大的资本关注度，缺少对用户真实需求的挖掘，盈利方式简单粗暴，拓展性较弱，主要出售终端设备和相对简单的付费内容。元宇宙产业需要大量的内容，图像、音乐、IP 资源等都需要进行研发创新，由此引发的需求量增多。以虚拟人为例，就已催生出成百上千家企业，而现在还仅仅是元宇宙产业发展的初期，随着元宇宙产业的发展成熟，相关市场规模将十分庞大，这更需要多元化、可持续的商业模式作为支撑。

五是推动元宇宙产业人才建设。元宇宙的产业特性决定了它对技术人才和技术管理人才的高度依赖，特别是对经验丰富、视野广阔的高层次人才的高度依赖。可鼓励高等院校、职业院校开设与大数据、人工智能、网络安全等相关的课程。强化数字经济领域的高层次人才和团队引进，重点招引海内外具有国际视野和经验的学科带头人、技术领军人才和高级管理人才。这部分人才招引一方面要参照国家既有的科技人才政策；另一方面要结合各省市个性化的人才政策和计划。建立完善的科研成果、知识产权归属和利益分配机制，制定人才入股、技术入股，以及税收等方面的支持政策，提高科研人员在科技成果转化中的收益比例，激发创新活力，打造数字经济人才聚集高地。

本章小结

本章介绍了元宇宙产业的内涵，进一步剖析了全球和中国数字元宇宙产业的发展趋势，希望读者对元宇宙产业有整体的了解。

复习思考题

1. 谈谈自己对元宇宙产业的理解。
2. 谈谈我国元宇宙产业发展面临的挑战和可能的发展路径。

●●●➡【本章案例学习】

苹果公司在 XR 领域的布局

苹果公司在个人计算机、智能手机时代都推出了颠覆性的硬件产品，在 XR 硬件领域，苹果公司于 2023 年左右推出的 AR 眼镜硬件，极大地推动了整个 XR 领域的繁荣。实际上，苹果已经布局了完整的 XR 领域生态，并依托智能手机逐步向消费者推出 AR 体验和服务。

2010 年，苹果陆续收购了一系列面部识别、室内定位、动作捕捉、MicroLED 显示等相关技术的企业；2015 年以来，苹果加速 XR 领域全面的技术布局，收购了大量具有 AR 与 AI 技术的软硬件公司，并且逐渐开始收购内容端公司。苹果已经建立了一条以核心技术专利为壁垒的护城河，作为苹果入局 XR 领域的重要保障，仅 2020 年 1 月，苹果公司就获得了增强现实与 3D 重建技术方面的 59 项专利，截至目前，已经拥有 330 多项公开可查的 XR 领域关键专利。苹果还不断拓展其在 AR 领域的生态合作伙伴，通过硬件和应用等各方面，合作开发新工具和技术，在为用户打造更好的应用体验的同时，与相关开发者建立紧密联系，打造闭环生态体系。苹果手握覆盖全球 10 亿+活跃用户的操作系统、领先行业水平的 AR Kit 软件平台，以及硬件和软件内容生态的全面布局，颠覆性产品的推出蓄势待发，引爆 AR/VR 消费级市场的发展。

资料来源：德勤，元宇宙系列白皮书——未来已来，2021.

案例讨论题

苹果公司在 XR 领域发展的路径有什么创新之处？对中国同类型的企业有什么启示？

本章主要参考文献

[1] 苟尤钊，吕琳媛. 元宇宙价值链与产业政策研究[J]. 财经问题研究，2022（6）：1-13.

[2] 钟业喜，吴思雨. 元宇宙赋能数字经济高质量发展：基础、机理、路径与应用场景[J]. 重庆大学学报（社会科学版），2022（4）：12.

[3] 胡橹泽，向永胜，潘佳妮. 元宇宙产业区块链与数字经济创新研究[J]. 商业经济，2022（6）：36-38.

[4] 许启金，周雪，方菁菁. 浙江省元宇宙产业发展研究及建议[J]. 浙江经济，2022（7）：4.

第 12 章

人工智能

∘∘➡【引言】

　　本章通过梳理人工智能在中国发展的现状，同时对产业链结构、绩效和行为进行分析，发现中国人工智能产业目前存在的问题与挑战，并从政府和企业层面提出建议。本章力图综合展现中国人工智能发展现状和趋势，以提升公众认知水平，助力产业健康发展，服务国家战略决策。

∘∘➡【本章学习目标】

1. 理解人工智能产业的基本概念与特点
2. 理解人工智能产业结构特征的基本概念与特点
3. 理解我国人工智能产业的发展趋势

∘∘➡【开篇小案例】

旷视科技人工智能技术的发展

　　北京旷视科技有限公司（以下简称"旷视"）是一家世界级人工智能企业，在深度学习方面拥有核心竞争力。旷视是将人工智能科技和计算机视觉算法应用于物联网领域的引领者。旷视商业化的第一款人工智能产品是人脸识别解决方案，公司原创的深度学习框架Brain++则为其训练算法和改进模型提供了量身定制的基础性支持。凭借强大的软硬件整合能力，旷视为客户打造出全栈人工智能解决方案，从而在个人物联网、城市物联网和供应链物联网等多个垂直应用领域处于行业领先地位。

　　他们开发了洞见智能城市管理操作系统，基于世界领先的计算机视觉算法及视频大数据分析引擎，以构建智慧城市大脑为核心目标，致力于通过边缘计算和多元数据统一汇聚、分析、融合，构建起云端协同的城市管理数字化体系，深挖大数据潜能，实现城市的精细化管理与资源优化配置；旷视河图机器人网络操作系统，致力于机器人与物流、制造业务快速集成，一站式解决规划、仿真、实施、运营全流程。河图机器人具备生态连接、协同智能、数字孪生三大特征，目前已连接旷视自主设计、生产的智能机器人及多种接入设备，极大地降低了仓储和制造作业中的规划、实施、运营和维护的成本，提升了整体效率。

旷视基于不同业务场景的电子物联网，打造了核心的硬件生态，智能传感器 MegEye、智能计算设备 MegCube 和智能机器人 MegMaster 系列硬件产品，在旷视软硬结合的解决方案中，为行业客户提供闭环的商业价值。旷视的智能解决方案和智能数据服务覆盖移动互联网、金融、安防、地产、零售、办公等多个重要领域，并与中国移动、中信银行、国药集团、清华大学、杭州地铁、OPPO、科捷物流等企业高校和相关机构实现了深度合作。

资料来源：艾瑞咨询，人工智能经济发展白皮书，2022.

12.1　人工智能产业的发展

在新的国际环境与经济发展趋势之下，人工智能产业成为我国科技发展的重要支撑之一，成为新型基础设施建设七大领域之一。人工智能产业也是第四次工业革命的重要组成部分，推动了制造业与数字经济产业的转型升级。人工智能产业作为新技术，是新一轮产业变革中的核心动力，将进一步释放科技变革和产业革命蓄积的巨大能量，对于创造新动力具有重要意义，它也正在慢慢发展为国家间相互竞争的新核心和经济发展的新动能。从2015 年起，我国人工智能产业开始快速成长，国家的政策重心从核心技术攻克转向实景应用，从单项技术转向人机协同。截至 2019 年年底，我国人工智能产业相关公司总数超过2 200 家，应用人工智能技术的实体经济产业规模接近 570 亿元人民币。

12.1.1　人工智能产业链组成

人工智能产业是用机器不断感知、模拟人类的思维过程，使机器能够达到甚至超越人类的智慧，即人工智能产业要具备人的感知、认知、思考和决策能力。从目前发展情况来看，在技术逻辑方面可以将人工智能产业分为基础层、技术层和应用层。人工智能产业结构如图 12-1 所示。

基础层是从硬件、算法和数据层面为人工智能的实现提供根本保障，主要包括 AI 芯片和深度学习算法。AI 芯片的发展进步，提供了越来越强的计算能力；深度学习算法的建立，提供了 AI 解决问题的计算方法。例如，以地平线（上海）人工智能技术有限公司为代表的芯片企业，以云从科技股份有限公司为代表的平台与大数据服务，以杭州海康威视数字技术股份有限公司和华为技术有限公司为代表的传感器硬件，以阿里云计算有限公司和华为技术有限公司为代表的算法云服务等，都是基础层的核心企业。

技术层是基于基础层的支撑，设计出的解决某一类过去需要人脑解决问题的通用方法，具体包括智能语音处理、计算机视觉、自然语言处理及其他类人脑功能的处理方法。这些方法基于深度学习算法，根据具体的数据及处理场景，形成了专门的成套技术处理方法和最佳实践。技术层的实现可以将基础层提供的算力及计算方法运用到具体领域，真实对应到大脑的某一类功能及实践能力。以商汤集团股份有限公司、科大讯飞股份有限公司、上海智臻智能科技股份有限公司，以及百度在线网络技术有限公司等为代表的企业皆位于技术层之中。

应用层是基于技术层的能力，解决现实生活中的具体问题。例如，利用计算机视觉技术，实现金融、安防等多个领域的人脸识别；利用智能语音处理技术，实现智能音箱、录音笔等的语音识别；利用自然语言处理技术，实现智能客服的问答。在实际的应用中，技术层和应用层的关系是相互交叉的，某个领域的应用层可能需要多个维度的技术层能力，如金融行业的应用对于智能语音处理、计算机视觉、自然语言处理技术都会有需求；同样某个技术层的能力也可以广泛应用到多个不同的应用领域，如计算机视觉技术可以广泛应用到零售、教育、金融、安防、制造等多个领域。

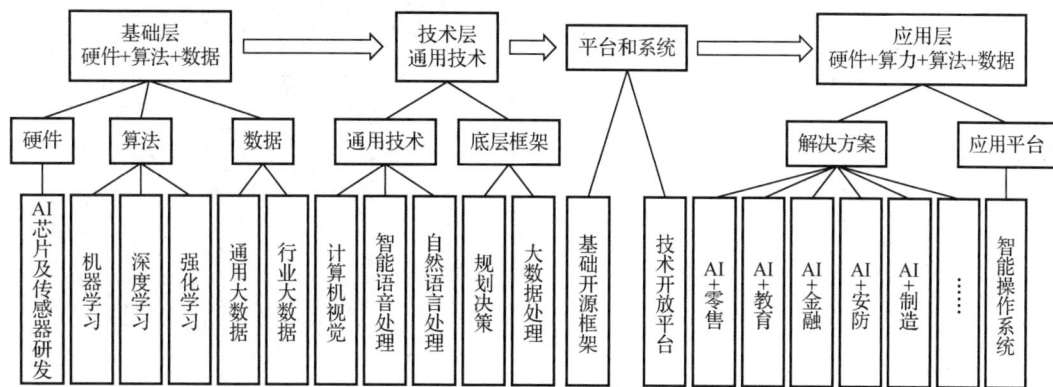

图 12-1　人工智能产业结构

资料来源：作者依据相关资料绘制.

12.1.2　我国人工智能产业的发展现状

2010 年后，中国成为人工智能产业发展的大国，人工智能产业被列入国家发展战略。随着中国人工智能技术的快速发展及商业应用的快速推广，人工智能产业插上了腾飞的翅膀，已成为各国之间的竞争新赛道。2017 年 7 月，国务院印发了《新一代人工智能发展规划》，规划从国家层面制定了未来 10 多年人工智能产业发展的战略部署。人工智能技术在实体经济中寻找落地应用场景成为核心要义，并要求与传统行业经营模式及业务流程产生实质性融合。人工智能经济时代的全新产业版图初步显现，2019 年人工智能核心产业规模达到 600 亿元人民币，预计在未来 3 年内突破千亿元人民币，中国人工智能产业市场规模及增长率如图 12-2 所示。

人工智能产业已经在多个细分领域实现了深度应用，如交通、金融、医疗、家居、制造等。所以，人工智能产业实现了多方面的经济赋能，主要体现在两个方面：一是提高了劳动生产率，降本增效；二是创造了新的经济需求和增长点。前者主要是指赋能细分领域，实现快速并高效地处理数据，提高生产效率。例如，在特殊时期，百度 Hi 企业智能远程办公平台和空中课堂提供了企业通信、语音视频会议、协同办公等服务，助力企业和教育

243

复工复产。人工智能产业在中国实体经济发展中成为核心推动力，人工智能技术与传统行业经营模式及业务流程产生实质性融合。后者主要指创新新需求、新商业模式、新的经济增长点。例如，人工智能产业在汽车行业的应用，智能网联一方面提升了汽车的智能化水平；另一方面与 5G 通信技术结合，提高了汽车信息沟通能力，百度的 Apollo Robotaxi 就是一个典型的案例。在一些针对中国经济的研究中，埃森哲认为，到 2035 年，人工智能将使中国经济的预期增长率提升 1.6 个百分点，即人工智能情境下的年增长水平接近 8%，这意味着人工智能将为该年的经济总增加值额外贡献 7.1 万亿美元。

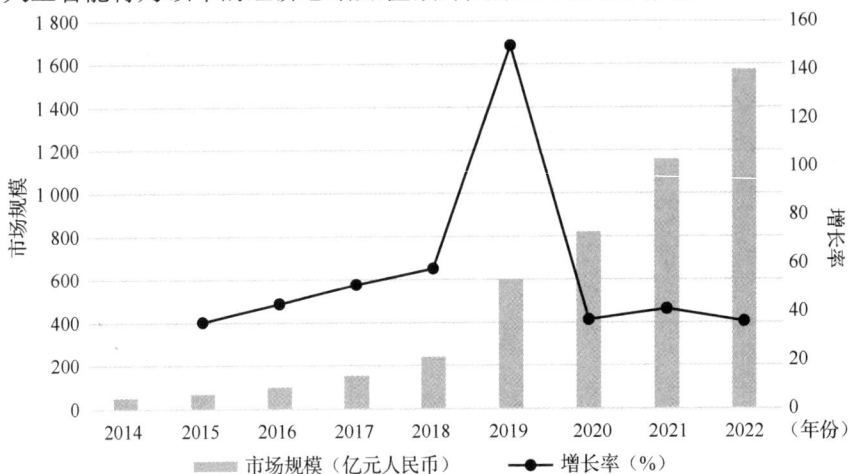

图 12-2　中国人工智能产业市场规模及增长率

资料来源：2019 中国人工智能产业研究报告，艾瑞咨询研究院.

从我国人工智能企业的分布来看，中国企业多位于应用层，技术层和基础层企业较少，应用层中以大数据、云计算及机器学习为核心技术的企业占比较高。中国人工智能企业层次分布如图 12-3 所示。从国际范围来看，人工智能行业呈现美国相对领先，中国和美国"双雄并立"构成第一集团，英国、日本、法国和德国等传统发达国家构成第二集团的竞争局面。同时全球各国针对 AI 领域的发展均出台政策进行大力支持，其中中国和美国的支持力度较大，已上升到国家战略层面。

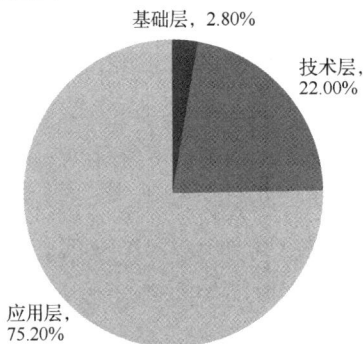

图 12-3　中国人工智能企业层次分布

资料来源：2019 中国人工智能行业现状与发展趋势报告，前瞻产业研究院.

12.1.3　我国人工智能产业的区域分布分析

从目前发展趋势来看，人工智能企业主要分布在京津冀、长三角、珠三角、川渝 4 大都市圈，根据一项针对 745 家人工智能企业的研究来看，4 大都市圈的人工智能企业占比分别为 44.80%、28.70%、16.90% 及 2.60%。我国人工智能产业的区域分布如图 12-4 所示。在各省、自治区、直辖市中，人工智能企业主要分布在北京市、广东省、上海市、浙江省、江苏省、四川省、湖北省。在各省市中，人工智能企业主要分布在北京市、上海市、深圳市、杭州市、南京市、广州市、成都市。所以，从区域来看，人工智能企业的分布整体呈现出东高西低的态势。其中，北京市布局相对成熟，具有较为完善的产业链，尤其是中关村科学城等机构为北京市的人工智能产业发展提供良好的政策、技术、人才等支持。目前，北京市拥有的人工智能企业数量位于全国前列，约为 400 家。广东省科技创新能力同样处于领先地位，尤其是粤港澳大湾区的规划发展更加重视人工智能产业的布局。截至 2019 年，广东省已成功认定两批共 8 个园区为"广东省人工智能产业园"。

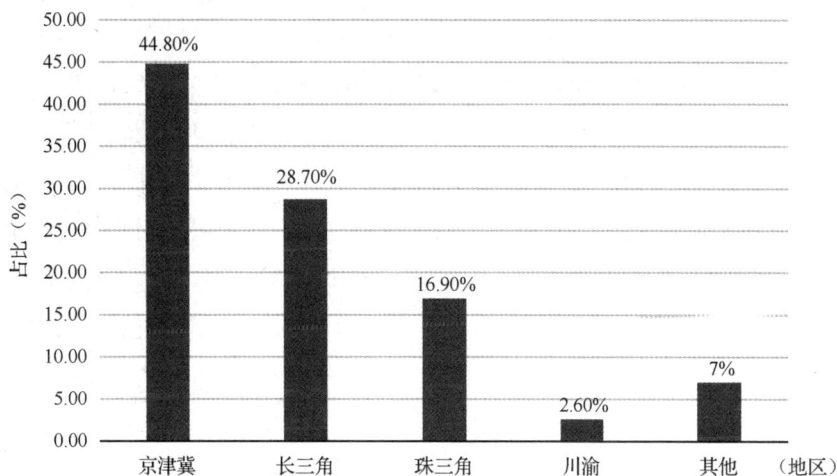

图 12-4　我国人工智能产业的区域分布

资料来源：中国新一代人工智能发展战略研究院.

与此同时，中国的人工智能发展规划采用了经过深思熟虑且越来越区域化的执行方法。人工智能计划鼓励省政府和市政府奉行人工智能友好政策，并与私营部门合作，加快人工智能技术的发展。目前，越来越多的省级政府和地方推出了人工智能政策。上海市、武汉市、北京市等城市都已经发布了人工智能实施计划。在全国范围内出现了众多以人工智能为中心的产业园区、研究机构、融资计划及为人工智能企业提供地方政府补贴的情况。上海市政府为关键性人工智能项目提供补贴，补贴金额为其投资的 30%。武汉市政府已与北京小米科技有限责任公司建立了战略合作伙伴关系，建立了人工智能、云计算和大数据的研发中心。天津生态城则已成为扩展中国 5G 通信技术和可持续技术的试验场。

12.2 我国人工智能产业发展的结构性分析

在新一轮科技革命和产业变革浪潮中，人工智能产业从感知和认知两方面模拟人类智慧，在 5G 通信技术、物联网及云计算的协同下，人工智能产业形成了新的发展逻辑。中国的人工智能产业已经走过了萌芽阶段与初步发展阶段，将进入快速发展阶段，并且更加注重应用落地。经过近几年人工智能产业的快速发展，国内人工智能产业上中下游格局也逐渐清晰。本节结合人工智能产业的技术发展、市场发展现状、投资情况及企业数据，对人工智能产业的发展进行结构性分析。

12.2.1 中国人工智能产业技术发展分析

依据《中国新一代人工智能科技产业发展报告（2019）》的数据，我国人工智能企业广泛分布在 18 个应用领域，其中企业技术集成与方案提供、关键技术研发和应用平台两个应用领域的企业数占比最高，分别达到 15.7% 和 10.5%。从目前发展来看，以生物识别、图像识别、视频识别等技术为核心的计算机视觉市场规模最大，根据 2019 年的数据可以看到这一领域占比达到约 35%，达到了 200 亿元人民币的市场规模。

而从中国人工智能企业涉足的具体领域来看，应用层是主要的发展领域，这一层级围绕着应用端开发了相关的技术、算法、产品及解决方案，也是很多创业公司涉足的领域；从技术类型分布来看，涉及机器学习、大数据、云计算和机器人技术的公司较多，整体分布相对均匀。总体而言，金融、营销、安防、客服等场景在 IT 基础设施、数据质量、对新技术的接受周期等人工智能产业发展基础条件方面表现较优，而在当下市场规模、行业发展增速、解决方案落地的效果和政策导向等诸多因素的影响下，这些产业受到人工智能产业的影响较大。

12.2.1.1 科技产出与人才投入

根据世界知识产权组织（WIPO）统计数据，中美日三国人工智能专利数量占全球人工智能专利总数的 75%，成为全球人工智能专利申请数量最领先的国家。在细分领域中，专利申请主要集中在语音识别、图像识别、机器人、机器学习等方向，主要应用在能源、通信和汽车行业，尤其是在数据处理系统、数字信息传输等方面专利技术创新发明数量较多，占总发明件数的 16%。

在基础研究方面，近 10 年来全球人工智能领域论文发表量逐年增加，中国占比逐年增加，2019 年达 27.4%。中国是发表 AI 论文数量最多的国家，近 10 年发表 9 万余篇，占近 10 年全球 AI 论文发表总量的 22.7%。位列中国之后，发表 AI 论文数量最多的国家是美国，其次是印度、德国和日本等国家。从被引论文量来看，近 10 年来，中国在 AI 领域的被引论文数量涨势明显，2019 年中国高被引论文数量占全球总量的 45%。美国是全球高被引论文总量最多的国家，其次是中国、英国、德国和澳大利亚等国家。近些年全球高水平人工智能论文关注的是深度学习、神经网络、自适应控制、优化及大数据等多个方向，中国相对比较集中在自适应控制、神经网络和优化及大数据等方面。

从人才投入来看，2019 年中国国际人工智能人才投入总量位列全球第二，其人数是美国人数的 65%，国内整体呈现出东多西少的态势。东部省份人工智能人才投入量高达 13 万人次，占据全国总量的 60%，北京优势明显，人才投入量累计达到 28 000 人次，名列全国第一，整体来看，东部人才投入呈现北京、江浙沪双极态势，中部和西部则出现湖北省和陕西省两个高点。人工智能人才研究领域相对分散，遗传算法、神经网络等算法领域是我国研究的热门方向，相关领域人才投入累计达 45 000 人次，故障诊断、数据挖掘、BP 神经网络与支持向量机紧随其后。

12.2.1.2　企业组成

截至 2019 年年底，中国人工智能相关企业超过 2 000 家，主要集中在北京、上海和广东三地。从成立时间来看，中国人工智能企业的涌现集中在 2012 至 2016 年间，在 2015 年达到顶峰，新增初创企业数量达到 356 家，而从 2016 年开始创业企业的增速有所放缓。作为新兴行业，注册时间超过 10 年的人工智能企业数量仅为 26%。注册时间少于 10 年的人工智能企业数量占比则较大，包括商汤、旷视、依图和地平线等人工智能独角兽在内，将会迎来新一轮的发展机遇，未来发展潜力巨大。

同时国内企业较为看重智能机器人、无人机和智能驾驶等终端产品市场，这也导致了中国人工智能企业主要分布在应用层。另外一些初创企业垂直突围，在语音识别与自然语言处理、计算机视觉、AI 芯片、智能驾驶等领域一些新的企业崭露头角。以人工智能芯片为例，截至 2019 年 10 月，中美两国人工智能芯片专利申请量分别为 1.6 万项和 1.1 万项，三星和英特尔表现积极，从实际应用产品来看，具有代表性的企业包括英特尔、英伟达、华为昇腾、寒武纪及百度。但是从芯片技术指标对比来看，中国企业尚有差距，面临着欠缺基础研发的局面。主要人工智能芯片技术参数对比如表 12-1 所示。

表 12-1　主要人工智能芯片技术参数对比

参　　数	英特尔 EyeQ4	英伟达 Xavier	华为 昇腾 310	寒武纪 1M-4K	百度 昆仑
工艺制程（纳米）	28	12	12	7	14
整数运算能力（TOPS）	N/A	30	16	8	260
浮点运算能力（TFLOPS）	2.5	N/A	8	N/A	N/A
功耗（瓦）	5	30	8	N/A	150
能耗比（TOPS/瓦）	N/A	1	2	N/A	1.7

资料来源：企业官方网站，恒大研究院.

247

12.2.2 中国人工智能产业市场行为

本节从产业的投融资行为、产品行为及为实体经济赋能角度进行总结。

12.2.2.1 投融资行为

自 2013 年以来，全球和中国人工智能行业投融资规模都呈上涨趋势。据统计，2015 年至 2020 年 10 月，我国人工智能领域累计发生 4 462 件融资事件，融资金额累计 6 968.96 亿元人民币。2015—2017 年在融资事件数量和融资规模上呈现增长态势，自 2018 年以来，融资事件数量呈现回落态势。2015 年至 2020 年 10 月，企业单笔融资金额从最初的 0.36 亿元人民币增长到 8.17 亿元人民币，资金逐渐流向头部企业的态势明显，反映出资本市场对 AI 领域的青睐。从获投企业分布来看，相比于相对成熟的安防和金融领域，医疗、制造和自动驾驶领域处于早期发展阶段，格局尚未形成。我国人工智能领域涌现出不少大额融资项目，亿元人民币以上投资就达到百件以上。其中融资额超过 10 亿元人民币的有 11 个，包括商汤科技、优必选、旷视科技等热门赛道上的明星项目。可见虽然总体融资额较 2017 年明显增长，但事实上大量的资金被集中投放到较为成熟的中后期项目，甚至仅仅被细分领域的巨头收入囊中，资本明显呈现出向头部集中的趋势。

从企业融资阶段来看，目前人工智能领域获得融资的早期项目居多，集中在"种子"和 A 轮项目，但伴随企业生长周期的演进，市场逐渐成熟，融资阶段相应地向成长期和成熟期偏移，资金明显流向头部企业。例如，百度、阿里巴巴、腾讯和京东等平台纷纷加大了自身在人工智能领域的投资力度，尤其是腾讯和阿里巴巴分别投资了 12 家、11 家人工智能创业企业。从投资领域看，投资巨头们重点关注大数据及数据服务、人工智能驾驶。此外，百度侧重于语音领域，阿里巴巴除了着重向"人工智能+"旅游、安防、保险及智能家居等领域投资，还集中向智能机器人发展迈进；京东的重点投向集中在"人工智能+"安防及物流等领域。科大讯飞作为人工智能领域的佼佼者，在基础硬件设施、智能机器人两大领域内均有所布局。

12.2.2.2 产品与应用

从国内发展来看，比较典型的关键技术包括了八大领域：计算机视觉技术、自然语言处理技术、跨媒体分析推理技术、自适应学习技术、群体智能技术、自主无人系统技术、智能芯片技术和脑机接口技术。在人工智能技术向各行各业渗透的过程中，由于不同产品使用场景复杂度的不同、技术发展水平的不同，导致其成熟度也不同。例如，教育和音像行业的核心环节已有成熟产品，技术成熟度和用户心理接受度都较高；个人助理和医疗行业在核心环节已出现试验性的初步成熟产品，但由于场景复杂，涉及个人隐私和生命健康问题，当前用户心理接受度较低；自动驾驶和咨询行业在核心环节则尚未出现成熟产品，无论是技术方面还是用户心理接受度方面都还没有达到足够成熟的程度。

在人工智能技术向各行各业渗透的过程中，安防和金融行业的人工智能使用率最高，零售、交通、教育、医疗、制造、健康行业次之。安防行业一直围绕着视频监控在不断改革升级，在政府大力支持下，我国已建成集数据传输和控制于一体的自动化监控平台。随着计算机视觉技术出现突破，安防行业便迅速向智能化演进。金融行业拥有良好的数据积累，在自动化的工作流与相关技术的运用上有不错的成效，组织机构的战略与文化也较为先进，因此人工智能技术也得到了良好地应用。零售行业在数据积累、人工智能应用基础、组织结构方面均有一定基础。交通行业则在组织基础与人工智能应用基础上优势明显，并已经开始布局自动驾驶技术。教育行业的数据积累虽然薄弱，但行业整体对人工智能持重点关注的态度，同时也开始在实际业务中结合人工智能技术，因此未来发展可期。医疗与健康行业拥有多年的医疗数据积累与流程化的数据使用过程，因此在数据与技术基础上有着很强的优势。制造行业虽然在组织机构上的基础相对薄弱，但拥有大量高质量的数据积累及自动化的工作流，为人工智能技术的介入提供了良好的技术铺垫。

我国目前确定了五大国家新一代人工智能开放创新平台，分别依托百度、阿里云、腾讯、科大讯飞公司、商汤集团，建设自动驾驶、城市大脑、医疗影像、智能语音、智能视觉人工智能开放创新平台，并由中华人民共和国科学技术部、中华人民共和国国家发展和改革委员会、中华人民共和国财政部、中华人民共和国教育部、中华人民共和国工业和信息化部、中国科学院等 15 个部门构成的新一代人工智能发展规划推进办公室来推进项目、基地、人才的统筹布局。这批"国家队"人工智能开放创新平台将在四个方面发挥核心使命，包括建立人工智能国际化人才体系并培养国际化人才，通过人工智能赋能，创造以众创空间、孵化器为代表的大众创业、万众创新的生态环境等。人工智能开放创新平台的建立，有助于降低企业的技术门槛，让所有创业者都享受到人工智能技术进步带来的红利，同时也有助于连接各行业内的产学研机构，实现数据打通，避免重复工作，构筑完整的产业生态，大幅提升整个产业的生产效率。除了国家级人工智能开放创新平台，越来越多人工智能领域的其他企业也开始搭建人工智能开放创新平台，如教育领域的松鼠 AI 一对一建立了智适应教育开放创新平台，京东建立了京东人工智能开放创新平台 NeuHub 等。如果说早年间的人工智能开放创新平台由国外巨头，如谷歌等平台领跑，那么随着中国人工智能行业的整体发展，国内人工智能企业也开始尝试营造开放的行业生态。

12.2.3　中国人工智能产业市场绩效——以企业为例

整体来讲，我国人工智能企业处于快速成长阶段，多为一些创业型企业，所以企业的经营绩效差别较大。本文依据我国上市人工智能公司的经营情况及涉及的相关业务，选取了 56 家企业进行分析。这些企业数据来自国泰安数据库，涉及 2015 年到 2019 年范围内，行业包括软件和信息技术服务业、计算机、通信和其他电子设备制造业、专用设备制造业、通用设备制造业及互联网相关服务。

12.2.3.1　企业整体绩效分析

从 2015—2019 年的整体数据来看，人工智能企业的盈利能力根据行业不同存在较大差异，但也有一定的亮点。2015—2019 年人工智能行业平均营业利润率达到 12%，平均投入资本回报率为 5.8%，这与我国这些年的经济发展相匹配，说明我国经济已经进入稳中有进的平稳发展阶段。但是，值得注意的是，本次选取的 56 家与人工智能行业相关的企业包含范围广泛，其中不乏一些传统行业正处于转型阶段，这是降低高附加值的人工智能行业的利润率一个重要的原因。本节提取与人工智能行业相关性最强的三个行业的数据对人工智能行业整体做进一步的描述。2015—2019 年软件和信息技术服务业，平均营业利润率为 13%，2019 年净利润增长 56%；2015—2019 年计算机、通信和其他电子设备制造业，平均营业利润率为 9%，2019 年销售收入增长 38.02%。2015—2019 年专用设备制造业、通用设备制造业，平均营业利润率为 12%，2019 年销售收入下降 11%，销售收入连续两年有所下降。2015—2019 年人工智能上市企业的经营绩效总体情况分析如表 12-2 所示。

表 12-2　2015—2019 年人工智能上市企业的经营绩效总体情况分析

经 营 绩 效		软件和信息技术服务业	计算机、通信和其他电子设备制造业	专用设备制造业、通用设备制造业	互联网相关服务业
盈利情况	净资产收益率（%）	2%	6%	6%	-35%
	平均营业利润率（%）	13%	9%	12%	5%
资产质量	总资产周转率（%）	41%	72%	36%	50%
	现金及现金等价物周转率（%）	274%	502%	489%	515%
成长情况	销售增长率（%）	12%	18%	15%	13%
	资产增长率（%）	9%	22%	12%	3%

资料来源：国泰安数据库，作者整理.

从上述分析来看，我国主要人工智能行业发展已经进入平稳增长阶段。软件和信息技术服务业，计算机、通信和其他电子设备制造业，专用设备制造业、通用设备制造业和互联网相关服务业这四大产业盈利能力总体较好，2018 年我国对商誉会计科目重新进行制定，这是软件和信息技术服务业平均营业利润率出现负值的重要因素，加上一些数字经济相关企业较难从经济带动性上进行测量，还需要精准的测量方法进行计算。四大产业均体现了产业的高附加值特性，现金及现金等价物周转率较高。2019 年我国 GDP 同期增长 6.1%，而产业成长均高于行业的平均水平，其他行业发展情况较好。

通过对这 56 家企业经营数据的分析，分别从盈利情况（总资产利润率、销售净利润率）、资产质量（总资产周转率、应收账款周转率）和成长情况（营业收入增长率、总资产增长率、净利润增长率）三个维度分析企业绩效，从而以这些样本归纳产业的经营绩效。数据采用近五年（2015—2019 年）的数据，以科大讯飞为例，2015—2019 年人工智能上市公司经营绩效数据提取样表如表 12-3 所示。

表 12-3　2015—2019 年人工智能上市公司经营绩效数据提取样表

科大讯飞	2015 年	2016 年	2017 年	2018 年	2019 年
总资产利润率（%）	5	5	4	4	8.17
销售净利润率（%）	3	29	41	16	7.8
总资产周转率（%）	30	32	41	52	48
应付账款周转率（%）	2.46	2.77	3.15	7.46	6.85
营业收入增长率（%）	51.46	27.90	63.97	45.41	27.43
总资产增长率（%）	62	24	28	15	18
净利润增长率（%）	141	944	330	255	45.46

资料来源：国泰安数据库，作者整理.

12.2.3.2　经营绩效分析

通过总资产利润率和销售净利润率两个指标来衡量企业的经营绩效。从总体看，人工智能企业的盈利情况下降 1%，平均资产利润率近五年分别是 7%、6%、6%、2%、3%，整体呈现了下降的趋势；平均销售利润率分别为 11%、9%、15%、12%、11% 及 10%，2019 年没有增长，销售利润率 2016 年达到峰值后，呈现下降趋势。从这个数据可以看出，人工智能企业盈利情况趋于稳定，这是我国在供给侧结构性改革期间出现阵痛后，经营逐渐回升的表现。

从细分的行业来看，软件和信息技术服务业，计算机、通信和其他电子设备制造业，专用设备制造业、通用设备制造业和互联网相关服务业，与互联网相关服务业，净资产利润率与销售利润率 2019 年出现了明显增长，这与我国经济发展的质量提升有关，互联网相关服务业净资产利润率略有上升。计算机、通信和其他电子设备制造业和专用设备制造业、通用设备制造业，两个行业盈利能力较强。2015—2019 年人工智能行业资产收益率变化如图 12-5 所示。

251

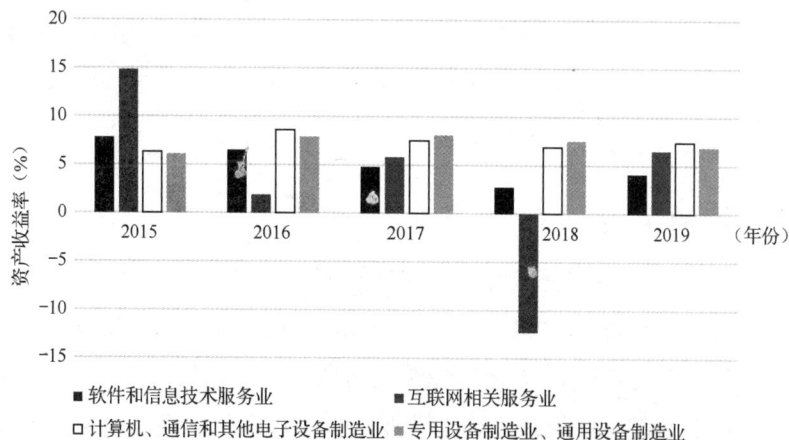

图 12-5　2015—2019 年人工智能行业资产收益率变化

资料来源：国泰安数据库，作者整理.

12.2.3.3 运营绩效分析

通过总资产周转率和应付账款周转率来衡量企业的运营绩效。从总体看，前三年人工智能企业资产周转率逐步提高，2019 年出现增长速度减缓。平均资产周转率近五年分别是 53%、56%、56%、60%、58%，近五年较为平稳，没有太大波动但有小幅度上涨。应收账款周转天数分别为 28.29 天、17.3 天、13.94 天、11.18 天及 12.27 天，说明人工智能企业的应收账款周转天数逐渐变短，随着市场需求增大与技术的进步，收账情况逐渐变好。

从行业来看，近五年计算机、通信和其他电子设备制造业应收账款周转天数逐渐增加，其他三个行业应收账款周转天数在逐渐减少。计算机、通信和其他电子设备制造业应收账款周转天数增加，其原因是我国处于制造业转型阶段，传统模式下生产的产品在技术上和质量上有一定的滞后性，所以应付账款周转天数增加。从这些数据可以看出，随着人工智能企业的资产增加，技术高净值的企业整体运营能力增加，技术低净值的企业营收能力下降。所以所属计算机、通信和其他电子设备制造业中的企业应当加大研发的力度，增强核心竞争力，通过尖端技术研发市场所需的产品，减少应收账款周转天数。2015—2019 年人工智能行业总资产周转率变化如图 12-6 所示。

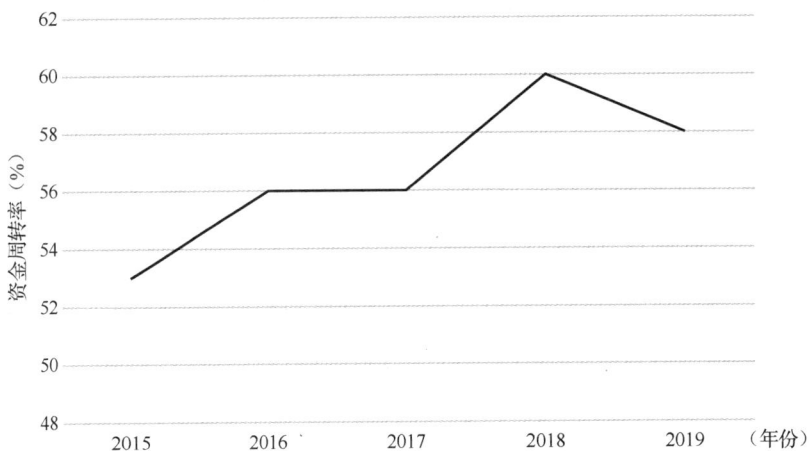

图 12-6　2015—2019 年人工智能行业总资产周转率变化

资料来源：国泰安数据库，作者整理.

12.2.3.4 成长绩效分析

通过营业收入增长率、总资产增长率和净利润增长率三个指标来衡量企业的成长绩效。从营业收入角度进行分析，2016 年人工智能产业企业营业收入快速增长，2016 年营业收入增长率达到峰值为 92%，2018 年最低营业收入增长率最低，2019 年有所回升，说明人工智能企业的成长能力在减弱，但是营业收入增长率仍然很高。总资产增长率 2017 年出现小幅度波动后，整体出现下滑趋势，说明我国人工智能企业成长能力减弱，2015 年最多，达到 50%，2018 年最少，总资产增长率为 15%。净利润增长率在 2015 年达到了 799%，

2016 年净利润增长率只有 2015 年的四分之一，2018 年又出现了斩腰形式的减少，2019 年净利润增长率为 101%，只有 2017 年的二分之一。说明人工智能企业利润在市场规模方面不断扩大、竞争增多的情况下趋于理性。2015—2019 年人工智能产业成长能力变化如图 12-7 所示。

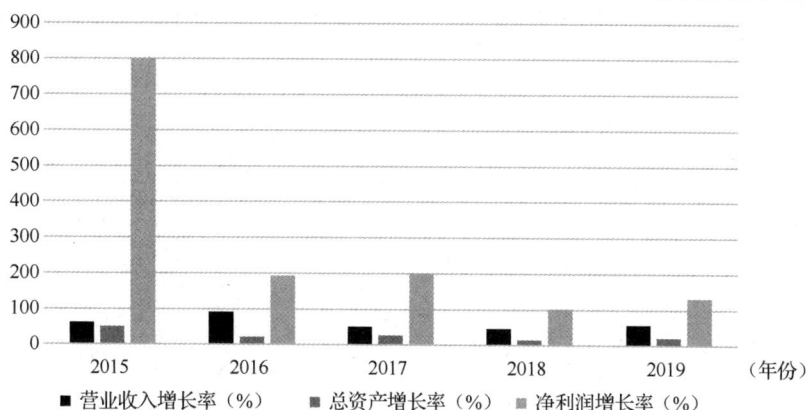

图 12-7　2015—2019 年人工智能产业成长能力变化

资料来源：国泰安数据库，作者整理.

12.2.4　科创板人工智能企业分析

科创板的成立为创新企业融资提供了新的路径，也极大促进了人工智能企业的发展。截至 2020 年 7 月，本节梳理了科创板共有 121 家上市的企业，其中人工智能，以及智能制造相关的企业有 22 家，占比约 18%，总市值超过 3 200 亿元人民币。从这 22 家企业的发展来看，2019 年平均增长率为 25%，平均营业收入达到了 5.56 亿元人民币，平均净利润达到了 9 076 万元人民币，平均净资产收益率为 18%，人工智能企业在销售额、净利润、每股净收益和净资产利润率等方面的发展水平超过了科创板企业的平均水平，这体现出了人工智能企业的高质量发展。2019 年科创板 22 家人工智能企业经济绩效如表 12-4 所示。

表 12-4　2019 年科创板 22 家人工智能企业经济绩效

企　业	区　域	营业收入（亿元人民币）	增长率（%）	净利润（亿元人民币）	增长率（%）	总资产（亿元人民币）
优刻得	上海市	15.15	27.58	0.21	-72.56	22.09
柏楚电子	上海市	3.76	53.33	2.46	76.85	22.21
普元信息	上海市	3.96	16.4	0.5	4.67	10.88
博汇科技	北京市	2.75	-3.28	0.51	-7.41	4.55
宝兰德	北京市	1.43	17.11	0.61	19.04	9.62
致远互联	北京市	7	21.06	0.97	33.56	16.83
龙软科技	北京市	1.54	23	0.47	51.16	5.72
航天宏图	北京市	6.01	42.01	0.83	31.33	15.26
安博通	北京市	2.49	27.33	0.73	19.86	10.65

续表

企　业	区　域	营业收入 （亿元人民币）	增长率 （%）	净利润 （亿元人民币）	增长率 （%）	总资产 （亿元人民币）
金山办公	北京市	15.8	39.82	4.01	28.94	68.44
佳华科技	北京市	5.15	32.32	1.19	85.65	9.08
开普云	东莞市	2.98	30.71	0.78	24.71	3.81
光云科技	杭州市	4.65	-0.18	0.96	-10.03	8.29
虹软科技	杭州市	5.64	23.23	2.1	33.52	27.49
当虹科技	杭州市	2.85	39.78	0.84	32.52	15.14
安恒信息	杭州市	9.44	50.66	0.92	19.96	21.72
财富趋势	深圳市	2.26	15.67	1.74	22.13	10.74
凌志软件	苏州市	5.97	27.74	1.5	64.04	7.9
山石网科	苏州市	6.75	19.97	0.91	32.12	16.25
泽达易盛	天津市	2.21	9.4	0.84	58.49	5
卓易信息	无锡市	2.13	21.14	0.41	-20.36	9.44
威胜信息	长沙市	12.44	19.78	2.17	22.77	24.47

资料来源：东方财富网.

12.3 政策与企业发展案例

由于人工智能行业处于行业的快速发展期，具备了不同于其他行业的特点，尤其是其赋能于其他行业的能力，本节围绕具有代表性的技术领域进行分析，同时针对"人工智能+"的赋能情况进行分析，最后梳理了国家对人工智能行业的政策支持表现。

12.3.1 人工智能具体技术领域的发展特征

12.3.1.1 计算机视觉

计算机视觉（computer vision）是一门研究如何使机器"看"的技术，更进一步地说，它指用摄影机和计算机代替人眼对目标进行识别、跟踪和测量的技术。近几年计算机视觉技术实现了快速发展，其主要学术原因是 2015 年基于深度学习的计算机视觉算法在 ImageNet 数据库上的识别准确率首次超过人类，同年 Google 也开源了自己的深度学习算法。计算机视觉系统的主要功能包括图像获取、预处理、特征提取、检测/分割和高级处理。计算机视觉技术典型应用在交通、安防、医疗、文化、体育、农业和制造业等领域。

2019 年初，中华人民共和国科学技术部宣布，依托商汤集团建设国家新一代智能视觉人工智能开放创新平台。商汤集团成为我国第五大国家人工智能开放创新平台。依托 20 年的人工智能科研技术积淀，商汤集团打造了集基础研究、产业结合、行业伙伴一体化、开放共享的智能视觉开放创新平台。商汤集团拥有人脸检测跟踪、人脸关键点定位、人脸身份验证、场景识别等核心技术，基于智能视频、身份验证、移动互联网产品在智慧城市、智能终端、互联网娱乐、智慧金融等领域的应用，商汤集团推出了 SenseAR 开发者平台、SenseAR 增强现实感绘制平台、SenseMedia 智能图片视频审核平台、SenseFace 3.0 人脸布控实战平台和 SenseFoundry 方舟城市视觉平台等新产品，打造智能视觉开放创新平台，加速人工智能技术的落地。

与此同时，计算机视觉的市场空间也在不断扩大，随着国内平安中国建设工作的稳步推进，金融科技的快速发展，计算机视觉技术的下游需求迅速扩大，两者的叠加造成了计算机视觉这两年在国内迎来了爆发式增长，这样的趋势仍在延续。2020 年，国内计算机视觉市场空间将达到 755.5 亿元人民币，连续 4 年保持 100%以上的增长速度。2016—2020年计算机视觉领域的市场空间如图 12-8 所示。

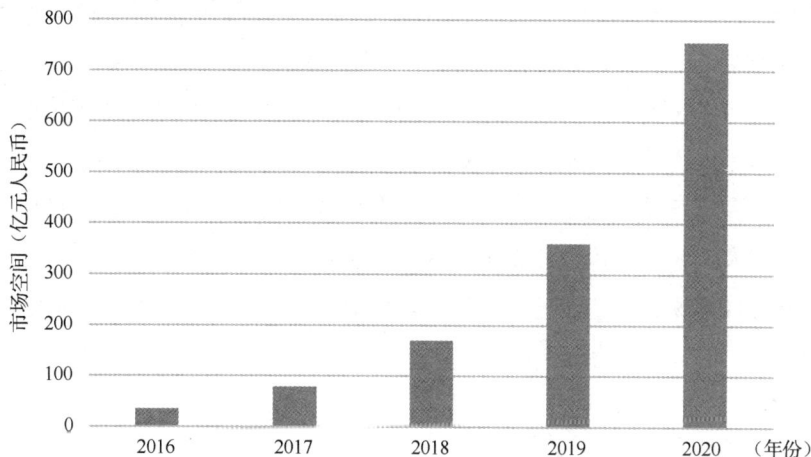

图 12-8　2016—2020 年计算机视觉领域的市场空间

资料来源：中商产业研究院，招商银行研究院.

12.3.1.2　自然语言处理领域

自然语言处理可以分为基础性和应用性两部分，语音和文本是自然语言处理研究的重点。基础性研究主要涉及语言学、数学、计算机学科等领域，相对应的技术包括消除歧义、语法形式化等。应用性研究则主要集中在一些应用自然语言处理的领域，如信息检索、文本分类、机器翻译等。由于我国基础理论即机器翻译的研究起步较早，且基础理论研究是研究任何应用的理论基础，所以语法、句法、语义分析等基础性研究历来是研究的重点，而且随着互联网网络技术的发展，智能检索类研究也逐渐升温。近年来，计算机视觉在产业界和学术界不断取得突破，取得代表性成果的组织包括谷歌、阿里巴巴、百度、搜狗、科大讯飞等公司，清华大学、Allen 人工智能研究所等高校或研究所，以及其他多种类型的组织或个人。中国信息通信研究院预测全球的自然语言处理市场规模将从 2016 年的 76.3

亿美元增长到 2021 年的 160.7 亿美元，复合年增长率 16.1%，国内 2017 年的自然语言处理市场规模大约为 86.23 亿元人民币，与国际规模相比较为落后。

12.3.1.3 人工智能芯片领域

2018 年以来中国在人工智能芯片领域得到了长足发展，越来越多的企业开始布局这一领域。以华为为例，在华为全联接大会上，华为发布两款 AI 芯片——昇腾 910 和昇腾 310，昇腾 910 是目前单芯片计算密度最大的芯片，计算力远超谷歌及英伟达，而昇腾 310 芯片的最大功耗仅 8 W，是极致高效且低功耗的 AI 芯片。另外，芯片领域迎来众多新玩家，百度、阿里巴巴、亚马逊等互联网公司相继进入人工智能芯片领域，推出或计划推出相应产品。

但整体来看，我国人工智能芯片领域尚处于发展起步阶段，2016 年中国人工智能芯片市场规模仅为 16 亿元人民币，2018 年约为 45.6 亿元人民币，到 2020 年市场规模将达到 75.1 亿元人民币。2016—2020 年中国人工智能芯片产业市场规模如图 12-9 所示。国内人工智能芯片设计企业的商业模式分为 IP 设计、芯片设计代工、芯片设计三种类型。IP 设计相对于芯片设计是在更顶层的产业链位置的，以 IP 核授权收费为主；芯片设计代工和制造业代工一样，提供代工设计服务的企业，并不能在产品上贴上自己企业的标签，也不能对外宣布该产品为自己设计的芯片；大部分的人工智能创新企业是以芯片设计为主，但目前国内只有少数人工智能芯片设计企业会进入传统芯片企业的产品领域，如寒武纪与英伟达竞争服务器芯片市场、地平线与英伟达竞争自动驾驶芯片市场，其余企业是在物联网场景上布局的。

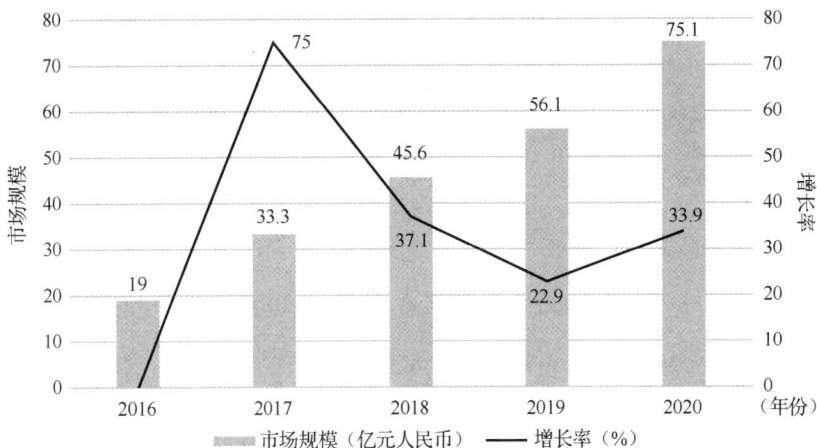

图 12-9　2016—2020 年中国人工智能芯片产业市场规模

资料来源：前瞻产业研究院.

从已经在科创板上市的企业情况来看，被视为科创板人工智能第一股的虹软科技公布的上市后的首份半年报告显示，营收、净利润双双实现大幅增长。作为上海集成电路领域的重点企业，澜起科技对国际芯片市场发展趋势有一定的敏感度，把握住技术方向，股价较发行溢价超 200%，企业持续坚持以研发为核心的发展道路，公司利润率也显著提升，毛利润从 2016 年的 4.33 亿元人民币，增长到 2019 年的 12.85 亿元人民币，毛利率从 51% 增长到 73%。上海科创板制造企业在销售额、净利润、每股净收益和净资产利润率等方面的水平超过了科创板企业的平均水平。

以 2020 年在科创板上市的"中芯国际"为例，其已成为中国大陆规模最大、技术最先进的晶圆代工企业，在全球晶圆代工企业排名中位列第 4，市场占有率约为 6%。该企业业务主要集中于集成电路晶圆代工、设计服务与 IP 支持、光掩模制造与凸块加工及测试等一站式配套服务。其 2019 年营业收入达到 200 亿元人民币，未来在 28 nm 和 14 nm 制程实现业绩放量的背景下，该企业的市场规模将快速扩大。2017—2021 年中芯国际主营业务收入如图 12-10 所示。

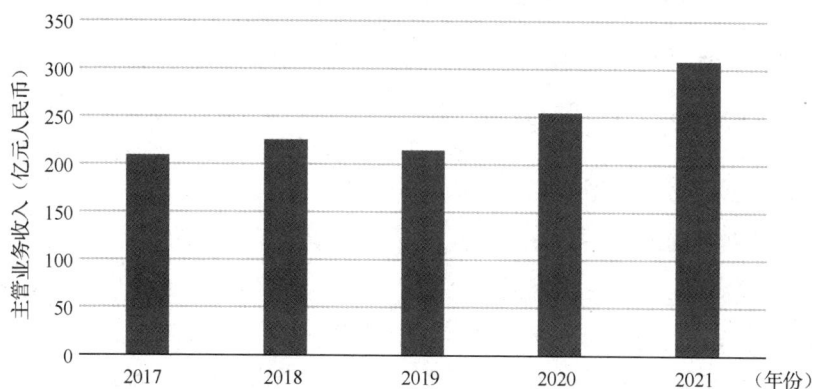

图 12-10　2017—2021 年中芯国际主营业务收入

资料来源：东方证券网，作者整理.

12.3.2　人工智能应用领域发展特征

12.3.2.1　人工智能赋能实体经济的发展现状

总体而言，金融、营销、安防、客服等场景在 IT 基础设施、数据质量和对新技术的接受周期等 AI 发展基础条件方面表现较为突出，在当下市场规模、行业增速和解决方案落地效果和政策导向等诸多因素的影响下，安防、金融、教育、客服等场景将实现较高的商业化渗透并对传统行业形成显著的提升。其余场景中，制造场景由于基础建设复杂、数据获取难度较大且实际智能应用仍处于边缘化阶段，短期内 AI 应用渗透释放难度较大；医疗、零售交通等场景随着 AI 技术与场景核心痛点匹配度上升、产品逐渐完善，未来将激发更大的价值；农业因为技术基础、商业模式和购买能力等问题，目前企业单纯向传统技术输出的模式已经有所改变，全产业链都可以参与进来，随之而来的是人工智能应用的快速渗透和相应场景的优化。2020 年人工智能核心产业规模将突破 800 亿元人民币，未来几年也将呈现超过 30% 的增长速度。2018—2022 年中国人工智能赋能实体经济市场规模如图 12-11 所示。

257

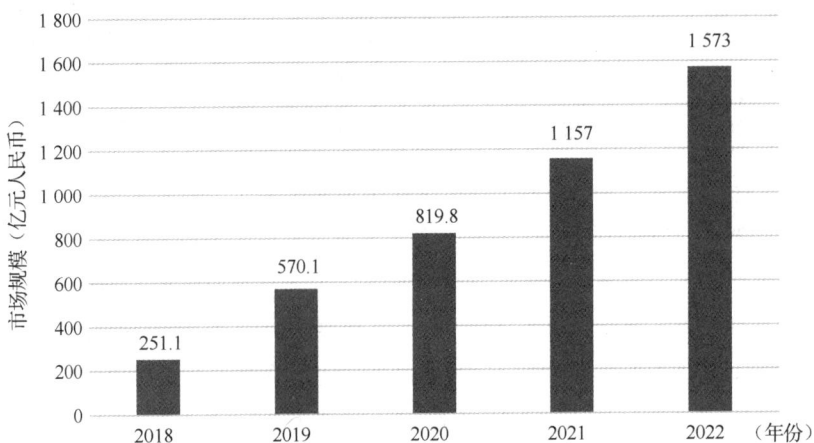

图 12-11　2018—2022 年中国人工智能赋能实体经济市场规模

资料来源：前瞻产业研究院.

12.3.2.2　人工智能赋能安防领域

安防是人工智能落地较好的应用领域，以图像、视频数据为核心，海量的数据来源满足了算法和模型训练的需求，同时人工智能技术也为安防领域事前预警、事中响应和事后处理提供技术保障。人工智能改变安防领域过去取证、被监控的业务形态：AI 视频分析技术对监控信息进行实时分析，使人力查阅监控和锁定嫌疑轨迹的时间由数十天缩短到分秒，极大提升了公共安全治理效率；保证核验技术识别速度快、准确率高，节省了人力成本；智能访客识别与车辆识别为提升园区文教卫业务的办理效率和安全管理保驾护航。

2016 年人工智能赋能安防领域开始快速发展，2018 年，我国人工智能安防软硬件市场规模达到 135 亿元人民币，部分安防厂商 AI 业务在总营业收入中占比从 4% 提升至超过 8%，部分典型 AI 公司安防业务则占接近一半的营业收入。2018 年城市公共安防中 AI 渗透率达到 2.6%。2019 年市场仍将保持高增速发展状态，到"十三五"收官之年增速开始稳定，届时市场规模可达到 453 亿元人民币，城市公共安防 AI 渗透率达到 11%，2022 年市场规模突破 700 亿元人民币。从具体领域来看，视频监控占据了绝大部分，其份额达到了 90%，成为人工智能赋能的核心领域。利用人工智能技术实时分析图像和视频内容，可以识别访客、车辆信息、楼宇监控、"人脸打卡"、人员进出管理等。但是这些领域整体显示出门槛相对较低的特点，绝大部分安防产品与解决方案提供商多涉足这些领域，市场规模相对较大。

12.3.2.3　人工智能赋能交通领域

2016 年人工智能技术逐渐应用到交通领域中，使管控系统步入正式化时代。人工智能主要应用到拥堵分析、路线优化、车辆调度、驾驶辅助等场景，有效改善交通问题。管控系统的实质是囊括数据采集平台、分析平台、数据建模和决策的 PaaS 云服务平台，通过对城市交流场景中众多传感器采集的数据信息的关联性进行处理并建立数据库。2019 年全国交通管控项目规模约为 175 亿元人民币，其中智慧交通项目规模约为 5.3 亿元人民币。但从经营模式上看，项目供应商多采用与合作伙伴绑定的形式，利润占整个项目总利润的 20%左右，在产业链中的话语权不高，但以北上广深为代表的一线城市和部分二线城市，已经从基础建设阶段向应用阶段过渡，对软件的需求量逐渐上升。

与此同时，智能网联是人工智能在汽车产业应用最受关注的领域。人工智能一方面可以提升汽车的智能化水平，包括自动驾驶、智能语音、智能座舱等；另一方面与 5G 相结合，提升汽车信息沟通能力，实现网联化，其中包括人员和车辆安全管理、城市道路规划等。人工智能在自动驾驶、车路协同、智能车联等领域的应用，可以进一步覆盖到智能信控、智能公交、智能停车、智能货运等应用场景，并能带动传感器、芯片、自动驾驶算法、汽车云服务等产业的发展，进而提升出行效率、降低出行成本，成为智慧出行的重要增长点。

12.3.2.4 人工智能赋能制造业领域

制造业是实体经济的支柱，中国制造的基础实力较为雄厚，但是随着人口红利的消失，土地、原料、人工成本等生产要素成本大幅增长，我国制造业的高质量发展面临困难，很多制造业企业面临着生存危机，而数字化、智能化，以及网络化的转型迫在眉睫。"人工智能+"的制造方式成为制造业企业转型升级发展的重要方向。目前，人工智能技术与制造业的融合场景主要有三个领域：一是智能化研发设计，二是智能质检，三是设备的预测性维护。其中智能质检是相对成熟的领域，主要利用图像识别与深度学习技术，可以解决传统质检的人工成本高且无法长时间连续作业、只能抽检且缺陷检出率不高等痛点，大幅提升产品质检效率和缺陷检出准确率，在降低人工成本的同时确保产品的合格率。

但也应该看到，"人工智能+"制造落地相对较难，取决于数字化程度。2019 年中国工业数字化经济的比重不足 20%，可以看到的是人工智能在制造业整体渗透率还不高。人工智能增强了制造企业的数据洞察能力，是制造业企业实现智能化管理和控制的技术保障，是制造业企业转型升级的有效手段，也是打通智能制造"最后一公里"的关键环节。在传感技术、工业大数据、云服务及云计算等技术广泛应用于制造业的基础上，人工智能将助力制造业企业完成制造智能化的冲刺。

12.3.2.5 人工智能赋能教育领域

人工智能在教师教学与学生学习、测评的各个环节进入教育领域，相关产品及服务包括拍照搜题、分层排课、口语测评、小组阅卷、作文批改、作业布置等功能，涉及自适应、语音识别、计算机视觉、知识图谱、自然语言处理、机器翻译、机器学习等多项人工智能技术，正在创造更加个性化、服务于终身学习的智能且高效的学习环境。相关产品及服务已经开始在幼儿教育、K12 教育、高等教育和职业教育各类细分赛道加速落地，主要应用场景包括拍照搜题、分层排课、口语测评、小组阅卷、作文批改、作业布置等。就目前而言，主要应用场景还只是停留在学习过程的辅助环节。

受到特殊时期的影响，用户对在线教育的接受程度不断提升，在线学习体验和效果都得到了增强，中国在线教育的市场规模得到了突破式发展。2019 年中国在线教育市场规模为 3 200 亿人次，人工智能技术进入教育领域后，一些新型教育机构不断涌现，在线教育企业也在已有业务的基础上引入人工智能技术以提升教学效率、拓展商业模式。在人工智能技术不断发展及教育领域人工智能成熟度持续提升的背景下，2022 年与人工智能技术相关的在线教育业务规模将超过 700 亿元人民币。

12.3.2.6　人工智能赋能医疗健康领域

医疗领域拥有海量的数据，无论是医学影像数据、患者就诊数据、药物研发数据、靶点数据、文献数据等都为人工智能的应用提供了应用场景。人工智能在医疗领域中已经应用到体征监测、智能辅诊、电子病历、运动管理、医学影像、药物研发及疾病预测等。在医学影像方面，人工智能医学影像在已定级医院总付费渗透率达到 5%，在三级医院和二级医院的总付费渗透率达到 8%。参与的企业主要包括医疗影像设备厂商、医疗信息化厂商、科技巨头，以及人工智能创业企业。

另外人工智能辅助药物研发主要服务于化学创新。整体来看，国外市场比较成熟，国内市场则服务于仿制和改良。不过恒瑞、海正复星等国内药企研发投入力度加大，研发领域也逐渐向肿瘤疾病领域集中，创新药市场景气度较高，为国内人工智能制药的发展提供了较好环境。新药研发平均总耗时 10 年至 15 年，花费近 80 亿元人民币，新药研发周期长、成本高、失败率高等特点促使深度学习知识图谱等技术开始被药企接受，部分案例表明人工智能可使单个研发环节周期缩短 80%。我国人工智能制药企业业务方向较为分散，偏垂直细分领域，主要通过盲测、学术研究合作进入药企供应商体系，目前人工智能制药企业多以项目制造的形式为药企服务，未来部分企业将通过自由新药研发以获取丰厚的利润，可能衍生出新的研发实体。

12.3.2.7　人工智能赋能零售领域

新零售的发展促使人工智能产业应用到零售领域，通过技术捕获人、货、场中的数据信息，辅助工作人员优化销售、物流、管理，以及供应链方面的流程。人工智能技术在零售领域中的应用主要以深度学习和计算机视觉技术为主，深度学习主要用于数据建模和产业优化，而计算机视觉技术在数据的采集方面有重要价值，该技术通过对消费者行为和商品的识别，对零售店的经营情况进行量化分析，是后续优化经营策略的必要基础。以货物为识别对象的计算机视觉，简称 CV 应用，如商品识别、物损检验、结算保护等在实际场景中产生的效果已经替代了人工效果，产生了巨大的经济价值。

与此同时，人工智能涉足的广告营销产业也快速发展，广告营销产业主要包括内容管理、流量管理，以及数据管理三大维度。随着广告营销产业的不断发展，传统的营销模式逐渐显现出弊端，在用户时间碎片化的前提下，广告创意指南（Relevance Originality Impact，ROI）效果不理想，目标用户不清晰等问题被不断放大，媒介与流量管理的效率亟待提升。人工智能针对这些问题，通过技术与营销环境相结合，在提供更加充实的用户特征，以及创意内容的同时，对投放的策略和形式进行优化。2018 年基于人工智能场景识别的广告业务市场规模达到 8.8 亿元人民币。

12.3.3　人工智能产业政策

从人工智能全球热潮兴起开始，中国政府陆续出台有关人工智能的政策，从国家层面到省市层面几乎全面铺开，这些政策促进了人工智能产业的稳步发展。其中包括《"十三五"国家科技创新规划》《中国制造 2025》《国务院关于印发新一代人工智能发展规划的通知》《新一代人工智能发展规划》等重大人工智能核心政策相继出台。相关的人工智能政策可分为三类：法律法规和伦理规范、推动产业落地政策，以及推动技术创新发展政策。

法律法规和伦理规范主要指与人工智能应用相关的民事与刑事责任确认、隐私与产权保护、信息安全利用等方面的基础法律和政策规范。推动产业落地政策指针对人工智能中小企业和初创企业设立的财税优惠政策，采用对企业的税收优惠和研发费用扣除等措施支持人工智能产业的发展。推动技术创新发展政策是指推动人工智能创新基地和人工智能相关的国家实验室、企业实验室落地，支持人工智能重大科技项目实施的重要环节。到目前为止，社会各界对人工智能的认识更加务实，相关政策更加具有针对性。通过分析目前政策的主要布局领域可以发现，相关主题集中在物联网、"互联网+"、大数据、创新战略等，从整体上体现在中国人工智能政策的核心方向。

2015 年以来，人工智能在国内获得快速发展，国家相继出台一系列政策支持人工智能的发展，推动中国人工智能发展步入新阶段。2019 年，人工智能连续第三年出现在政府工作报告中，继 2017 年、2018 年的"加快人工智能等技术研发和转化""加强新一代人工智能研发应用"关键词后，2019 年政府工作报告中使用了"深化大数据、人工智能等研发应用"等关键词。"加快"、"加强"及"深化"，说明我国的人工智能产业已经走过了萌芽阶段与初步发展阶段，下个阶段将进入快速发展阶段，并且更加注重应用落地的效果。国家层面人工智能政策举例如表 12-5 所示。

表 12-5　国家层面人工智能政策举例

政策名称	主要内容
《国务院关于印发新一代人工智能发展规划的通知》	确定新一代人工智能发展"三步走"战略目标，人工智能上升到国家战略层面。到 2020 年，人工智能技术和应用与世界先进水平同步，人工智能核心产业规模超过 1 500 亿元人民币；2025 年，人工智能基础理论实现重大突破，部分技术与应用达到世界领先水平，核心产业规模超过 4 000 亿元人民币，带动相关产业规模超过 5 万亿元人民币；2030 年，人工智能理论、技术与应用总体达到世界领先水平，核心产业规模超过 1 万亿元人民币，带动相关产业规模超过 10 万亿元人民币

政 策 名 称	主 要 内 容
《促进新一代人工智能产业发展三年行动计划（2018—2020年)》	从推动产业发展的角度出发，结合《中国制造2025》，对《新一代人工智能发展规划》相关任务进行了细化和落实，以信息技术与制造技术深度融合为主线，以新一代人工智能技术的产业化和集成应用为重点，推动人工智能产业和实体经济深度融合
《新一代人工智能产业创新重点任务揭榜工作方案》	通过在人工智能主要细分领域，选拔"领头羊"、先锋队，树立标杆企业，培育创新发展的主力军，推动我国人工智能产业与实体经济深度融合
《关于促进人工智能和实体经济深度融合的指导意见》	把握新一代人工智能的发展特点，结合不同行业、不同区域的特点，探索创新成果应用转化的路径和方法，构建数据驱动、人机协同、跨界融合、共创分享的智能经济形态
《新一代人工智能治理原则——发展负责任的人工智能》	突出了发展负责任的人工智能这一主题，强调了和谐友好、公平公正、包容共享、尊重隐私、安全可控、共担责任、开放协作、敏捷治理八条原则

资料来源：作者整理.

国家层面，在人工智能政策的不断推动下，我国各省市也相继出台了适合本地发展环境的人工智能"十三五"相关规划，提出了到2020年人工智能核心产业规模和相关产业规模的发展目标，加快当地人工智能产业的发展，推动人工智能与实体经济的深度融合，为我国人工智能行业的发展提供了良好的政策环境。地方政府的人工智能政策响应了国家战略规划，但与地方发展条件和目标大有不同，如江苏省人工智能政策主要包括了三个主题：基础设施、物联网和云计算；广东省人工智能政策关注基础设施、智能制造和机器人。但是整体体现了大数据、物联网、自主创新、知识产权、科技成果转化等角度，制定符合本地实际的政策和法规，强调自主创新和数据共享，是各个省市关注的核心。中国12个省市2020年的规模目标达到4 290亿元人民币，远远超过国家层面制定的1 500亿元人民币的目标。2020年中国12个省市人工智能产业规模目标汇总如表12-6所示。

表12-6　2020年中国12个省市人工智能产业规模目标汇总

省　　市	核心产业规模（亿元人民币）	带动相关产业规模（亿元人民币）	备　　注
北京	500	—	中关村人工智能规划目标
河北	200	1 000	—
辽宁	60	400	—
吉林	50	400	—
黑龙江	50	400	—
上海	1 000	—	—
浙江	500	5 000	2022年规划目标
安徽	130	450	—
福建	200	1 000	—
湖北	100	500	武汉人工智能规划目标
广东	500	3 000	—
四川	1 000	5 000	2022年规划目标

资料来源：前瞻产业研究院.

12.4　我国人工智能产业的发展未来

12.4.1　人工智能产业发展特点分析

我国人工智能产业呈现快速增长趋势,部分技术接近或达到国际领先水平,产业规模,投资、融资规模和企业数量位居世界前列。人工智能产业发展迅猛,逐渐成为引领科技进步、推动产业升级的新引擎。人工智能产业将深刻改变人类社会的生产生活方式,并成为新一轮国际竞争的焦点。在中国智能产业发展的现状中,人工智能产业具有下面一些特点。

第一,中国在人工智能芯片、5G 等人工智能设施与技术研发方面将会持续发力。

人工智能芯片、5G 等技术是人工智能发展的底层驱动力。中美贸易战引发了国内巨头对芯片研发的热潮,目前国内人工智能芯片企业主要的应用场景是安防领域,据统计,在国内 40 多家人工智能芯片企业中,以安防为核心业务的企业接近 30 家,而面向自动驾驶、医疗、智能家居等场景的 AI 芯片研发则都相对较少。在基础研究方面,如直接在存储器内执行计算而不需要数据传输的内存计算领域、异构融合类脑计算领域、可重构计算芯片技术领域,我国的基础研究能力已经接近国际水平甚至领先国际水平。我国行业的多样性为人工智能的应用提供了广阔市场,但在相比市场和数据方面,我国人工智能芯片发展仍处于奋力追赶状态,虽然在多种技术领域均有突破,但仍任重道远。

第二,行业资源整合将会持续推进。

人工智能产业进入平稳发展期。近年来,中国人工智能产业规模保持稳步增长,投融资更为理性,新增企业数量趋缓。大公司将在行业资源整合中扮演更重要的角色。国内平台资源将加速整合,大企业将通过投资、并购的方式迅速获得细分领域中的前沿核心技术,这不仅可以降低研发失败的风险,还能在行业资源整合中发挥越来越重要的作用。例如,百度将以自动驾驶作为核心,着力打造技术驱动的应用型平台生态;阿里巴巴将以云服务为生态基础,注重消费领域的人工智能产品研发,将人工智能赋能商业生态;腾讯将围绕用户体系组建软、硬件融合的人工智能服务生态;科大讯飞将继续深耕语音识别领域,基于语音系统建立通用解决方案,打造智能语音开放平台。

第三,进一步深化人工智能产业为传统行业赋能。

传统行业如何引入人工智能产业?直接与国内外 AI 巨头合作,引入外脑,也是人工智能产业赋能传统行业的趋势之一。人工智能产业将进一步推进中国制造业的品质革命。例如,钢铁行业可以利用云计算、大数据、人工智能等新一代信息技术,推进"智慧钢铁"的建设。智慧城市应用场景的细分逐渐清晰,体系也初步成形,其中应用场景包括智慧政务、民政、财政、安防、交通、口岸、教育、医疗、房产、环保、养老等,用科技赋能新型智慧城市建设成为人工智能赋能的重点领域。同时人工智能也不断延伸到全新的场景中，如教育、环境保护等。中国人工智能产业在全球崭露头角，这也助推了中国人工智能产业在全球影响力的形成。

第四，政府政策与资本市场有效推动了人工智能产业的发展。

中央与地方政府都积极出台支持人工智能产业发展的政策，资本市场对人工智能产业的投资热情高涨。中国社会对人工智能产业的发展态度总体上是积极主动的，这为人工智能产业的发展提供了非常有利的政策、舆论、资金、市场和人才供给等发展环境。当前中国在人工智能产业发展政策上主要强调促进技术进步和产业应用，以及如何平衡鼓励发展与合理规制是对政府治理能力与治理水平的挑战与考验。所以，政府应对推动人工智能产业健康发展，规避过去在传统产业、战略性新兴产业领域的"重复投资"问题进行思考与关注。

12.4.2 人工智能产业发展问题总结

1. 我国人工智能产业的基础创新投入尚显不足

从产业研发创新看，中国人工智能产业的创新研发支出远远落后于美国、欧洲和日本。2018—2019 年，美国在人工智能产业投入的科技研发费用占全球科技研发费用的 61%，我国人工智能产业研发支出虽然快速增加，且增速达到 34%，但实际占据的全球科技研发费用的份额明显小于美国。从人工智能知识产权保有量看，我国各类实体拥有的人工智能专利总量超过 3 万件，位居世界第一，但中国相关企业拥有的人工智能相关专利多为门槛较低的实用新型专利，发明专利仅占专利申请总量的 23%。同时，根据世界知识产权组织的数据，我国企业拥有的 95% 的人工智能设计专利和 61% 的人工智能实用新型专利将会在 5 年后失效，相比之下，美国 85.6% 的人工智能专利技术在 5 年后仍在支付维护费用。未来我国需要在人工智能基础研究与创新领域加大投入力度，打造关键核心技术长板、加强知识产权保护。

我国人工智能产业需要进一步增强技术创新能力与产业发展能力，夯实发展基础。我国人工智能产业的算力和算法核心基础相对薄弱。我国人工智能发展在数据规模和算法集成应用上都走在世界前列，但在人工智能产业的基础算力方面，能提供国产化算力支持的企业还不多。

2. 地区发展不平衡，需要进一步提升传统制造区域的产业转型水平

由于中国地大物博，数字化进程在地区与地区、产业与产业、社会阶层与社会阶层之间的基础设施、数字素养及使用上存在差异，进而产生了数字鸿沟。尤其是中国东、西部在经济上的差异，导致数字化进程也存在差异。例如，2017 年中国东部地区固定宽带家庭普及率为 80.2%，西部地区普及率为 58.9%，中部地区普及率只有 54.8%，中、西部地区普及率低于全国平均水平，这将导致中、西部地区人工智能产业发展缓慢。数字素养已经成为各行各业对劳动力的一项基本素质要求，加强数字化教育是解决数字鸿沟的重要手段。

3．消费级市场尚未形成，受众对产品的接受度有待增强

现阶段我国的人工智能产业尚处于发展的初级阶段，对于人工智能产业的认知、人工智能产品的开发还不够成熟。相较于传统实体产业质量高、性能稳定、市场需求度高等优势，人工智能产业在发展初期存在着市场需求度低、市场前景模糊、相关产品制作成本高等劣势。人工智能产业尚处于发展的起步阶段，在市场中处于偏弱势的地位，无法与发展多年的传统产业进行有效地竞争。同时，在人工智能产业的市场消费方面，政府还无法有效进行有力、规范的市场引导。因此，导致人工智能产业消费市场不能实现高速增长，拖慢了人工智能产业的发展步伐。

4．产学研合作密切度有待提升，成果转化率不高

对我国人工智能产业而言，高校、科研院所、企业之间如何实现密切合作的问题亟待解决。现有的产学研合作培养模式较为单一，高校、科研院所、企业之间的合作多为自发性短期行为，缺乏顶层统筹及可持续运行机制。当前我国人工智能产业发展迅速，但人才尤其是高水平、资深人才规模较小，难以满足人工智能产业的发展需求。我国人工智能基础环节薄弱，与缺少顶级基础研究人才有直接关系。

5．市场乱象涌现，发展制度规范需要加强

人工智能技术与实体经济融合，市场运行相对复杂。第一，线下不规范问题在线上得到放大，不正当竞争行为在网上快速扩散，损害了正当的市场竞争。第二，新兴行业经营不规范行为不断涌现，监管框架的缺失导致行业违规现象频发，传统监管已不适合人工智能产业的融合发展。所以，行业治理方式亟待优化创新，人工智能新兴业态的发展同现有法律滞后性的矛盾越发突出，部门业务领域存在立法空白，给行业发展带来了极大的不确定性，法律和法规建设相对滞后。

265

12.4.3　人工智能产业未来发展建议

人工智能产业具有显著的溢出效应，它将与5G、大数据、云计算等一起推动数字经济时代的产业转型升级，是当前及未来各国科技竞赛的制高点。国家科技实力是国家实力的核心，能否抓住智能时代的变革机遇，是中国经济能否高质量发展的关键。总体而言，我国人工智能产业仍处于发展初期，面临着基础研发欠缺、技术和场景尚未融合、传统基础设施与技术发展不平衡等问题。基于此，人工智能产业未来发展建议如下。

1．对政府层面的建议

（1）为人工智能产业发展做好"软性"支撑。

加强人才的集聚和培养。对比美国对科研人才的引进政策，中国在研究经费、个人税收、签证、户口、子女教育等一系列领域推出了引进海外高端人才的一揽子政策，切实解决科研人员的后顾之忧，并为其科研、创业提供更大力度的支持。加快科技体制改革，建立市场化、多层次的产学研合作体系。由国家主导加大基础研究投入，由企业主导加大试

验开发投入，多类主体形成合力的科研分工。

（2）为人工智能产业发展做好"硬性"保障。

加快信息化基础设施建设，并对传统物理基础设施进行智能化升级。云计算、大数据、人工智能、5G、区块链将是未来发展的重点，所覆盖的新基建建设包含两个方面：一是以数字中心、基站为代表的信息化设备；二是公路、铁路等传统基建设备。需要从这两方面入手，加快宽带网络、5G 网络等建设，加强对传统铁路、机场等公共场景中的传感器、控制平台、云平台等智能化设备的配置，为后续技术发展做好数据收集、传输、沟通、分析等"硬性"保障。

（3）加快"两化融合"发展。

应加快推动人工智能产业与传统制造业、服务业的融合，以及衍生产业的建立与发展，开拓多元化人工智能服务业态。人工智能零售、医疗、教育、金融等行业需要进一步提高数字化水平，因此，必须调整产业配比，加强人工智能化融合推广，鼓励高科技及人工智能化新兴产业蓬勃发展，开拓多元化的人工智能制造业态和服务业态。欧盟把数字素养提升到了国家战略的高度，为促进对数字素养的理解和公民数字素养的发展，欧盟实施了"数字素养项目"，该项目包括信息、交流、内容创建、安全意识和问题解决 5 个"素养域"。要重视消除"数字鸿沟"，进一步解决网络信息设施区域分布不均的问题，普及并提升人民群众的"数字素养"，降低宽带资费和移动互联网费用并提高整体的网络运行效率。

（4）实现差异化扶持，构建创新网络。

政府要重点关注人工智能相关政策对于企业的帮扶作用，在其发展过程中不断地根据地区和企业特点完善和优化人工智能产业的发展方向。我国人工智能产业目前大多还处在起步阶段，因此就更需要政府来对其进行帮扶。政府要积极鼓励人工智能企业与科研单位或相关高校建立长期稳定的合作关系，建立以政府为主导、企业为主体、科研高校为科研主力的三位一体科研项目。政府应充分发挥引导和整合作用，利用政府的公众服务平台，合理有效地整合各方资源板块，促使双方改变以往的短期且低效的合作关系，建立起长期且稳定的合作关系，从科研院校方面实现人工智能的关键技术突破工作。

（5）大力实施人工智能战略，与传统产业相融合。

目前中国正处在传统产业向新兴产业过渡的重要阶段，我国的经济增长手段正逐渐由廉价劳动力堆砌起来的数量型产业转变为靠科技手段的质量型产业。人工智能的不断发展可以实现与传统产业的深度融合，进而引领传统产业实现深层转型。开展人工智能医疗模式、人工智能交通模式、人工智能管家模式，依靠庞大的互联网信息消费者，来开拓出基于原有市场的新型人工智能消费人群。

2. 对企业层面的建议

（1）人工智能企业应从创新、效益和成长性上构建核心竞争力。

人工智能企业竞争是硬件、软件和数据的竞争，需要以自身拥有的人工智能化能力、发展的平台能力及集成能力为引领，带动行业的人工智能进程。一是充分发挥人工智能企业的技术创新和引领示范作用，加快形成企业聚焦基础技术研发与原创性研发的格局，企业可牵头推进核心技术的研发，制定长期战略，明确突破方向与路径；二是调整创新战略，企业在技术发展与数字经济深度融合打造创新平台的同时，也要最大限度地集聚"源创造力"，坚持走"从 0 到 1"的创新道路，真正实现自主创新；三是加大研发投入力度，确保研发费用拥有稳定增长的长效机制，加快创新步伐；四是加强创新人才的培育与储备，完善创新人才激励措施，发挥人才潜能；五是有效整合全球创新资源，积极主动面对全球的创新竞争，优化创新成果的商业价值，形成创新的正向激励与循环。

（2）构建企业品牌效应，提高中国企业的国际显示度。

与传统企业相比，人工智能企业需要更高的品牌效应。人工智能企业应充分利用自身的人工智能技术和人工智能媒体，建设人工智能品牌、提升用户体验，与客户进行更多、更深入的互动，能够用更丰富的内容和形式进行情感表达和互动，尤其是针对新一代年轻的客户。人工智能企业应打造响应品牌，尤其要突破中低端制造的发展瓶颈。人工智能企业不应跟在别人的后面发展，要发挥引领作用，发挥导向作用。人工智能企业不仅要把数量当作追求的目标，还要在质量上发挥带头作用。人工智能企业的每一项新产品、新技术，都必须是在国内领先的、在世界具有一定地位的。

（3）建设企业创新精神，让企业家精神成为促进企业成长的主要推动力。

我国经济已由高速增长阶段转向高质量发展阶段，增长动力亟须从要素驱动、投资驱动向创新驱动转换，市场经济体系尚未完全建立，此时人工智能企业的发展尤其需要企业家精神的引领。人工智能企业的企业家应当遵循市场发展规律，提升自身业务水平，在企业经营中充分发挥企业家精神，全力克服企业体制机制弊端，推动企业治理水平与管理能力的提升。

虽然人工智能企业研发投入已经领先，但是在前文分析中也了解到，与国外的人工智能企业相比，中国的人工智能企业在研发投入和研发水平上还有一定劣势。为了适应技术与市场的变化，人工智能企业需要依靠创新来增强其核心竞争力。当然，现在能看到很多新兴的人工智能企业在短短十年内得到了飞跃式的发展，但是我们应该清醒地认识到，人工智能经济的竞争才刚刚开始，未来的竞争会更加激烈。促进人工智能企业自身加速发展、部署和规划自身的发展路径，是企业迫在眉睫的事情。

本章小结

本章分析了人工智能产业的基本概念和内涵，透视了人工智能产业的特征，还进一步剖析了全球和中国人工智能产业的发展趋势，希望可以帮助读者对人工智能产业形成整体了解。

复习思考题

1. 谈谈自己对人工智能产业发展的理解。
2. 谈谈自己对人工智能产业实践的理解。
3. 谈谈我国人工智能产业发展面临的挑战和可能的解决思路。

●●●➡【本章案例学习】

AI 全面进入机器学习时代

随着技术的进步和发展，人类学习知识的途径逐渐从进化、经验和传承演变为借助计算机和互联网进行传播和储存。计算机的出现，让人类获取知识的途径开始变得更加高效和便捷。在不久的将来，绝大多数知识将被机器提取和储存。强大的计算机算法将逐渐具备人类的能力，包括视觉感知、语言表达和方向判断等。在人工智能的众多分支领域中，"机器学习"（machine learning）是人工智能的核心研究领域之一。包括89%的人工智能专利申请和40%的人工智能范围内的相关专利均属于机器学习范畴。其最初的研究动机是为了让计算机系统具有人的学习能力以便实现人工智能。机器从现有的知识中找到空缺，接着机器效仿人脑并模拟进化，系统化地降低不确定性，识别新旧知识的相同点，并完成学习。

作为人工智能的底层逻辑，算法是实现人工智能的直接工具。从历史进程来看，人工智能自1956年提出以来，经历了三个阶段，这三个阶段同时也是算法和研究方法更迭的过程。第一个阶段是20世纪60年代至70年代，人工智能迎来了黄金时期，以逻辑学为主导的研究方法成为主流。人工智能通过计算机来实现机器化的逻辑推理证明，但最终难以实现。第二个阶段是20世纪70年代至90年代，其中，1974年到1980年，人工智能技术的不成熟和过誉的声望使其进入"人工智能寒冬"，人工智能研究和投资大量减少。

1980年到1987年，专家系统研究方法成为人工智能研究的热门方法，资本和研究热情再次燃起。1987年到1993年，计算机能力比之前几十年已有了长足进步，这时人们试图通过建立基于计算机的专家系统来解决问题，但是数据较少并且太局限于经验知识和规则，因此难以构筑有效的系统，资本和政府支持再次撤出，人工智能迎来第二次"寒冬"。

第三个阶段是20世纪90年代以后，1993年到2011年，随着计算力和数据量的大幅提升，人工智能技术获得进一步优化；至今，数据量、计算力的大幅提升，帮助人工智能在机器学习领域，特别是神经网络主导的深度学习领域得到了极大突破。基于深度神经网络技术的发展，才逐渐步入快速发展期。此外，数据是人工智能底层逻辑中不可或缺的支撑要素，没有数据那么针对人工智能的数据处理将无法进行。有了数据挖掘及对数据的清洗、集成、归纳等预处理手段，人工智能才能拥有足够的数据进行学习。随着人工智能技术的迭代更新，从数据生产、采集、储存、计算、传播到应用都将被机器所替代。

资料来源：德勤. 全球人工智能发展白皮书，2023.

案例讨论题

在人工智能时代，请你谈谈数字经济未来的发展趋势，以及数字技术对人工智能产业的影响。

本章主要参考文献

[1] 胡昌昊，浅析人工智能的发展历程与未来趋势[J]. 经济研究导刊，2018（31）：4.

[2] 刘涛雄，刘骏. 人工智能、机器人与经济发展研究进展综述[J]. 经济社会体制比较，2018（6）：7.

[3] 曹静，周亚林. 人工智能对经济的影响研究进展[J]. 经济学动态，2018（1）：13.

[4] 吴清军，陈轩，王非，等. 人工智能是否会带来大规模失业？——基于电商平台人工智能技术、经济效益与就业的测算[J]. 山东社会科学，2019（3）：8.

[5] 马克·珀迪，邱静，陈笑冰. 埃森哲：人工智能助力中国经济增长[J]. 机器人产业，2017（4）：80-91.